監獄と流刑

イヴァーノフ=ラズームニク回想記

松原広志 訳

成文社

1. イヴァーノフ＝ラズームニク夫妻

2. 原著表紙『作家たちの運命。監獄と流刑』

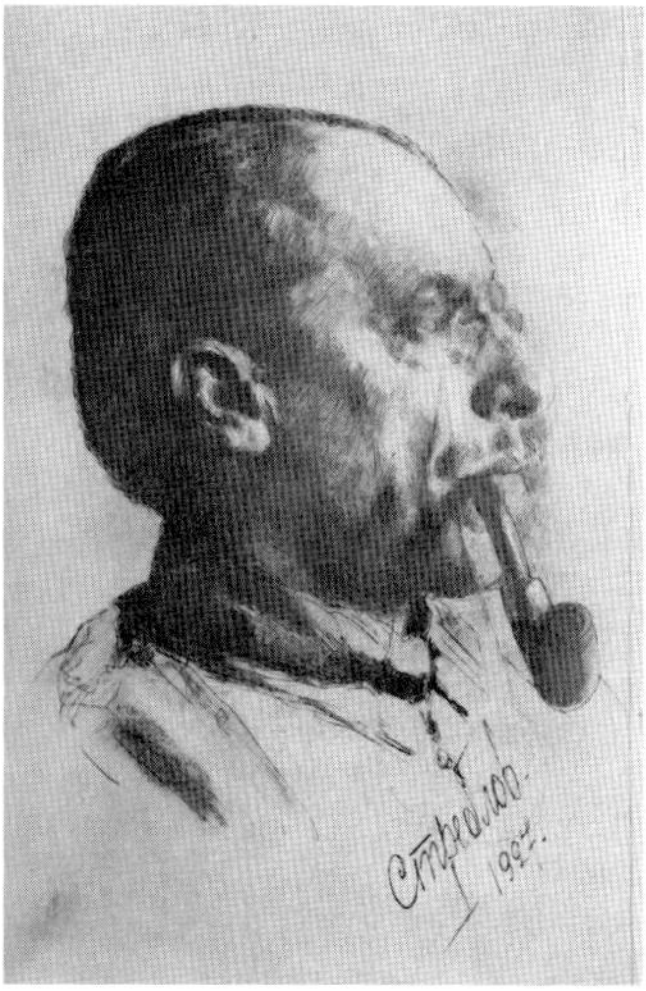

3. イヴァーノフ＝ラズームニク 1927年

4. コーニツでのイヴァーノフ＝ラズームニク（左から4人目、ステッキを突いている）

6. 戦後

5. O.Iu.クレーヴェル画
コーニツの収容所で　1942年3月

7. 旧居

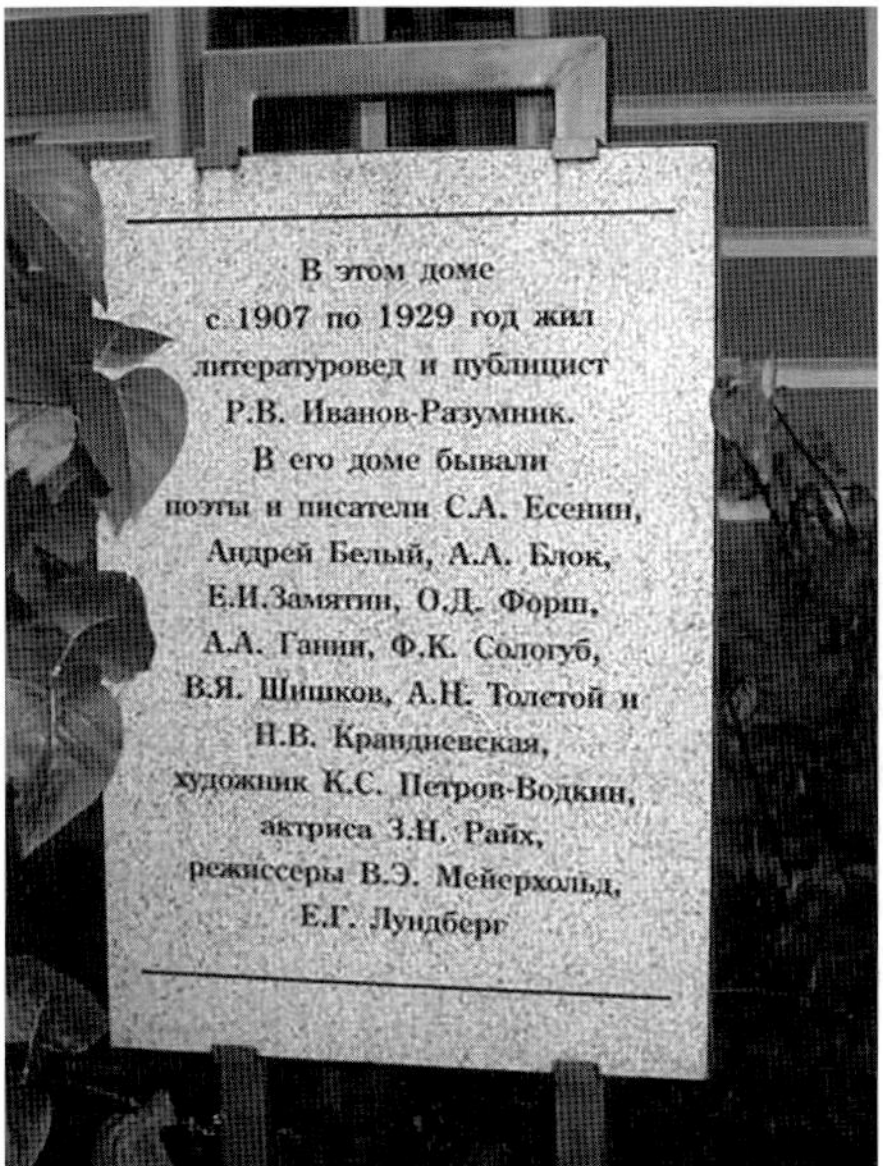

8. 旧居前の記念板

9. ミュンヘンの旧墓地（上下とも）

監獄と流刑　イヴァーノフ＝ラズームニク回想記　目次

第Ⅳ章　流　刑 …… 167

第Ⅴ章　復　習 …… 211

凡　例

一．本訳書はイヴァーノフ＝ラズームニクの以下の著の九三〜四一六ページを底本とする。Р. В. Иванов-Разумник. Писательские судьбы. Тюрьмы и ссылки. /Вступ. статья, сост. В. Г. Белоуса. М.: Новое литературное обозрение, 2000.　原書は「回想記のなかのロシア」シリーズの一冊として、元来は別々に刊行されたイヴァーノフ＝ラズームニクの二著書を一冊に合せ、ロシア国内では初めて刊行された。

二．翻訳に際しては、以下の二著書を参照した。

＊Р. В. Иванов-Разумник. Тюрьмы и ссылки. Нью-Йорк. 1953.

＊The Memoirs of Ivanov-Razumnik, With a short Introduction by G. Jankovsky. Translated from the Russian and Annotated by P. S. Squire, London, Oxford University press, New York, Toronto, 1965.

　右記の英訳はロシア語版（一九五三年）を底本としている。右記二点と邦訳の底本とした原著との間には相違がある。特に第I章でもっとも大きく、一九五三年版とその英語訳は全五節、二〇〇〇年版は七節である。その他の章でも数行の文章の有無、改行の有無などで何個所か相違がある。これはスタンフォード大学フーバー研究所に所蔵されている原稿が二種類あり、それぞれ別の原稿を踏まえて刊行されたためである。

三．本文中の註は、原書に付されたぼう大な編者註から、本文の理解に必要と思われる部分を訳者が取捨選択して付けた。なお原書の編者註にはなく、訳者が挿入した部分は［　］で囲んだ。

四．ごくわずかな原著者註は本文中に＊で、また主として事実関係などに関する短い訳者註は本文中の［　］内に示した。

五．原著のイタリック体は傍点に変えた。

六．ロシア文字はラテン文字に変換した。

七．フランス語、ドイツ語、ラテン語等、ロシア語以外の言語で記されている個所は訳語のみ記し、その部分は〈　〉で示した。

八．各節の見出しは原書にはなく、訳者の判断で付けた。

参考：

＊ソ連における国家保安機関の名称の変遷とその略称

ChK　チェーカー（反革命・サボタージュ・投機取り締まり非常委員会）一九一七年〜一九二二年

GPU　ゲーペーウー（国家政治保安部）一九二二年二月〜一二月

OGPU　オーゲーペーウー（合同国家政治保安部）一九二二年〜一九三四年

NKVD　エヌカーヴェーデー（内務人民委員部　一九一七年〜一九三〇年、一九三四年〜一九四六年（以後、MVD内務省と改称）

＊度量衡（時代により異なる場合は一九〜二〇世紀のものを示す）

長さの単位：アルシン　一アルシンは約七一・一二センチメートル

サージェン　一アルシンの三倍、約二・一三メートル

ヴェルショーク　一ヴェルショークは一六分の一アルシン、約四・四五センチメートル

ヴェルスター（露里）一ヴェルスターは約一・〇七キロメートル

重さの単位：プード　一プードは一六・三八キログラム

フント　一フントは約四一〇グラム

面積の単位：デシャチーナ　一デシャチーナは一・〇九二ヘクタール

監獄と流刑　イヴァーノフ＝ラズームニク回想記

四〇年間、本書の内容をともに生きたヴァルヴァーラ・ニコラーエヴナ・イヴァーノヴァ（一九四六年三月一八日レンズブルクで没）の想い出に。

序

どの本にもそれぞれ運命がある。たとえまだ本になるまえの未完成の原稿でしかなくても。本書の原稿の運命はきわめて特別なものだった。まる一年墓に埋められ、無事に残ったのもほとんど信じられないような偶然が重なったおかげなのだ。

ペテルブルクの未決拘留所の独房で八か月と、シベリアへの短期間の流刑の後、私は一九三三年秋に三年間のサラトフ流刑となり（月に七度、ＧＰＵへの出頭に軽減されて）完全に「自由」かつ無為の身となった。どんな仕事も見つからないどころか、探すことすらできなかった。友人[1]の手厚い金銭的援助のおかげで生活は保証され、私は一日二四時間自由を手にした。自分の生涯と文学上の回想を少しずつ書き始め、分厚いノートに二冊分、印刷紙で一五枚ほどにもなり、一九〇〇年代初めの嵐のような大学生時代にまでたどり着いた。様々なテーマの論文を集め、『宛名のない手紙』[2]という大著を書き始めた。印刷される当てもなくさらに多くを「書き物机のなか」に書いた。私は監獄と流刑以前はもっぱら文学畑の物書きだったが、流刑により最終的に除け者の烙印を押された。

こうした役に立たない作業のなかで時間をとられながら、「記念日」は今、本書の主要部分となっている。私は鮮明な記憶によって、監獄でわが身に起こったことのすべて、まず私が投獄され、つぎに流刑に追いやられることとなった「事件」のすべて、取調べ官の尋問のすべて、監獄での

1　Ｍ・Ｍ・プリーシヴィン（一八七三～一九五四年）散文作家。イヴァーノフ＝ラズームニクの親友の一人。
2　この原稿は一九三七年九月の逮捕後、ＮＫＶＤによって廃棄された。

暮らしのすべてを「後世への教訓」に書きとめた。

過ぎし昔も、功業も栄えあり、
不機嫌な年寄には慰めに、
若きものには教訓に
誰もが聞き知るように……[3]

誰もが聞き知るように——たとえ何十年後であっても。原稿が残れば幸いだ。いつの日にか、先祖が昔どのように暮らしたかを子孫が知るだろう。

もちろんのこと、大変危険なこととはわかっていた。もしも新たに捜査と逮捕があって（つねに考えられるのだが）「記念日」が当局の手におちれば、結果はもはや流刑ではすまず、強制収容所《コンツラーゲリ》か独房だ。だから次に来る捜査にそなえ発見されないよう、あらゆる手段で原稿を隠すよう苦心した。

だがサラトフでは新たな捜査も、新たな逮捕もなく、一九三六年末に刑期満了により、私は原稿をカシーラ[4]の新しい住まいへ無事に移した。この時すでに水平線は暗く、「記念日」を手許におくことはますます危険になっていた。私は「エジョーフ体制《エジョーフシチナ》」[5]の打撃を受けないと思われる（後にそれが証明された）モスクワのさる友人[6]に、内容はまったく伝えず原稿の保管を依頼した。ついでに言うと、私は「記念日」については（妻以外の）誰にも一言も話さなかった。このモスクワの友人が原稿保管に同意すると、私は大事なので紛失しないようにとだけ告げ、封筒に封印をして届けた。友人は封筒を受け取ったが、時代が時代なので彼はそんな物騒な物を自宅に保管するような危ないことはしなかった。彼は大きなびん詰容器に原稿入りの封筒を入れ、夜中に庭に埋めた。……　そんな時代であり、我々みなが屈辱的な恐怖のもとでソビエトの「天国」を生きていたのだ。

時代はますます暗く、我々の気分はますます緊張の度を増した。一九三七年には、戦時共産主義期にも体験したことのない規模のテロルを我々は見せられた。数百人、数千人単位でなく、数万人、数十万人が逮捕された。自分の身近な人を、粗暴で狂気のテロルの犠牲者を悼まない家族も、知人もなかっただろう。ボリシェヴィキの反革命は一七九三年［原文のママ。一七九四年か？］のフランス革命に匹敵するだろう！　匹敵するどころか、上回るだろう！　ロベスピエールのテロルの犠牲者数などは子どもなみで、エジョーフ・スターリンのテロルの犠牲者数のまえでは全く比べものにならない。人々の混乱は限界に達し、恐怖と戦慄はすべての家々を覆った。

私はカシーラでいつも逮捕を予期していた。もと流刑者は新たな流刑に処せられた。一九三七年秋、「エジョーフ体制」の最盛期に、私はモスクワの友人から、手許にある私の「チェーホフ」（原稿入りのびん詰容器をさす偽名）を引き取りに来てくれ、との手紙を受け取った。モスクワの友人は他の誰よりもおびえていた。彼は一年間の墓から私の原稿を掘りだして私に返し、「しばらくの間」お互いが個人的にも手紙でもいっさい連絡しないがよい、と分からせた。私は「記念日」を受けとり、カシーラへ戻った。原稿をどうするべきか？ 分別の声によれば、すぐに焼いてしまえ、だ。そうすることで子孫にとりどれほど大きな損失なのだ！ だが、残念、文書はやはり典型的だ。もし私が新たな捜査・逮捕・監獄とそれに伴う諸々の事態をまぬがれるとしたら？ 私はロシア的な「もしかしたら《アヴォーシ》」に期待して、原稿を手許に置いた。

カシーラでの私の貧しい小部屋はベッド、小机、椅子がやっと収まり、食器棚のかわりに大きな木箱が立ててあった。その木箱の上部の二枚の板の間に、私は「記念日」を押しこみ、板の上にテーブルクロスをかけた。それでうまくいった。なぜなら「もしかしたら」は間違いで、数日後に不可避のことが起こったのだ。カシーラのＮＫＶＤ員がモスクワの指令で現われ、捜査を実施して紙や原稿を全部没収した。だが「食器棚」の二枚の板の間の「記念日」は見つからなかった。私は逮捕されてモスクワへ連行され、ほぼ二年続く監獄での新たな試練が始まった。エジョーフが更迭され、テロルが比較的おさまり始める一九三九年中ごろ、私はやっとモスクワの監獄から釈放された。犯罪事実がなく「審理打切りのため」釈放という書類とともに……。

私の急造「食器棚」の二枚の板の隙間に残された「記念

3 ロシアの口承英雄叙事詩の決まり文句の変形。
4 ［モスクワ市から約一〇〇キロメートル南に位置するモスクワ州の小都市］。
5 内務人民委員エジョーフの下での大テロル。Ｎ・Ｉ・エジョーフ（一八九五～一九四〇年）は、一九三七年九月～一九三八年一二月内務人民委員。［一九三九年四月逮捕、一九四〇年一二月銃殺］。
6 Ｍ・Ｍ・プリーシヴィン。

日」は、一体どのようにして無事だったのか？　ここで私のカシーラでの隣人で元鉄道列車車掌のエヴゲーニー・ペトローヴィチ・ブィコフ[7]氏の名をあげ感謝せずにはいられない。彼は、私の当地居住中にどんな「反革命的会話」を彼と交わしたか証言しろ、とカシーラのNKVDで長々と締めつけられた。彼は脅しを伴う一連の尋問を耐え、そんな会話は一度も交わしたことがない、と真実を粘り強く伝えた。そのような証言をするには大きな勇気がいったはずだ。実際、私の知り合いでもなく、街で会って挨拶すらしたことのない当地の別の隣人は証言した（その証言は起訴内容の一部として取調べ官から示された）。彼はカシーラNKVDの指図通りに、モスクワから私のところへ怪しい人々がやって来たのを自分の眼で見た、とか、カシーラからモスクワ行き列車の車両で私がこの怪しい人々と驚くべきことを話し合っていた、などと証言したのだ。私のカシーラ暮らしの間に誰も一度も訪ねて来なかったことを指摘せねばならない。ブィコフ氏は一連の尋問や脅しにもかかわらず、負けずに真実のみを証言した。このことはソビエト的道徳からすると稀にみる勇気だ、と見なされねばならない。

　私の逮捕後、妻は私の持ち物を取りにカシーラに来て、「食器棚」を整理中に二枚の板の隙間に偶然「記念日」のノートを見つけた。それはきっと、地中の墓や板の墓で滅びる運命にはなかったのだ。一九三九年に私は出獄し、一年後にもう一度ツァールスコエ・セロー[8]へ舞い戻り、一九三七～三九年の厳しい監獄叙事詩を記して新たな眼で「記念日」を補足し始めた。

　戦争が始まる一九四一年半ばまでに、私はこの仕事を終えられなかった。このことは大層残念だ。なぜなら記憶が新しいうちなら私は多くのことを、たとえば遍歴の年々に記憶からすっかり消え失せてしまったこと（たとえば何十人もの同房者の姓）を書きとめられただろうから。新たな逮捕をつねに予期しつつ――我々はそのように生きたのだ！――私は万を超す蔵書の間に「記念日」を隠して保存した。そして一九四一年秋、ドイツ軍の砲撃による書庫の破壊後、私は偶然にそれを救い出した。どうやらそれは破滅の運命にはなかったのだ。書庫の破壊については、別な著書（『冷めた観察と悲しい印象』[9]）で語ったので、ここではくり返さない。

　数年が過ぎた。ソ連の強制収容所に代って戦争が私と妻を一年半の間、小都市コーニッツとプロイセンのシタットガルト[10]にあるドイツの「監視収容所」の鉄条網のなかへと連れ去った。収容所で書き仕事はできなかった。一九四三年中ごろ、我々は自由になり、リトアニアの親戚宅へ移り住んだ[11]。私はそこで八か月間、三点の本を執筆・加筆・推敲できた。その一部はソ連から持ってきた草稿だが、『作家たちの運命』、『冷めた観察……』、『人間の擁護』の三点だ。[12]「記念日」の最終的推敲はまだ出来ていなかった。一九四四年初め、戦争の旋風は我々を西へと追い立て、我々は小

7　実名はV・G・オルローフ。著者は意図的に家主の姓名を書き換えている。

8［皇帝の村の意。ペテルブルクから約二四キロメートル南方、帝政期の夏期の離宮所在地。一九一八年からジェーツコエ・セロー（子ども村）、さらに一九三七年プーシキン（同地のエリート教育機関リツェイ一期生）没後一〇〇年を記念してプーシキンと改称。現在でもしばしばツァールスコエ・セローと呼ばれる。イヴァーノフ＝ラズームニクの自宅所在地（一九〇七年～一九四二年）］。

A・S・プーシキン（一七九九～一八三七年）ロシアの国民的詩人。『エヴゲーニイ・オネーギン』他作品多数。決闘で死去。

9［ボリシェヴィキとドイツの蛮行を記したといわれる原稿は完成して印刷所へ渡されたが、爆撃のため消滅。なお、イヴァーノフ＝ラズームニクの自宅で破壊を免れた一部の資料が、かつて彼を批判した文学者D・S・マクシーモフによって一九四四年夏に回収され、ペテルブルクの科学アカデミー文学研究所（プーシキン館）に所蔵されている］。

10［コーニツとシタットガルトは、ドイツ占領下のポーランドの西プロイセン（現ポーランドではグダニスクを県都とするポモージェ県）の小都市ホイニツェ Chojnice と「プロイセンのスタルガルト Stargard」（現「グダニスクのスタルガルト」）］。

11　P・K・ヤンコフスキー（ヤンカウスカス）宅。彼はイヴァーノフ＝ラズームニクの母方の従兄弟。［元交通研究所教授。一九四一年一一月死。イヴァーノフ＝ラズームニク夫妻がドイツの監視収容所から解放されたのは、妻ヴァルヴァーラが「民族ドイツ人 Volksdeutsch」と認められたため。その後夫妻は一九四三年八月～一九四四年三月にリトアニアのヤンコフスキー家に、妻没の翌月一九四六年四月から彼自身が没する同年六月九日まで、ミュンヘンのG・K・ヤンコフスキー家に滞在した。一九四八年一一月にヤンコフスキー一家はアメリカ合衆国へ渡り、一九五三年に『監獄と流刑』がニューヨークで、G・ヤンコフスキーの序文を付し初めて出版された］。

12［三点中『作家たちの運命』は『監獄と流刑』（一九五三年）と同じくニューヨークで出版（一九五一年）。『人間の擁護』（『弁人論』とも呼ばれ、イヴァーノフ＝ラズームニクが自らの思想の集大成と考えている）は、原稿がヤンコフスキー家の子孫の手許にあることは分かっているが未刊行。『冷めた観察……』は右記の註9を参照］。

都市コーニツで新しい友人の家庭に安らぎを得た。[13]私は今そこで多難な「記念日」を仕上げ、監獄と流刑についての回想に加筆している。

「記念日」は本全体の基本的部分として残るだろう。書き加えたのは一九三七〜三九年の監獄での体験と印象のページだけで、導入部として「記念日」まで長く紙面をとり私の初めの二度の入獄について語っている。NKVD内部で消滅した私の回想録ノートでは、学生時代に、ロシアの革命運動史上に有名な一九〇一年三月四日カザン聖堂広場でのデモにまで話が及んでいた。そのデモの後、私は移送監獄入りし、かくして最初の監獄の洗礼を受けたのだった。本書の序論ではそのことから語ろう。

最初の洗礼からほぼ二〇年が過ぎた。そして一九一九年には、すでに「世界で一番自由な国」ソビエト国家で洗礼がくり返された。この「再洗礼」が本書の第二の導入となる。さらに執筆に長時間かかり、地下の墓も、「食器棚」の板の隙間の墓も、NKVDの火葬場での焼却も奇跡的に逃れた多難な「記念日」が続く。一九三七〜三九年の監獄で物語は終わるが、それが私の人生で最後のものになることを望む。私が語ったことはソ連の監獄、裁判所、独房に永年入った何万、何十万の人々の体験に比べればすべて小さく、とるに足らないことだとわかっている。思うに、全体としてロシア文化の中心から遠くない所での三年の監獄、同じ年月の流刑は大きな問題だ！　だが、私が述べる監獄の日常、私一人が対象となったのではない尋問方法は書き記し、印刷するに値すると思われる。

若きものには教訓に

誰もが聞き知るように……

イヴァ・・・ーノフ＝ラズ・・・ームニク

一・・・九四四年四月・・・

コーニツ

13〔同地で知り合った法律家オラーフ・F・ヴェルディンク（一八九三年〜一九六〇年）宅に、一九四四年四月〜一九四五年二月滞在。ヴェルディンクは一九一七年モスクワ大学法学部卒、エストニアで予審判事、その後ドイツへ移住し、コーニツで法律家として働く。一九四二年六月頃イヴァーノフ＝ラズームニクを収容所に訪ねて物心両面で援助。収容所から外出できるよう計らい、家族ぐるみで交際。自宅のロシアの古典文学と亡命者文学のコレクション（イヴァーノフ＝ラズームニクの編纂書を含む）を彼だけでなく他の収容者にも開き、イヴァーノフ＝ラズームニクの未完の「記念日」朗読を聞いている。戦争で難民となってニーダーザクセン州に住み、戦後はバルト・ドイツ人の系図学者としても活動〕。

第I章

最初の洗礼

カザン聖堂広場（中央）とネフスキー大通り

●1　一九〇一年三月四日、カザン聖堂広場

行動の時は一九〇一年三月四日正午、行動の場所はペテルブルクのカザン聖堂広場。広場は多数の群集であふれている。「知識の全分野の」大学生、主として大学卒業生だが、技術者、鉱業技師、鉄道技師も多い。若い女性は「ベストゥージェフ」女子専門学校生だ。民間人もたくさんいて、なかには年配者も少なくない。群集のなかに白いあごひげでいつも朗らかで活気ある人物、有名な評論家N・F・アンネンスキー[1]が見えた。私からそう遠くない所に二人の日の出の勢いのマルクス主義の星――当時社会民主主義者と見られていたP・B・ストルーヴェ[2]と、わが大学のM・I・トゥガン＝バラノフスキー教授[3]がいた。だが大多数は若者で、群集がぎっしりと大きな広場を埋め尽していた。ネスキー大通りの歩道も、ただ好奇心を抱くだけの人や、内心では共感を寄せる人で一杯だった。皆が知っていた。きっかり正午を知らせるペトロパヴロ要塞の大砲が響くと、学生がネフスキー大通りをデモ行進し始めることを。

我々にこのデモを呼びかけたのは、地下の学生「組織委員会」だ。デモの目的は、国民教育相ボゴレーポフ[4]の処置に抗議することだ。彼は、嵐のように展開した学生運動にかかわった学生を兵士にするという「臨時規則」を作成したのだ。ボゴレーポフは一九〇一年二月一四日に元学生カルポーヴィチ[5]に射殺されたが、「臨時規則」は廃止されなかった。我々は抗議として大学構内でのスト「組織委員会」のアピールに応えた。群集のなかにふつうの学生の私もいた。一年後に私は新たな学生運動、ストとデモの波を目指す「組織委員会」の中心にいるだろう。

一九世紀末から二〇世紀初めの学生運動史は、もう以前から詳しく書かれている。運動は一八九九年二月八日に、陸軍中尉ガッリ（その功績で受勲）の指揮下に騎馬警官が短い革鞭で大学生を殴打すると急に燃えあがった。大学生は決して平穏でない行動をとった後、平穏に帰宅したのだが。大学では学者としては有能だが、政治家としては無能な学長セルゲーヴィチ教授[6]が辛辣な批判を受けた。その後学生運動は一九〇〇年には中断したが、全ロシアの高等教育機関へと広がった。国民教育相ボゴレーポフは運動抑圧のために、「首謀者ども」を一年から三年間、兵士として入隊させる以上のことを考えつかなかった。そのことで彼は学生を激怒させると同時に士官を侮辱した。いったい軍隊というのは犯罪人を流刑に処す苦役施設なのか！　というわけだ。ボゴレーポフは自分の政策の犠牲となって倒れ、

運動はとうに大学の壁をあふれでた。三月四日発表の宣言で「組織委員会」（公式には「同郷会および学生組織統一会議」と改称）は大学生だけでなく、全ロシアの社会に訴えた。「社会・政治の場で踏みにじられた人間の権利と、それを求める闘いの擁護のため、我々はすべての社会層に訴える。我々とともに進め！」

こうして我々は今広場にいる。騒々しい活気、神経が高ぶった群集――それに警官の影もない。徒歩と騎馬の警察はカザーク部隊とともに、時が来るまで広場周囲の家々の中庭に隠れている。我々は合図を待つ。正午の大砲が響いた――さあ始まった……。

広場のまん中、密集した若者の群のなかに赤旗が翻った――まさにその瞬間、カザン通りとエカテリーナ運河沿いの家々の門が押し開かれ、カザーク部隊が革鞭をふるいながら群集にむかって突入した。痛みと怒りの叫び声、流血、負傷者のうめき声。見物人の怒声、彼らを徒歩や騎馬の警官が歩道に追いやり、殴りつけた。たまたま群集のなかにいたヴャーゼムスキー公[7]が、憤慨して警官を叱りつけた――だが無駄だ！　殴打は続き、ヴャーゼムスキー公は翌日「警察業務執行への不適切な介入のゆえに」もっとも重い報いを受けた。一か月後に私がN・F・アンネンスキーを見かけた時、彼の顔には、警官の拳骨がカザークの革鞭に劣らず効いた証拠が一目瞭然で残っていた。一人のカザークが革鞭を左右に振いながら、馬の胸で学生の群を押しの

1　N・F・アンネンスキー（一八四三～一九一二年）社会活動家、時事評論家。
2　P・B・ストルーヴェ（一八七〇～一九四四年）立憲民主党（カデット）指導者の一人、経済学者、時事評論家。一〇月革命後、反革命派として活動し、亡命。
3　M・I・トゥガン＝バラノフスキー（一八六五～一九一九年）経済学者、協同組合運動家。一〇月革命後、ウクライナの反革命組織に関わり、亡命途上で死去。
4　N・P・ボゴレーポフ（一八四六～一九〇一年）政治家、モスクワ大学長、一八九八年から国民教育相。
5　P・V・カルポーヴィチ（一八七四～一九一七年）左翼急進主義的学生運動家、後にエスエル。二〇年の徒刑判決後、国外へ逃亡。
6　V・I・セルゲーヴィチ（一八三二～一九一〇年）法学者。
7　L・D・ヴャーゼムスキー（一八四六～一九〇九年）政治家、中央帝室地庁長。

け広場のまん中へ道を付けた。彼は革鞭で私の顔を一撃した。もし一撃がもう少し上に当たっていたら、私は今この文章を書けなくなっていただろう。だが幸い少し下の方に当たり、左目が生涯不自由になっただけで済んだ。

数分でカザークと警官の完勝となった。我々は粉砕され、殴打され、カザン聖堂の石段に押しやられ、負傷者を抱えて群集が皆聖堂に入り込んだ。我々は負傷者をクトゥーゾフ[8]の棺のまわりの大理石の腰かけに寝かせた。聖堂に多くの負傷者、女性の泣き声、群集の叫び声があふれた。さる背の高い学生が、大理石の腰かけに飛び乗って我々に向かい演説したが、誰も彼の言うことに耳を傾けていなかった。聞いていたのはおそらく学生のなりをした密偵、スパイだけだったろう。そういうやつらが当時群集のなかに多く紛れこんでいた。聖堂では日曜日の奉神礼が我々の出現、騒ぎ声と叫び声で終了した。至聖所[9]から司祭に派遣されて輔祭が姿を見せ、我々に対し説諭を行なった。

「お前たちは獣か、それとも人間か？　無神論者どもよ、教会から出て行け。ここでは神様にお勤め中だ。学生帽をとらないか、暴れまわって……恥じいれ！」

「輔祭様、私たちは暴れまわっておりません、警察です。ご覧ください、血まみれの怪我人を。聖堂に追い込まれたのです、決して好き好んで入ったのではありません……」

無遠慮で、輔祭の自尊心を満たさない叫び声がいくつも響いた。輔祭はその先の天の意志はすべてこの世の長にゆだね、急いで至聖所のうしろに引っ込んだ。

この世の長はすぐに、あご鬚を生やしたカザン地区警察署長で陸軍大佐の姿で聖堂に現われた。この頃までに聖堂は、広場で続いている殴打と始まった逮捕を逃れる学生でこれ以上入れないほど溢れかえっていた。完全に敵意をもって迎えられた警察署長は、自分や警察に対する「お世辞」など聞こうともせず、雄々しく、まったく動じることなく我々に次のようなことを話した。聖堂の西門を広く開けておく。静かに帰宅のため出て行くことを望み、それによって広場にはたまたま居ただけで、まったく善意の市民であることを示す者のためだ。残った者は暴徒と見なされ、法によりきわめて厳格な処置を受けるだろう。お前たちに思案し聖堂から出て行く時間を三〇分与えよう。その後に残っている者は逮捕される（「そんな人間はいないと期待する！」）。身から出た錆だ、と。わかりやすく話した後、署長は時計を見て、一時ちょうどに提案が実行されたかどうかを見に、また来る、と宣言して立ち去った。我々は自らの市民的思想穏健性を証明するためデモに行ったのではない！　だが本当のことを言うと、警察署長の演説後に聖堂内の群集はどんどん減り始めた。多くの人々があるいは小さな群れで、あるいは一人で恥ずかしそうに消え、「西門」へそっとたどり着いた。我々自身は、軽傷者には出て行くよう説得した。より激しく殴られた仲間たちは、腕に抱えて連れて行った（最重傷者は広場で警官に収容された）。半時間が過ぎると警察署長が再度聖堂に現われた。そこには五〇〇人から六〇〇人くらいの大学生と一〇〇人ほどの専門学校生だけが残っていた。署長は両手を拡げて言った「諸君自身のお望み通りだ」――そして我々に「西門」からカザン通りへ出て行くよう勧めた。そこにはすでに警察の強力な部隊が我々を待ち受けており、我々をとり囲んで、署長を先頭にマリインスキー劇場に近いカザン地区警察署まで導いた。我々が署の門内に入ると背後で門が閉められ、昼の一時から夜遅くまで自身の裁量で過ごせ、と言われた。日中にパンが配られ、我々はそれを兄弟的に皆で分けた。「その時われらは傷ついたと見なされ、仲間と見なされる」[10]大学生と専門学校生の群のなかに、何人かの民間人が目立ち、そのなかに尊敬すべきマルクス主義の双子の息子《ディオスクーロイ》、P・B・ストルーヴェとM・I・トゥガン＝バラノフスキーがいた。

カザン聖堂広場で逮捕されたその他の学生たちは、ペテルブルクのさまざまな監獄にすでに送られた。後で知ったところでは、この日逮捕された学生は約一五〇〇人だった。

●2　地区警察署と騎兵連隊馬場

天気はまさに三月らしく、じめじめしていた。湿った綿雪が降り始めた。軽い学生マントを着ていたので、私はひどく凍えて、温かい部屋や熱いお茶のコップを夢見た……思いがけない出来事が起きて、このような願望が早速達成できた。

中庭の奥で一人、痛む眼に湿った雪を当てていると、私の方へあご髭の署長その人が近づいてきて尋ねた。怪我をした仲間や学生の役に立つことが何かないか、と。彼は以前、我々の地区の警察署にいたことがあり、今は警察事務

8　M・I・クトゥーゾフ（一七四五～一八一三年）陸軍司令官、ロシアに遠征したナポレオンと戦ったロシア軍の総司令官。
9　[ロシア正教会の堂内で、イコノスタス（聖障。イコンを並べた壁）の背後の部分。天上界を表し、聖職者のみがそこへ入れる]。
10　[レールモントフの詩「ボロジノ」（一八三七年）より。M・Iu・レールモントフ（一八一四～一八四一年）詩人、小説家、軍人。決闘で死]。

局勤めをしているのだ。私は喜んでこんなにも情け深い署長に従うことに同意し、彼について汚い階段で四階の警察事務局へ上がって行った。そこでは日曜日にもかかわらず、仕事の真っ最中で、［書類が］ペンで書き飛ばされ、電話が鳴っていた。だが怪我をした学生は一人もいなかった。事務局室へ入り、ソファに座るよう私に勧めると、署長は電話に近づいた。「閣下！　広場で赤旗を拡げ、その後聖堂内で煽動演説をした学生を、私が逮捕しました。こいつをどのように処置いたしましょうか？」そして何とかいう電話の答に対し言った「承知いたしました。実行いたします」それから受話器を置き、出て行きながら私に投げかけた。

「ここに座っとれ！」

私が驚いて、旗を拡げたり演説したりしたことはない、と抗議すると、雄々しい署長は手短に言った。

「わかっとる」そして行ってしまった。彼の部下たちは目配せして、自分たちの上司の見事な巧妙さを笑いものにした。

「あんたがあんたでないことが大事なんじゃない。署長には、あんたがあんただったことが大事なんだよ」部下たちの一人が私に言った。

理由が分からず、私は尋ねるのを止めた。このことがあってすぐ、署員たちはすっかり私に同情したようで、お茶を勧めてくれ、それで私は自らの運命にかかわる以後の新しい出来事をしっかりとがまんできた。暖かい部屋と熱いお茶――これはまさしく湿った雪に降られながら寒い中庭で夢見たものだ。中庭では私より運の悪い仲間たちが凍えているのに。

暗くなり、警察署員は夜勤の二人を残して帰宅した。二人はあくびし、どう時間をつぶしたらよいかを知らなかった。嵐のような労働日は終わった。突然彼らは跳びあがり、直立不動の姿勢をとった。従者を従え拍車を鳴らしながら、さる偉い軍人で、大層温厚そうな古参の将軍が入室したのだ。署員にいくつか質問した後で、彼は軽蔑したように私に向きなおった。

「密偵か？」

私は自分が誰で、どのようにしてここに来ることになり、なぜこの部屋に居るか、を手短に将軍に説明した。彼は肩をすくめた。

「学生さん、中庭の仲間のところへ行ってよろしい」と言って従者を従え行ってしまった。私は中庭へ、凍えて一日中立ちっぱなしの仲間の許へ降りて行った。出世主義者の署長に、署内での暖と警察事務局でのソファに感謝する。私はこの署長のことも、彼による私の告訴のことも、もう何も聞くことがなかった。

もう夜の九時頃ですっかり暗くなった。その時、地区警察署の中庭にまた警官隊が現われた。我々はまず人数を数え直され、その後また囲まれて、静まり返った街をイサーク聖堂の隣にある騎兵連隊馬場まで連行された。したがって我々は午前中に一聖堂から出て、夜にもう一つの聖堂に到着したのだ。馬場は広大で、最高級の軍事教練のため砂が敷きつめられている。我々の群は数百人で、馬場に散らばるとまさしく一握りだった。専門学校生と少数の民間人たちはここにはおらず、どこか別な場所へ連れて行かれた。電球で明々と照らされているがきわめて冷たい馬場の門に、騎兵連隊の士官たちが駆り集められて、我々をまさしく動物園の珍獣のように眺めていた。士官のうしろには兵士たちの好奇心いっぱいの顔が見えていた。だが士官は我々に対してすっかり好意的な態度を示し、早速我々の質素なベッドをこしらえるためわら束を運んでくるよう、命令を下した。兵士たちが大量のわら束を運んでいる間に、私は一番感じよい態度を示したある士官に近づき、私の両親にあてた手紙を兵士に届けさせてもらえないか、と頼んだ。両親はカザン聖堂広場でのデモを知って、何の消息もなくいなくなった息子のことをたいそう心配しているに違いない。士官は気持ちよく同意してくれ、そこで私はメモ帳を破った紙切れに鉛筆で数行、私は生きており元気だ、悪いことは何も起こっていない、と書いた。そのメモを士官から指名された兵士に委ねて、駄賃に銀一ルーブリを渡した。ペテルブルクに親族がいる他の仲間たちも私に倣った。こうしてその夜、「学生が騒いだ」ことで運命に感謝しつつ、兵士たちは少なからず稼いだ……

後に知ったところでは、（探すのに手間取り）もう真夜中近くに、兵士が第五地区のチェルヌイショフ小路にある両親の許に現われ、メモを渡した。彼は「学生さんにもうお礼をいただいてます」と言って「お茶一杯」さえ断った。概して学生さんは馬場で「朗らかで歌なんか歌ってます」という知らせで安心させた、ということだ。

そして事実、若さがものを言った。我々はあっという間にグループに、地方出身者は「同郷会」ごとに別れ、わらの寝床を整えるや否や、馬場の各所から陽気なコーラスが響いた。ある一角ではこの日の自分たちを正当化する、とげのある「革鞭」の歌があがった。別の一角では朗らかな「黒い眉毛のマルセンカ」が響いた。第三の一角ではよりまじめな仲間たちが革命的な「同志よ、雄々しく進め」を歌い出した。第四の一角ではまったく軽はずみな者たちが、輔祭風に大声を出す独唱者を囲んだ。

ひどく飲んで／宴会帰り／坊主がふらふら立っている

／頭ぺこぺこ……

そして合唱が教会風に続いた「頭ぺこぺこ、頭ぺこぺこ、頭ぺこぺこ」馬場の真中には円陣をつくったグルジア出身者たちがいて、掌を叩き、叫び、レズギンカ［カフカースのレズギン人の踊り］を踊っていた。馬場があまりに広いので、どのグループの歌も互いに邪魔にならなかった。全体にざわめきがするだけで、時折高笑いが起こった。どこかの一角で学生歌が始まると、馬場全体が続いた。

〈諸君、大いに楽しもうではないか／我々が若いうちに……〉

実に我々は思い切りはしゃぎまわった。よりまじめな仲間たちはグループに別れて、騒音と喧騒の下で当面の政治的、社会的なテーマで熱い論争を展開した。マルクス主義とナロードニキ主義の闘いが当時たけなわだったのだ。

士官たちはこのような無料の、彼らにとっては珍しい光景をしばらく見ていたが散会した。歌と会話は次第に静まり、夜が来た。だが少数の者は目を閉じられなかった――寒さが身にしみて――とても眠れなかった。わらにもぐりこみ、自分の魚皮製の軽いコートを敷いて身を縮めて眠り始めるが、眠れない！　足がかじかみ始め、全身が凍え、一分後にはとび起きて馬場を走って少しでも温まろうとする。また数分間横になる――そしてまた一から始めるのだ。私はこの夜にひどい風邪をひき、生涯病もちとなったが、そのことについては先に話す機会があろう。

だが何事にも終わりがある。このうんざりするほど長い夜にも終わりが近づいた。夜明けとともに我々は起き出した――ひどく凍え、寝ぼけ、くたびれ果てて。歌うなど、もう誰も考えなかった。温まって元気を出すため、一人が馬券売場から砂地の馬場を走り始めた。別の者たちが馬場の真中でグレコローマン式レスリング愛好者のため円形をつくった。だがこうしたことは全部ちょっとした冗談で、くたびれて眠そうな様子で行なわれた。全員が少しでも早く運命が変わるよう期待した――我々をいつまでも馬場に留めておきはしないだろう！　そのとおり、朝九時頃、馬場の門がまた開かれ、士官の代りに警察部隊がまた現われた――我々は徐々に連れ出され、数え直され、二〇人ごとにグループ分けされて二頭立て乗合馬車に乗せられた。この年はネフスキー大通りに電車はまだ走っておらず、ウマが代わりとなり、それと並んでネフスキー、ゴローホヴァヤやその他の主要道路には乗合馬車が走っていた。今はそれらの馬車が何一〇台も、馬場の門の傍に止められていた。私は最後のグループの一つに入っていたが、その時に先頭の馬車はもう移送監獄への長旅を終えて、新しい荷を積むため戻ってきた。我々二〇人組はそのような乗合馬車に乗り込み、御者が後部乗降口に陣取った。我々は無賃乗車客だったが、御者は義務に従って、彼に委ねられた古ぼけた馬車の安全無事を見守った。御者と並んで巡査が乗降口に陣取った。巡査は馬車でなく積荷に責任をもち、監獄当局の記載した人数通りに我々を引き渡す義務を負っていた。

我々は乗って、馬車は未知と意外性へ向かって走った。そして本当のところ、意外性は強いて永らく待つこともなく表れた。昨日私は一瞬とはいえ「密偵」となったが、今日は「スパイ」になってしまうという楽しみが控えていたのだ。

●3　移送監獄

我々は狭く騒がしいヴォズネセンスキー大通りを進んだ。人々が立ち止り、ごろごろ騒音をたてて進む車列を眺めた。「学生が運ばれていく!」情け深いある女性が我々を追いかけてきて長々と十字を切った。彼女の息子も我々と運命を共にしたのかもしれない。が、たんに善良な魂の表れかもしれない。だが皆が皆、我々の葬列にそれほど共感したわけでもなかった。ヴォズネセンスキー大通りとサドーヴァヤ通りの角で我々がアレクサンドロフスキー市場のまえに来た時、ある男が我々に大きい石を投げつけた。石は窓ガラスを割り、破片で我々は怪我をした。馬車がとまり、御者は犯人を捕まえにとび出したが、犯人は群衆に紛れこんだ。御者は取り乱して自席に戻ると、出来事の記録をなぐり書きして、自分は「割れた窓ガラス」に何の責任もないことの証明としてサインしてほしい、と我々に頼んだ。我々はサインしたうえ、自分のアドレスを「移送監獄」と記した。このような出来事でかなり時間をくい、仲間を乗せた最後の馬車は我々を追い越した。我々を護送する巡査はたいそう心配して残りの道を急いだ。さらに進んで最後に監獄に到着すると、そこでは所管の上司も、二〇人の学生が地下へでも姿を消したのか？　と心配していた。先着者たちはもう各監房に陣取っていて、各人にベッドが一つ割り当てられた。

私は三階に連れて行かれて入室した。そこは二〇人用のうち一九人の学生がいて、空いているのは窓際のベッドだけだった。私は入室すると仲間に挨拶したが、帰って来たのは墓場の沈黙だった。実はこういうことだったのだ。残った主なきベッドが学生たちに、学生のなりをした「スパイ」用に予定されているのではないか？という疑念をもたらしたのだ。敵意のこもった対応の理由がまったくわからず、私は監獄へ来る途中の事故について話した。この話は明らかな不信感をもって受けとられた。誰かが冷たい声で、皮肉っぽく言った。

「うまく作ったもんだな！」

別の者が懐疑的に付け加えた。「見えすいてる！」

三人目は毒のある丁寧さで「お仲間さんよ、思いやりある上司がお宅に寝場所を用意したよ！」

「我々みなに寝場所が用意されてるさ」私はドライに答えて、何が問題なのか、まだ全く理解できないまま自分の指定場所へ行った。同房者たちは私にはいっさい目もくれず、互いにしゃべりだした。こうした非同志的な態度に傷ついて、私は自分のベッドに黙って横たわり、馬場での不眠の夜を取り戻しながら、たちまちぐっすり眠り込んだ。
二、三時間して私が目を覚ますと、同房者はもぐり込んできたスパイを起こそうともせず、もう昼食を済ませていた。
「お仲間さん、お宅を食事に起こさなかったよ」沈黙が広がるなか、この監房で代表に選ばれていた学生が気取った丁寧さで私に話しかけた「お宅は多分どこか他所で食べたろうから。で、ついでにお宅は何学部か教えてもらえませんかね？」

「数学部三年」

「残念！　ここにいるのは法学部生、自然科学部生、東洋学部生だ。数学部生はいない。大変、大変残念！　でもお宅の学部の主な教授の名前を教えてもらえませんか？」

ここでやっと、私は仲間たちの疑念に合点がいった。私は代表の気取った丁寧さの調子をまねながら言った。

「お仲間さん、今度はお宅が、ここに言語・文学部生はいないか教えてもらえませんか？」

「言語・文学部生はいない」

「なんと残念！　もしいたら、私が数学部生だけど同時に言語・文学部の講義にも通っていて、ラッポ＝ダニレフスキー教授[11]のサークルにも参加していることをお宅に証明できたのに。大変、大変残念！　けれどお宅は、ここに自然科学部生がいる、と言いましたよね？」

「いますよ」

「なんと素晴らしい！　それなら彼らは自然科学部三年のアレクサンドル・レカスト[12]を知ってるはずだ」

「レカストなら皆知ってる！　彼は俺の友達だ」誰かが応じた。

「私の従兄弟だ」と私は言った。

私の従兄弟レカストは、事実、大学中で知られていた。彼はいくつもの集会で発言し、機知に富んだ辛辣な演説で有名で、秘密の学生「ラディカルの金庫」の創設者だった。私もその金庫に加わっていた。その後の彼の生涯は独立した物語に値するほど素晴らしいが、ここではそのための場がない。カザン聖堂広場で逮捕され、彼は今、別な監獄——ヴイボルク地区の十字監獄《クレスティ》に入っていた。

「許してください、同志。お名前は？」代表が全然違うトーンで言った。

私が名乗ると、苗字は何人もの学生に知られていた。なぜなら我々学生全員が読む『一九〇〇年のサンクトペテルブルク大学報』に、A・S・ラッポ＝ダニレフスキー教授主催のサークルでの私の報告が何点も挙げられていたからだ。そのうちの一つで最近「現代文化とインテリゲンツィヤに対するマクシム・ゴーリキー[13]の態度」という焦眉のテーマでの報告は、学生サークル間でいくつもの論議を呼びおこした。

代表は許しを求めて微笑み、私に手を差しのべた。

「さあ、友よ、我々を許してください。馬鹿げたことをしました！」そして「スパイのため」に残ったベッドのことで自分たちの間に生じた疑念を語った。同志たちが私を取り囲み、手を握り、謝り、自己紹介した。終り良ければすべて良し！

不愉快な出来事は解決した。他の監房でもこんな出来事が同じようにうまく解決した。

だがそれにしても、たとえほんの数時間とはいえ「スパイになる」のはなんと不愉快なことか！

●4　オペレッタ的獄中生活

こうして私は生涯で初めて入獄中だ！　もっとも残念ながら、実は最後ではないとわかるのだが。私は好奇心いっぱいで観察を始めた。

大きく明るい部屋で奥行は一五歩ほど。広いけれど格子がはまった窓から、アレクサンドルネフスキー大修道院の庭とペテルブルクの南部地域が遠くに見える。通路へのドアはなく、代わりに溝穴に沿って動かせる太い棒の格子がはめられてあり、その格子には腕だけでなく、おそらく頭も入れられそうだ。部屋の中ほどには細長いテーブルと、

11　A・S・ラッポ＝ダニレフスキー（一八六三～一九一九年）歴史家、社会学者、科学アカデミー会員（一八九九年）。

12　A・A・レカストはイヴァーノフ＝ラズームニクの従兄弟。［一九〇五～一九〇六年に革命的新聞を発行して有罪となり、姓名を変えて極東へ移住。一九一七年以後音信不通。一九三四年にイヴァーノフ＝ラズームニクと連絡を復活させ一九四一年まで継続］。

13　マクシム・ゴーリキー（本名A・M・ペシコフ）（一八六八～一九三六年）作家。

これまた長いベンチと椅子がいくつかある。右側の壁沿いに跳ね上げ式の釣床が一二台、左側には八台。左の隅には一面、人の背丈の高さの鉄の間仕切りがあり、その後ろに手洗い所、水を流せる文化的装置、流し台と蛇口がある。誰か洒落がうまい者が我々学生向けの「臨時規則」をもじり、人目をはばかるこの一角に設備使用上の「臨時規則」をぶら下げた。そこには、昼・夕食前後の一時間は立ち入り禁止、とあった。釣床は軽く、跳ね上げ式で、二本の太い棒の間に亜麻布を張ってあり、小さなわらの枕がついていた。この釣床はたたんで壁に固定できた。蒸気暖房で温かい。監獄に付きものの災いのナンキンムシの痕跡もなく、清潔だ。壁は油性塗料で塗られて清潔だ。概して申し分ない監獄だ。

　それに対して監獄内での我々の行動は、監獄行政の観点からすればまったく模範的とは言えなかった。入獄初日から我々は、監獄をピクニックのようなものに変えてしまった。騒音、高笑い、合唱が全室に響きわたった。我々は最優先の要望にもとづいて、通路へ出て近くの監房にいる仲間を訪ねる権利を勝ちとった。通路番は我々を部屋から出し入れするのに、ひっきりなしに鍵をガチャつかせた。三日目に当局はこのような事態にうんざりして、通路へ出る格子のはまったドアは昼夜開けっ放しにされた。我々はどの階へも自由に旅することができた。ただ専門学校生が入っている二階へ降りることだけは禁じられた。彼女たち専門学校生も我々と同じ権利を獲得していた。一階には「刑事犯」が集められていたが、我々は窓からロープでメモ、タバコ、いろんな食べ物を下ろして彼らとも徐々に交流を始めた。

　監獄で何を、どのように食べていたかについては全然覚えていない。食について我々はこれっぽっちも関心がなかった。早くも二日目か三日目に外からの差し入れが無制限に許可された。我々の部屋は特別豊かだった。なぜならペテルブルク出身者が多数で、地方出身者は少数だったからだ。毎日毎日、我々のうちのある者が、また別の者が親族や知人からあり余るほどの差し入れを受けとった。私は大きな自家製ピロークを受けとった。親しい友リムスキー=コルサコフ[14]の家族は、リンゴ・ナシ・オレンジ・ブドウを盛った果物籠をいくつも届けてくれた。他の仲間たちもおなじく贈り物をたっぷり受けとった。我々は消費の共産主義を実現した。つまり受けとった物を全部テーブルの上に置き、代表が二〇人に分けたのだ。だがとても食べ切れなかった。そこで我々は残りを新聞紙で包み、一階の刑事犯へロープで降すと、同じようにしてお礼のメモが届いた。有名なタバコ工場主シャプシャールは息子が我々と運命を共にしていたが、紙巻きタバコ一万本を届け、時々繰りかえしそのような贈り物をしてくれた。全部を喫い尽くすのは無理で、我々は贈り物を一階と分け合って自分たちの「意識性」を証明した。

一週間後には面会が許可されたが、それは監獄規則ではまったく例外的なことだった。テーブルと腰掛けで一杯の一階の広いホールに、週に二回、午後に、逮捕されている大学生や専門学校生の親族・友人・知人が集まって来た。監房ごとに名を呼ばれ、「面会！」だ。我々は階下へ降りて行き、ざわめく巣箱へ入ったが、すぐには親族や友人を見つけられなかった。やっとテーブルに陣取った。監視人は一人もいなかった。それに何百人もの訪問者と男女の逮捕者をどうやって監視できようか？　街に身内がいない大学生や専門学校生の許には、それぞれ偽装した「許嫁」が訪問した。ある仲間の許には三人の許嫁が一度にやって来たので、監獄上司は幸せな学生に対し、どれが「本当の」許嫁かはっきりしてくれ、と頼んだ。だが問題は、「本もの」はいなかったことだ。そこで彼女たちは順番を決めて通うことにした。騒音と陽気さが普通のことではない監獄での面会を支配し、ある老母は道を踏み外した息子のことを嘆いて涙をぬぐう時も、目立たぬようにしていた。面会時間はいつの間にか過ぎ、我々は陽気な集団となって、まだ階段にいるのに楽しげに歌いながら自室に戻った。

まったく「監獄」なんてあきれたものだ！

だが歌うだけでなかった。昼食後自発的な沈黙の時間を我々は自身で設けた。「安静時間」には歌だけでなくおしゃべりさえも許されず、読書と仕事の時間とされた。多くの本が受けとれたので、選択肢は豊富だった。私はこの時間に永らく考えていた差分法の論文を書きあげた。「シャバでは」そのための時間がなかったのだ。私の隣の男は文献学専攻であだ名は大ユス[15]といったが、この時間にサンスクリット文法をこねまわし、法学部生の一人は資本の回転における再生産の大きさについての修士論文を書いていた。だが本当のことを言うと、我々は、遊びに一時間を、その

14　A・N・リムスキー＝コルサコフ（一八七八～一九四〇年）音楽学者、書誌学者。ギムナジア以来イヴァーノフ＝ラズームニクの親友。ロシア国民学派の作曲家N・A・リムスキー＝コルサコフ（一八四四～一九〇八年）の息子で、父の作品の整理・保存、伝記執筆等に努めた。一九四〇年五月死去。

15　［ユスは古代教会スラヴ語の字母。三百代言という意味もある］。

他の時間は仕事にあてよ［仕事にも遊びにもそれぞれ時がある］、という諺をちゃんと守らず、逆に仕事に一時間を割くと残りの時間は遊びにあてた。「東室」という一番広い部屋に、テーブルを並べて本ものの演劇用舞台が設置され、ほぼ毎晩、即興の公演、コンサートや寸劇が披露された。時には上演にかわってさまざまなテーマでの講演や講義が行なわれ、その後に熱心な意見交換が続いた。私は報告「現代文化とインテリゲンツィヤに対するマクシム・ゴーリキーの態度」をここでくり返した。報告は多くの論争を呼びおこし、そのうわさが二階にまで達した。専門学校生たちが監獄当局に代表を送り、自分たちにもこの報告を聞くチャンスを与えてほしい、と嘆願した。許可が下り、何とも奇妙な状況下で報告が実現した。当日夕方七時までに専門学校生たちは二階の一番広い部屋に「密集し」、出入り口の格子は閉じられ、そのまえの通路に報告者用の小卓と椅子が置かれた。監獄長がやって来て、私を二階へ導いた。そして彼自身が報告に出席したが、さすがに報告に続く討議には加わらなかった。我々の監獄生活には実に多くの突拍子もないことがあったのだ！

スキャンダルなしとはいかなかった。ある一室で「無神論者」グループ（このような呼び名は当時まだなかったが、そのような人々は常にいた）が、大斎期に口承詩「ラザロの復活」[16]の宗教劇を上演することを決めた。「死せるラザロ」が連れて来られ、テーブルの上に据えられ、「覆いものでくるまれ」（タオルで巻かれ）、ロープで縛られて、バラライカの伴奏と墓前での歌とともに「洞窟」（手洗い所の上方に記された）へ運ばれて、「石で入り口がふさがれた」（腰掛が石とされた）。相続人である姉妹、すなわち実務的なマルタと空想がちなマリアがわずかな遺産をめぐり争い始めた。マルタは遺産を受け継いでエルサレムのどこかにぎやかな通りでしゃれたミュージックホールを開店しようとした。マリアは「携香女［十字架から降ろされたキリストに塗るため聖油をもってきた女］のための上級コース」を開設しようとした。二人の論争は熱を帯び、合唱隊が仲裁し、罵り合いが生じた。

そこへ古代ギリシャ・ローマ風の長衣を着たイエスが登場し、マルタとマリアとたどたどしい韻文で会話し、彼女たちを和解させようとした。合唱隊は教会聖歌のモチーフで「そうです、主よ！」、「あなたに、主よ！」、「主よ、哀れめよ」などと吠えた。姉妹を和解させられないと見ると、イエスはラザロを復活させることに決めた。

おお、姉妹たちよ、今奇跡を見よ／洞窟には悪臭が漂う／だが死する者を信じるなら／後に甦るであろう！

相続人姉妹は恐れ、この奇跡を為さぬよう哀願したが、イエスは「洞窟」に近づき、「石」を除けた――合唱隊が突如歌いだした。

何をするのだ！　二人を見よ！／四日間彼は墓の中に／もう悪臭が――

そして全員が鼻をつまんで墓から後退りした。

もう悪臭が／ひどい臭い／ひどい光景／死の手中で

しかしイエスは宣告した。「ラザロよ、起きよ！」すると「覆いものでくるまれた」ラザロは覆いものを入り口に投げ捨てて「洞窟」から姿を現し、次のように口ずさみながら、バラライカに合わせてカマリンスカヤ［ロシアの民族舞踊］を踊り始めた。

死んだけど、死んだけど、生き返っちゃった！／ああ、ありがとう、ありがとよ、キリストさん！

こうしたことは全部、まったく愚かなことだった。もっとも二〇年後にボリシェヴィキがソ連の若者たちをしつけようとした、あの冒瀆的態度には遠く及ばないが。宗教劇は大騒ぎを呼んで失敗に終わったが、信仰心ある仲間たちからの嵐のような抗議を引き起こした。神を信じる者は数的にはとるに足らないほど少数だったが、大多数の学生が彼らに味方した。宗教劇上演の主催者たちは非難された。なぜなら、信じないことはできるが、他人の信仰を侮辱する権利は誰にもないからだ。この出来事だけが数日間、我々の同志的雰囲気に影をさした。

その他のことはどうだったか？　トランプ愛好者たちは朝から晩まで「ゲームをしていた」。「移送監獄全監房チェストーナメント」が催され、厳格な予備選抜を経て一五人が参加した。私は当時第一級のプレーヤーで、一四人を連続して簡単に打ち負かし、「監獄チェスチャンピオン」の称号を美しく塗り飾った証書を受けとった。

そうさ、「監獄」なんてまったく！

もちろん、私は例外を書いており、規則を書いているのではない。

帝政ロシアの監獄の多くはこんな学生の天国には似ても つかず、むしろ暗鬱な地獄に似ている。その点でリガ監獄、オリョール中央監獄が悪名高く、もっと後の一九〇五年革命後はシュリッセリブルク苦役監獄や一連の地方監獄が続いた。ソ連天国の監獄についてはまだ言わない――もっと先に語ろう。差し当たって私は自分にとり最初の、オペ

16『新約聖書』「ヨハネによる福音書」一一章、「ルカによる福音書」一〇章三八～四二節参照。大斎期は、復活大祭前の精進期で、謝肉祭《マースレニツァ》から七週間続く」。

レッタ的な監獄の実態を記している。そこで結びとして、監獄の特徴を挙げつつ、私自身が大層賢いヒーローであった笑うべき逸話を語ろう。

この年の二月に、モスクワ芸術座が初めてのペテルブルク客演にやって来た。私をはじめ他の学生、専門学校生たちは極寒の夜に発売窓口で行列に並び、三月の六興行の予約券を手に入れた。三月四日以前に第一回目の「ワーニャおじさん」を鑑賞できた。それは我々みなの心を奪った。スタニスラフスキー[17]が忘れがたい演技で感動させた「シュトックマン博士」を見たのは、私の記憶では出獄後だった。だが、ともかくも講演は進み、予約券は私のポケットに入っており、私はと言えばやはり入獄中だ――なんと残念な！　そこで私は大いに知恵を働かせ、監獄署長の許へ謁見に出向いて、次のようなことを言った。今夕、芸術座でこれこれの公演が行なわれ（記憶のかぎりではハウプトマンの「孤独者」）、私は予約券を手に入れている。私に今夕、監獄を出る許可を与えられたい。学生として名誉にかけて誓う。貴殿に迷惑をかけず、夜中の一二時までにまた監房の自分の場所に戻るであろう、と。

監獄署長は――皮肉な人だった！――慇懃で表向きはまじめに私に説明した。私は学生さんの誠実な言葉を信じる者ではあります。しかし学生さん、いったい獄中の大学生や専門学校生のどれほど多くが、自分のポケットの中に同じような予約券を見つけることでしょうか？　私が喜んで、学生さんの誠実な言葉を信じ許可するとしましょう。しかしそうすると同じ理由で、全員の出獄を許さねばならないでしょう。学生さん、これは多くの点で不都合で、私、監獄署長には不可能でさえありませんか？

私はこのような理由づけに同意し、何も得られずに帰室した。私を追払った後で署長はどんなにか笑っただろう、と想像する。私も今までに自分の愚かでとっぴな行為を思い出しては大笑いする。それでも別のどんな入獄生活だったら、入獄者がこんなとんでもない願いを考えつくだろうか？

●5　追放、コヴノ県

いったいどのようにしたらこんなことが可能だったのだろうか？　なぜ我々学生の監獄での特権は、警察体制に特有の極めて厳格な措置によって遮られなかったのだろうか？

周知の通り三月四日のデモは、ボゴレーポフ流の抑圧と学生徴兵路線では平静をもたらさないことを政府に示した。少々手綱をゆるめ、学生と社会を静める試みが（「学生は社会のバロメーター」だから)、言うことをきかなくなった馬を脚や鞭や拍車ではなく、砂糖のかけらとゆるめた馬勒《ばろく》で静める試みが決定された。この政策はまる一年続いた。徴兵された学生が大学に復学した。一九〇一年秋から学生の「代表者会議《スターロスタ》」が公式に設置された。周知の通り、この路線は何の効果もなく役に立たない、と一年後には経験済みの抑圧的措置へと逆戻りした。大学と社会は一九〇五年へ向かって進んでいった。

だが我々は当面、移送監獄に収監中であり、最良の結果を期待しつつ、最悪の結果に備えていた。三月八日にラゴフスキー[18]が誰からも憎まれるポベドノスツェフ[19]を狙撃したとのニュースに、我々は歓喜を爆発させた。「東」室では予定されたコンサートに代って政治的演説を伴う集会が行なわれ(まったく「監獄」なんて)、我々はさらなる出来事と自らの運命の決定を、待ちきれない思いで期待し始めた。

一〇日ほどして監獄に憲兵将校がやって来て、我々は次々尋問に呼ばれた。私の番がきた――私はドライな丁寧さの、ひっきりなしに喫煙し、底なしに退屈そうな憲兵大尉のまえに立った。彼は調査用紙に記入するようにと言った(以後の監獄生活でいったい何回、記入したことか?)。調査用紙にはありきたりの履歴に関する問いの後に、とくに以下の二点の問いがあった。第一点は、何らかの政党あるいは組織のメンバーか? 第二点は、三月四日にどんな目的でデモに参加したか? というものだった。我々は予めこのような問いに以下のように同じ答えをするよう決めていた(憲兵の退屈そうな表情はそのせいかもしれない)。組織や政党には属していない、三月四日にはもっぱら仲間の徴兵に抗議するとの目的でカザン聖堂広場にいた、と。調査用紙の記入はすぐ終わり、憲兵はざっと目を通してから言った「これで終りだ、行ってよし」

数百人を三日か四日で尋問するのだから、こんな尋問のやり方に驚くことはない。さらに一週間が過ぎ、監獄に同じ憲兵たちが現われ、我々一人ずつに宛てた書類を提示した。そこには、何某は大学を除籍され、ペテルブルクから

17　K・S・スタニスラフスキー(一八六三～一九三八年)演出家、俳優。モスクワ芸術座を結成。
18　M・K・ラゴフスキー(一八八〇～一九二八年)はサマラ県地方自治庁の統計官。六年の苦役に処せられた。
19　K・P・ポベドノスツェフ(一八二七～一九〇七年)は政治家、宗務院長(一八八〇～一九〇五年)。反動のシンボルと見なされていた。

追放される、とあった。各人が居住を希望する場所か都市（ただし大学都市[20]は除く）を選ぶように、と言われた。「流刑期間はどれほどですか？」私は尋ねた。

憲兵は答えた「流刑でなく追放だ。期間は当局が後ほど決める。お前が選んだ居住地の正確なアドレスをここに書け」

私はK（コヴノ）県P（パネヴェジス）郡D（ダニリシキ）所有地［現リトアニア］と書いた。そこは私の従兄弟のP・K・ヤンコフスキー教授[21]一家の所有地で、私はほぼ毎夏そこで過ごしていたが、今年は春に会えるのだ。憲兵は我々に告げた。諸君は明日全員釈放される。一週間の期限内にペテルブルクから退去しなければならない。さもないと「決定的措置」がとられよう、と。

その「明日」がきた。仲間との騒々しい別れ、監獄の管理職への拍手喝采（ある同僚の言葉「あなたは看守だとしても、それでも良い人だ！　あなたが看守をやめて、人間であり続けるよう願います！」）。そして我々の尋常ならざる監獄滞在は、三週間足らずで終わった。

大層親しくなった我々同房者は、監獄を出ると写真屋へ直行して集合写真を撮った。この写真は一九四一年の戦争で自宅の書庫が破壊されるまで、保存されていた。それから帰宅、抱擁、涙、同情。それからヴァシリエフスキー島一〇番通りの有名な学生「食堂」で、他の監獄から釈放された仲間たちとのにぎやかな再会。それから一週間、慌ただしい出発準備、大学での事務的手続き、警察へ行き「通行証明書」の入手。それでも私はモスクワ芸術座の公演に何とか行けた！

そして私は田舎で、監獄から（何からだったか！）、それに嵐のように過ぎた大学生活から、休息をとっている。人生で初めて、田舎の春に出会っている。三月末、四月初め、そして復活大祭《パースハ》［この年は四月一四日］。ヒバリがとっくに飛んできた。名残の雪が消えていく。もう一か月後にはライラックが咲き乱れ、ウグイスが鳴きはじめるだろう。

しかし私はウグイスやライラックの季節まで、田舎にい続けることがなかった。四月初めにヴァンノフスキー[22]将軍が国民教育相に任命され、学生に対する短い「衷心からの監督」期間が終わった。四月末に私は、次のような公式書類を受けとった。何某は大学に復学し、ペテルブルクに戻って勉学を継続し、試験を受ける権利を有することを伝える。

そこで私はまたペテルブルクに、大学に、「食堂」に、学生生活の騒々しい奔流のなかにいる。ヴァンノフスキー将軍は秋学期の初めから、大学生活における「真剣な改革」を約束している。試験がすみ、夏の間の田舎暮らしがまたあり、そして一九〇一年秋ペテルブルクで大学の「新生活の夜明け」が始まろうとしている。

●6　復学、大学改革

新生活の夜はまだ明けず、「衷心からの監督」は上手くいかず、秋学期の短く自由主義的な「春」は、春学期の警察力に頼る吹雪で終わった。大学の嵐はテンポを早めて一九〇一年から一九〇二年に、新しい形態でだが、継続した。この間の革命運動史家なら、嵐の年の急変を詳しく書かねばならないだろうが、ここでは牢獄と流刑のテーマから逸れずに、手短にしよう。

約束された大学改革が、学年初めまでに導入された。学生によって選ばれた代表制度が創られた。従来、個々の学生は政府から「個別の大学訪問者」と認定されていたが、今や学生は公式に組織と認定され、大学基本法が（その他の高等教育機関におけると同様に）立案され、学生議会が創設された。もしもこの時、基本法と議会が大学生でなく、ロシア社会にもたらされたなら、その後のロシアの歴史はすべて違ったことだろう。だが周知の通り、ジュピターが〈滅ぼそうとする者は理性を失う〉[23]。

我々の大学議会は五六人から成り、各学部の各学年から「代表」が選ばれた（ついでに言うと、我々の「代表者会議」も大集合写真を撮り、この写真も近年まで私の手許にあった）。選挙は基本法の実施規則にしたがって行なわれた。候補者の演説、「学問至上主義者」――政治的には「右派」学生――に対する自由主義的、社会主義的分子の闘い、投票球を用いた投票などだった。右派は完全に敗北し、ただ一人、歴史‐言語学部二年生のレオニード・セ

20［大学都市はモスクワ、タルトゥ（旧称デルプト。現エストニア）、カザン、ハリコフ（現ウクライナのハルキフ）、ヴィルニャ（現リトアニアのヴィリニュス）、ペテルブルク、キエフ（現ウクライナ）、オデッサ（現ウクライナ）、ワルシャワ（現ポーランド）、トムスク等］。

21　序の註11参照。

22　Ｐ・Ｓ・ヴァンノフスキー（一八二二～一九〇四年）政治家、歩兵隊将軍、軍事大臣（一八八一～一八九七年）。

23［ラテン語の諺。ソフォクレスの「アンティゴネー」に由来するとされるが、類想句は他にもある。ソポクレース『アンティゴネー』中務哲郎訳、岩波文庫、二〇一四年、六三～六四ページ、一二七ページ参照］。

ミョーノフ[24]だけが当選した。彼のその後の悲劇的運命は、ロシア文学史に書きとどめられている。数学部四年生からは私が選出され、私にとり嵐のような一九〇一～一九〇二年の冬が始まった。

学生議会は極右、少数の自由主義的「中央派」と、過激派と社会主義派から成る「左派」に別れた。会議は頻繁に開かれ、我々は公式の通知で召集されたが、議長は大学から任命されて哲学のA・I・ヴヴェジェンスキー教授[25]が務めた。会議の発議は議長からか、または代表者全体の三分の一以上あれば代表者グループからなされた。A・I・ヴヴェジェンスキーは、学生が純粋に学内的要求を越えないよう説諭して、議会をアカデミズムの軌道に導こうと努めたが無駄だった。まったく見当違いだ！　我々は直ちに、警察の恣意を抑制せよ、行政的流刑や追放を廃止せよ、大学内外での言論の自由を、などの全国家的要求を提起した。気の毒な教授‐議長を我々は徹底して追求し、嵐のような会議後、彼は一度失神したことすらあった……時とともに代表は自分の学年の全体会議を設定し（全学部の集会も）、そこで代表者の活動報告を行ない、熱い論争、討議が行なわれた。投票するとつねに「左派」が圧倒的多数で勝利した。学生を静めるため召集された代表者会議は逆の役割を果たし、以前は中立で「あれでもこれでもない」学生まで革命化させた。今や圧倒的大多数が「これ」となり、学生団は日毎に左翼化した。社会民主党、社会革命党が急速に新しい隊列を伸ばし、「自由主義者」（未来の立憲民主党）の隊列は縮小した。「右派」は言うまでもなかった。会議で代表者が提起した要求は明らかにアカデミズムの日常性を踏み越えており、採用不可能だったので、政府は少しずつ試験済みの警察的手法へ、学生団の方は試験済みの抗議方法へと戻っていった。一九〇二年初めまでに「衷心からの監督」の春は終り、警察は再びその権限行使へと移って逮捕を始めた。当時、数多く表れた時事的テーマを詠んだ小詩中、次のような学生の四行詩が手書きで広まった。

早い鳥が春を運び／春が過ぎ去った、アカシアが／そして我らはまた警察の手に落ちた……／ああ、春よ、春！　挑発だ！

再び地下の「組織委員会」が結成され、多くの代表が加入した。第一委員会は集まるや否や、自分たちの後継者として第二委員会の委員を指名した。第一委員会の委員が逮捕されたら、代って統治するためだ。第二委員会もまったく同じように第三委員会に対処し、さらにその先もあった。学生をよそおったスパイの数が十分なので、組織委員の逮捕は時間の問題でしかなかった。第一委員会は一九〇二年一月に「根絶」され、二月初めまでにはや第七組織委員会が活動に入り、私はそのメンバーの一人だった。代表者会議も、我々の委員会も一九〇二年三月四日に新たなデモを予定した。それは何ものをも学ばない警察の新旧の措置に対する抗議だった。

●7　再度の追放、シムフェローポリ

だが三月一日に我々の第七委員会も「根絶」された。早朝五時に呼び鈴が鳴らされ、警察署長が巡査と二人の立会人を連れて私の家にやって来た。署長は次のことだけを言った。午前八時ちょうどに署まで出頭せよ。それまでにロシア帝国内のどの都市（大学都市は除く）への追放を希望するか決めておけ。出頭を拒めば、無論、「決定的措置」が執られるぞ、と。

今回の追放は一か月だけでは終わらない、と私は確信した。そこで長期間の居住地として人里離れた田舎を選ばないように決めた。私が八時に地区警察署に行くと署長は以下のような書類を提示した。何某は大学を除籍され、二年間（　）へ追放される（カッコ内は場所を示すため空白）。一九〇四年春に、卒業国家試験受験許可に関し大学へ願書提出の権利を有する。あらゆる準備のため三日間が与えられる。三月三日以前に何某はペテルブルクから出て、自分で選んだ居住地へ向かうこと。

私は署長に、空白欄には「シムフェローポリ市」［クリミア半島］と書きこむよう頼み、自分が監視を受けるべきシムフェローポリ警察に提示する到着証明書をすぐに受けとった。シムフェローポリを選んだのは、私の健康状態からどうしても南に行かねばならなかったからだ。それにシムフェローポリには代表者仲間の一人が住んでおり、異郷での生活を手助けしてもらえるからだった。署長は、私が三日の間にペテルブルクから出て行くという命令を実行するかどうか、私を監視する、と予告した。

私の監視はもちろんのこと、わが家の門番たちに委ねられた。門番というのは皆、警察と関係があったのだ。だが、

24　L・D・セミョーノフ（一八八〇～一九一七年）象徴派詩人、散文作家。［有名な地理学者・探検家P・P・セミョーノフ＝チャンシャンスキーの孫。アレクサンドル・ブロークと親しい。後にトルストイ主義者となり、］農民的生活をするが、暴漢に殺害された。

25　A・I・ヴヴェジェンスキー（一八五六～一九二五年）哲学者、心理学者。

門番と警察を欺くことは私には難しくはなかった。三月三日の夜、御者を雇ってわが家の門のところで待たせ、自分の小さなトランクを運び出し――門番たちが眺めていた――、そりに乗り込んで大声で言った「ニコライ駅［モスクワ行き列車の発車駅。現モスクワ駅］へ！」だが途中で行先を変えて、トランクをある知人に届けておき、別の知人宅へ行って一夜を明かし、そして三月四日正午に一人デモに参加した。今回デモは過去の反復を避けてカザン聖堂広場でなく、広く鉄道駅から海軍省までの間のネフスキー大通りの歩道全体で、と計画された。にもかかわらず、歩道は至る所、学生だけでなく市民の群集であふれていたので、その中に突っ込むのはとても難しかった。だがデモは失敗だった――デモには中心がなく、ネフスキー大通りを長時間ぶらつくにとどまった。その夜、私は列車の車両に乗り込み、許嫁［学友の妹］に会うためモスクワに数日間滞在した（通行証明書にその権利は記されていなかったが）。そして一週間後にシムフェローポリに長逗留の錨を下した。アンズの花が咲いていた……。

シムフェローポリ流刑については書かない。ただ、それが奔放さという点で一年前の獄中生活と似ているとだけ言っておこう。シムフェローポリの警察は到着証明書と引き換えに身分証明書《パスポート》を発行し、それ以上私をいっさい煩わさなかった。私には街の境界を出入りする権利はない、と警察で告げられた。だが、実は私とタヴリーダ出身の学生仲間とはリュックサックを背にして早速クリミア全土の旅に出かけ、縦横に歩き回り、五〇〇露里［約五三〇キロメートル余］を歩き、一か月後に黒く日焼けしてシムフェローポリに戻った。このことに対し誰も関心を示さず、誰も私たちを監視しなかった。私はモスクワに一か月間、そしてペテルブルクにも、こんなに何ごともなく行けたことだろう――事実、その年の秋に、許嫁にまた会うためモスクワへ行った。

まったく「流刑」なんて何でもないさ！

私の最初の監獄、最初の流刑はどちらもオペレッタのようだった。たっぷり仕事し、たっぷり読書し、たっぷり執筆し、たっぷりクリミアを巡った。

ちょうど三〇年後、私は本ものの監獄と、本ものの流刑を知るはめに陥った。その話はこれからするが、その間の二〇年後に、私はもはや全然楽しくない第二回目の洗礼を受けるはめに陥った。そのことをこれから話そう。

第II章

二〇年後

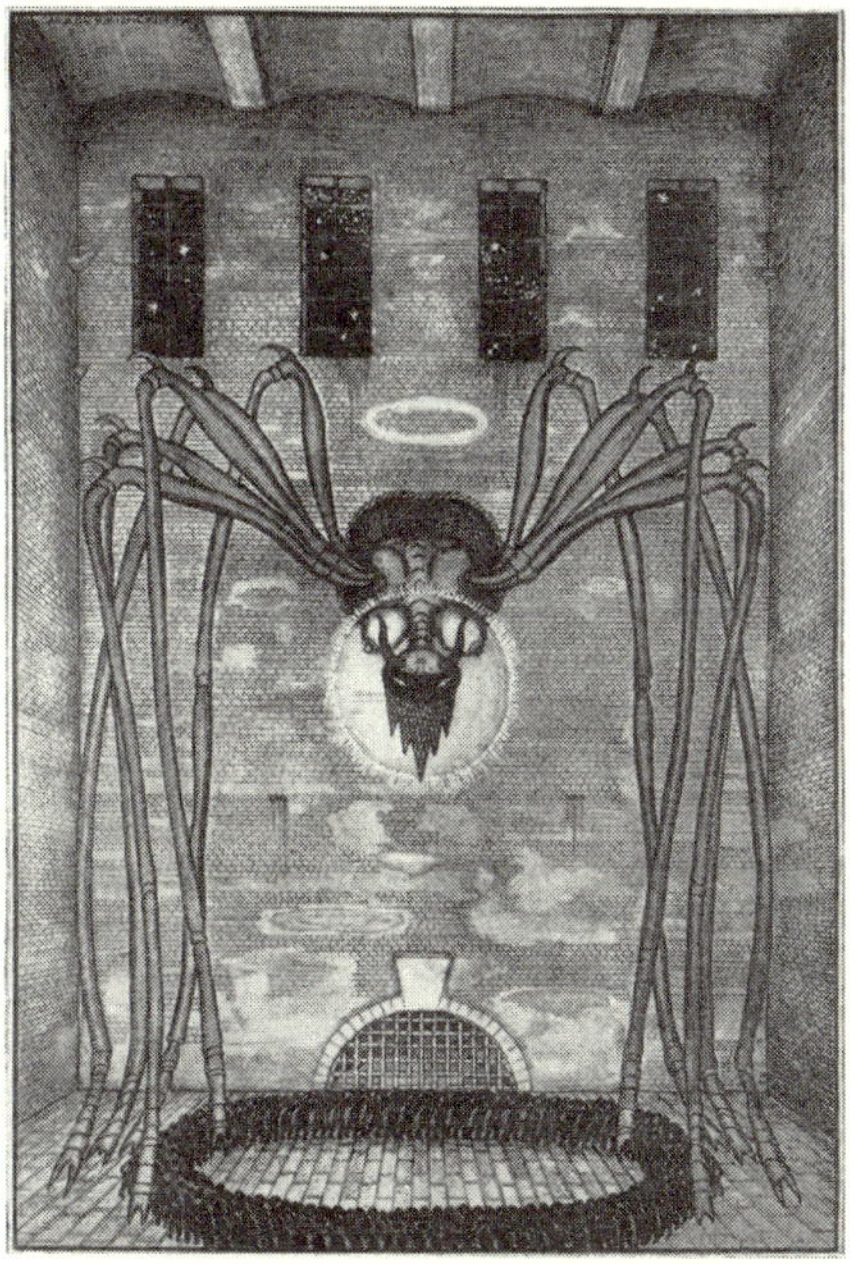
ドブジンスキー画「悪魔」1907年

変革の日々は過ぎ去り……
アレクサンドル・ブローク[1]

●1　物理学徒から作家の途へ

いつだったか私がたいそう若いころ、愚かしくも才気あふれるアレクサンドル・デュマの小説『二〇年後』[2]を繰りかえし読んだものだ。記念のためにその書名を借りよう。そこにちょっとしたこじつけがあるのは、私の最初の監獄から第二回目までは二〇年ではなく、一九年しかないからだ。私はこの間の生涯における主な道標の一般的特徴をお話しするが、まずは一九〇一年から一九〇二年の諸事件が、私の人生の方向をまったく変えたことだけ話そう。

　私は数学生で、物理学にたいそう惹かれていた。O・D・フヴォリソン教授[3]は私に好意的で、私が大学に残って自分の講座に所属するよう取り決められた。私は彼の下で専門的な論文を書いた。だが私は同時に歴史・言語学部の講義に出席し、とくに我らが大いなる学究である社会学のA・S・ラッポ＝ダニレフスキー教授の講義（題名は「社会的諸現象の分類学」）に注目していた。彼のセミナーではJ・S・ミルの『論理学』第八巻への註解作業を行ない、彼のサークルで報告した。ジダーノフ教授[4]には文学史、A・I・ヴヴェジェンスキー教授には心理学と哲学史、F・F・ゼリンスキー教授[5]にはギリシャ文学を、その他多くの講義を聞いた。このようなことができたとは、なんという力と時間があったことか、と今でも自分に驚いている。

　シムフェローポリへの流刑の間、物理学の実験をする可能性はまったくなくなり、代わりに何の障害もなく文学にかかわり続けられた。当地で一八世紀、一九世紀ロシア文学のすばらしい蔵書の持ち主と知り合いになる幸運に恵まれ、私はもう永年あたためていた書物のための資料を選び始めた。その本は『ロシア・インテリゲンツィヤ史』と名付けるつもりだった。私はその書物を、最終章となる試論「現代文化とインテリゲンツィヤに対するマクシム・ゴーリキーの態度」から始めた。シムフェローポリでの流刑が一年過ぎると、ヴラジーミル県の辺鄙な村への移住が許可された。その地は、一九〇三年初めに妻となった許嫁の両親の領地だった。その地で私は本気で著書執筆に取りくみ、一九〇六年末に『ロシア社会思想史』というタイトルの二巻本が刊行された。これが作家という私のその後の運命を決めた。もし一九〇二年に流刑がなかったならば、私はおそらくこれほどの大仕事にあてる時間がとれず、「物理学の道」から外れずにフヴォリソン教授の下で大学に留まり、とどのつまりは物理学のような政治的に無害な学問で尊敬される教授になって、後々の監獄や流刑は免れたことだろうと断言する。フヴォリソン教授は後々、たまに会うことがあればいつも私をこう言って叱った。おまえはくだらん文学などのために、科学の花形たる物理学を裏切った、と。だが、どうあるべきだったのか！　私自身でこの道を選んだのでなく、政府の「衷心からの監督」と長期の流刑とが私の運命を決めたのだ。

　ここで私自身のその後の文学および社会上の歩みについて回想することはするまい。ただマルクス主義とナロードニキ主義との闘いで、私は後者の側についたことだけを話そう。私は、反マルクス主義の立場で執筆し、そのもっとも知的な代表者プレハーノフ[6]や、もっとも薄っぺらなルナチャルスキー[7]と闘った。これらのこと全部を、以前——四分の一世紀後——GPUとNKVDで尋問された際に思い出さされた。しかし、ナロードニキ主義のイデオロギーにつきながらも、当時それを政治面で体現する社会革命党《エスエル》に入党はしなかった。私はキプリング[8]の機知に富む語り手の言葉によれば、「ひとり気ままに歩くネコ」で、党の規制は私に向かなかった。だからと言って、社会革命党の文学にかかわる事業に親しく参加することの妨げになる、とい

1　アレクサンドル・ブロークの詩「いつもそうだった……」（一九〇九年）からの正確な引用。A・A・ブローク（一八八〇〜一九二一年）は象徴派詩人。一九一〇年代前半からイヴァーノフ＝ラズームニクの親友。「十二」、「スキタイ人」など革命をめぐる詩を生む。病死。

2『ダルタニヤン物語』の第二部（一八四五年刊）。

3　O・D・フヴォリソン（一八五二〜一九三四年）物理学者、科学アカデミー準会員。

4　N・N・ジダーノフ（一八四六〜一九〇一年）ロシア語・ロシア文学教授、科学アカデミー会員。

5　F・F・ゼリンスキー（一八五九〜一九四四年）古典語学者、文芸学者。

6　G・V・プレハーノフ（一八五六〜一九一八年）元ナロードニキ革命家、「ロシア・マルクス主義の父」、時事評論家、哲学者、ロシアおよび国際社会民主主義運動家。

7　A・V・ルナチャルスキー（一八七五〜一九三三年）政治家、党活動家、文学・芸術評論家、ソ連の初代教育人民委員。

8　J・R・キプリング（一八六五〜一九三六年）イギリスの小説家、詩人、［ノーベル文学賞受賞者。作品『ゾウの鼻が長いわけ——キプリングのなぜなぜ話——』（藤松玲子訳、岩波書店、二〇一四年）中の「ネコが気ままに歩くわけ」参照］。

うことはなかった。同党の代表であるS・P・ポーストニコフ[9]が一九一二年にペテルブルクで大きな雑誌『遺訓』を立案すると、私は文学欄の編集者として加わった。一九一七年革命の初期にエスエルの新聞『人民の事業』が生まれると、文学欄を確立するため、また編集部入りした。一九一七年秋にエスエルが右派と左派に分裂したとき、私は左派に共感してその新聞『勤労の旗』、雑誌『我らの道』の文学欄を担当した。こうしたことは全部チェーカーとGPUのブラックリストに記録されており、遅かれ早かれ代償を支払わねばならなかった。

以前、帝政時代にもあやうく代償を支払うところだったが、それは一風変わった話だったといえる。一九一三年末と一九一四年初めにペテルブルクで合法的なナロードニキ主義（つまりエスエル）の新聞が、発行されては政府により次々と閉鎖されながら、灰のなかの不死鳥のように名前を変えては再生を繰りかえした。それらの新聞を替ることなく率いたのはエスエル党のネルチェフ[10]で、私は彼を一九〇二年からシムフェローポリで知っていた。というのは、彼はその地のゼムストヴォ［一九世紀後半から設置された地方自治機関］の統計部長で、私は生活のため、彼の指導の下に「自由契約雇用者」として同部で働いていたのだ。今度はネルチェフが私のところに来て、エスエルの一新聞（多分『農民の勤労』だが、確かでない）にN・K・ミハイロフスキー[11]没後一〇周年を記念して短い論文を書いてほしい、と頼んできた。その際彼は、「検閲に遠慮無用」と言い、私は「遠慮しなかった」。一九一四年一月二七日、私の小論が載ったため、その号は没収された。私は、検閲委員会の決定により論文の執筆者は［刑法］一二八条違反で出廷を命じられることをいくつもの新聞で読み、満足した。だが我々の雑誌『遺訓』の法律顧問で大学講師M・M・イサーエフ[12]の説明によると、「裁判にかける」には長い時間がかかる、とのことだった。イヴァーノフ＝ラズームニクがペンネームであり、それがR・V・イヴァーノフのことだと法的に証明せねばならないのだ。

彼は正しかった。問題は「長引き」、一九一四年の戦争までにも、一九一七年の革命までにも、そのことに関してはまったく何も耳に入らなかった。ボリシェヴィキならばいっさい形式張ることなく、その左寄りの司法は誰のペンネームかを明らかにすることもなく、一時間後には次々と火事場へと駆けつけただろう。彼らはそれを予防拘引と名付けたが、私は間もなく自分自身の経験でそのことを知るだろう……

だがそこへ一九一七年革命がやって来た。変革の日々が実現した！　革命後一年半がたった。一九一八年七月、左派エスエルはモスクワでドイツ大使ミルバッハ殺害と反ボリシェヴィキ蜂起を企てたが、完全な壊滅に終わった。『勤労の旗』紙、『我らの道』誌は閉鎖された。非ボリシェヴィキ、非マルクス主義者にとり文学的仕事の道は断たれた。この時期にV・E・メイエルホリド[13]はTEO（演劇部）［正式名称は教育人民委員部演劇局］を組織し、学術-理論課とレパートリー課に入るよう、私に提案した。レパートリー課の議長はアレクサンドル・ブロークだった。私は両課で一九一八年から一九一九年に働くと同時に、アレクサンドル・ブローク、アンドレイ・ベールイ[14]やその他の人々と「自由哲学協会」（ヴォリフィラ）を設立した。ヴォリフィラは一九一九年末に実際に発足し、まる五年間存続した。こうしたことはすべて政治からはたいそう距離があり、哲学・文化・芸術・文学の領域内で展開したことだった。しかしボリシェヴィキは私がいることを忘れず、私に対する予防拘引の理論適用を決定した。

●2　家宅捜査、「左派エスエルの陰謀」

戦時共産主義期のテロルが最高潮の頃だった。「人質」

9　S・P・ポーストニコフ（一八八三～一九六五年）著述家、書誌学者。エスエルの雑誌『遺訓』（一九一二～一九一四年）、新聞『人民の事業』（一九一七～一九一八年）の編集書記。一九二一年に亡命し、プラハの「ロシア在外歴史アルヒーフ」の創設者の一人および図書室長。［ドイツの監視収容所に現われたイヴァーノフ＝ラズームニクと文通し、援助。一九四五年ソ連に送還され五年間セヴェロウラリスク［スヴェルドロフスク州］へ流刑後、ウクライナのニコポリ居住。一九五七年チェコスロヴァキアへ戻る。一九八九年名誉回復］。

10　M・V・ネルチェフ（?～一九二二年）エスエル、ジャーナリスト、憲法制定会議議員。

11　N・K・ミハイロフスキー（一八四二～一九〇四年）評論家、文学批評家、ナロードニキ主義のイデオローグ。主著『進歩とは何か』。

12　M・M・イサーエフ（一八八〇～一九五〇年）刑法学者、ソ連で法学博士、モスクワ大学教授、ソ連最高会議議員（一九四六年）。

13　V・E・メイエルホリド（一八七四～一九四〇年）演出家、俳優。［「演劇の十月」のため、モスクワのメイエルホリド劇場（一九二〇～一九三八年）を中心に革新的活動を展開した。イヴァーノフ＝ラズームニクの親友で、ヴォリフィラ創設メンバーの一人。一九三九年逮捕、翌年銃殺。一九五五年名誉回復］。

14　アンドレイ・ベールイ（一八八〇～一九三四年、本名B・N・ブガーエフ）象徴派詩人、小説家。アレクサンドル・ブロークの友人。［ヴォリフィラ創設メンバーの一人で初代会長］。

の逮捕、銃殺、実在の、または架空の陰謀の摘発がくり返された。そうした例の一つが一九一九年二月の「左派エスエルの陰謀」で、それは実在しなかったのだが銃殺にまで至る一連の「抑圧」をもたらした。その時、逮捕の波は私にまで及んだ。一九一九年一月末に私は肺炎を患い、二月中頃までに徐々に回復して、室内を歩けるまでになっていた。二月一三日の夕方六時頃、私がツァールスコエ・セローの自宅書斎で安らかに座っていると、呼び鈴が鳴らされた。V・N（今は「妻」と書けず、今後、名前と父称のイニシアルを記す）がドアを開けに行くと――ピストルを手にした背の低い文官（アルメニア人だとわかった）がアッという間に書斎に駆け込み、その後ろに小銃をもった若い赤軍兵士が入ってきた。チェキスト［チェーカー員］のアルメニア人は捜査・逮捕令状を示し、必要ないとわかるとピストルをポケットに収めて、その場を動かずに捜査に立ちあうよう要求した。数千冊の蔵書、いっぱい詰め込まれた資料棚、原稿や手紙が散らかったテーブルを見て、彼は落胆し、茫然自失の態で、どうするべきかわからないように見えた。テーブルをかき回し、手紙の束をちらと見ただけで取りあげ、書き始めたばかりの著書『人間の擁護』の分厚いノートを脇へ置いた。そのノートは当時『弁人論』という題だったが、彼にはこの言葉が明らかに怪しく思われた。彼は二時間ほど絶え間なく右往左往し、蔵書からアナーキズム関係の数点を取りあげ、資料棚に見切りをつけると、集めた全書類であまり大きくない束をつくり、八時近くに「捜査」は終わった。こうしたことはすべて、滑稽な印象を生んだ。私は、自分の第二の洗礼もオペレッタ的なモチーフで始まっていると思った。

アルメニア人は捜査を終えると、旅の支度をしてペテルブルク行き列車で同行せよ、と言った。旅支度が始まった。大きくないトランクにタオル、石鹸、替えの下着、柄つきコップを入れた。V・Nは、パンのふち部分一フント半［六二〇グラム弱］とドロップ二〇粒入りの小箱をやっと手渡してくれた。これが我々の貯蔵食糧だった。手持ちの現金もぎりぎりで二〇ルーブリのケレンスキー《ケーレンキ》[15]紙幣を二枚だけを持ちだした。支度に長くはかからなかった。私は家族に別れを告げ、[16]明日メイエルホリドに事態を知らせるよう、V・Nと申し合わせた。そして左側はチェキストに、右側は赤軍兵士に護送されて鉄道駅へ向った。二週間の病気後、初めて極寒の戸外を歩くのはたいそう辛く、私は護送兵たちに少しゆっくり歩くよう頼んだ。夜汽車はがら空きだった。チェキストと赤軍兵の二人はしゃべり、私は黙って二〇年前の最初の監獄への旅を思い出していた。

ペテルブルク着は九時ごろだった。私の警護を赤軍兵士にまかせ、アルメニア人は電話でチェキスト専用自動車を呼びに行った。彼はかなり早く戻ってきて、ゴローホヴァヤ二番地の元特別市長舎、有名なボリシェヴィキ警備隊員センターかつ逮捕者全員の入獄登録監獄へ私を連行した。私は登録所へ連れて行かれ、初めての、まったく履歴的な調査書に記入した後、真っ暗な階段をどこか「上へ、上へ、上へ」向かわされた……ほどなく私はチェーカーの地下室に入ることになるのだが、手始めにペテルブルク「非常委員会」の屋根裏部屋におさまった。

　屋根裏部屋の一部は、開かれたドアでつながる広い二部屋から成っていた。護送兵は私を不機嫌な屋根裏部屋番人の手に渡し、番人は鍵をガチャつかせて最上階の監獄のドアを開き、宣告した「牢名主《スターロスタ》！　一九五号だ！」囚人代表が私に近づき、ユーモラスに挨拶した「ようこそお越しで」名簿に私を一九五と書き込み、就寝用の場所を探す手引きをした。この屋根裏部屋には二〇〇人がぎっしりと詰め込まれていたので、寝棚の上に空いた場所を見つけるのは簡単ではなかった。とうとう二番目の部屋の奥で、寝棚に座っている「五人組」グループに受け入れられた。電燈が天上から部屋をボンヤリと照らし、私は密集した囚人がよく見えなかった。だが、大多数はもう眠っていた。グループに分かれて座り、話し合っているのは少数だった。

　私が入れられたグループでの説明によると、囚人は全員が五人で一組の独立した「食事単位」に分けられる。朝夕の食事時に五人に一つの鉢で食事が出される。この屋根裏部屋監獄では収容者の移動が早く、毎日新しい逮捕者リストが作成され、新しい五人組が生まれている。私に指定された寝床はむき出しの板で、旅で疲れはて、まだ病後で回復していない私は、そこにわが身を横たえた。

　我ら五人組の構成はきわめて多様だった。

　年配で生気のない人は元軍事省役人で、フィンランド国境近くで最近撃たれた左足を引きずっていた。彼は越境を試みたため起訴中で、暗い気分で、前途に何も期待していなかった。

15［臨時政府（一九一七年三月～一一月）発行の紙幣。呼び名は臨時政府のケレンスキー首相の名から］。

16［子どもはレフ（一九〇四～一九三八年）、イリーナ（一九〇八～一九九六年）の二人。レフは国内戦期からChKに勤務した、刑事犯罪事件に巻きこまれ消息不明になったという説、それらを否定する説がある。両親は息子のことがトラウマになっているようで、決して話題にしなかったという。イリーナについては第V章の註91参照］。

まるまると太ったこれも若くはないユダヤ人は、私の少し前にここへ入れられまだ尋問を受けていないが、砂糖の投機での告訴と推測され、それも根拠なしとは言えないようだった。彼は楽観的な気分で、いつもくり返していた。「投機！　そうさ、投機ってなんだ？　ただの商売さ！　そうさ、一体いまどき誰がやらずにいるかね？」

若く颯爽としたエストニア人兵士は、友人たちとの会話で祖国にたどり着きたいと強く望み、今「この呪われた革命のペトログラードに」暮らすことがどんなにか悪く、難しく、そして腹が減ることか、と何度もくり返したことが彼の罪のすべてだった。彼はもう一週間以上もここにいて、そのことがどんなに苦痛かをその飢えた眼差しがあらわしていた。彼はたえず食物のこと、エストニアの民族料理のことを話し、次のように宣告した。「明日身にしみてわかるさ、ここじゃ食事をひどい代物って呼んでるぞ！」

四番目の男はあごひげを生やしたノヴゴロドの百姓で、住んでいる村では教会の執事だった。彼は「教会をめぐる諸事件」で逮捕され、ペテルブルクに連行されたが、いったいどんな事件なのか説明できず、自分の考えもわかっていないようだった。

五番目が私だった。ところで私はなぜここに来たのか？　私が寝板に横になり近くの人々と話していると、最初の部屋から二人がやって来て私の名前と父称を呼んだ。私も彼らがわかった。左派エスエルの労働者で、工場の問題で幾度となく『勤労の旗』編集部とペテルブルク党委員会へ来たことがあった。彼らは、もうここ三日間元左派エスエルが誰もはっきりと聞いたこともない陰謀の疑いで逮捕されている、私の逮捕もこの事件絡みだ、と話してくれた。これは十分にありそうなことだった。そして数時間後に私は、実際どうだったのかを確信した。

屋根裏部屋は徐々に静まり、夢うつつのいびきが四方から聞こえてきた。疲れてはいても、慣れないので眠ることは難しかった。むき出しの板が具合悪いだけでなく、人がぎゅうぎゅう詰めの部屋の空気の不快きわまる臭いのせいでもあった。おまけにナンキンムシの大軍が血を吸いだし我慢できない。さらに監獄のドアが頻繁に開けられ、看守が誰某の苗字を大声で呼ぶ。「尋問だ！」牢名主は呼ばれた者を眠っている者のなかから探すため、ほとんど全員を一人ずつ起こさねばならなかった。次の「尋問」の声までまどろむ間もなく、また以前通りのことが始まる。半分眠り、半分目覚めて夜が半ば過ぎた。もう二時を過ぎて私は、夢うつつで自分の苗字が呼ばれるのを聞いた。

私は二階の照明がまぶしい部屋に連行された。そこでは若く、軍服を着た取調べ官が机をまえに座っていた。私はすぐに彼がわかった。一年前、彼は左派エスエルの許へ出入りしており、『勤労の旗』編集部と隣りあう党委員会のすり減った敷居のところで、何度も出あっていた。彼とは知り合いではなかったし、彼にも、相手が自分を知っているかどうか判断する根拠は何もなかった。ミルバッハ殺害の少しまえに彼は姿を消して共産主義者に変わり、そして今、チェーカーの一取調べ官として登場した。元左派エスエルとしての彼に、元党員仲間による実在しない陰謀を精査する、正確に言えばでっち上げるよう任されたのだ。彼が誰なのか、私は知らないし、苗字も覚えていない。尋問中に彼のいうところでは、革命前は大学生だったというが、とても信じられない。尋問が終わると彼は自分の紙に、「私は……を真実と確認いたします」で始まる言葉を記して最後に署名した。

こちらにありふれた調査書に記入するよう言って、取調べ官はそれが手許に戻ると一読して、こちらに返し言った。「おまえは嘘の証言をしている。どの政党の党員であったか、という問いに対して、「非党員」と答えているが（私は調査書にはいつも「無党派」でなく、そう書いた）、消して正しく書き直せ。左派社会革命党員だった、と」

「そんなことはできません。そうしたら嘘になります。党員であったことは一度もありません」と私は答えた。

「逆のことを証言する者は何人もいるぞ！」

私は答えた。「証人ならすぐに見つかります。ここに党中央委員がたくさん収容されています。彼らはあなたに確認するでしょう。私は党紙の文学欄編集部員になったけれど、中央委員会の会議に参加するよう招かれても、党員にはならない、と宣言したことを」

「だけどおまえはいつも中央委員会に姿を見せていた。おまえが中央委員だったからではないのか？」

「姿を見せたからってそれが何なのですか？　あなただってペテルブルク党委員会に常にいたのに、どうしてメンバーでなかったのですか？」

取調べ官は、私が彼のことをわかっていたと知って真っ赤になり、いっそう乱暴な調子で尋問を始めた。

「こんな嘘はためにならんぞ！　おまえの正体を暴いてやる！　だがおまえが党員であってもなくても、摘発されたばかりの左派エスエルの陰謀に加わったか、それとも主導したかを突き止めてやる！　ここにおまえの率直な告白を書け、それでおまえの運命が軽くなるかもしれんぞ」

指示された場所に私は記した。左派エスエルの陰謀に関しては取調べ官から初めて聞いた、つまり、たとえそのような陰謀が実際にあったとしても、加わることなどまったく不可能だ、と。

取調べ官は私の返答を読んで言った。「おまえはもっとひどいことになるぞ。もう一度考えなおすよう忠告しよう」

　そう言って彼は、わが家の家宅捜査で押収した手紙・書類・本の束の調査に没頭した。『弁人論』が彼の注目を引いた。少し黙ったが、彼はやはりこの言葉はどういう意味だ？　と尋ねることにした。それから私のメモ帳にある知人たちのアドレスに強く注目した。苗字とアドレスを彼は鉛筆で強調し、それから別の紙に書き写し始めた。このことで私は不安になった。そして後にわかったように、不安はもっともだった。

　取調べ官が自分の仕事をしている間に一時間が経った。その間私は座って「しばらく考え」ねばならなかった。

　仕事を終え、再度書類や本を全部束ねて、取調べ官は訊ねた。

「どうだ、じっくり考えたか？」

「問題外です」と私は答えた。

「残念至極。俺とおまえは知的な人間だ。何しろ俺は大学生だったからな。我々は互いを理解し合えるのに、おまえは俺を理解しようとしない。だがおまえの頑固さがおまえの罪をいっそう重くし、今後の運命に最悪のかたちではね返るぞ。尋問書にサインして最悪の事態を待て」

「最善の事態を望みます」と言って、私は書類にサインした。その後彼も「私は真実と確認し」、それから電話して護衛に、私を屋根裏に連れ戻せ、と命じた。

　朝の四時だった。

●3　逮捕の波

　朝の五時——後で知ったのだが——チェキストを乗せた自動車の隊列が、街のさまざまな地域へ、私の知人たちが住む家へ乗りつけた。彼らのアドレスを私は不注意にもメモ帳に書きこんでいた（この時以来、私は決してそういうことをしなくなった）。逮捕されゴローホヴァヤ二番地へ連行されたのは次の人々だった。詩人アレクサンドル・ブロークはプリヤシカ川畔から。作家アレクセイ・レーミゾフ[17]、画家ペトロフ＝ヴォトキン[18]と歴史家M・K・レムケ[19]はヴァシリエフスキー島から。作家エヴゲーニー・ザミャーチン[20]はモホヴァヤ通りから。S・ヴェンゲーロフ教授[21]はザゴロドナヤ大通りから。さらにさらに、私の友人が住んでいないペテルブルク中の隅々からも。なんというソビエト権力機関の嵐のような警戒行動か！
　私のメモ帳でアドレスが知れた知人の作家で、無意味な逮捕騒ぎのなか無事だったのはフョードル・ソログープ[22]ただ一人だった。後に、一体どんな奇跡で逮捕を免れたのか、と彼に尋ねると、彼に対する住居管理者のすばらしい態度のおかげだ、という答えだった。自動車が彼の家へやって来て、チェキストは管理者に、何々番のフラットに（本名でなく、ペンネームだとは思いもせず）フョードル・ソログープとかいう者が住んでいるか、と照会した。管理者は知らぬふりをして、その番号のフラットにはテテールニコフさんが住んでおり、自分が管理する家にはソログープさんは住んだことがありません、と答えた。何かを考えてからチェキストは「さてさて、あいつは沼に潜ったか！」と言い、どんなソログープかさらに調べる気もなく、あきらめて行ってしまった。こうしてソログープは、チェーカーの屋根裏部屋を経験する楽しみを免れたのだった。

それ以外の人たちはゴローホヴァヤに到着したが、登録所から屋根裏部屋には送られなかった。もし送られてきたら、彼らと私が出会って事態を理解できたのだが。彼らは別な部屋に拘束され、尋問のため順に呼び出された。各人がこのような馬鹿らしさに対し、自分の気質に応じた反応を示した。尊敬するべきヴェンゲーロフ教授は穏やかに言った「生涯に馬鹿げたことはいっぱい聞いてきたが、こ

17　A・M・レーミゾフ（一八七七〜一九五七年）作家。「イヴァーノフ＝ラズームニクの友人で文集『スキタイ人』に作品を掲載したが、一〇月革命に反対し一九二一年に亡命。イヴァーノフ＝ラズームニクが一九四二年にドイツ占領下のポーランドに現われると、パリから文通を開始し、援助」。

18　K・S・ペトロフ＝ヴォトキン（一八七八〜一九三九年）画家、作家。「「スキタイ人」同人。ヴォリフィラ創設メンバーの一人。病死」。

19　M・K・レムケ（一八六二〜一九二三年）メンシェヴィキ（最晩年に共産党に入党）。歴史家、時事評論家。「『ゲルツェン著作・書簡全集』（全二二巻。一九一五〜一九二五年）の編纂者。イヴァーノフ＝ラズームニクのデビュー作『ロシア社会思想史』のタイトル名付け親」。

20　E・I・ザミャーチン（一八八四〜一九三七年）作家。一九〇五年秋にロシア社会民主労働党（ボリシェヴィキ）に入党、後に離党。「代表作『われら』（一九二〇年）。フランスに亡命した年に死亡」。

21　S・A・ヴェンゲーロフ（一八五五〜一九二〇年）文学史家、ペテルブルク大学教授。

22　フョードル・ソログープ（本名F・K・テテールニコフ、一八六三〜一九二七年）詩人、散文作家。「ツァールスコエ・セローでイヴァーノフ＝ラズームニクと同じ建物に住んでいた」。

れは愚の骨頂だよ」ザミャーチンは高笑いを始めて、ろくに読み書きできない例の学生取調べ官をいら立たせた。この場で何を笑ってんだ？　真面目な問題なんだぞ！　と。しかし、取調べ官が逮捕された者たちに、おまえたちは左派エスエルの陰謀家だ、と吹き込もうとしても何の成果もなかった。その時取調べ官は被逮捕者たちに、いつどのようにして左派エスエルの作家イヴァーノフ＝ラズームニクと知り合ったか？　彼とは現在どのような関係にあるか？　おまえたちの会話はふつうどのようで、とくに近頃はどうだったか？　という問いへの詳しい答を用紙に書くよう求めた。

例の調査書に記入する以外に、各人はこのような質問に答えたのだった。その後、ゴローホヴァヤに一昼夜足らずの間拘束された危険な国事犯たちは、自宅に帰された。何と無意味なことが、何と真面目に行なわれたことか！

作家ザミャーチンと詩人ブロークの二人は例外だった。ザミャーチンは尋問後すぐに釈放され、彼のチェーカー内部滞在はたったの二時間ほどだった。ブロークはまるまる一昼夜拘束され、屋根裏部屋に送られた。

Ｅ・Ｉ・ザミャーチンは尋問の様子を、次のように私に話した。自分に向けられた告発を笑い飛ばした後、彼は我々の交際と関係を詳しく記し、不可避の調査用紙にも記入した。彼は、どこかの政党に所属しているか、との質問に対して短く「所属していた」と答えた。その後で彼と取調べ官の間で以下のやり取りが交わされた。

「どの政党に所属していたんだ？」と、政治的告発ができると内心楽しみながら、取調べ官は訊ねた。

「ボリシェヴィキ党です！」学生時代にザミャーチンは実際この党に加入したが、革命の年々にははっきりと敵対した。取調べ官はすっかり混乱した。

「なんと！　ボリシェヴィキ党にだと？」

「はい」

「で、今も党員か？」

「いいえ」

「いつ、なぜ党を出たのだ？」

「ずっと前に、理念上の動機からです」

「党が勝利した今は脱党したことを悔やんでいるかね？」

「悔やんでいません」

「どうか説明を。理解できん！」

「しかし理解することはたいそう簡単です。あなたは共産主義者ですよね？」

「そうだ」

「マルクス主義者ですか？」

「そうだ」

「つまり、悪しき共産主義者で、悪しきマルクス主義なのです。あなたが本当のマルクス主義者ならご存知でしょう。ボリシェヴィキの同伴者たるプチブル的中間層が自然に分解して、労働者だけが共産主義の一貫した文柱となる、と。私はプチブル・インテリゲンツィヤ階級出身なので、あなたが何に驚いているのかわかりません」

この皮肉っぽい論証が取調べ官に作用し、彼はただちに釈放命令にサインして、ザミャーチンは逮捕されたなかで一番早くに出獄した。

アレクサンドル・ブロークの場合、事情はちがっていた。彼は左派エスエルとはっきり結びついていた。彼の詩「十二」は党機関紙『勤労の旗』に載ったし、同紙に論文「インテリゲンツィヤと革命」が連載され、すぐに党出版部で独立したパンフレットとして出版された。「十二」と詩「スキタイ人」は左派エスエルの党誌『我らの道』に再掲載され、これもまた党出版部で私の導入論文付きで独立した小型本として出版された。さあ、どうして左派エスエルではないと言えるのだ？　そのためブロークの尋問は長引き、彼と一緒に逮捕された他の面々は尋問後少しずつ帰宅を許されたのに、彼は屋根裏部屋に移送された。そこで彼と私は会えなかった。私はもう、さらなる旅へ出発した後だった。だが彼は、前夜に私が過ごした場所の同じ寝板を占め、まさしく私同様「五人組」に入った。彼と同時に屋根裏部屋におさまり、ブロークの隣人となったのが、後に我らがヴォリフィラの「学術書記」となるA・Z・シチェーインベルク[23]だった。

ブロークの死後一年、彼は亡き詩人の想い出に捧げられたヴォリフィラの論集に、「十二」の作者が――「彼はことごと――自由の寿《ことほ》ぎ[24]」――二月一四日という日をチェーカーの屋根裏部屋でどのように過ごしたかに関し、たいそ

23　A・Z・シチェーインベルク（一八九一～一九七五年）哲学者。［ヴォリフィラ創設メンバーの一人で学術書記。兄は左派エスエルとボリシェヴィキの連立政権（一九一七年一二月～一九一八年三月）で法務人民委員を務めたI・Z・シチェーインベルク（一八八八～一九五七年）。一九二二年末に出国。世界ユダヤ人会議文化部長、ユネスコ代表などを務めた］。

24　ブロークの詩「おお、私は分別もなく生きたい……」『弱強格《ヤンブィ》』（一九〇七～一九一四年）より。［小平武訳『ブローク詩集』彌生書房、一九七九年、一二三ページ。シチェーインベルクの回想は『アレクサンドル・ブロークの想い出　アンドレイ・ベールイ、イヴァーノフ＝ラズームニク、A・Z・シチェーインベルク』ペトログラード、一九二二年］。

う生き生きとした回想を載せた。アレクサンドル・ブロークは翌日釈放された。

●4　屋根裏部屋からDPZ（未決拘留所）へ

　尋問から戻り、私はむき出しの板のうえでまどろもうとしたが、もう朝七時で屋根裏部屋全体が起きて動いていた。今になって私は、昼光の下で囚人仲間を観察し、押しあい、彼らと話すことができるようになった。これは実に——何と雑多なまぜ物か！　衣装も顔も、種族も、言葉も、身分までも。[25] ロシア人、ドイツ人、ウクライナ人、アルメニア人、エストニア人、ユダヤ人、グルジア人、ラトヴィア人に何人かの中国人もいる。労働者、農民、元士官、大学生、兵士、官吏に何人かの「四等文官」[26]すらいる。無党派や党派の人間、党派では主にアナーキストも含めさまざまな傾向の社会主義者。政治犯、自ら「ギャング」と名乗る刑事犯。綿入れ、毛皮外套にジャケット、労働者のジャンパーに着古したかつてのフロックコートの名残、軍服型ジャケットにトルストフカ［レフ・トルストイが着たような丈長でゆったりした帯つき上着］——すべて我らのまえを通りすぎ、すべてここにいた……。[27]

　私が近づいたどのグループでも、会話のテーマはただ一つをめぐってかわされていた。それは、伝説的な「同盟者」の「干渉」が可能か、その時ボリシェヴィキのペテルブルク撤退は不可避か、だった。夜中鈍い砲声が我々の耳に聞こえてきた。ボリシェヴィキはピーテル［ペテルブルクの愛称］から退却せねばならないとすれば、彼らは我々をどうするか？　善玉と悪玉はふるい分けられるか？　この問いに対し圧倒的多数は断言した。全員銃殺だ！

　朝早くに茶と名付けられた熱い液体をいれた巨大な湯沸しが運び込まれた。一人につき八分の一フント［約五〇グラム］のパンが支給された。わが五人組ではユダヤ人投機者が自分のポケットにたくさんある砂糖を茶にいれたが、これは食道楽の大変な贅沢だった。エストニア人兵士は自分の分のパンを一口で飲みこみ、憂鬱そうにつぶやいた。「これが一日分だもんな」それでも熱い液体は私を元気づけ、眠気を吹き飛ばした。だが、ほとんどの者の気分は沈鬱だった。私の最初の、二〇年まえの学生監獄と何という違いだろう？　笑いも、冗談も、大声の会話さえも聞こえなかった。グループに分かれ、たいてい小声で話した。ここには二〇〇人でなく、二〇人ほどが集まっているかのように思えたほど監房内は静かだった。絶え間なく低いうなり声しか響かなかった。「ギャングども」さえ全体の雰囲気にしたがい、おとなしかった。アナーキストたちさえ皆とおなじ不安気な期待を抱いていた。全員が自分を人質で、被銃殺者候補と見なした。銃殺は戦時共産主義とチェーカーのテロの時代に頻繁に採られた「社会的保護」という手段だった。ここにもう何日も入れられていれば、多分、強烈な空腹感も気分を滅入らせた。

事実、正午に「昼食」が支給された時、私はエストニア人兵士が昨日言った「ひどい代物！」という言葉を思い出した。まず、いろいろごたごたと、「五人組」の点呼があった。その後、五人組の代表が監獄のドアの所まで出向き、褐色の液体のはいった鉢と木製のスプーン五本を受けとった。食後には代表が鉢とスプーンを順番に返却せねばならなかった。五人組は自分たちの鉢を囲んで座り、一人がスプーンですくうと、次に自分の順番がくるまで待つのだった。スープまたはボルシチと呼ばれる液体が何かはとても述べにくく、味の説明などはとてもできない。ビートの葉や茎のみじん切りとキャベツの黒い葉、スプーン二、三杯分のひき割り穀物、ごく稀にジャガイモのかけら、熱い水分がやたら多く、ニシンの臭いがする。それぞれの鉢には、五切れに分けられた小さなニシンが入っていた。私は割り当て分の腐りかかったきれっぱしを無理やりのみ込んだ。太ったユダヤ人投機家は明らかに私よりも甘やかされていて、半分噛んだきれっぱしをたちまち吐き出し、驚いて言った。「こいつがニシンって奴か！」エストニア人兵士は飢えた目つきで、吐き出されたニシンのきれっぱしを見ていたが、それをもらう許しを得てアッという間にのみ込んだ。私はトランクからパン切れを出し、五つに分けた。一人ひとりにはわずかだったが、それでも空腹を少しは満たせた。夕方六時には全く同じ夕食が出た。だが私は、夕食をとるのは五日後になろうなどと考えもしなかった。

昼食後少し経ったとき、ドアの向こうで動きがあり、足音、武器がガチャガチャなる音が聞こえた。何人かのチェキストが入室し、そのうちの一人はリストを手にしていた。

25　プーシキンの物語詩「盗賊の兄弟」（一八二一〜一八二二年）第一連からの引用。［川端香男里訳『プーシキン全集』二、河出書房新社、一九七二年、三四一ページ］。

26　［ピョートル大帝が制定した帝政期の官吏登用制度「官等表」上のランク。官等表に則り文官、武官ともに一四等官から国家勤務を始めて功績と勤務年限により昇進する。一八五五年以降、四等文官は世襲貴族であった］。

27　レールモントフの詩「ボロジノ」（一八三七年）からの引用。

チェキストは氏名を呼び立て、呼ばれた者は出て行き（「所持品持参」と言われた）、ドアの傍に立った。すぐに私の名が聞こえた。全部で六〇人が集められ、階段を降り、検査登録所を経て中庭へ連れ出された。そこでこのチェキスト部隊長が怒鳴った。おまえたちをシパレルナヤ通りの監獄へ連行する、道中警護ラインの境界からはみ出た者はその場で即時射殺だ、と。

門が開かれ、我々は通りへ出た。警護ラインはかなりまばらで、ほんの二〇人ほどだった。極寒の日だったが、太陽は明るく照っていた。街路は人でいっぱいで、公衆は我々を陰気に眺め、誰も感情を表さなかった。今日明日でなくても、誰でも自分がこのような行進に加わることになるかもしれない、と知っていたのだ。歩道の女性が一人だけ、号泣を押し殺そうと（誰のことを思い出したのか？）マフに顔を埋め、たちまち声をあげ泣き始めた。私の近くにいた警備隊員は大声でそれに応答した。「畜生め、てめえを撃つぞ！……」

それ以外には変わったこともなく、我々はシパレルナヤ通りまで来た。地区裁判所の建物の焼け残りの辺で、リチェイヌイ大通りを横切る時、私と同じ列にいたアナーキストはつぶやいた「燃やしたのに、焼けてない！」数年後この廃墟の場所にGPUの巨大な一二階建てのビルが建った。それはいつ焼けるだろう？……シパレルナヤ通りで我々はDPZ（未決拘留所）の門内に連れ込まれて、監獄管理局の手に渡され、いつもの登録手続きが始まった。口髭を生やした、明らかに帝政期から経験豊かなベテラン看守は、粗野で手慣れていた。彼が私の調査書をさっさと記入した。ついでに言うと、そこには「犯罪要件」という項目があった。私は短く「作家」と答えると、口髭は乱暴に言った。

「職業じゃなくて、何の罪かと聞いてんだ」

「私が作家であることがまさに私の罪なのだと言うのです」

口髭はそれ以上には固執せず、何かを書きとめ、威嚇するように長くゆっくり発音した。

「何でもない、あんた、しらべーよう！」

登録がすむと我々はそれぞれの監房に連れて行かれた。私の監房は四階の一六三号独房だった。何年も後に、私はまさにこの監房で何か月も過ごさねばならなかったので、この監獄について述べることはそれまで延期しよう。静かに一人でいられることは、騒がしくはないが満員の後では気持ちよかった。午後二時だった。一人で休めるのは夕方七時までだった。

六時ごろ夕食が運ばれてきた。シチュー鍋に何かの液体が入っていた。一口含んだだけで、私はスプーンを投げ出し、後は手をつけずに返した。何かわからないが、屋根裏部屋の食事よりももっとひどかった。夕食にはドロップを数個なめただけで、蛇口から水を飲んだ。

八時にドアが開かれ、「所持品持参で」登録所へ来い、と呼び出された。例の口髭が調査用紙を見ながら、私の苗字、名前、生年月日、住所、所属党名、犯罪要件を確かめた。最後の項目にきて私から以前とおなじ答えを聞くと、口髭はまた意味ありげに

「何でもない、あんた、あそこでわかるさ！」

あそことは！　この「あそこ」ってどこだ？　私はどこへ送られることに決まったのだ？

口髭は私を護送隊に引き継いだ。三人は若い赤軍兵士で、銃を持ち、ぎっしり詰まった背嚢を背負っていた。中庭で自動車を待った。私と護送兵は乗り込み、暗い通りをニコライ駅へ疾走した。

私は列車でモスクワへ運ばれた。

●5　モスクワ行き「ハンスト」列車

V・Nにとり二月一四日は心配と奔走の一日だった。朝に彼女はTEOのV・E・メイエルホリドの許へ向った。私の逮捕を知ると彼は憤慨し、ただちに彼特有のエネルギーでこの件全体にもっとも有効な関与の手段をとり始めた。さまざまな高官に電話し、そこへ自身で出向き、昼までには事件の状況を明らかにした。つまり、私はモスクワへ今夜九時の急行列車で送られるはずだ、と。メイエルホリドはV・Nに、TEOの仕事でモスクワ出張を命じる特別書類を発行し（当時、出張命令書なしに乗車券を入手できなかった）、モスクワでは誰の所に行くべきかを指示した。そして自らはモスクワに向け手紙を何通も書いた。

V・Nはうまくツァールスコエ・セローの自宅へ帰って家事を片付け、またペテルブルクへ戻り、夜九時にモスクワ行き急行に乗った。彼女は、私が同じ列車のどれかの車両に乗っている、と信じていた。

二月一五日朝モスクワに着いたV・Nは、モスクワ中の監獄、特にモスクワ州チェーカーの割当てセンターであるルビャンカ一四番地で私を探し始めた。私は列車から直接そこへ到着し、もう待っているはずだった。だが私はそこにいなかった。V・Nはメイエルホリドの手紙を携え、私の運命を管理するあらゆる機関を訪れたが、五日間探しても無駄だった。彼女は、すべて明らかになると保証され、ペテルブルクへの電話で確認もされた。しかし私はどこにもおらず、ペテルブルクのチェーカーは、イヴァーノフ＝

ラズームニクは二月一四日の急行で、護送兵に伴われてモスクワへ発った、と伝えたのに、モスクワ中の監獄を探しても私はどこにもいなかった。こうして二月一五日が、一六日も、一七日も、一八日も、一九日も過ぎた。私に何が起こったか——ペテルブルクでもモスクワでも、誰も知り得なかった。

こんなことが起こったのだった。

護衛兵は私をニコライ駅へ、九時の急行列車発車の半時間まえに護送した。後にわかったことだが、駅ではチェーカーが私と三人の護送兵のために四人用客室を「予約」していた。四人のうち二人は銃をもって待合室で私を見張り、三人目が全書類をもって、切符を受けとりに行った。三人の火縄銃士は三人とも青二才で田舎風のどうにもならない若者で、大ばか者だとわかった。切符を求めて行ったヴァニューハは、長時間あちこち探し回ったが何も得られずに戻ってきて、全書類を仲間に渡して言った「いいかペトルーハ、今度はお前がやれ！」ペトルーハはどこかに行き、戻ってきて途方に暮れたように告げた「列車はもう行っちまった！」そこで三番目のガヴリューハが悪態をつきながらペトルーハから書類をひったくってどこかへ行ったが、戻ってきてヴァニューハの助けを求め、二人でどこかへ行った。その後三人中の二人が相手を変えて組み、計三回試みたが、いずれも帰ってきては口汚くののしった。モスクワ行夜行列車はもう全部出てしまい、駅には人影がなくなった。とっくに真夜中の一二時を過ぎ、ヴァニューハがやっと、我々の身の振り方をなんとかはっきりさせてきた。彼らは私をどこか遠くのプラットホーム沿いに、その後、薄暗い軌道沿いに連れて行った。どこか遠くの待避線に貨客列車が止まっていて、モスクワへ出発しようとしていた。だが、貨客列車という呼び方はその構成からするとこじつけで、三〇両の貨物車の間に目立たずに三等の夏用客車が一両だけつながれていた。我々は列車によじ登り、一画を占めた。座席の背もたれが低く、車両全体が見渡せた。すでに何十人かの客が乗っていた。後でわかったのは、この列車には「出張命令書」も証明書も、通行証明書も、さらに切符すらない人々が乗ろうとしたことだ。彼らは列車の主任車掌と私的に折り合いをつけていたのだった。

車両には徐々に人が増え、間もなく空席は一つもなくなった。乗客は皆が庶民で「出張者ではなかった」。職人グループが隣の区画を占め、遍歴の農民は故郷オクロフカへ帰り、タタール人家族はボロゴエを経由してヴォルガへ向かっていた。小さな子供をつれ、数えきれないほどの包みや背負い袋を携えた女が多かった。

夜中の二時ちょうどに列車は動きだした。夜明けまでのろのろと、時に大小の駅で、駅と駅の間の野原で、降りた信号機の手前で停車した。ペテルブルクから数一〇露里［数一〇キロメートル余］しか離れていないトスナにたどり着いたら、夜が明けた。ここで我々は、ニコライ線からヴィテプスク線へ転じた。乗客たちはこんなことは考えもしていなかった。我々の車両に車掌はいなかったし、列車の責任者の説明もなかった。昼になってやっと、彼らが目指すオクロフカが見えてこない、と遍歴農民たちが騒ぎだし、タタール人たちはもうボロゴエはすぐ近くだ、と考えた。その時、我々はソリツァ駅に近づき、モスクワに行くことは行くが全然違う環状線を数百露里大回りしていることが、ここで我々乗客にわかった。モスクワへ行く者たちはこの情報を聞いても静かだったが、ニコライ線でペテルブルクとモスクワ間を目指していた者たちは怒った。叫び声、ののしりが響き、女性の涙、子供の大きな泣き声。彼ら「中間で降りる」人々は、スタラヤ・ルッサ経由でボロゴエへ向かうため、ドゥノ駅で下車させられた。そして我々はさらに、やはりのろのろと、ドゥノ、ノヴォソコリニキ、ヴェリーキエルーキ、ルジェフを経てモスクワへ進んだ。言うは易く行なうは難し、だ。この千露里ほどの旅はまる五昼夜かかり、モスクワ着は二月二〇日の夜だった。

五日間、私はきわめて独特な過ごし方をした。本は携えておらず、駅売りの新聞はみな古く、護送兵は私が車両から外へ出ることすら許さなかった。ヴァニューハたちとは会話もせず、終日窓の外を見るか、眠るか、考え事をするかした。ちなみに、ちょうど一年前に同じ路線を通ったことを、ヴェリーキエルーキ経由でペテルブルクからモスクワへ、ボンチ＝ブルエーヴィチ[28]将軍と列車で行ったことを思い出した。当時、政府はペテルブルクからモスクワへ移転し、左派エスエル中央委員会もモスクワへ移動したが、ボンチ＝ブルエーヴィチ将軍は自分専用列車のサロンカーを譲ってくれた。モスクワで『勤労の旗』を発刊するため、当時私も彼らに同行した。大きい駅では民衆が大挙して集まった。マルーシャ・スピリドーノヴァ[29]やプロシ・プロシ

28　M・D・ボンチ＝ブルエーヴィチ（一八七〇～一九五六年）ロシア帝国陸軍中将、革命後は労農赤軍の軍事指揮官。一九一八年三月一〇～一一日に人民委員会議（内閣）のモスクワ移転を指揮。［V・D・ボンチ＝ブルエーヴィチの兄（第Ⅳ章註43参照）］。

29　M・A・スピリドーノヴァ（一八八四～一九四一年）左派エスエルの指導者。［一九一八年以後、逮捕・流刑を繰りかえし、銃殺］。

ヤーン[30]やその他の中央委員が車両のデッキから民衆に語りかけ、列車警護の兵士はむさぼるように耳を傾けていたが(哀れな将軍は何を味わっていたか?・)、民衆は例によって黙っていた……我々が乗っているサロンカーでかつてストルイピン[31]がロシア中を乗りまわし――車掌はいつも同じだった――今は左派エスエル中央委員が乗っている。まさに「変革の日々が起こった」。私にとりその日がもう一度、この年に起こった。私は当時自由な市民だったが、今はおなじ路線を警護兵に見張られ護送中だ。我々は当時ゆっくりと行ったが、それでも三日目にはモスクワに着いた。今はのろのろ、いつ着くことか。当時、道程は活気にみちた会話、論争、意見の衝突、ありとあらゆる予測(一つも的中しなかった!)のうちに、気が付かないうちに過ぎたが、今は私一人、黙って、文字通り口に水を含んでいく。なぜ私はヴァニューハたちとしゃべらなかったのか――特別な状況がその理由だった。

道中最初の朝、ヴァニューハは最寄りの大きな駅で、熱い湯を運んできて、彼らは朝食にとりかかった。食糧品でいっぱいの背嚢が開かれた。彼らがいったいどんなに遠くへの旅支度をしたのかはわからない。いずれにせよ監獄の責任者は、私にはいっさい食糧を供給しなかった。食料は不要だった。ペテルブルク発の夜間急行列車は早朝モスクワに着くのだから。私が五日間も旅するなどと、一体誰が予想しただろう! 私の保存食料はドロップ一五粒だけだった。

ヴァニューハたちが座席に食糧をたっぷり並べ、うまそうに朝食をとり始めた時、私は彼らの袋のなかに私の分の食糧も入っているのだろうと考えた。彼らは朝食をすませたが、私には何もくれず、私も頼まなかった。朝食が終わりかけたのを見て、私はトランクからコップを取り出し湯を入れてくれるよう頼み、ドロップを取りだして、湯とドロップの朝食をとった。彼らは黙って私の朝食を見ており、自分たちの食糧のことを話そうとも片付けようともしなかった。これに興味を抱いて、私は今後、食物についていっさい頼むことをせず、どういうことになるか見てやろう、と決めた。

昼食時にはまったく同じことがくり返された。食糧を並べ、パンを切り、缶詰を開け、ニシンを切り取り――そして私がいることはまったく無視。ただ一つ違ったのは、ヴァニューハが私に――皮肉の痕跡すらなしに――気前よくすすめたことだった「湯いるかい?」私はまた湯をコップに一杯とドロップを口に入れた。これが私の昼食だった。夕食にも全く同じことがくり返された。コップに三杯の湯と三粒のドロップが、私の一日のエネルギー源だった。

翌日も同じことがくり返されたが、一つだけ違うことがあった。「昼食」時に私は、隣に座っているヴァニューハに頼んだ。

「パンを一切れくれないか？　二〇ルーブリあるんだが」ヴァニューハは食物を口にいっぱいつめたまま、ぼそぼそ言った「だめだ。パンは足らない。ケーレンキでタバコ一箱はいらんか？」

だが、タバコは断った。空腹でタバコを吸うのは恐ろしい。

こうして――一日にコップ三杯の湯とドロップ三粒で――二月一五日が過ぎ、一六日も、一七日も、一八日も、一九日も過ぎた。もしも三人の若者がこういうふうに、モスクワでなくウラジオストークへ私を連れて行くとしたら、二か月ほどの旅の間、彼らはかくも無関心に私の空腹ぶりを見ていただろうか？　それとも結局は彼らの本能が人間的な感情を動かしただろうか？

こうしたことに私はユーモアをもって対処した――旅はせいぜい数日の予定で、こんな短期間の、湯とドロップつきのハンストで誰も死にはしないと分かっている、というふうに。だが、それでも旅の五日目にはひどく弱ってきた。私がこの二〇年後ヨーロッパの入り口に行き着いた時[32]、ベオグラードで出版されたA・A・スヴォーリンの飢餓療法に関する奇妙な本が手に入った。その本では二〇日とか三〇日、あるいはほとんど六〇日におよぶ自発的な絶食例が何十も引用され、しかも病人が弱らないだけでなく、慣れた日常の業務を全部こなしていた。私個人の経験はこの本の内容の裏付けにはならない。私は一九一八～一九一九年の飢えた冬の後に偶発的なハンスト状態にあり、深刻な病気で消耗したことは確かだ。多分、それゆえ五日間のハンスト後、私はほとんど歩けないほどにまで弱ったのだろう。

二月一九日夜、我々はやっとモスクワ近郊に来た。護送兵たちは最後の夕食にとりかかった。私は湯と最後の一粒

30　P・P・プロシヤーン（一八八三～一九一八年）ペテルブルク左派エスエル中央委員。［ボリシェヴィキとの連立政権で郵便・電信人民委員。病死］。

31　P・A・ストルイピン（一八六二～一九一一年）政治家。首相として一九〇五年革命後、改革を進めたが暗殺された。

32　［イヴァーノフ＝ラズームニク夫妻がナチス・ドイツ軍占領下のプーシキン市住民とともに、一九四二年二月、西プロイセン（ポーランド東部）のドイツ軍占領地へ強制移住させられたことを指す。本書第Ⅴ章二〇節参照］。

のドロップを摂った。隣の区画で職人たちが夕食を食べていた。彼らのうちの一人で白い髭の男が、私の肩を突いた。

「パンいるかい？」

明らかに彼はずっと前から、私のきわめて風変りな食事の仕方に気付いていていた。私はお礼を言い、大きなパン切れを受けとったが、食べられなかった。もう湯を飲み終え、食べたくてたまらないのに乾いたパンを呑みこめなかったのだ。私はパンをトランクにしまった。護送兵たちは不機嫌そうに眺めていたが、一人がポツンと言った。

「囚人と話すのは禁止だ！」

老人は憤慨して訊ねた「それなら彼を弱らせるのは禁止されてないのか？」

「おまえの知ったことじゃない！　囚人自身何も頼んでない」

「彼が頼んでなくたって、おまえら何を見てたんだ？　おい、若いの、その若さでそんな獣みたいだと、おまえらの人生はどうなることやら？」

護送兵たちは黙って背嚢をしまい、床につばを吐き、ぼそぼそ話し合いながらタバコをふかした。話題は不安だとわかった。囚人が突然、五日間空腹で弱った、と不満を並べたら、おれたちはこの厄介ごとでどうなるんだ？　との。

●6　ルビャンカ監獄

二月二〇日夜中の二時、ペテルブルクを出発してちょうど五日後に列車はモスクワのニコライ駅にやっとたどり着いた。古《いにしえ》の都は初めてのヴァニューハたちは、チェーカーがあるルビャンカの位置を知らず、電話のかけ方すらわからないことが見てとれた。彼らは手助けしてほしい、と私に頼み、急に愛想よく親切になった。彼らは電話ボックスまで私を連れて行き、「ルビャンカ」につなぐよう頼んだ。電話がつながった。

「もしもし！」

「囚人をペテルブルクから連行しました。護送兵たちが護送用の車をよこしてほしいと言っています」と私は話した。

「ルビャンカ一四の州チェーカーへ電話せよ」そこへ電話すると、向こうは答えた。

「何てこった、空から落っこちでもしたのか？　ピーテルからの夜行は全部とっくに着いてるぞ」

「我々は特別列車で来ました。囚人護送に車がいります」

「車はみな夜間業務で出払ってる。そいつを歩いて連れてこい」

「歩くのは無理です」

「病気か？」

「病気ではありませんが、弱ってます」

「護送兵は何人だ？」

「三人です」

「運ばせろ！」

ヴァニューハたちは会話すべてに注意深く耳を傾け、「歩けない」「弱っている」と聞くと本気で震えあがった。彼らには、罰を受ける時が間近に迫っている、と思えたのだ。三人が三人とも、先を争って私に頼みだした。

「旦那《バーリン》、わしらを叱らないでください。わしらが馬鹿で……」

「旦那が自分で何もおっしゃらなかったし、わしらはなんもわからんで……」

「誓いますが、旦那、わしらは何も悪気なしに……」

彼らは「旦那」という言葉を使えば使うほど、私が心地よいと考えたのだ。私は言った。「若いのに恥ずかしいぞ、おまえたち。さて、ここで長話することはない。車は迎えに来ないし、おまえたちのお慈悲のせいで私は一人で歩けない。だから私を支えてくれ、道案内するから」

ヴァニューハとペトルーハが私の両腕を支え、ガヴリューハが親切に私のトランクをもって、我々は「ルビャンカ一四番地」へ向かってのろのろ歩いた。着いたのはもう夜中の三時頃だった。

州チェーカーは通りにせり出した大庭園から奥深くに、広大な二階建て家屋を占めていた。数年後、その場所にモスクワ州ＧＰＵの何階もの建物が出現した。門の脇に武器を携えた警備隊員が立ち、庭園の奥の入り口にも別の警備員がいた。私は登録所へ連れて行かれた。そこでは軍服を着た当直チェキストが一人、机をまえに座っていた。年配の、太った、眠そうなアルメニア人だった。私はアルメニア人によくめぐり合わせる。護送兵から添付書類と、私の家宅捜査で押収した書類や本の束を受けとると、彼は大声で私の姓を読み、特徴あるアクセントで話した。

「さてさて、やっとお着きか！　ここへは二人の女性が、あんたを探して何日も通っているよ！」

私は、Ｖ・Ｎがモスクワへ着いたことに気づき、それほど驚かなかった。彼女は親戚の女性と二人してルビャンカへ通い、影も形もなく消えた夫のことを問い合わせていたのだ。

何かの書類にサインすると、チェキストはその書類を私の護送兵たちに手渡し、立ち去らせた。ヴァニューハたちは有頂天ですぐに立ち去ったが、一人が私に別れの言葉を投げかけた「幸せな滞在を！」ふつうは少しも皮肉な表現でないのに、状況次第でなんと皮肉な意味合いが生じることか！

アルメニア人は電話をかけ、私と上記の書類の束を別のチェキストに引き継いだ。彼は、一階の照明の明るい部屋をいくつも通って、建物の右翼部へ私を連れて行った。それらの部屋にはテーブルが置かれ、軍服の人々が腰掛け、あれこれ騒がしく話し合いながら何かを書いていた。いくつかのテーブルでは被疑者の尋問が進んでいた。夜の活動がたけなわだった。チェーカーや、もっと後にはGPUやNKVDでは、仕事はすべて夜間に行なわれた。後に経験を積んで、なぜそうなのかがやっとわかった。だがこれについてはもっと後で語ろう。最後の大きくない部屋に尋問用テーブルが四つ据えられ、そのうちの三つで尋問が行われていた。護送兵は空いている四番目のテーブルに私の一件書類の束を置き、書類が目のまえで開かれた。私はドアの向うへ行けと言われた。チェキストは警告した「三歩前へ！」そして私の後ろでドアを音高く閉めた。

　真っ暗闇ではなく、床に電燈がぼんやりと光っていた。だが尋問室のまぶしい照明の後では、薄暗闇に眼を慣らさねばならなかった。少し目が慣れると暗く陰鬱で、左右の壁に木の寝棚を並べた半地下室が見えてきた。むき出しの板の上に囚人が横たわっていた。朝になってわかったのは、囚人は四五人だが、毎日人数が変わり、流動性が大きいことだった。部屋の真中にテーブルが置かれ、ドアの右手に床とおなじ高さで、薄暗い格子窓と幅広い窓台があった。地下室は全然寒くないのに裾長の毛皮コート《シューバ》を着こんだ人が、窓際の椅子に座っていた。

　その人は私に尋ねた「捕まったところですか？」

　私は答えた「いいえ、ペテルブルクから連行されてきたところです」

「ほう！　モスクワへ出頭とは大した災難ですね！　お名前をうかがってもよろしいですか？」

　私が名乗ると、彼は本で私を知っていたし、私の方は彼の苗字を知っていた。いったいモスクワの有名なプローホロフ［紡織］工場を知らない者がいるだろうか？　目の前にいるのはその最後の所有者イヴァン・プローホロフで、ヨーロッパ的教養を身につけた若い工場主だった。昼間に彼をよく見ると、三〇歳くらいで「肩幅の広い」真の勇士、亜麻色の豊かな髭をたくわえたロシア的な美男子だった。なぜ他の人のように寝棚の上で眠らないのか？　地下室は十分温かいのになぜシューバ［毛皮外套］を着て座っているのか？　尋ねると、彼は答えた。

「どちらも理由は一つです。寝棚はシラミだらけなので横になりません。シューバを着て座っているのは、シラミが毛皮を嫌うからです。ここに通知がありますが、あなたは関心がおありでしょう？」

私は「関心を示し」、誰かブラックユーモアの持ち主が新聞から切り抜いて壁に貼った通知を見た。そこには、発疹チフスが広がっており、それと闘うため清潔にし、石鹸を惜しまず使い、肌着をこまめに替えよ、とあった。通知はボリシェヴィキ風の紋切型で締められていた。「全員一丸でシラミと戦え！」チェーカーの地下室でこの通知を読むとホッとさせられるものがあった。そこでは床を歩くと長靴の下でこの厭うべき虫がサラサラと音をたてた。プローホロフは、この椅子で過ごすのはもう三日目だが、自分はもう今日明日にもブティルカ監獄へ移送されると思う、と言った。私は彼に、もう何度もそうだったのか、と尋ねると、彼は、これで六度目だ、と答えて、自分のおかしな物語をすっかり話してくれた。

「一〇月［革命］から三か月ほどたつと、私は自分の工場がどうなっているか、ちょっと見たくなりました。工場に行くと、労働者たちが私を取り囲んで言いました『イヴァン・ニコラエヴィチ（父称は違っているかもしれない）、いったいどうなるのでしょう？　見てください、まったくの混乱です！』そして工場の混乱について説明し始めたのです。それから『イヴァン・ニコラエヴィチ、事態改善のためすぐに戻ってもらえませんか？』と。私は彼らに『いや、みなさん、今はみんなで考えてうまくやりなさい』と言い、早めに帰宅しました。さて、もちろんその日の夜に私は捕まり、この地下室に入れられました。三日目に私はブティルカへ移されて、労働者の間での反革命的アジテーションの件で尋問が始まりました。けれど見てのとおり、私はアジテーションなど一切していません。元の工場のことに鼻を突っ込むな、というとっても厳しい命令を受け、一週間後に釈放されました。それから二か月は我慢したのですが、工場は今どんな様子か？　修復されたか？　などまたも好奇心が高まりました。そっと見に行くと、前回と同じく『イヴァン・ニコラエヴィチ、大混乱です。いつ戻ってもらえますか？』当然また捕まり、またここ地下室へ、またブティルカへ、また釈放です。行かないと誓っても、我慢できず、二、三か月すると、また同じことのくり返しです。けれど最新の五回目に、取調べ官は警告しました。『アジテーションをしなくても、元の自分の工場に現われればあからさまなアジテーションだ。いいか、次は穏やかにはすまんぞ』と。長い間我慢しましたが、四日前にまたも我慢の緒が切れた結果、またこの地下室です。今、ブティルカへ以前移送されたことを思い出しています。今回はどういうことになるか、わかりません……」

ちょうどその日、プローホロフは実際に地下室からブティルカへ移送された。彼のことをもう決して聞くことも知ることもなかろう、と私は考えた。だが一〇年ほど経った一九二〇年代末に、わがツァールスコエ・セローの隣人で古チェロ演奏者プロフ＝スーリンとの会話で知って驚いた。「ヴァニューハ・プローホロフ」は彼の教子《きょうし》で、教父《きょうふ》は教子の運命を知っていたのだ。[33] なぜチェーカーが彼に対しそれほどに辛抱強く接したのかは理解し難い。ただ一つの説明は、おそらく彼の元工場の労働者たちの彼に対する態度が考慮されたのだろう、というものだ。ともかくチェーカーも後のGPUも、イヴァン・プローホロフを銃殺にも流刑にもせず、モスクワから追放すらしなかった。二〇年代末に彼はクループ性肺炎にかかって亡くなった。強制収容所や銃殺を免れたのは奇跡で、もし彼がエジョーフ時代まで生きていたら、彼もそのどちらかの運命となっただろう。

会話中、彼イヴァンは私に、夕食を食べましたか？　と尋ねた。私の道中の物語を聞くと、彼は心から心配して丸い焼き菓子《レピョーシキ》のようなものを取り出してくれ、夕食のボルシチの残りが入った桶が窓台に置かれている、と教えてくれた。このモスクワの地下室のボルシチが、ペテルブルクの屋根裏部屋のボルシチよりましだったかどうか、それとも何日間もの精進のせいだったのかはわからない。だが、この水っぽく冷めたボルシチは十分に食べられ、私は夕食に満足した。それともこれは朝食と言うべきなのだろうか？　何しろもう朝の四時だった。

●7　取調べ室

私が夕食か朝食を終えたかどうかのタイミングで、地下室のドアが開かれ、誰かが私の苗字を呼んだ。私は階段を上ると、薄暗闇からまぶしい光の下へ出て目がくらんだ。一時間まえに私の書類が置かれたテーブルの方へ来るように、と言われた。そこにはもう書類を調べ終えた取調べ官が座っていた。彼はたいそう若く、知的な顔つきで、学生かもしれず、明らかに「真実と確認いたしません」などということはしないとわかった。その通りだった。彼は立ち上り、他の取調べ官に聞かれないよう私にささやいた。まだ大学生の時にあなたのご本を何冊か読み、ずっとお会いしたいと思っていました。こんな状況でお会いするのは大変残念です。地下室でご気分が悪いでしょう、と。

彼は付け加えた「私はこれから、ここを出ます。私の肘掛け椅子があくのでお座りください。少し眠れるかも知れません」ここでの仕事はすぐに終わった。

私はお礼を言い、勧めに従った。眠ろうとは思っていなかったし、それに寝棚には横たわれなかった。プローホロフと並んで朝まで腰掛に座っていなければならなかっただろう。だがここ、取調べ室では心地よい肘掛け椅子があり、それに重要なのは、次々と進む尋問にさらされる可能性がまずはないことだ。

取調べ官は挨拶して行ってしまい、私は彼の肘掛け椅子に座り、眼は閉じずに聞き耳をたてた。隣のテーブルでは、いかにも番頭といった風貌の男に対する尋問が始まったところだった。彼は座れとも言われず、うやうやしくテーブルの傍に立ったまま、出された質問に予防線を張って答えていた。

「社会主義の祖国に背いたことは十分自認しております！」

彼は何グロス［一グロスは一二ダース］もの糸と糸巻のような「不足品」をどこからか手に入れて投機的価格で小売りした、という咎で告訴されていた（「そうさ、投機ってなんだ？　ただの商売さ！　そうさ、一体いまどき誰がやらずにいるかね？」――砂糖投機家の言葉が想い起された）。こうした事実が確認されて、被疑者は社会主義の祖国に対し背いたことを自白した。しかし取調べ官は別なことに関心を向けた。被疑者はどこから、誰からこのように大量の糸を手に入れたか？　ということだ。そこで被疑者は明らかに次のような話をでっち上げた。それによると、自分自身はどこから手に入れたかは知らない。たまたまある「小男」と知り合い、その男が毎日正午にクズネツキー橋とペトロフカの角で会おうと提案した、という話だ。彼らはそこで出会い、商品と現金を受渡したのだった。取調べ官はこの供述を書きとめてから言った。

「今日の正午におまえはクズネツキー橋とペトロフカの角に行け。監視役が誰にも何もわからぬよう、おまえの後をつける。もしもお前がこの『小男』に出あえば、我々はお前を信用し、お前の罪は軽くなる。今日も明日もその後も会えなければ全部お前のつくり話で、その時は勘弁ならんぞ！」

被疑者は出会い、見つけ、引き合わせる、と誓い、そういう条件で地下室へ送り返された。彼は明らかにお気に入りの文句「社会主義の祖国に背いたことを猛省します！」をもう一度くり返した。彼は我々の地下室で正午まえに陰謀家と出会うための遠足の準備をしながら、つねにこう語った「ねえ、お願いですから言ってください、その男が生まれてこの方あそこへ来たこともないのに、どうしたら

33［洗礼の立会人の男・女性を教父・母、洗礼を受ける子を教子と呼ぶ。代父・母、代子ともいう］。

彼と会えるのかを！」そして我々に話したところによると、ヤロスラヴリの製糸工場倉庫主任である彼の兄が月に一度糸巻きを持ってくるのだそうだ。彼はクズネツキー橋への監視付き無料散歩から戻ると、夜に取調べ官から大目玉を食らった。その後毎日正午に特別に、実在しない「小男」との神話的な出会いのためにその場所へ連れて行かれ、このことがつねに彼の悩みの種だった。だが五日目に彼は突然、ヤロスラヴリで逮捕され連行されてきた兄と対審させられた。

「いったい誰から情報が得られるんだ！」摘発された投機家はナイーヴにも驚き、泣いた。

「間抜けのお前からさ」ニージニー・ノヴゴロドから来たウクライナ人電信士は気のない風に言った。

「自分からってどういうことだ？　本当におれが取調べ官にこのことをしゃべったんだろうか？」

「取調べ官にはしゃべらなくても、おれたちにしゃべっただろ？」

「どういうことだ？」

「こういうことさ。知ってるだろ、卵を産ませるためここに雌鶏を押しこんだのさ」

雌鶏はスパイ、卵は密告の意味だ。こんな監獄での隠語は帝政時代からある。

尊敬すべき兄弟がどれだけ食らったかを私は知らない。糸投機家は私より先に地下室から連れて行かれた。

別のテーブルでは別種の取調べが進行中だった。被疑者は髭の百姓で、知らぬふりをし、明白な罪証に対し、私は私でない、馬は私のでない、私は御者でない、という言いならわしで答えた［私は何も知らない、の意］。だが彼は実際に、雇われて荷物を運ぶ荷馬車の御者で、雇い主の見落としを良いことに荷を隠し、たまたま摘発されただけなのだが荷は見つからなかった。取調べ官は遠慮せず、拳でテーブルを叩き、銃殺といって脅かしながら彼に最高にどぎつい悪口雑言を浴びせた。被疑者の方は神妙に、いつも同じことをくり返した「あなた様のご自由に。けどわしらに罪はないんで」

三番目のテーブルでは、いい年をした若者が悲しそうに泣いていた。彼は警備のチェキストと口論の際に「この野郎、ソヴィエトの悪党め、憲兵！」と言ったのだ。これは明白な反革命で、若者は相当強硬に脅された。

取調べは次々と続き、もし私がこの数時間にたまたま聞いたことを全部書きとめたなら、分厚いノートができたろう。ただ一点だけ記しておこう。それは、悪口雑言は聞いたが鉄拳制裁は見なかった、ということだ。近年のソ連式司法は「エジョーフ時代」にできたのだ。

朝が近づいてくると、取調べのテンポはどんどん遅くなり、元気がなくなった。取調べ官は夜間の仕事で目に見えて疲れ、時々あくびや伸びをした。朝六時ごろ、取調べ官の一人が店じまいをして立ち去った。他の二人は七時まで座りつづけて去った。私は誰もいない部屋で一人、第四の取調べ官のテーブルに席を占め、うとうとし始め、すっかり寝込んだ。

九時に軍服姿のさるチェキストが、不審そうに私のまえに立ち私を起こした。

「ここで何をしてる？」

「座って寝ています」

「誰がお前にここにいてよいと言った？」

「このテーブルの取調べ官です」

「お前はいったい何者だ？　何の審理だ？」

私はテーブルの上に置きっぱなしの自分にかかわる書類を彼に指摘した。彼は書類にざっと目を通し、肩をすぼめ、先ほどと同じく合点がいかない様子でぶっきらぼうに言った。

「他の囚人の所へ行ってよし。同僚取調べ官には私が自分で話しておく」

そこで私は、かくも奇妙な過ごし方をした夜の後で、自分の地下室に向った。

プローホロフが私を迎えて言った「さてもさても根掘り葉掘り尋問されたことでしょう！　四時から九時までとは！　ひどくお疲れでしょうに？」

私は答えた「逆ですよ。柔らかい肘掛け椅子で休みました。ちょっと眠り、大変興味深い夜でした」

糸投機人が言った「驚いたなあ。私服で、誰も取調べずに黙って耳を傾ける変わり者の取調べ官だなんて」

「もし取調べ官がみんなそんなだったらなあ！」荷馬車御者が心からため息をついた。

8　地下室

地下室はとうに眠りについており、当直は茶を飲むと称して集まっていた。私はまる五日間過ごさねばならないと思われる地下室の仲間たちと知り合いになり始めた。この間、実に多くの者が去り、多くの新入りが現われた。私がなぜ五日間滞在したかはわからなかった。なにしろ私はもう長く、まさに五日も「捜索され」、ついに「発見された」のだ。一体何が問題なのか？　なぜ私はどこにも呼び出されず、何も尋問されないのか？　なぜわが愛する学生取調べ官は地中に消えてしまったのか？　私は彼をもう見ることはなく、彼について何も聞かなかった。後にわかったのだが、こうしたことはすべて、まだ出来たばかりのチェーカーの「ちょっとしたメカニズムの欠陥」から生じたのだった。ルビャンカでは、一四番地で小さな問題だけが審査され、私の問題は通りを隔てた建物で、特別重要問題の取調べ官が扱うのだった。だが、もし私がペテルブルクからモスクワへ五日かけて旅したとしたら、私の「問題」が通りを横切って一四番地から一一番地まで徒歩で行くのにもう五日かかっても、何も驚くことはなかろう。そしてもし後で述べるような偶然の事態がなかったなら、私は五日でなく、その五倍の日にちの間この地下室にい続けただろう。これについては後回しにして、さしあたって二月二〇日から二五日の間の、我々の地下室での出来事と人々について一言話そう。

プローホロフはプティルカへ連れて行かれた。私は地下室でただ一つの椅子の相続者となり、そこに腰かけて五日間眠れぬ夜をすごした。食事なしの五日間のあとでの不眠の五日間は、新しく、十分に強烈な印象だった。最初の二日間私はまったく眠らず、三日目には疲れてぐっすり眠りこむと、たちまち椅子から落っこちた。居眠りし、「舟を漕ぐ」だけにせざるを得なかったが、すぐにドアの開く音、尋問への呼びだし、夜間の色々な出来事で目が覚めた。例えば四日目の夜、半分眠り、半分目覚めていた私は、異常な騒音で起こされた。豪華に着飾った男女八人の集団が地下室に落っこちてきた。彼らは叫び、女性は泣き、男性は罵詈雑言を並べた。そして先を争って南の人間に典型的な熱心さで、ただ一人起きていた私にむかって自分たちを襲った災厄を語り始めた。彼らはいわゆる「成金」ではなく――当時ネップはまだ存在していなかった――、満腹し着飾った権力を握る中位の共産主義者で、古い言葉づかいでいえば何らかの管理職だった。彼らの妻は派手なコートと帽子を身につけていた。彼らは全員観劇のあとで誰かの名の日［自分の洗礼名となっている聖人の祭日］の祝いに出かけ、大いに飲んで街頭へ繰りだし、不運なことにおなじようにほろ酔い気分のチェキストとその意中の女性たちの一団と出くわした。そして不注意にも路上で口論をおっぱじめ、それが喧嘩になった。怒り狂ったチェキストは警察の助けを借り、路上での敵をひどい目にあわせようと警察署でなくチェーカーの王国へ送った。それで彼らは我々のいる地下室へ押しこまれた、というわけだ。男たちは憤慨し、叫び、自分の党員証をふりかざした。妻たちは泣き、夫をなじり、眠りを覚まされた地下室の住人を嫌悪の眼で眺めた。それから彼らは少し落ち着き、寝棚の端っこに座りこんだ。私は彼らに、注意深く調べずには座らないように、と忠告した。うごめく虫軍団を目にするや否や、女性陣は悲鳴を上げ、男性陣は悪口雑言を吐いて跳びあがり、泣いたり罵ったり呪ったりしながら、全員が解放される朝まで立ちつづけた。

夜間は辛く、昼間は騒がしかった。何人かが連れ出され、何人かが入れられた。五日目の夜に我々地下室の長期住人は少数になった。糸投機者も、御者も連れ去られ、代わりに多くの新入りがやって来て自らの不幸を語り、罵り、憤慨するか怖がった。全部は語れない。これらの日々に一番私が気になったのは、ニージニー・ノヴゴロド出身のおとなしいウクライナ人電信士だ。彼は善良なウクライナ的ユーモアをもって、どのようにして獄中生活にいたったかを語った。彼は永らく休暇でモスクワへ行きたがっていて、その夢のとおりに到着すると駅からまっすぐに親戚宅へ行ったが、そこで待ち伏せされていた。「そこで奴らは私を捕まえたのです！」その家は、シベリアのコルチャーク[34]の密使《エミッサール》たちの会合場所と疑われていた。というわけで電信士は密使の一味となってしまったのだった。

「私は彼らに言いました。シベリアからでなくヴォルガから来た、と。けれど彼らは言いました。シベリアからモスクワへ来るのにヴォルガを渡らずに来られるか？　って。そしてご覧の通りです」

このウクライナ人は地下室の常任当直で、我々の代表に任命された。朝の九時ごろ、彼は護送兵について調理場へ湯をとりに行った。正午にはボルシチの桶を受けとりに、そして六時にも夕食のため同じことをくり返した。パンはペテルブルクの屋根裏部屋よりも二倍の大きさで、一日に四分の一フント［一〇〇グラム余］配給された。その代り鉢はなく、我々はみなスプーンを携えてグループに分かれ、桶の周りに立って赤褐色のビート溶液をすくった。この溶液は肉のにおいもニシンの煮出し汁のにおいもしなかったが、ほしいだけもらえた。桶一杯では足らず、二杯目ももらえた。代表は朝夕に監獄では付きものの用便桶《パラーシャ》を運び出すのが務めだった。昼間は、パンの配給量を訂正するためしょっちゅう変更が生じる収容者リストをつくることだった。

地下室の集団はどんな人間で成り立っていたか？　半分はプローホロフやウクライナ人電信士のようないわゆる「政治犯」で、半分は糸投機家や御者のような刑事犯だった。「ルビャンカ二番地」のチェーカーの中枢には、もっと重要な政治事件が集められ、そのことはもっと後で知る

34　A・V・コルチャーク（一八七三〜一九二〇年）ロシア帝国軍人、提督。内戦期の白軍指導者で、ボリシェヴィキに敗北して銃殺。

ことになった。いまのところ、私はこの地下室の流動的集団に長居していて、上述のような偶然の事情でなければ、いったい今後どれほど長くここにいるのかわからなかった。

二月二五日になる夜、私はいつものように椅子に腰かけてうとうとしていた。ついでに言うと、この椅子は床でもうごめく厭うべき虫どもから逃れる役に立たなかったが、それでも私の体にたかる虫は、寝棚で寝る人々より少なかった。もう深夜を過ぎたころ、隣の尋問室でふだんよりも騒がしい声が聞こえてきた。少し間をおいて地下室へ通じるドアが大きな音をたてて開かれ、誰かが叫んだ。

「申告することがある者は、コミッサールへ！」

私は「申告することがあり」、それにドアの傍の椅子に腰かけていて、他の者は寝棚に横になっていたので、まっ先に尋問室へ入った。その部屋の真中でチェキストがコミッサールを囲んでいた。私はそれがチェーカー長官ジェルジンスキー[35]本人だとすぐわかった。彼には一九一七年にも一九一八年にも出会ったことがあるからだ。私は名乗り、「申告することがある」と告げた。

私の申告は次のことだった。すなわち私はまったく馬鹿げた嫌疑によりペテルブルクで逮捕されてはや二週間、異常な条件下に五日がかりでペテルブルクからモスクワへ移送され、異常な条件下にこの虫だらけの地下室に五日間拘束されたままだ。これがロシアの作家にふさわしい扱いだと、あなたは思われますか？　あなたがこの件を早急に調べるよう指図されることを、私は期待できますか？

ジェルジンスキーは、あなたの件をわかっている、この件はすでに審査を終えた、あなたがここにいることは、自分にはわからない誤解によるのだ、と静かに答えた。彼はメモ帳を取り出して何かを書きこみ、明日あなたは特別に重要な審理で、同志ロマノフスキー[36]から尋問に呼び出されるだろう、と告げた。

私はこの返答に満足し、我々は互いにかるく一礼した。私は地下室に戻ったが、そこから「申告することがある者」の尻尾が長く伸びていた。ウクライナ人通信士が、ヴォルガはシベリアでなくシベリアはヴォルガでない、と同志コミッサールに静かに説明しているのが、開いたドア越しに地下室から聞こえてきた。それから次々とさまざまな申告が続き、夜も半ば過ぎてやっと、不安に駆られたわがアリの群はおとなしくなった。

●9　特別重要事件取調べ官ロマノフスキー

「明日」の二月二五日になった。朝はいつものように過ぎた。昼食も済んだ。もう暗くなりだしたが、誰もどこへも私を呼びに来なかった。同志コミッサールのメモ帳にもかかわらず、自分の運命が決定されるまで時間もわからないまま、さらに待たねばならないのか、と私はもう考えはじめた。その時、夕方六時頃に尋問室に呼ばれ、「尋問」に行く支度をしろ、と告げられた。銃をもった護送兵がもう待っていた。我々は歩いて行き、護送兵はドアや門の警護兵に通行命令書を示した。我々はルビャンカ通りへ出て筋向かいへと横切り、銃をもった哨兵が守る四階建て建物の玄関口に、そこでも通行証を見せて入った。三階に上がり、護送兵はある部屋のドアを少し開けると、「囚人を連れて来ました！」と報告した。そして私を部屋にいれ、自分は廊下のドアの傍で歩哨に立った。

特別重要事件担当取調べ官の同志ロマノフスキーは椅子から立ち上がり、文字通り諸手をあげて私を迎えた。私が彼に応えて手を出さないことを知ると、彼は私を抱擁しようとするかのように芝居がかったジェスチャーで両手を伸ばし、叫んだ。

「さあ、やっと来た！　モスクワ中あなたを探してもう何日になることか、なのにあなたは、まさに乾草のなかの針のように姿を消して！　我々が探さなかった場所がいったいどこにあったことか。中央ルビャンカも、ブティルカも、タガンカも、レフォルトヴォも……」

私は言った「遠くへ行くことはなかったんです。筋向いのルビャンカ一四番地の地下室にもう一週間も入ってました……」

「えー、えー、今は知ってます。けれど同志ジェルジンスキーがそこで昨日あなたに出会ったのは、幸運な偶然です。あなたがこんなごみ捨て場におられたとは、我々には思いもよりませんでした！」

悪くはない告白だ！　見たところ、「ちょっとしたメカニズムの欠陥」はきわめて大きかった。モスクワのど真ん中にあんなチェキストのごみ捨て場がありうるだけでなく、人がこうしたごみ捨て場で乾草のなかの針のように消えてしまうからだ。

同志ロマノフスキーは気取った愛想よさで私に座るよう勧め、これも芝居がかった身振りで椅子を引き寄せた。概して彼には役者的なところが多々見られた。革命まで彼は、二級の地方劇場で一級の情夫役を演じていた、と私は信じ

35　F・E・ジェルジンスキー（一八七七～一九二六年）初代の全露チェーカーおよびOGPU議長。
36　M・K・ロマノフスキー（一八八四～一九四六年）全露チェーカー秘密部副部長。

る。彼はまだ若かった。肩まで伸びた黒髪、派手なネクタイ、青い上着に、身振りやイントネーションがしつこく役者的だった。見たところ彼は今、自分のレパートリーのなかの愛想よい取調べ官という新しい役を演じているように見えた。だがもちろん、たちまち悲劇の取調べ官に変身して眼をぎょろつかせ、拳を叩きつけ、ライオンのようにバスで吠えだすこともできた。今日の彼は牧歌的な役を演じていた。

「我々は、起こったことすべてを大層、大層悲しんでいます。我々は少々早まりました。あなたをモスクワへ召喚したが、そんなことをする必要は全然なかった、とすぐ分かりました。しかしモスクワへ来られた以上、すっかり最後まで仕上げましょう。我々はあなたがペテルブルクでされた供述が分かっています（私の一件ファイルがテーブルの上に置いてあった）。ひょっとすると何か付け加えたいことがおありですか？」

「いいえ、何もありません」

「なら結構です！　この件はただ今一件落着です。犯罪者はしかるべく罰せられ、我々はすでに、あなたが無関係だと確信しました。今いつもの調査書をつくり、短い調書を書きましょう。あなたはちょっと署名してください。それであなたは自由です！　私はあなたに保証するよう一任されています。あなたが今後このような誤解を受けることはないこと、わが社会主義の祖国のためにあなたが自由かつ平穏に活動できることを」

ほとんど一語一句、糸投機家のようだ！〈賢い人というのは一致するものだ！〉

いつもの調査書に記入する手続きが始まり、取調べ官は急いで尋問「調書」を書いた。調書では、私のペテルブルクでの供述が確認された。つまり、左派エスエルの陰謀について何も聞いていないこと（存在しないものは聞きようがない）、およそ政治には携わっていないことである。これらことはすべてさっさと終わり、残ったのは「ちょっと署名」することだった。文言はすでに書かれていた。取調べ官は眼を通すようにと言った。ずいぶん時間がたった今、文字通り引用はできないが、主旨は次のようなことだった。

以下に記す者は誓約する。いかなる党や反革命的組織にも加入せず、いかなる公然あるいは秘密の形態であれ、反ソビエト的煽動ならびに反マルクス主義的宣伝を行わない。自らが知る社会の反革命的要素の摘発を、あらゆる手段でもって支持する。

最後の点は、チェーカーの「セクソト」つまり秘密協力者になれ、という提案によく似ていた。私は取調べ官に、このような書式に署名できない、と言った。彼は悲し気で理解できないふりをして、どのような書式なら彼らにとり不可欠の義務に同意できるのか？　と尋ねた。私は彼に以下のような表現を示した。これも一語一句正確ではないが、基本点ははっきり覚えている。

私、作家誰々は、過去・現在・未来において文学上の仕事のみを行ない、政治には携わらない。政党に属したことは一度もなく、今後属するつもりもない。マルクス主義者ではないので、文学上の仕事の方向性で公式の世界観との一致を保証できない。しかし望ましくない思想的傾向を遮断するためにはＲＶTs（革命的軍事検閲──それだけが当時存在）があり、それが政府の見解を守るべきである。

取調べ官ロマノフスキーは自分が提示した版に署名するようにと、長々と私を説得したが、私が絶対拒否すると、演劇的しぐさで両手を拡げて「あなたにはどうしようもない！」と言い、私の表現に同意した。これで一時間に足らない我々の会話はすっかり尽きた。こんなことのために私をモスクワに連行し、列車で五日も飢え弱らせ、汚い地下室で五日も虫に私を食わせ、概してむだなことばかりする値打ちがあったのか！

手続きをすべて終えると、取調べ官は捜査のさいに押収した書類や本の束をまとめて私に返し、『弁人論』がうまく続けられるように、と言った（この言葉をペテルブルクの取調べ官と同じく彼も理解していなかった、と確信する）。それから彼は付け加えて、

「あなたの釈放にはまだこれこれの手続きが必要だが、今はもう夜です。あなたにはもう一晩こちらで過ごしてもらわねばなりません。しかし約束しますが、明日朝一〇時にあなたは自由です」

彼は何か命令書を書き、ドアの背後の護送兵を呼び、彼が来ると正式に私に別れを告げてから（私はうなずいて応えた）、命じた「囚人を連れて行け」。護送兵は私を、遠くはない最後の宿泊場所まで連行した。私はこの宿泊が、言葉の文字通りの意味で最後になるとは思わなかった。

●10「死の船」

太ったアルメニア人チェキストが登録所の自分の持ち場で椅子に座っていた。彼は護送兵から命令書を受けとると兵を去らせ、何の感情も示さず命令書と私を見てわからぬことを言った「さあ、今夜はやーく眠れるぞ！」それから警備員を電話で呼び出し、私に付き添わせた。彼は私を建物の右翼部でなく左翼部へ連れて行った。半分空いて半分暗い部屋をいくつも通り抜けた。最後の部屋だけが照明で明るく、そこでは書類がのったテーブルを囲んでラトヴィ

ア人チェキストの家族が茶を飲みながら座っていた。白い髭の年寄り、中年の男、もっと若い男と一五歳くらいの少年で、皆軍服を着てケース入りのピストルをもっていた。彼らが交わすロシア語とラトヴィア語半々の会話からわかったのだが、父親、息子、二人の孫だった。祖母と母親さえいれば、立派なチェキスト一家がそろうのだった。互いに話しながら彼らは護送兵に、私が数日過ごした地下室へ戻って私のトランクを持って来い、と命じた。護送兵は数分後にトランクを持って来て、私に渡した。すると少年チェキストが立ち上り、カギをガチャつかせて私の「最後の宿泊」のための場所へ通じるドアを開けた。私は、そこは同じような暗い地下室だろう、と考え敷居をまたいだ。すると目のまえにまったく違うものが見えた。

その部屋は、天井から吊るしたつや消し電球で明るかった。窓はない。床はない、というのは、あるにはあるが、各階の部屋の床とおなじ高さでなく、四メートルほど低いのだ。一五段ほどの急ならせん階段が下へ通じていた。壁も床もタイル張りで清潔だ。各階の普通の床面積は狭く、部屋の四方の壁に沿って網目模様の格子がついた金属の回廊があった。この場所が以前何だったかは知らない。銀行の耐火倉庫か、あるいは保険会社か何かだったか。古いモスクワの便覧を見れば、帝政期にルビャンカ一四番地の建物が何だったかわかるかもしれない。

らせん階段を降り、その部屋のタイル張り床に立った。ここは地下室というにはふさわしくなく、あまりにも清潔で豪華だった。四方の壁に沿って、仕切り壁で区切られた一五ほどの木製区画が設けられていた。各区画に寝棚と、マットレスとわらを詰めた枕が置いてあった。部屋の真中に小さな四角い机と椅子があった。五人が机のまわりに座り、茶を飲んでいた。私は六人目だった。

年配の背が高くなく大きな口髭の男が、私を見て親しげに立ち上がり、「我らが船の船長《スターロスタ》」と自己紹介して私を茶に誘った。私は他の船客と握手をし、自己紹介して、「有り合わせのもの」で愛想よくもてなす椅子に座った。船長に、一体自分はどこにいるのか、この特権的な監獄部屋は何なのか、と尋ねた。

船長は言った「実際、特権的さ。あんたはこの部屋のことを何も聞いたことないようだね？　これは、死の船さ」

「どんな死の船ですか？」

「つまり、何も聞いてないんですな。死の船とは、死刑囚、銃殺の宣告を受け、運命の最終的決定を待つ者の部屋です」

「で、あなたは？」

「私も、ここにいる我々皆が死刑囚です。あなたもここへ舞い込んだからには……」

　食べ物のかけらがのどに詰まったことを、白状しなくてはならない。船長は私がいつ、どのように裁かれたか、審理のことを注意深く聞きだしはじめた。私は彼らに、つい先ほど取調べ官ロマノフスキーと交わした会話も含め、わが叙事詩を手短かに語った。船長は信じられない様子で薄笑いした。

「二週間まえに反革命の陰謀の嫌疑をかけられて、明朝釈放か！　こんなことは私がいるかぎり、死の船であったためしがない。我々はたいてい夜に連行されるんです。もし『所持品をもって』と言われたら、それはどこかへ移送されるのだし、『所持品なしで』なら、その意味は……。つい最近三人が『所持品なしで』、一週間前に一人だけ『所持品をもって』連れて行かれましたよ。しかも夜に」

　私は船長に尋ねた「あなたはここで長いのですか？」

　彼は答えた「二か月目になる」

　私の頭は混乱した。「約束しますが、明日朝一〇時にあなたは自由です」と死の船！　多分、俳優ロマノフスキーは前に習得した役割を演じ、今は、私の境遇を想像し、どのように私に一杯喰わしてやったかを思い出して気持ちよさそうに笑いものにしているのだ。多分、私の審理は終わっていないのではないか？　それともすっかり終わったのか？　もし現実に朝一〇時か夜に「所持品なしに」ならば？……それにこんなことはまったく馬鹿げている。私に対する審理は一度もなかったが、こうも言える。チェキストのテロル時代にどんな審理があり得るのか！　と。他方、こんなことはすべてとうていあり得ないし、馬鹿げている。取調べ官ロマノフスキーは本当に、私がチェーカーでの「最後の夜」を快適に過ごせるよう提供しようとしただけなのか？　そんな配慮なら感謝だ！　シラミだらけの地下室で腰かけて過ごした夜が、今の私には手の届かない理想に思えた！

　このような考えが私の顔から読みとれたに違いない。船長は静かに言った。

「そんなことを考えるのは一切やめにして、運命にまかせなさい。考えても助けにはならんよ」

　私は彼の忠告に従い、「考えるのをやめる」よう努め、飲むのを途中でやめていた茶にもどった。だが「考えるのをやめ」られたとは言えない。何を話しても、意識下にはつねに一つの考え、すなわち死の船！　があった。その考えを抑えるため、私は合客たちに、この船での航海は長いのか、どうしてこの船に乗るはめになったのか、を聞きただした。彼らの話をはっきりとは覚えてないことを白状せねばならない。自分のことを考えながら、うわの空で聞いていたからだ。だがそれでもどうにか意識されて記憶に残ったことがある。ただ彼らの苗字だけはきれいさっぱり忘れたが。

船長はある大企業の会計係で、帝政期も革命期も同じく、およそ政治から距離をおいていた。ある時、一時シベリアへ行く知り合いから、特に重要なものが入っているトランクを預かってほしい、と頼まれ、船長はトランクを自分の独身者部屋に置いておくのを心配した。知り合いは行ったきり行方不明になった。間もなく会計係の許に夜の客が不意に現われて一斉捜査を行ない、トランクともども会計係を逮捕した。「ルビャンカ二番地」に拘留され、きわめて厳しい取調べを受けた。嫌疑は、広く支部をもつ「コルチャーク」の反革命組織への所属で、知り合いはその密使、会計係はこの組織のモスクワにおける秘密連絡の中心だというのだ。これは私が出会ったウクライナ人電信士が話した待ち伏せのことではないか？　彼に訊ねると、まさしくそうだった！　この件には全く無関係だ、と彼は一貫して断言したが、短い答が返ってきた「どっちみち銃殺だ」そして彼は死の船へ送られて、運命が決せられるのを待っている。

エスエル党員の若い兵士は、ヴォルガ連隊のある蜂起にサマラか、サラトフかで参加した。蜂起が鎮圧されると逃亡し、隠れたが捕まった。即時銃殺でなかったのはひとえに、他の者たちや、身を隠しまだ捕まっていない蜂起の首謀者たちがどこにいるのか、正確な情報を得るためだった。彼は逃亡中に首謀者たちと連絡をとっている、と思われたのだ。彼は情報を提供できず――提供したくなかったと思われる――、「おまえは銃殺を免れんぞ！」と言われ、死の船に乗せられた。

アナーキストと称する若い男もいた。一九一八年にソビエト権力によるモスクワのアナーキスト壊滅後、彼は地方に身を潜めて戦闘任務を帯びたアナーキストグループをいくつか組織した。彼との短い会話で、彼のアナーキズム思想とただの破壊行為とはどこが違うのか、分からなかった。ともあれ何度か「エクス」（収奪）に失敗した後、彼のグループは「一掃され」、彼は比較的最近、死の船にやって来た。

四番目は気難しく無口な水兵だった。彼が自分について何を語ったかはまったく覚えていない。ただ一つ、彼がちらともらした「何でもない、奴らは皆を銃殺できない！」、あるいは「待ってろ、おれたちがまだ何者なのかわからせてやる」という文句が記憶にある。ちょうど二年後にクロンシタットの反乱[37]が起こった時、この水兵と確信をもった「おれたち」のことを思い出した。彼はペテルブルクのDPZと「ルビャンカ二番地」に入れられ、一か月前から

送られた。

「さあ、もうすぐだ！」と言われている。そして死の船に

最後の五人目の男は威厳のある年とった農民で、モスクワ郊外のさる村の長で、その村ではモスクワから派遣された「コミッサール」が「不作法にふるまった」。百姓たちは長い間がまんし、訴えたが効果はなかった。だがある時、「コミッサール」は窓から銃撃され死んだ。犯人は見つからず、村長が人質として連行され、言われたことは「犯人を見つけたら放してやる。だめなら悪く思うなよ！」だった。それで彼は今、死の船の乗客なのだ。

六番目が私だ。いかなる運命で私は死の船に乗ることになり、先に何があるのか？　現に、これが私の「最後の夜」なのか（そのことを考えるのは何と無意味なことか！）、それともたんに忌々しいロマノフスキー取調べ官の親切な助力なのか？

こんな私の考えにあたかも答えるかのように、船長は言った「朝は夜より賢いものさ［一晩寝ればよい知恵も浮かぶさ］」そして全員に、もう寝よう、と言った。

●11　眠れぬ夜、釈放

私のものだと指定されたわらのマットレスを敷いた一画に横になり、眠れなかった五夜分も眠ってとり戻そうとした。ここには虫はいなかった（私がつれ込んだ以外は）。堅い椅子と比べマットレスは柔らかかった。脂で汚れた枕の上にタオルを敷き、寝入ろうとしたが、全然眠れなかった！

隣では皆ぐっすり眠っていた。私は彼らの落ち着いた外見に驚いた。誰もが夜にいつでも「所持品なしで」呼び出され得たのに。私はそんな運命にも驚かない、と確信はするものの、それでも眠れなかった。誰にチェキストの司法制度が分かるだろうか！　彼らは何も支払うことなく銃殺でき、後で新聞の通知欄に「左派エスエルの反革命的陰謀に加担したため、最高度の社会的防衛措置に処せられた」と載るのだ。できるなら反駁してみるがいい！　二年半後に詩人グミリョーフ[38]が、君主主義者の陰謀に加担したとし

37　［従来革命側に立ってきたクロンシタット軍港の水兵が、ソヴィエトの民主化等の政治的要求や経済的要求を掲げて起こした反乱（一九二一年三月）。この反乱鎮圧とともにネップ（新経済政策）への転換が行なわれた］。

38　N・S・グミリョーフ（一八八六〜一九二一年）アクメイズムの詩人。その死は政治的な陰謀によるものだと言われる。

てこんなふうに銃殺された。そのことが新聞に短く載った。言葉通り信ぜよ！　だ。

「船長の司令室」——と我々の頭上の回廊は名付けられていた——では、歩調をとり、銃をガチャガチャ鳴らしながら歩哨が規則正しく歩きはじめた。あのラトヴィア人の家族だ。まず祖父、二時間後に年下の方の孫が交代し、それから年上の方、その後に父親だ。私はまったく眠れず、眠ろうと自分に言い聞かせたが無駄だった。天井から下がるつや消し電球は我々の「船倉」——我々のいる地下室はそう呼ばれた——を明るく照らし、これも眠りを妨げた。まぶしい明かりも夜間の歩哨も、「死刑囚」が自殺できないようにするため、と朝になって説明を受けた……茶を飲みながら、同じような死の船はルビャンカ二番地にもある、と聞かされた。ただしそちらはずっと広く、時々ぎゅうぎゅう詰めになるそうだ。ルビャンカの船が満員になると、ここへ送られてくるそうだ。

　ラトヴィア人哨兵は止まる音もなく歩きまわるか、または回廊の隅の椅子に座った。つや消し電球は強烈に光っていた。しつこい考えが倦むことなく頭を悩ませた。それでも朝になるまでに私はまどろみ、足音や話声で目覚めた。船倉の乗客たちはもう起きだして、茶の用意をしていた。ラトヴィア人チェキストたちはブリッジを行き来するのを止めた。彼らは夜だけそうするのだ。私も起きたが、頭はぼんやりしていた。

　茶を飲み、話し合った。私はギロチンの時期のパリの入獄者たちの回想を思い出した。死は当時あまりにもありふれたことだったので、もっとも気高い者たちは雄々しく死に向き合った。ギロチンを前にしたデュ・バリー夫人[39]の言葉〈もう一分、刑吏さん、もう一分〉は、勇気とヒロイズムの発現のなかでは珍しい例外だった。どうやら、ギロチン抜きの革命はなく、人間の心には勇気が欠けることもない。

　茶を飲み、静かに話し合った。夜——危ない時——が過ぎたからなおさらだ。船長は小さな紙切れに何か書いて私に渡して言った。

「ありそうもないことが時に起こるってことを、知ってるだろう？　あんた、今日突然、本当に釈放されるんだ。そうしたら頼みがある。これはおれの妻の電話番号だが、彼女に電話してくれないか？　元気で、さしあたり生きてる、とだけ伝えてくれ。難しくなければだが……」

　私は紙を隠しながら答えた「ここでは難しいことなんて何もないです。昨夜の会話のあとでは、今日釈放だなんて信じられない。ほら、もうすぐ一〇時だが……」

「キリールの日はまだ過ぎていない」それはアレクセイ・

［K・］トルストイ[40]からの引用で、文学的教養と無縁でないことを示しながら船長は微笑んだ。彼がこの言葉を口にしたかしないかの時に頭上でドアが開き、ラトヴィア人チェキスト小僧が大声で船長室から船倉へ向かって私の苗字を呼び、付け加えた。

「準備だ……所持品持参！」

＊　　＊　　＊

登録所にはいつものアルメニア人がいて、私に「やーく眠れたか？」と聞き、調査書の書式を埋め、モスクワ退去資格書と、もっと大事なチェーカー退出令状を手渡した。陽射しの明るい二月二六日朝、私は通りへ出た。大層難儀して――空腹と不眠症の作用で――さる知人の家までやっとたどり着き、そこでV・Nにも会えた。風呂で体を洗い、眠りつづけ、ちゃんと食べた。それで翌日には切符を買うため列に並んで何時間も立ち続けられた。二月の最終日にV・Nとモスクワを発った。今回は貨客車でなく二人で急行に乗り、三月一日にはツァールスコエ・セローの自宅に帰った。

二〇年以上も前の三月に、私は最初の監獄の洗礼を受けた。二〇年が過ぎ「変革の日々は過ぎ去った」が、監獄は私から去らなかった……私は、今はそこから出たのだから、まだよい……私の監獄の屋根裏部屋・車両・地下室での経験は、併せてもたった二週間で、最初の洗礼時に監獄で暮らしたのとほぼ同じ日数だった。私は今、第二の洗礼を味わっており、ある種の再洗礼派なのだ。そこで大いに期待するのは次のことだ。教訓がこれで止まること、私が自由に（おそらくカッコつきだが）仕事ができることだ。ただし、糸投機家や取調べ官ロマノフスキーが言うように「社会主義の祖国」のためでなく、もし存在を許されるならだが、少なくともロシア文学のために。

この後まるまる一五年、私は大いにブレーキをかけられながらだが、干渉されずに文学のなかで歩むことを許された。だが周囲で起こることすべてを見ると、私は砂上に建つわが家の堅固さを信じられなかった。たとえ黙っていた

39　デュ・バリー（一七四三～一七九三年）［貧しい家庭に生まれ、ルイ一五世の公妾となった。ギロチンを前にして命乞いをしたことで知られる］。
40　A・K・トルストイ（一八一七～一八七五年）伯爵、小説家。「キリールの日……」は彼の悲劇『イヨアン［イヴァン］雷帝の死』（一八六四年刊）の第五幕最終場の台詞。アレクセイ・K・トルストイについては第V章註21も参照。

としてもGPUにとり私は、「ナロードニキ主義のイデオローグ」、マルクス主義の確信を抱いた敵なのだ。彼らはただチャンスを待ち、理由を、口実を探していた。それは集中して探せば極めて頻繁に見つかるものなのだ。

だがそのようなことはまだ先の話だ。最初の監獄から二回目までは二〇年、三回目の監獄までは一五年が残っていた。最初の監獄が陽気な序章であったとすれば、二回目は全然陽気でない導入で、三回目以後の監獄の特徴は次のようなロシアの古い諺で表せる「花が早くに咲いてもイチゴは先だ［これはほんの序の口だ（悪いことはまだ先だ）］」

……一九四四年五月……

……コーニツ……

第Ⅲ章

記念日*

イヴァーノフ＝ラズームニク
M・Ia・ミゼルニューク画　1927年

*一九三四年、サラトフ流刑中に執筆。

記念日とは愚弄だ。
チェーホフ

このような記念日を誰も望まない。
N・A・リムスキー＝コルサコフ
（『年代記』[1]）

●1　一九三三年、二重の記念日

文学は人生である。しかし人生は文学ではない。

確かにそうだ。だが同時に（そしてまさにそれ故に）人生はメロドラマ的な文学趣味を生み出しうる。それは中・長編小説で拙劣な作りごとや出来の悪い憶測で、苦労した著者ほどには誰も信じないであろうような代物だ。それゆえしばしば経験豊かな著者はそんな「文学」を懸念し、意識的にか無意識的にか人生を上品にして「ニュアンス」だけに止めるのだ。つまり作家は〈ニュアンスだけ〉を与えねばならない。なぜなら〈その他はすべて文学〉だから[2]。そして人生そのものはデカダン主義風には振舞わず、これ以上ないほどわざとらしく荒々しい文学的効果を恐れない。まさしく人生は「ニュアンス」の代りに、仰天する観察者に見ているのはとても楽しく自ら体験するのはいっそう楽しいことを、これ以上ないほどぞんざいに示すのだ。このようなことは全部一九三三年に、わが人生と文学上の記念日を祝い、わが人生とのかかわりのなかで考えたことだ。この記念日の物語はわが人生と文学の回想にとり、きわめて出来のよい導入部となるだろう（なぜなら「人生自体によって語られる」から）。私が書こうとしているのはそういうことなのだ。

すばらしい本『ベンヴェヌート・チェリーニの生涯、彼自身による執筆』に、いつも私を魅了する次のような個所がある。

「どんな人であれ、何か優れたこと、あるいはそれに似たことを成し遂げた人は皆、もしも誠実で正直であれば、自らの人生を自らの手で書きのこすべきだ。しかし四〇歳が過ぎるまでは良き企てを始めるべきでない……あれこれ思い出すのは幸せな喜びや、書けないような不幸せである。昔をふり返るときそれらのことは、私はもう五五歳になったという驚きと恐れで私を満たし、私は神の慈悲に感謝して、前進する」[3]私はちょうど四〇歳を過ぎた時だが（「……までは良き企てを始めるべきでない」）、革命後一度ならず回想を書くため机に向かった。だがチェーホフの主人公のように、最初の一句「私が生まれたのは……」[4]より先はどうしても書けなかった。それは「いつ、どこで生まれたかということが、いったい誰にとっておもしろいか？」という考えが私をためらわせたからではない。また人生で「何か優れたこと、あるいはそれに似たこと」を何もしなかったからでもない。我々の誰が、あえて自分の人生を優れていると言えようか？　もしも優れたこととは単に正直ということなら十分だが、もしもその上さらにおもしろいのなら、そんな人はペンを手にするべきだ。現代の渦巻く時代に、おもしろくない人生を送らない人がいるだろうか？　いないだろう。大胆に座り、ペンを執って書け、「私が生まれたのは……」と。

だが書けなかった。生活の些事に妨げられ、机に向かわせ書かせる強力な最後の一押しが足らなかった。だがもう五〇歳を過ぎ、後ろを振り返る時かもしれない。そして一九三三年になり、もう一度チェリーニの言葉を引けば「私は五五歳になった」私にとりこの年は二重に意義深い。すなわち文学と人生における記念の年なのだ。文学上の記念日とは、ちょうど三〇年まえの一九〇三年二月に、私の初めての本『ロシア社会思想史』の第一行目を書いたからだ。生活上の記念日とは、ちょうど三〇年まえの一月二〇日、つまり新暦で[5]一九〇三年二月二日に、私とV・Nは結婚したからだ。さて、一九三三年二月二日、我々は二重の記念日を祝う準備をしていた。この三〇年は何と早く過ぎ去ったことか！

一九〇六年秋、最初の著書が刊行され、私は「文学界入りした」以後ずっとそこで生きているのだから、想いおこすことはあるものの、ここではやめておこう。二〇世紀初頭のロシアの文学と文化の輝かしい時期が、私の眼の前を通り過ぎた。運命により私は、その最良の代表者および表

1　作曲家N・A・リムスキー＝コルサコフ『我が音楽生活の年代記』より。彼は自らの作曲活動三五周年祝賀会（一九〇〇年一二月一九日から一か月間）を「長引く病気」と記している。

2　ポール・ヴェルレーヌからの引用。［堀口大學訳「詩法」『世界詩人選』小沢書店、一九九六年、二二四〜二二七ページ参照］。

3　B・チェリーニ（一五〇〇〜一五七一年）ルネッサンス期イタリアの彫金師、回想録作家。著者による引用は正確ではない。

4　チェーホフ「短気者の手記から」の一句を踏まえている。［神西清・池田健太郎・原卓也訳『チェーホフ全集』七、中央公論社、一九六〇年、七二ページ参照。A・P・チェーホフ（一八六〇〜一九〇四年）劇作家、小説家］。

5　［ボリシェヴィキ政権下で、従来の旧ロシア暦（ユリウス暦）から欧米で用いられている新暦（グレゴリオ暦）への切り替えが行なわれた。両暦には二〇世紀で一三日の違いがあり、旧ロシア暦の一九一八年一月三一日の翌日が二月一四日とされた］。

現者の近くに親しく立つ可能性を手にした。家族、子どもたち、友人たち、文学、芸術、社会的活動、勝利と敗北、生、極限の闘争があった。これが単なる日常性であり、本当の事件は後に起こるにしても、同一人物において日常と事件とが結びつけられた。日常性、人々と事件――ゆえにこれが今から書く回想の構成要素だ。

さて、事件がやって来た。戦争と革命だ。戦争に絶対反対、革命に絶対賛成、新たな勝利と敗北だ。ここではそれを語らないが、語ること、思い出すことはたくさんある。その後に「ヴォリフィラ」での五年（一九一九年～一九二四年）にわたる不屈の仕事――「自由哲学協会《ヴォリフィラ》」[6]についてはは別なところで話そう。* その後は、サルティコフとブロークに関する仕事で、それについてはすぐ後で話す。どちらの仕事も一九三三年初めにはたけなわだった。結果の総括ができよう。良かれ悪しかれ三〇年仕事してきた。彼は二〇巻の書物を書き、誠実に仕事した。良かれ悪しかれ、彼は生き、おもしろく生きた。感謝の念をもって思い出すことがあり、何か（そして誰か）に感謝して頭を垂れることがある。もし人生が倫理的に終わって公平ならば、私の二重の意味での記念日を、人生の途上の新たな道標となる何かでもって（自分のために）祝わねばなるまい。人生は内的にはつねに公平だ。あるいは堅苦しく言えば、人生はつねに主観的目的論の普遍の法則に従って動く。[7] それこそ人生の公平さなのだ……

＊著書『人間の擁護』序言［序の註12参照］

こんな「意識下」の想いと感情を抱いて、私とV・Nは私たちにとり二重の意味での記念の年、一九三三年の始まりを迎えた。これほど単純なことは何もない、と思えた。ついに回想録にとりかかることで、自分が自分のために記念日を祝うのだ。だが予想通りにはいかなかった！　まさしく一九三三年に私が心惹かれる二つの仕事はたけなわとなり、すべての時間をとられていた。仕事は（すぐにわかるように）一九三三年の私の記念祭と結びついているので、ここで仕事につき一言話さねばなるまい。

アレクサンドル・ブロークの死後一〇年間、私は彼の韻文作品につながる資料を集めた。その結果「レニングラード作家出版所」が私に、ブローク全集の案をつくって編集するよう提案してきた。私は喜んでこの提案を受けた。二年の間にブロークの韻文の遺産をすべて含む一～七巻が出た。一九三三年中に、彼の散文を全部含む残りの五巻が出るはずだった。このような大きな仕事を比較的短期間でやり通せたのは、ひとえにわが友ドミトリー・ピネス[8]が私を精力的に助けてくれたからに他ならない。彼は素晴らしくかつ繊細なブローク通であり、それにとりわけ書誌学に精通していた。この二年間（一九三一年～一九三二年）ずっと、ほぼ毎日、彼は献身的にジェーツコエ（旧ツァールスコエ）・セローのわが家へ通い、我々はわが家で保管されているブロークの手稿に取り組んだ。韻文を集めた二巻もすでに一九三三年初めまでに植字にまわされた。ブロークの一二巻著作集は文学的記念碑として悪くない、これをもって自身の文学記念日三〇年を祝うに値する、と私には思われた。実際には、この出版は一九三二年春に骨抜きにされた。それは一上級組織――ＧＰＵ――の圧力と、それに「何か御用でしょうか」とへつらう協力者にして「作家出版所」を運営する「プロレタリア作家」のチュマーンドリン[9]とラヴルーヒン[10]の二人のせいだった。すでに活字が組まれ一部は印刷された私の事実に関する註（印刷全紙で約五〇枚）とブロークの詩の下書きで、これまで知られずにいた五〇〇〇行が削除されたのだった。だが詳しいことは後回しにしよう。

この時期に忙しくしていた二つ目の大仕事は、サルティコフ＝シチェドリン[11]の創作関係のものだった。この作家については断続的ではあるが一九一四年から、まずは初版テクストを、その後は原稿と古文書資料を研究してきた。一

6［自由哲学協会（略称ヴォリフィラ）は、一九一九年～一九二四年に「社会主義と哲学の精神により文化創造の諸問題を研究する」ため、講義、講演、サークル活動などを展開した社会団体。ペトログラードとモスクワの他にキエフ、イルクーツク、ベルリン（出版社）でも活動した。当初ルナチャルスキー教育人民委員の了解を得ていたが、時代の変化とともに禁止された］。

7［人間の生は客観的な歴史の法則でなく主観的な目的論に従う、は著者がゲルツェンから受け継ぐとする思想である。ゲルツェン（長縄光男訳）『向う岸から』第一章「嵐の前」平凡社、二〇一三年、六三～六四ページ参照。Ａ・Ｉ・ゲルツェン（一八一二～一八七〇年）作家、ナロードニキ思想の祖。一八四七年に亡命して人間の尊厳と言論の自由のために闘う］。

8 Ｄ・Ｍ・ピネス（一八九一～一九三七年）文学史家、書誌学者。左派エスエル。［逮捕、流刑後アルハンゲリスクで銃殺］。

9 Ｍ・Ｆ・チュマーンドリン（一九〇五～一九四〇年）散文作家、戯曲家。一九二七年から共産党員、プロレタリア派の文学団体ラップ指導者の一人。［ラップについては本章の註64参照］。

10 Ｄ・ラヴルーヒン（一八九七～一九三九年。本名Ｄ・Ｉ・ゲオルギエフスキー）作家、文学研究者。

11 サルティコフ＝シチェドリン（一八二六～一八八九年、本名Ｍ・Ｅ・サルティコフ。シチェドリンはペンネーム）作家。［検閲と闘いながら、農奴制的支配の精神構造を批判する作品を書き続けた］。

九二五年には国立出版所から、サルティコフ六巻記念選集の註釈を付けるようにとの提案があった。この仕事には二年かかり、その成果が彼の主要作品への註解で、印刷全紙三〇枚になった。永年にわたるそれらの仕事をした私は、サルティコフ＝シチェドリンの大部の伝記を書く準備が十分に整った、と考えた。伝記の第一巻は（大きな障害があったが）一九三〇年に、第二巻と第三巻は（大きな期待はできなかったが）印刷の準備まで進んだ。同年、私が収集し、大部ではないが辛辣な小冊子『未刊のシチェドリン』が「作家出版所」から刊行された［一九三一年］。しかし一九三一年秋に国立出版所は、サルティコフ全集出版計画とその編纂の中心として関わるようにと私に提案した。計画が立てられ、作業が始まり、一九三三年までに急ピッチで進んでいた。これらの仕事——私の書いた伝記と何巻ものサルティコフ著作集——は、三〇年にわたる私の文学的記念日の悪くない記念碑になる、と思われた。

ブロークとサルティコフ（だが、なんと対極的な作家だろう！）——一九三三年に私がどんなに張りつめた仕事を味わっていたことか。ついでながら、遠い将来の読者諸氏（もしもこの本が手許に届けばだが）には、次のように考えられないだろうか？　たとえそれほど目立たなくても、このような仕事を力ずくで中断させることは、文化の領域での明白な「妨害行為」であり、仮借なき報いに値する、と。

こうして仕事は緊張感をはらみ、私には回想記と記念日の双方のための時間がなかった。その上、公式イデオロギーに与《くみ》しなかったので、私は公式の記念祭行事という煩わしさを免れた——ありがたいことだ！　そのような記念祭を知っているし、体験もしたことがある。その中の一件の組織に自ら親しく加わりもした（一九二四年フョードル・ソログープの死に際して）——そんなのはまっぴらご免だ！「記念祭は埋葬のリハーサル」だ。そのような記念祭については、墓前での（いや、歓迎のでなくて）スピーチで語られる。いったい誰が、自分の埋葬のリハーサルを愉快に歓迎するだろうか！　それよりもずっと良いのは、一九三三年二月二日を一人で、そして喜ばしい労働のうちに過ごすことだ。そして夜にはグラス一杯のワインで過ぎ去った三〇年の生活と仕事を感謝の気持ちで振り返り、V・Nとグラスを合わせることだ。

だが記念日の祝賀会が始まったのはまさにその時だった。

●2　家宅捜査

二月二日は終日、自宅の書斎で仕事に没頭していた。まずブローク著作集第八巻のゲラ刷り、それから（「作業を変えることが休憩」）サルティコフ著作集第八巻の資料だった。夜の九時頃、日中の仕事に十分満足して作業を止めた。茶を飲み、静かに安らぎ、V・Nと二人で私たちの記念日を祝うためだった。

その時お客が――高齢の作家ヴャチェスラフ・シシコーフ[12]と若い奥さん――「五分間だけ」何か日常生活のことでやって来た。二人が帰ろうとした時、私は言った。

「急いで帰ろうとしないで、いてもらわなくちゃなりません。私とV・Nにとり今日がどんな日か知れば」

そしてV・Nをふり返りながら、半ば冗談めかして我々の二重の記念日のことを彼らに話した。

客は声をあげ喜んだ。彼ら「新婚さん」には、私たちの三〇年の家庭生活はほとんど信じられないようだった。我々はサモワールとワインボトルを囲んで座り、記念の夜をゆったり過ごした。ヴャチェスラフ・シシコーフはついでに訊ねた。なぜ君たちは記念日を友人や知り合いに告げないのか、広く多くの人が出る祝賀会を催すべきでないのか、と。

私は言った「ええ、ちょっと待っていてください。祝賀会はまだ開催されるかもしれません。あなたが家に帰り、私たちがベッドに横になると、すぐに〝おばちゃん《チョートカ》〟がお祝いにやって来るでしょう」

我々作家の小さなサークルではGPUを「〝おばちゃん〟」と呼んでいた。それはロシアの大地のすぐれた詩人ベズィメンスキー[13]の詩「共産青年同盟員たち《コムソモーリヤ》」［一九二四年］の二行がもとになっていた。

コムソモール――それは私の父ちゃん
VKP［全連邦共産党］――それは私の母ちゃん

この筆者不明の記憶に残る対句だが、それはグレープ・ウスペンスキー[14]の魅力あるパロディーのパロディーだ（「それは私の父ちゃんだった、それは私の母ちゃんだった……」）。私はある時、たまたま次のように言うことができた。我々各人に三文字の〝お母ちゃん〟（活字にできない

12　V・Ia・シシコーフ（一八七三〜一九四五年）散文作家。［ツァールスコエ・セローでイヴァーノフ＝ラズームニクと同じ建物に住む］。
13　A・I・ベズィメンスキー（一八九八〜一九七三年）ソ連のプロレタリア詩人。
14　G・I・ウスペンスキー（一八四三〜一九〇二年）ナロードニキの散文作家、評論家。

ようなロシア語の罵り言葉のこと）がいるわけではないが、その代わり三文字の〝おばちゃん〟ことGPUがいる、と。それをすでにファームソフは、娘を「村へ、おばの所へ、片田舎へ、サラトフへ！」追いやる、と脅して知っていたのだ。[15]

私は一九一九年以来、この〝おばちゃん〟の訪問に与《あずか》っていなかったが、彼らは近頃夜な夜な、しつこく私の親しい知人や親しくない知人たちを訪ねていた。一月末に先述のD・M・ピネスが逮捕されたことは、ブロークの散文何巻もとその書誌の出版のために大きな損失だった。彼の他に二、三の知り合いで皆かつてのエスエルが右派、左派を問わず逮捕された。他にもやはり当時ツァールスコエ・セローで、政党にはまったく無関係な知り合いが何人か逮捕された。そのうちの一人は科学アカデミーの司書G・M・コトリャローフ[16]だ。彼は穏やかな人物でチェス愛好家であり、しばしば私の家にチェスをしに立ち寄った。二人目は作家A・D・スカールジン[17]（諷刺小説『老ニコジモの遍歴と冒険』の著者）で、彼が私の許に最近来たのは二年ほど前のことだった。私は間もなく（〝おばちゃん〟の部屋で）、彼ら二人が私の「サークル」に属していたため逮捕された、と聞いてわが耳を疑った。そんなサークルなどなかったにもかかわらず、二人ともアルマ‐アタ［カザフスタンの都市］へ流された。だがこれはまだ先の話だ。

しかし私の言葉をヴャチェスラフ・シシコーフは大笑いし、そんな一致は人生であり得ない、と言った。「もしも〝おばちゃん〟があなたを訪問するとしても（そんなことはないと信じるけれど）、今晩あなたは必ず安らかに眠るでしょう。記念日にあわせた〝おばちゃん〟訪問などあり得ない。へたな作者の小説でさえもない。人生はもっと知的です」

私は答えた「親しい友よ、人生はもっと挑戦的です。文学は人生だが、人生は文学ではありません」

この先は、この節の最初の何行かをご覧あれ。そこで語ったことを今、書きとめたのだ。

真夜中頃に私たちはお客を見送り、もう少し座ってしゃべった。一二時半に部屋の電気を消して寝ようとした。その時、庭でスルハン（わが家の素晴らしい友で、純血のゴードンセッター犬）の吠え声が響き、それから階段を上がる大勢の足音、ドアをたたく音がした。笑わずにはいられなかった。たった今私は「文学」に対し「人生」を固守したが、本当のことを言うと、決してそれほど鋭い予言者ではなく、〝おばちゃん〟がまさしく今夜祝いにやって来るなどとは考えもしなかった。

急いで服を引っかけ、玄関の間へ出ると、自分の部屋から出てきたＶ・Ｎと顔を合わせた。

「やっぱりやって来た！」と彼女は言った。型どおり「どなたですか？」と訊ね、予想通りの返答を聞くと私はドアを開けた。そして驚いたのは記念日を祝いに来た人々の数だった。指揮者は若いＧＰＵ員で特命全権秘密警察部に所属し、名前はブーズニコフ[18]とかいった。

捜査とその後の護送のために本ものの軍隊が必要とされるとあれば、（私にとっても）秘密である私の政治的犯罪が極めて重大であることは疑いなかった。ブーズニコフを頭に一部は私の書斎、他の者はＶ・Ｎの部屋を占拠し、第三グループは庭の薪置き場の捜索に向かった。何をそこで保管できたろうか？　機関銃か、爆弾か、それとも印刷機か？　わからない。そもそも捜査の詳細は何もわからない。なぜならブーズニコフが私に、書斎から出るな、と命じ、そこで私の書き物机に就いて引出しを開け、机の上や引出しの中の手紙や書類を調べたからだ。

私はパイプに火をつけてタバコを吸い出し、立ちあがることもなく、騒がしい捜査の間中ずっと肘掛け椅子に座ったままだった。捜査は朝五時まで続いた。夜の捜査の間には、それはもう、いろんなことが考えられるものだ。

最初にユーモラスな考えが浮かんだ。もしも〝おばちゃん〟が私の二重の記念日のことを知っていたら、ちょうど今夜やって来ただろうか、それとも訪問を数夜早めるか遅らせるかしただろうか、というものだ。もし君が自分の三〇年の記念日を祝うなら、私もちょうどその夜にお祝いし、以後の記念祭のための美的に完結した背景を創りだそう、

15 「グリボエードフ（一七九五～一八二九年）の戯曲『知恵の悲しみ』（一八二二～一八二四年）の第四幕、主な登場人物ファームソフが娘ソフィアをモスクワから追いやる際の台詞より。小川亮作訳、岩波文庫、一九五四年、一六五ページ参照」。

16 Ｇ・Ｍ・コトリャローフ（一八八四～一九三八年）教育者、歴史家、図書館員。［一九三三年、一九三七年に逮捕、追放。アムール州のラーゲリで病死］。

17 Ａ・Ｄ・スカールジン（一八八九～一九四一／一九四三年？）小説家、詩人。彼の諷刺小説は一九一七年にペトログラードで刊行された。

18 Ｌ・Ｖ・ブーズニコフ、ＯＧＰＵレニングラード軍管区全権代表部第四秘密政治部全権委員。一九三〇年代末には「レンフィルム」で働く。

と。

　こんな冗談めいた考えは、もっと深刻な考えに変わった。私は今までに四回逮捕され（これまでの三回は一九〇一年、一九〇二年と一九一九年）、二回捜査を受けたが、その際まったく同じ感情を味わった。捜査プロセス自体への嫌悪と、捜査官への憐みの情だ。政治的動機による政治的捜査は、国家生活における定まった不可欠な条件だとしよう。だがこの不可欠性によって政治的捜査の嫌悪感が薄まるわけではなく、捜査官の悲哀が小さくなるわけでもない。もちろん、自分の眼に彼らは英雄でなく、いずれにせよ革命と反革命との勇敢な闘士でもない（当然なことだが、さまざまな時代や国家でこのような定式は一致しない）。だがどちらのケースでも人間の側からすれば、彼らは国家機構の犠牲者であって、彼らの捜査活動の対象である犠牲者よりもはるかに大きな憐みに値する。なぜなら、「対象者」とは何なのか？　彼はそっとしておかれるか、流刑地へ送られるか、長期間投獄されるか、銃殺されるか、絞首刑に処せられるか、斧で斬首されるか（現在、「世界のもっとも文化的な国」*で行なわれているように）――これらのどの場合でも、一番大事なもの、すなわち命よりもかぎりなく尊い対象者の人間的な顔は少しも傷つけられないだろう。その運命がしばしば深い悲しみ（憐みでなく）に値することが起こる。そこで我々は、例えばチェルヌイシェフスキー[19]やラヴォワジエ[20]、ルイレーエフ[21]やアンドレ・シェニエ[22]の運命を深く悲しむ。しかし彼らの人間的な顔、彼らの行動は彼らの運命の光が発するもっと明るい光で輝く。国家の支配者やその運命の決定者たちは、獄吏から死刑執行人にいたるまで、彼らが国家的必要性の名において、いかに自らの愚かぶりをひけらかそうとも、自身が夜の犠牲になろうとも、人間的な憐みに値する。

＊一九三四年執筆

　こんな見解は、（〈革命的〉であれ、〈君主制的〉であれ）〈共和国の安寧は最高の法〉、「目的が手段を正当化する」等々の国家的正義の旗を掲げる者にはおよそ受けいれられないことはわかる。こうした旗を、一八〇度対立する国家形態の代表者も、まったく同じ言葉に反対の意味をこめ、同じように高く掲げるだろう。しかし――小ブルジョワ的問いをご容赦あれ――もし偉大な目的でさえ、どんな目的も忌むべき手段を正当化しないとすればどうなのか？　地上の全世界的至福というもっとも偉大な目的は、幼い子どもの生命を奪うような涙と苦悩のうえに、喜ばしくも人々によって実現され得るのか？　ドストエフスキーはかつて、この問いによって水晶宮の、地上における未来の天国の建設をこの上なく明白に照らし出した。[23]そこで各人がはっきり決めねばならぬ。現代の水晶宮建設者たち——ムソリーニたち、ヒトラーたち、スターリンたちや類似の世界的幸福の建設家たちの旗の下に進めるか否か、を。

さらにこのような諸思想についての思想がある。無論、それらの思想は世界の半分——東は日本から西はドイツも含めて——の国家イデオロギーと本質的に合致しない。それらはイデオロギーにおいて正反対であり、その実現のため一つの共通した手段をとっている——テロルと「独裁」だ。どんな独裁にとっても——赤であれ黒であれ——このような考えは等しく受けいれがたい。それは当然だ。

しかし、ここで問題だ。このような考えは〈それ自体〉、国家機構に制裁を適用する理由となるか？　以前、帝政期に文化的世界で、ヨーロッパ人には理解できないロシアの日常語「反政府的思想傾向」が嘲笑された。現在この言葉は、自身の体験によってヨーロッパ諸国で理解された。しかし、プロレタリアート独裁国ではどうか？　私が「思想傾向の悪い」人物で作家だとしよう（かつての「反政府的思想傾向」の魅力的拡大！）。だが私はこれだけが理由で、行動でなくイデオロギーだけが理由で逮捕・投獄・流刑に相当するのか？　それとも何であれイチジクの葉っぱを考えつき、何らかの組織集団を考え出さねばならないのか？　今夜の捜査が恥ずべきもやで覆われるのかに注目しよう。

その間、捜査はいつもの手順で進んだ。何人もの〝おばちゃん〟の副官が、何千冊もの本がおさめられた一〇本もの大きな本棚をおびえた目つきで横目で見ながら——作業をどれだけしなければならないことか！——出たり入ったりした。屋根裏部屋はどこだ？　薪置き場は？等と尋ね、

19　N・G・チェルヌイシェフスキー（一八二八～一八八九年）ナロードニキの革命家、評論家、経済学者、小説家（代表作『何をなすべきか』）。［革命を煽動したとして逮捕・投獄され、ほぼ二五年間シベリア流刑］。

20　A・L・ラヴォワジェ（一七四三～一七九四年）フランスの化学者。ジャコバン政権により処刑された。

21　K・F・ルイレーエフ（一七九五～一八二六年）詩人。［デカブリストの中心人物五人中の一人として処刑された］。

22　アンドレ・シェニエ（一七六二～一七九四年）フランスの詩人、評論家。ジャコバン政権により処刑された。

23　ドストエフスキー（一八二一～一八八一年）の『カラマーゾフの兄弟』第二部第五編四「反逆」の章。［原卓也訳、『決定版　ドストエフスキー全集』一五、新潮社、一九七八年、二八四～二九六ページ］。

地下室に降り、庭を歩き回った。V・Nの部屋でも作業はたけなわだった。整理だんすの引き出しが空にされ、肌着やシーツがかき回され、マットレスがひっくり返された。一言でいえば、すべてがおなじみの古く、古典的な形態だった。

こんなことは全部、知られ過ぎていておもしろくもない。私にとりはるかにおもしろいのは、憐みしか催させない人間でなく、黙って一晩中捜査に立ちあった動物たち、犬のスルハンと猫のミーシカを見守ることだった。

言葉の芸術家たちの生涯の回想を読んで私が一度ならず驚いたのは、そこに人間の四本足の友に触れた個所が少ないことだ。一般に四本足の友に捧げられた芸術文学は偉大だろうか？　わが文学ではミハイル・プリーシヴィンただ一人が「犬の心理」にまじめに愛情をこめて接した。芸術家でなければそんな微妙なテーマにとりかからない方が良い。それでもここでわが家の愛犬スルハンについて話さないではいられない。なぜならスルハンが心底びっくりし、私の記念日の夜にとった行動が私を感動させたからだ。

ベンヴェヌート・チェリーニは精彩に富む自伝で、ローマのサンタンジェロ監獄でどのようにしていたか、を語っている。彼の飼い犬も彼とともに監房の孤独を分かち合っていた。夜に獄吏と刑吏がベンヴェヌートを処刑のため連れだしに来ると、いつもはおとなしい犬が突然怒って、入室した者たちにとびかかり、彼らはその攻撃を防げなかった。

スルハンはまったく違うふるまいをした。性格はきわめて良いが、知らない人は警戒し、敵意さえ見せるのだが（夜に鎖を解かれる自尊心の強い番犬によくあるように）、彼は今も、記念日の祝い客が最初に現われると恐ろしい吠え声をあげて跳びかかった。だが彼らのなかに近所の知り合いが立ち合い人としていることを嗅ぎとると、吠えるのを止めて祝い客といっしょに部屋に駆け込み、私の傍に駆け寄って五時間の捜査中（驚くべきことだ！）鼻を私の膝に埋め、尻尾を巻いて私の肘掛け椅子の傍にじっと立ちつづけた。人々が出たり入ったり、大きな音をさせてドアを開閉したり、話し合ったりしたが、スルハンはそうしたことにまったく注意を払わなかった。これは彼の日ごろの行動とは全然違っていた。主人が記念日の表敬を受けるめぐり合わせになったことを、彼は犬の高度な直感でかぎつけたのだろうか？

だが犬の感動的な間奏曲について語ったとしたら、そこで起こった猫のユーモラスな間奏曲のこともついでに語らない理由はなかろう。ましてや、猫は犬よりもはるかに複雑な生き物で、「猫の心理」については、文学にも皆無だから。

空白を埋めるためでなく、たんにここがふさわしい場なので、私たちの素晴らしい黒猫ミーシカについて話そう。ミーシカは私たちにとり可愛いらしく、しなやかだが、猫一般に通じるとおり誇り高く自尊心が強い。ミーシカは私の書斎のトルコ風ソファにのって眠り、騒がしく入室してきた表敬者にも、親しい友スルハンにも、全然注意を払わなかった。夜も明けかけ、GPU員の一人がソファに何かの書類ファイルを投げ置いた時、ミーシカに軽く当たった。ミーシカはゆっくり起きあがって背伸びをし、居合わせた輩どもをさげすむように見まわしてから、尻尾をもたげて部屋の隅へ向かった。そこで最高に礼儀正しく育ちが良く、四年の生涯の間いつも庭へ出ることを許されていたこの猫は、挑戦的な唸り声をあげて〈もっとも重い罪〉を犯した後、堂々とドアへ歩み寄って、外へ出たい、とせがんだ。

私はもちろんのこと、こうした間奏曲――いささかセンチメンタルな犬と、まったく無作法な猫の――をはさんだことで気詰まりだ。だが歌詞はきれいさっぱり忘れされないもので、記念日の夜想曲にはこのような音譜が含まれていたのだ。さらに私は当時何を考えたかを語ろう。当時の私の真面目な、また不真面目な思考をこれから記す。

●3　DPZへ

記念日の夜は終りに近づいた。朝五時頃、〝おばちゃん〟の息子たちは手紙や書類を入れた大きな袋を集めた。私は、自分がこれほど大量の非合法文書の所有者だったとは、生涯一度たりとも想像したことがない。その袋に何が入っていたか？　それは私にとり今でも神秘のベールに包まれている。たまたま知ったところでは、ヴェーラ・フィグネル[24]のような重要犯罪人から私宛ての手紙は全部押収された。エヴゲーニー・ザミャーチンによる『ある都市の歴史』の戯曲化のための推敲も、それにもちろん、九割はまったく文学的な内容の革命の年々の私の日記も。（当時、

24　V・N・フィグネル（一八五二～一九四二年）「人民の意志」派の革命家。［アレクサンドル二世暗殺に加わって一九〇四年まで二〇年間を独房で過ごし、回想記『忘れえぬ事業』を残す。出獄後終生、政治犯救援活動に携わる。回想記の邦訳は田阪昂訳『遥かなる革命ロシア・ナロードニキの回想』批評社、一九八〇年］。

印象が新鮮なうちに書かれた）この日記がないと、アレクサンドル・ブローク、アンドレイ・ベールイ、ソログープ、エセーニン、[25]クリューエフ[26]やその他多くの人々について、いま回想で正しく書けない。全部が目録など作らずに押収された。くり返すが、いったい何プードの歴史・文学上の資料が私の文書館から〝おばちゃん〟の文書館へ移されたのか、これまで全くわからない。だが、これもみな当然のことだ。

その後、私は旅支度をするよう、慇懃に勧められた。書斎は封印された（カッコつきで言うと、二か月たった四月のある明るい日に、再度の捜査もなく封印は解かれた）。V・Nは私のため必需品入りの小さなトランクを急いで準備し、家のまえの菩提樹小路で待機する車まで私に付き添ってきた。自動車は（モスクワからウラジオストークまで）「黒カラス」と呼ばれるやつで、車輪つきで窓なしの獄舎だった。付け加えると、三か月ほど後にモスクワのルビャンカの独房で出会った人は、路上で「ほら、黒いカラスが走っている」と言ったため逮捕されたという。この言葉が公式に認可されていないことは明らかだ。V・Nと別れを交わし、銃をもった三人の護送兵に付き添われて私は獄舎に乗った。他の兵士たちと指揮者たちがどのように、どこへ行ったのかはわからない。カラスは一声鳴いて飛び立った。

一時間足らず、カラスは目覚め始めた都市を飛んだ。路面電車のベルの音が聞こえ、車輪が舗装道路できしんだ。それから木製レンガ道を滑らかに進んだ。それはザゴロドヌイ大通りを走るという意味で、ネフスキー大通りを横切るのだ。さらに数分後急ターンし、シパレルナヤ通りとDPZ（未決拘留所、短く未拘所）へ着いた。カラスは舞い降り、子ガラスに餌を持ち帰った……。

三階の登録所へ行った。忙しい夜の仕事でもうちょっと疲れた当直が、いつもの調査書に書き込む。それから身体検査のため隣の部屋へ行かされ、退屈した様子の下級役人が（夜に何一〇回もまったく同じことをやらねばならんのだ！）手続きにとりかかる。

しかしここで小さな抒情的な脱線を一つ。ちょうど二四時間後、最初の「尋問」時に、取調べ官ラーザリ・コーガン[27]（上述のブーズニコフと組んで私の「審理」を担当）は、皮肉の気配も見せず私に告げた。我々は大いに「深甚なる敬意」の念をもってあなたに接する、と。つまり、私に対し、三年まえに科学アカデミー会員S・F・プラトーノフ[28]がDPZに滞在したとき享受したのと同じ例外的な条件を提供する用意が十分にある、というのだ。彼は監房でなくあらゆる設備を備えた個室に鎮座していた。彼の食器棚にはウォトカのびんすら（すら！）並んでいた。これは彼が昼食まえに小グラスで一杯やるという、永年の習慣からだろう。

私はいかなる利益供与も断固拒否した。だが後にしばしばユーモアをもって、自分と「アカデミー会員プラトーノフ」との対比を試みた。最初の対比はDPZ滞在の最初の瞬間に、身体検査室で行なった。

退屈している下級役人はまず、小トランクの中身を詳しく調べて、マフラー、角製の果物ナイフ、予備の二本目のパイプなどの危険物を、そして最後に小トランク自体を没収した。そこに彼は、指からはずせと言って金製の結婚指輪も加えた。金製の鼻眼鏡はなぜか没収されなかった。それから彼はぶっきらぼうに言った「素っ裸になれ！」そして私が服を脱いでいくにつれ、上着や下着を注意深く眺めまわしたり触ったりした。密輸品は見つからなかったが、私のズボンの後から固定された留め金付きボタンが切り取られた。囚人は「鋭利なもの」を持ってはいけないのだという。これは言うまでもなく慣用句に過ぎず、監獄では恒常的な自殺を防止する何ものもない。「鋭利なもの」なら窓ガラスの破片をはじめいくらでも囚人は見つけられる。監房で音もなくガラスを割るなど造作もない。

服や肌着がのろのろと検査される間、私はこのたいそう涼しい部屋で逮捕されたアダムのような様子で座っていた。検査が終わると下級役人はいつもの退屈そうな調子（気の毒に！）で私に言った。

「立て！　口を開けろ！　舌を出せ！（畜生！　そこに一

25　S・A・エセーニン（一八九五～一九二五年）農民詩人。［「スキタイ人」同人。イヴァーノフ＝ラズームニクに一時期庇護され、彼を尊敬していた。自殺］。

26　N・A・クリューエフ（一八八七～一九三七年）農民詩人。［「スキタイ人」同人。一九三四年、一九三七年に反革命的作品という口実で逮捕、トムスクで銃殺。一九五七年名誉回復］。

27　L・V・コーガン（一九〇二～一九三九年）OGPUレニングラード軍管区全権代表第四秘密政治部長補佐。［一九三八年逮捕、翌年銃殺。一九五六年名誉回復］。

28　S・F・プラトーノフ（一八六〇～一九三三年）非マルクス主義の歴史家、科学アカデミー会員、地理学委員会長（一九一八～一九二九年）、プーシキン館館長（一九二五～一九二九年）。帝政派の陰謀に加担したとして一九三〇年に逮捕、流刑地サマラで刑期途中に没。

体何を隠せるというんだ？　だが、先には予想外のことがまだ起こった）。後ろ向け！　しゃがめ！　尻を見せろ！　両手でけつの穴を拡げろ！　前を向け！　……を持上げろ！……」

古代ギリシア人はその喜劇のなかで、この場面で三句点（…）を付けないだけでなく、合唱隊の人物に大きな「二句点とコンマ（：，）」（プーシキンの言葉[29]）を与えさえしただろう。彼らギリシア人の許でなら、現にどんな密輸品でも持ちこめただろう。だがわがソビエトの現状ではどうか?!　私ははっきり、持ちこめないだろう、と思う。だが事実は事実として残る。〈そしてそこに密輸品が根を下ろす！〉それにまだ疑問なのは、「アカデミー会員プラトーノフ」の審理は一体どうなったか？　だ。彼には同じように「深甚なる敬意」が払われたのか？

ともあれ、私の記念日の祝典は今回、アリストファネスからの連想で終わる。私は服を着て、縦横二歩ずつの広さの予備待機房へ連れて行かれた。そこで朝六時から午後二時まで、何も食べずにずっと座っていた。

記念日の祝賀会のその後と監獄での生活一般について話すのをちょっと中断して、私が「縦横二歩」の監房で楽しんだ数字上の推定を以下に挙げよう。ＤＰＺは一杯に詰め込むと一度に三〇〇〇人*を収容できる。そのメンバーは絶えず流動し、年に三～四回すっかり入れ替わる（ある者は一か月か二か月、またある者は半年かそれ以上入獄）。このようにして、毎年の大ざっぱな独房通過者数は少な目にみて一〇〇〇〇人とされる（多分はるかに多い）。ペテルブルクのＤＰＺと他の類似の四「施設」を含む機関の猛烈な活動は、革命後すでに一五年ほど続いている。一〇〇〇〇［人］に五［施設］と一五［年］をかけると、この間、これらの「施設」を三〇〇万から四〇〇万人が通過したことになるが、これも多分少な目だろう。また、もしも――これも少な目だが――家庭で「囚人」一人一人に親しくつながる者が三～四人しかいないとしても、ペテルブルクのＤＰＺとその類似「施設」の存在で心を乱される人々の数は、七五万×四にのぼる。三〇〇万という概数を受けいれると、この数字はわが北の都［ペテルブルク］の住人を数多く含むのだ。ＤＰＺのある無名詩人は――私はその名を知っているが**――次のような四行詩で、都市の各住人がこの「施設」の一時的な客人であった、あるいは、であろう時の事態の特徴を示した。

〈人が命じると言い？／神が配置すると言う。／命じる、それとも配置する／どっちみちお前はＤＰＺに。〉

＊一九三九年の註：一九三七年、一九三八年に、この子供っぽい数字はゼロがもう一つ足らない。

＊＊V・ヴォーイノフ[30]

これは全部冗談だが、その背後には十分に真面目な見解が潜んでいる。それは次のようなものだ。ソ連邦の各大都市（小都市でも）には、このような機関、休息の家があり、つねに満員である。八か月後私は、ノヴォシビルスクでそんな機関を知る羽目になった。巨大な区画！　高層建築！　猛烈な活動！　サラトフでも全く同じ。モスクワについてはくり返さない。ペテルブルクの三〇〇万人をソ連邦の巨大都市数と掛け合わせ、三〇〇万人を都市の住民数に応じて減らして大都市全般と掛け合わせると、何千万人という答えが出る。言い換えれば、これが典型的な現象で、わが国人口のゆうに半分に及ぶ。数字には十分に重みがある。この状況下で、このような現象の極めて典型的な日常的側面を描いた人はこれまでソ連邦にはいない。これまで本ものの芸術家が誰も、この生活様式を個人的に経験し、後世のため生き生きと描写していないとは、何と残念なことか！「白海‐バルト海運河[31]」は表側の面だが、一体どこで誰がその反対側の、まったく日常的な側面を描いているだろうか！　もちろんそんな小説はたった今印刷されるべきでないが、将来の無階級社会（そして無検閲社会？）で遺産として残るだろう。

だが、無い袖は振れない。材料は一杯残っている。それゆえ私は芸術家でもないのに、なおかつ特徴的な、全ソ連的な、そして同時に例外的なその生活習慣を詳しく描こうとするのだ。もちろん、私に対しとられた（その例は先述）「深甚なる敬意」を考慮して、大層明るくバラ色に描くこともできよう。だが普通にある「非敬意」を修正して、より一般的なケースを提示できる。だが修正をしてはいけない。と言うのは私が「敬意」とか「記念日」を語るときには、チェーホフにならってこれを「愚弄」と発音しているからだ。

29　フランスの古典派詩人・批評家ボアロ＝デプレオーの作詩法を取りあげて、プーシキンが冗談で作った詩「比較」（一八一六年）より。

30　V・V・ヴォーイノフ（一八八二〜一九三八年）諷刺詩人。

31　「白海‐バルト海運河。一九三三年完成、全長二二七キロメートル。強制労働による最初の成功したプロジェクトとして宣伝されるが、水深が不足して実用性に難があり、建設時の犠牲者は一〇万人以上を数える」。

●4　DPZでの「日常生活」(1)

さて、まず「日常生活」だけに集中し、その後で私自身の「審理」に進もう。

午後二時、ある職員がやって来て(彼らは皆ものすごく退屈しているようだった)、私を通路伝いに事務員の許へ連れて行った。そこで彼は「指令書」と紙切れを受けとった。それから彼は私を一番神聖な場所へ、まさしくDPZへ連れて行った。そこはアレクサンドル二世時代に、監獄建築に関する当時最新の見解にもとづいて建てられた。この建物について詳しく記すことはないだろう。ここ何十年か、まったく変わっていないし、かつての政治囚の回想記がすでに数多く書かれているから。だから一言だけ言っておこう。誰でも知っている通り、シパレルナヤ通りに面して「擬似壁」が続き、監獄の壁そのものとつながる箱の一面となっている。擬似壁から一〇歩ほどで、独房の(鉄の)ドアがつけられた本ものの壁が築かれている。各階には金属製の(幅一歩の)回廊が天井までクモの巣状に張り巡らされている。一八段の狭い縄梯子が各階間、各回廊間の至る所にかかっている。四階より上の天井は、その上の階の床となり、さらに順番にその天井が上の階の床となる。五階と六階はいわゆる「第一棟」で、悔悛しない犯罪者を特別厳重に収容し、彼らには「深甚なる敬意」ぬきで接される。そこでは何か月も飢餓的配給食糧(パン三〇〇グラム、昼食と夕食に粉汁、湯が一日三回)で閉じ込められ、面会も差し入れも散歩もなく、本もない完全な孤独のうちに半年とかそれ以上、入獄する。その下の四つの階はいわゆる「第二棟」で、きわめて頻繁に独房に二人が、冬季の移住の月々には三人から一五人が入れられる。ここでは通常月に三〜四回面会が、月に四回差し入れ(厳重に規制されたリストに従い)が、散歩(一日に一五分)、本(監房ごとに一〇日に四冊)、タバコとマッチ、そして新聞さえ許されている。その他ここでは増強「政治的配給食糧」というのが支給される。それはパン四〇〇グラム、ニシンのスープとカーシャの昼食、同じ朝食、月に六〇〇グラムの砂糖、二五グラムの茶、石鹸四個、マッチ四箱だ。〈そのうえおまえは何が欲しいの?〉[32]

私は一階の七号房に入れられた(これらの監房はみな、二つの棟に、三〇〇房くらいある)。そこには、見るからに疲れ果てた若者、これからの私の「同房者」が入っていた。だが彼と、一か月後に代って来た別の若者については後にして、今はここの見た目と日常生活について記す。ついでに言うと、何十人もが収容される共同房についてはは何も話さない。理由はそこに滞在しなかったからだ。だがもっと後で、モスクワとノヴォシビルスクで経験することになる。

どの監房もほぼ同じ広さで、縦横各四歩（私の一歩は一アルシン［七一センチメートル余］）だ。半年後に三階と四階で暮らしたが、そこは七歩と三歩だった。ドアの反対側に窓がある。窓台の高さは中背の人の顎あたりで、三〇から四〇度くらいの角度で上へ向いている。その向うは二重窓とどっしりとした鉄格子だ。窓はほぼてっぺんまで外側から鉄板でふさがれているため、光は狭い三日月状のすき間から入ってくる。誰もがトレチヤコフ美術館にあるヤロシェンコの絵[33]を思い出すだろう。窓の傍の椅子（それともテーブルか？）に乗って窓と鉄板のすき間越しに神の世界を？見ている囚人を描いた絵だ。だが、「動かせる」テーブルはＤＰＺのどの監房にもなかった。壁には机として使えるような、大きさは一アルシン四方の折りたたみ式鉄板が、それに大きな、これも折りたたみ式の鉄製椅子が取り付けられている。監房に二人かそれ以上が入ると、入獄者数に応じて木製椅子がふやされる。机の傍に背の高い円柱状のスチーム暖房器がある。もう一方の壁にはかんなくずを詰めたマットと鉄製釣り床があり、昼間は折りたたんである。二人が入獄すれば、二つ目の鉄製釣り床は、昼間は一つ目の下に置かれ、夜間に反対側の壁際に動かされる。ドアの近くに食べ物用と食器用の二段の鉄の棚がある。食器は金属の鉢、木製スプーン、湯をいれる大きな柄付きコップだ。窓近くの隅に「手洗い所」と、それと並び水道管と洗面台付きの小さな流し台がある。小机の上方半アルシンのところに小さな電球が下がり、その並びに囚人の権利と義務を説明する印刷された大きな紙が貼ってあった。この監獄で生み出された作品を覚えられなかったのが残念だ。最後に——これで導入部は終りだが——巨大な鋼板を打ちつけたドアがあり、そこには背丈の半分くらいの高さの所に木製の小窓が開けられている。これが囚人と外界を当直を介してつなぐ通信手段だ。背丈より少し高く「のぞき穴」または「監視の目」が開けられ、外から閉じられるようになっている。この眼によって一晩中、一〇分から一五分ごとに、三交代の当直が監房間を陰気に歩き回りなが

32　ハインリヒ・ハイネの詩「ダイヤモンドや真珠やら……」『帰郷』（一八二六年）より。［ハイネ（井上正蔵訳）『ハイネ全詩集第一巻 歌の本』角川書店、一九七二年、四一二〜四一三ページ参照］。

33　Ｎ・Ａ・ヤロシェンコ（一八四六〜一八九八年）移動派の画家。画のタイトルは「囚人」（一八九七年）。

らのぞいて行く。ドアの近くには、廊下の当直を呼ぶための押しボタンがある（なんとまあ！）。

以上はすべて外面的な状況だ。さて、内面的な日常生活について記そう。朝六時（あるいは七時か？　囚人には時計所持が許されない）、当直が監房を見て回り、ドアをたたいて叫ぶ「起きろ！」服を着るか着ないかのうちに小窓が叩かれ、床掃除用のブラシとごみ集め用のシャベルが出てくる。床掃除が終わり、ブラシとシャベルが返却されると、顔を洗える。するとまた小窓が音をたて、当直が四〇〇グラムの昼間用の配給パンを突っ込む。すぐに、そしてもう一度、小窓が音をたて、湯が運ばれ、自分の柄付きコップに注がれる。そこにはあらかじめ茶の粉がいくらか入れてある（配給の「茶」はどれもこれも茶の塵だ）。さて茶会だ。配給された自分のパンをよく考えて分けないと、朝の食欲に負けると夕食までパンなしで過ごす羽目に陥ってしまう。茶は急いで飲まねばならない。もう特別「散歩部隊」の足音が聞こえるから。ドアがノックされ、「散歩の準備！」と叫び声。各「散歩部隊」は同時に二監房の収容者を連れ出す。その際当直の業務は（手持ちのリストに従って）後をつけることだ（同一の「審理」下の囚人が、一度に「散歩部隊」に呼び出されないように）。行進。先頭には、ある監房の二人（か三人）の囚人が一列になり、その後ろに「散歩部隊」、その後ろに他の監房の二人（か三人）の囚人が続く。「散歩部隊」。監獄の中庭へ出ていく。

この中庭を、自分の足取りで幾度数えたことか！　奥行一〇〇歩、幅六〇歩だ。板でさえぎられ見えない監房の窓は中庭に面しており、格別な眺めだ。壁と窓が「静謐さ」で中庭を閉じ込めている。東側の壁は六階から各階に窓が二四、北壁は一六、南壁は一四ある。西壁はいろいろな立方体の形をとっている。事務室、廊下、取調べ官室の窓は普通の窓だ。私はここでコンパスの方位を狂わせたかと心配するが、それは問題でない。中庭の真中だが北壁に近く、散歩場があり、そこはアスファルト舗装され、高さ一サージェン［二メートル余］の一面緑色の塀で囲まれ、形は正確に十八角形で、周囲が一二〇歩、すると直径は四〇歩ほどだ。この囲われた場所の中ほどに八角形の、ずんぐり太っちょの木製見張り塔がある。塔の上の方には円錐形の帽子があり、銃をもった当直の赤軍兵士を自然現象から守っている。

「散歩者」はこの散歩場の半分で、楕円を描いて歩かねばならない。監房同士の間隔は一〇歩以上で、完全に沈黙し、もう半分側で歩いている別な二「監房」の人々とはいっさい合図を交わさない。散歩場の背後の丸石舗装の中庭に沿って、同時刻にさらにいくつもの「監房」が散歩中で、したがって一〇房までの二〇〜三〇人が同時に散歩している。そうした散歩中に、私の「事件」で拘留された人々を何度も見た――D・M・ピネス、A・I・バイジン[34]、A・A・ギゼッティ[35]（彼については後述）――そしてこれはメカニズムのちょっとした欠陥だと思う。言うまでもなく、被拘留者は互いの姿を見てはならないのに。一か所で二〇人から三〇人が軸、つまり太っちょの見張り塔のまわりをぐるぐる歩かせられると、その度にM・V・ドブジンスキー[36]が画く「悪魔」が思い起こされる。その絵だが、巨大な、聖堂大の監房の真中に、燃えるような眼でマスクをした毛むくじゃらの大蜘蛛が立っている。毛むくじゃらの足の間で、小さな人間の集団が輪になって散歩している、というものだ。ここでは蜘蛛のかわりに塔と護送兵が立っており、マスクなどは全く不要だ。いかなる体制でも、その下にある社会組織には一つの本質、すなわち国家の顔が隠されている。画家の狙いはもちろんのこと、もっと遠くにあった。監房は世界、被拘束者は人類、蜘蛛のマスクは悪魔だ。だが、DPZの中庭を歩いていると、この絵の意味をすすんで小さくしてしまう。

「散歩部隊」は散歩場の門の傍に座り、腕時計をじっと見ている。散歩時間は一五分、終わると帰室の手順だ。もう朝八時から九時だ。朝の忙しい活動は終わり、今から夜まで、各監房はそれぞれに任される。だが昼食までの気晴らしがある。小窓が開けられ、当直が蠟を塗った平べったいブラシを投げいれると、監房のアスファルトの床をピカピカになるまで磨かねばならないのだ。囚人は床清掃人に変わり、上から、左右から、床をブラシでこする音が聞こえる。

……ついでに尋ねるが、「アカデミー会員プラトーノフ」も監視塔をめぐる散歩でうろうろしたり、ブラシで床をこすったりしたのだろうか？　それとも彼に対する「深甚なる敬意」は何か別な形で表されたのだろうか？……

34　A・I・バイジン（一八八四〜一九三七年？）エスエル、協同組合員。逮捕前は農業研究所司書。
35　A・A・ギゼッティ（一八八八〜一九三八／一九三九年）エスエル、憲法制定会議代議員、文学・社会評論家、ペトログラード・ヴォリフィラのメンバー。［逮捕、入獄、流刑を繰りかえし、審理中に獄内で病死、釈放後病院で死亡などの説がある。一九九一年名誉回復］。
36　M・V・ドブジンスキー（一八七五〜一九五七年）画家、［ヴォリフィラ創設メンバーの一人。一九二五年リトアニアへ出国、一九三九年からイギリスとアメリカで暮らす］。

正午には囚人の食事だ。小窓が開かれ、金属の鉢がもち込まれ、すぐに——たいていは——ニシン汁がいっぱい入れられて受けとられる。どれほど一杯かと言うと、時々当直の指がニシン汁に浸るほどだ。私のＤＰＺ滞在中に四度——冗談いうな！——肉スープが出た。これはニシンの臭いもタラ（これまた時折メニューに登場する）の臭いもしない物体だから、肉だろうと結論するのだ。スープは完食されるか、それとも「手洗い所」に流されるが、それは食欲か、囚人の嗜好次第だ。主菜をもらうために、鉢は急いで蛇口で洗わねばならない。メインディッシュはほぼいつも、油気もない薄いキビ粥で、スープの量にもほど遠かった。もう一度小窓や熱湯のコップの音で昼食が終わる。

この後、囚人にはベッドに横になる権利がある。それ以外の昼間は横になることも、ベッドに腰掛けることも厳禁だ。「安静時間」が一時間半続いた後、当直がまた各監房を回って「起きろ！」と叫び、その後は夕食を待たねばならない。しばしばこの時間に誰か下級の役人がやって来て小窓を開け、「新聞！」と感じのよい連絡をする。お金があれば新聞を買える。お金は五ルーブリまで手許にもつことが許されている。それ以上は「当座預金として」ＤＰＺ事務室に保管され、囚人は必要に応じ「上級当直」を通じて取り寄せられる。

夕方六時に夕食だ。いつもの料理のくり返しと湯だ。「政治的配給」受給者は、夕食に二品を、つまり最初のニシン汁をもう一杯もらうという特権を享受する。その他の「政治囚」はどうなのかはわからないが、私も、私の「同房者」もこんな特権を享受したことはない。

一日の終わりが近づく。九時（一〇時か？）に当直が監房を回り、大声で「横になって寝ろ！」と言う。彼は一〇分から一五分後にまた各監房を一巡し、囚人が横になっているか確認するため「監視の眼」からのぞき、消灯する（スイッチはもちろん監房の外壁にある）。「監獄は眠りに落ちる……」一〇分ごとに当直は点灯して「監視の眼」からのぞき、またスイッチを切る。灯りが消える。これが夜中、朝まで続く。しかも「監獄は眠りに落ちる」というのは文学的な決まり文句で、監獄の現実に少しも合っていない、と言わねばならない。夜はＤＰＺでの生活でまさに一番騒がしい時だ。ひっきりなしに、四方八方から鍵のガチャガチャいう音、ドアの開閉音が響く。囚人はほぼ例外なく夜に尋問に呼び出される。尋問の回数は広い枠組みのなかで変わる。例えば私は最初の三か月間に六回尋問され、残る何か月かを、日中は〈無為の甘美さのうちに〉、夜は不安なき夢のうちに過ごした。「ボリシェヴィキ」工場の技術監督官は（モスクワでは五月に、この疲れ切った人物と昼夜過ごした）四か月間に彼の計算では一〇三夜、つまり一〇三回尋問をくり返した。当然ＤＰＺでは毎夜、あらゆる方向から絶え間なく、「尋問だ！」という当直の大声、足音、カギの響く音、ドアがバタンと閉まる音が聞こえる。生活は活気に満ちている。一体どこで「監獄は眠りに落ちる」のか……。

●5　ＤＰＺでの「日常生活」⑵、若い同房者

茶。昼食、夕食、睡眠。囚人は毎日規則正しく巡りくるそれら道標の合間の時間をどのようにして埋めるのか？　もちろん、本や新聞があり、散歩も、差し入れも、面会もある「第二棟」の生活だけを語ろう。「第一棟」ではそんなものはなく、生活が厳格な隔離状態下に流れ、夜間の尋問が唯一の慰みだが、そのような「人生」について何を語れるだろうか？　こんな試練を堪えるには、「内面の資源」の蓄えを大きくしておかねばならない。適応できない人々はほんの何か月か後、いや一週間の隔離でも完全に気落ちして自分を見失い、尋問で何でも都合よいことを言ってしまうものだ。神経を病み、精神に異常を来たし、自殺を図るケースもある。

八月だったか、私はもう何か月もまったく一人で「入居」していて病気になり、（医者の指示で）散歩にも行かずほぼ一日中横たわっていた。その時、退屈なので、どのようにしてまる一週間一人で過ごせるか自分の意志で試してみよう、という考えが頭に浮かんだ。私には本が数多くあり、新聞を毎日二紙買っていたが、それでも〈望んだとはいえ〉こんな試練を堪えることはいっそう難しそうだった。だが私はその試みをやり通した。毎日新しい新聞をちらとでも読みたい、という気持ちにどれほど惹かれても（後で一日に一四紙を一挙に読んだ）。そこでこの試みを継続できるだろう、と思った。だがこれは、何よりも良い記憶とさまざまな「内面の資源」のおかげだった。私はその七日間という時間を過ごした。未読の本と新聞の棚に、頭のなかで「黒い琥珀織《タフタ》のカーテンを掛けた」[37]。

朝の茶と昼食の間に、私は「古典に取り組んだ」。かつてギムナジア生時代に、私は『知恵の悲しみ』を全部、『オネーギン』の大部分を諳んじていた。四〇年後にそれ

37　プーシキン『エヴゲーニイ・オネーギン』第一章第四四からの引用。［木村彰一訳、『プーシキン全集』二、河出書房新社、一九七二年、四一ページ］。

らをできる限り思い出そうとするのは、大層面白かった。時がたつのも忘れた。私は二日にわたって朝にそうしてみて、時がたつのも忘れた。残りの五「朝」はプーシキン、バラティンスキー[38]、レールモントフ、チュッチェフ[39]、フェートの詩で、バリモント[40]、ソログープ、ブリューソフ（彼の詩「北極のツァーリへ」は今でも暗記している）、さらにベールイ、ブロークまで、さらにクリューエフとエセーニンで時を過ごした。蓄えは無限に思えた。特にホメロスやホラチウスからボードレールやヴェルレーヌまで、そしてまだ何人かの詩人を加えると、そう思えた。ディケンズの長編小説の絶妙な文章を記憶に甦らせようとすれば！　そうしたらおよそ世界文学のすべてになる！

このような「朝のトレーニング」をこなすと、昼食後の「安静時間」によく眠れた。その後夕食までの時間を、私はユーモラスな構想――自ら「小説執筆」（頭のなかで、の意味）にあてた。私の課題は、半ば冒険的で半ば心理的な長編小説で、現代の散文にうんざりした「広汎な読者」向けに書くことだ。一週間以内に長編小説『ポルトラツキーの生涯』の最後のピリオドまで「書き終えた」。今残されたのは、それを紙に転記することだけだ。もちろん神よ、私をそんな「危険な」ことから免れさせたまえ。「広汎な読者」が（彼らのために「書いた」のだから）この小説を長く愛読するだろうことには、絶対確信がもてる。ここを出て「自由」になったら、私を流刑に放り出した、典型的に平凡なものからもっと「質の高い」諸グループで、楽しみのために三度も四度も試してみよう。あたかも最近私が読んだ小説であるかのように、この小説を詳しく語ろう。彼らがどんな関心を抱くことか！「広汎な読者」には、アンドレイ・ベールイの最新の小説はかけ離れていてついて行けないだろうが、『ポルトラツキーの生涯』はぴったり適しているだろう。

夕食後の時間は音楽にあてた。私は音楽の素人愛好家で、高水準の音楽を想い出す。そのおかげで私は夕食後毎晩、オーケストラを自分のために演奏することができた。演奏会のプログラムは（当然、究極の「自分のため」に）バッハからプロコフィエフまで（並べることをお許しあれ！）の作品だった。二、三度ほど「サトコー[43]」、「キーテジ[44]」や「マイスタージンガー」のような大好きな演目の歌詞を歌い、自分のためのオペラを上演した。それらの演目はそれぞれ三時間くらいかかるので、「寝ろ！」という号令まで気づかぬうちに時間が過ぎていた。

だがこの号令後も、夜は終わらない。九時（か一〇時）にいったいどうして眠れようか！　暗闇の中、眼を開けて横たわりながら、私は若い時に〈チェス盤を見ずに〉とてもうまく対局できたことを、そしていつも半分は気晴らしで半分は試練に、必要以上に長く時間を費やした（そして今まで、息ぬきに好んでいる）ことを利用した。アレーヒンとカパブランカの対局[45]の第一局を一手ごとに記憶で再構成するまでに長く、「二、三夜」戦った。ここを出て「自由」になって確かめたら、全手がぴったり合っていた。こんなチェスの対局・課題・練習問題を考えていると、最初に隣のドアがブチ開けられ「尋問だ！」という号令が響くまでは安らかに寝入れた。

こうして七日がアッという間に過ぎた。七か月が同じくアッという間に過ぎるかは、もちろん請け合えないが。

こうしたことを書き、いつの日か、無階級（そして無検閲？）時代に、「広汎な読者」にまで私の回想記が届くことを望んだうえで、彼らが受ける印象について考えてみた。私は彼らのまえにプラウトゥス某[46]の〈ほらふき兵士〉と思われないか？と。小説なんか書き、オペラを演じたり、チェス盤なしで対局するなんて……親愛なる広汎な読者よ、正反対に私は、多くの分野での自分のこんなアマチュア的

38　E・A・バラティンスキー（一八〇〇〜一八四四年）詩人。
39　F・I・チュッチェフ（一八〇三〜一八七三年）詩人、外交官。
40　A・A・フェート（一八二〇〜一八九二年）詩人、評論家。
41　K・D・バリモント（一八六七〜一九四二年）詩人。
42　V・Ia・ブリューソフ（一八七三〜一九二四年）詩人。
43　［「サトコー」はN・A・リムスキー＝コルサコフのオペラ（一八九八年初演）。主人公サトコーはロシア民衆に伝わる英雄叙事詩（ブィリーナ）の主人公で、ノヴゴロドの商人］。
44　［「キーテジ」（「見えざる町キーテジと聖女フェヴローニャの物語」）はN・A・リムスキー＝コルサコフのオペラ（一九〇七年初演）。一三世紀モンゴル軍の侵攻時に信仰を守って湖底に沈み見えなくなったという伝承の町と、聖女物語とを結びつけている］。
45　［A・A・アレーヒン（一八九二〜一九四六年。後フランスに帰化）とJ・R・カパブランカ（一八八八〜一九四二年、キューバ）の対局は一九二七年に行なわれ、アレーヒンが世界チャンピオンのタイトルを奪った］。
46　T・M・プラウトゥス（紀元前二五四年頃〜紀元前一八四年頃）ローマの喜劇作家。［「ほらふき兵士」（木村健治訳）『ローマ喜劇集』三、西洋古典叢書、京都大学学術出版会、二〇〇一年、参照］

な趣味を自慢するべきでないだろう。そんなものは私の長所でなく短所なのだ。そんなものに時間をとられなければ、私は自分の本来の仕事ではるかに大きな成果を得ただろう。それでも私はそうは望まず、もう一度この世での生活を繰りかえさねばならないとすれば、まったく同じ「素人趣味」の道を選ぶだろう。それは世界におけるすべてに対する、生のすべての領域に対する関心以外の何ものでもない。だがこれはついでに言うだけだ。

私はこのように囚われの七か月間を楽しんだ——私の人生に残された多くない歳月で、ブロークやサルティコフにかかわる仕事を終える代わりに。その仕事は多分誰かが、一〇年後には完成するだろう。マスクをした毛むくじゃらの蜘蛛、すなわち国家は、このことすべてを当然なことと見なしている。

もとの監獄生活の描写に戻って、差し入れと面会について一言話そう。我々は週に一度、外部から、厳格に定められた食糧基準にしたがって差し入れを受けとった。当直がドアを開け、大きな袋とV・N手書きの送付品リストを監房内に持ちこんだ。送れるのは（切った）パンと丸型パン、バター、（必ず切った）コロッケ、玉ねぎ、果物、菓子、（固ゆで）卵だった。パン、サラミソーセージ、コロッケを切らずに送ると、監獄事務局自身がこの作業を行ない、食物のなかに差し入れ禁止品を、何らかのメモとか、カミソリの刃とか、針やその他類似の危険物などがないか探す。卵はつぶして引き渡される。というのは、つぶしてない卵のなかに純アルコールを入れた「刑事犯」のトリックが暴かれたからだ。我々「政治犯」にはそのような措置は講じられなかったかもしれない。だがなぜ区別するのだ！　食品の他に肌着も差し入れ品として送られてきた。私はそれらを全部受け取り、リストと照らし合わせ、袋に洗濯に出す肌着を入れ、リストの裏に全部受けとったとサインした。他の囚人の妻たちと一緒に監獄事務室で待機するV・Nはこのメモと袋を受け取り、すぐに私のサインを見て、私がともかくもこの監獄にいて、まだどこにも移送されていない、と知るのだった。

囚人がいるか否かは、一〇日に一度許可される面会でも証明された。誰か見張りが私のところに来て「面会に」呼び出し、クモの回廊を降りて風呂場の廊下を通り、また上がって尋問室へ行く。一室でV・Nが、そして我々を監視するため何とかいう取調べ官補佐が、もう私を待っている。彼はテーブルの中ほどに席を占め、私は一方の隅に、V・Nが反対側の隅に座った。何でも話したいことを話せたが、私の「一件」とそれに関連する人物や状況だけはだめだった。取調べ官は新聞を読み、我々はテーブル越しに話したいこと以外は何でも話した。半時間はたちまち過ぎ、見張りが私を監房まで連れ戻した。[47]

その他は何があったか？　入浴は一〇日に一度だった。下の階の大きくない部屋に浴槽とシャワーがある。月に一度、四階の監房の一つが床屋へ行き、散髪し髭を剃った。週に一度、医者が、基本的な薬をもって各監房を訪れた。監房内にシラミはいなかったが、ナンキンムシとは熾烈な戦いが行なわれた。

だが私がこの監獄に初めて滞在した時まで戻らねばならない。当時私は一人でなく、「同房者」が一人、また別の一人とのべ二人いた。最初の男は大学生ミハイロフ某で、LGU（レニングラード国立大学）数学科の最終学年生だった。彼はすでに一九三二年九月に「ORF」、つまり「ロシア・ファシスト協会」組織の嫌疑で逮捕された。四か月間「第一棟」に一人で在獄し、すっかり消耗して気絶し、私が入獄する一か月まえに「第二棟」に移された。彼は「ORF」について興味深いことを私にあれこれと語った。尋問の際にはその組織への関与を否定しなかった。その組織の構成や、メンバーに学生も、事務職員も、普通の人も、共産主義者も（そのうちの一人は、無論、〃おばちゃん〃の息子［スパイ］と判明した）参加していると聞いた。私がほとんど知らないスポーツ分野のことでもっと面白いことを、彼は語った。彼自身は一〇〇メートル専門の「ランナー」で、二〇年代の終わりにはさるスポーツ団体からリガでの試合に派遣され、彼の写真が当時スポーツ専門の出版物に掲載された。スポーツの世界と彼の性格、「短距離走」のテクニック自体、そしてトレーニング方法やその他のすべては私には未知の世界なので、何時間も興味津々で彼の話を聞いた。彼は大学生活に関しても多くのことを語り、そこでかつての数学徒の私は、過去三〇年間に数学教育がどれほど進んだかを比較できた。結果は、強力に進んだが、一般的な発達と学生の進歩のレベルと、コース修了者のレベルの点で、なんと前でなく後ろへ進んだのだ。だが彼の言うところによると、近年、顕著な改善が見てとれるという。

しかしながら、我々の次の世代の若者との交流でもっと私の関心を引いたのは、まったく別のことだった。すなわち、彼の一般的な発達、倫理的な水準、究極の目標と理念

47　今回（一九三三年二月～九月）のDPZ入獄時に、イヴァーノフ＝ラズームニクは当局の許可で他の入獄者に比べ良い扱いを受けている（三二回の差し入れと一九回の面会、監獄図書の無制限利用、三〇分の散歩、日中の横臥、紙とインクの使用）。

である（古くさい言葉で失礼）。だが得られた結果はたいそう暗いもので、まったく未成熟な若者だったと言わねばならない。逆に本人の言うところによれば、仲間内では自分は知的に成熟しており、多読と見なされている、とのことだ。実際に彼はなんとかして（きわめてわずかに）読み、自前の哲学体系を構築しようとすらしたが、それは素朴なリアリズムに基づく子どもっぽい試み以外の何ものでもなかった。その際彼はカントを読んだ、とつねに主張した。そのようなことは全部当たり前で、とくに関心を向けることでもない。私にとって関心があるのは別なこと、すなわち彼の倫理的規準、社会・政治的見解と方法、いかにして「彼がそのような人生に至った」か、すなわちロシア・ファシズムの理論に到達したか、だった。この点で私にわかったことは、彼はありふれたボリシェヴィズムとは骨肉の間柄で、その真理を「小さな相違」以外すべて受けいれている、と言うことだ。すなわち「プロレタリアート」独裁でなく、「小ブルジョワ」独裁であるべきで、それは共産主義のやり方をそっくり利用しているのだ。どのような「自由」もなく、異論を抱く者に対しては全面的にテロルと暴力をふるう。加えて基本的な倫理的規準というものをまったく理解しないか、受け容れないかだ。我々の同居がもう終る頃のある事例が、私にショックを与えたことを覚えている。ある時私はいつになく早く、夕食後すぐに「尋問」に呼び出され、いつになく早く、「寝ろ！」という号令のまえに監房にもどった。尋問室の廊下で私はある情景にいたく心を動かされた。コムソモールタイプの若い女性が尋問を終えて出てきたが、「女性当直者」に腕を支えられ、自分では歩けなかった。彼女は一足ごとに立ち止ってむせび泣き、壁を両手の拳で力なくたたき当惑して叫んだ「何のために？　何のために？」彼女は連れて行かれた。この情景に心を動かされて、私は帰室するとミハイロフに見たことを話した。その時彼の態度がどんなに私を驚かせたか、忘れはしない。彼は楽しげにくすくす笑い出した。まるで私が大層こっけいな事件のことを話したかのようだった。果たしてこれが現代の若者に典型的なのか、と私は思った。

このようなことがどれほど頻繁に起こるのか。その答えは数日後にでた。三月一〇日にミハイロフはさらに尋問を受けるためモスクワへ送られ、彼が出て行って一五分後に（三人が同居していた）別の監房から、新しい同房者がやって来た。彼も若く、水力工学を学ぶ最終学年の大学生で、名前はアナトーリー・イヴァノフ某といい、すべての点で最初の同房者とはまったく対照的だった。最初の方は陰気でいらいらしていたが、二番目の方は朗らかで楽天的だった。前者の基本的な倫理的水準は低かったが、後者は基本的な倫理的関心に決して無関心ではなかった。二人はまったく同じ社会層の出身だったが（前者の父親は医者、後者の父親は法律顧問）、細部では前者ミハイロフが粗野で「不作法」なら、後者イヴァノフは洗練されて礼儀正しく、丁寧だった。私はイヴァノフをふざけて「伯爵」と呼び、彼の明るさとユーモアに感謝し――オストロフスキー[48]のパロディーで「二〇世紀の喜劇役者」と呼んだ。この「伯爵」とは二か月近く、今度は私が五月初めにモスクワへ出発するまで同居した。

「伯爵」は私より一か月遅く、「SSS」つまり「社会主義学生同盟」組織の嫌疑でDPZに入れられた。この組織は私には無論「ロシア・ファシスト協会」よりわかりやすかった。だが一層心地よかったのは、若者が対峙するまじめな道徳的課題だった。彼はミハイロフほどには本を読んでいなかった（これが現代の「若い世代」全体に共通する特性らしい）。にもかかわらずミハイロフはすでに完全な真理に到達し、それ以上何も求めなかった。イヴァノフは徹底して「社会倫理の体系」を求めたが、それを一体どこに求めるべきかを知らず、無力だった。ここで私こと「ナロードニキ主義の中心的イデオローグ」（取調べ官の親切な証明による）は、もう一人の「同調者」を味方に引き入れることができたかもしれないが、私はそうはしなかった。そして若者をもっと極端な倫理的・社会的な体系の源泉へと導いた。というのは、監獄書庫からレフ・トルストイの著作を取り寄せたのだ。若者は何時間も『われら何をなすべきか？』[49]やその他同じようなトルストイの著作を読んだ。その内容を思慮深く整理し、あるものには同意せず、あるものには感激しながら、声を出して（もちろん、小声で）私に読んでくれた。彼が私の意見を求めても、私は何も答えなかった。自分でとことん考えたまえ！　私は彼を「トルストイ主義者」にしたとは思わないが、彼がなんとかして理解しようとするのを少し手助けし、自由な思想の領域でさらに探求する道を指し示したつもりだ。いずれにせよ

48　A・N・オストロフスキー（一八二三～一八八六年）劇作家。ロシアのリアリズム演劇の代表者。「一七世紀の喜劇役者」（一八七三年）という戯曲がある。

49　『われら何をなすべきか』（一八八四～一八八六年）著者がモスクワの貧民窟調査に加わって、貧困の解決を論じている。米川正夫訳『われら何をなすべきか』角川文庫、一九五一年参照。L・N・トルストイ（一八二八～一九一〇年）作家。

彼とは、まだトルストイ熱が冷めない時期に別れた。復活祭（その年は四月一六日だった）に我々は（例の差し入れから）食べ物をプレゼントし合った上に、お祝の詩を交換した。自分の詩をこれまで覚えている。

アナトーリー・イヴァノフは／独房に入れられ／そこで彼は酔ったようにさ迷う／神さまの世界を喜ばずに／だが慣れることはすばらしい／半年たたずに／独房の囚人の／顔が晴れ／もう彼は空しい言葉をならべて／監房内をさ迷わず／魂こめて立ち止まり／すべてレフ・トルストイに打ちこんだ。

おそらく彼は長期にわたって、そして最終的にはトルストイから離れただろう。だが、現世代に信念を見出したか、あるいは受け入れた者がいるだけでなく、社会‐倫理的な道を根気強く探求した者がいることを知って、私はうれしかった。私の二番目の同房者は、最初の同房者のようなまったく悲しい疑問に対する気持ちよい答えだった。

●6　審理

だが「審理」にもどる時だ。

二月二日から三日の記念日の夜を寝ずに過ごした後、朝六時から午後二時まで、寝入ることもできない「二歩×二歩」の監房でずっと座り、七号房で夕食を摂り（まる一昼夜たって初めての食事）、「寝ろ！」という夜の叫び声を聞いて私は満足しないでもなかった。だが、ドアが大音響をたてて開閉され、夢うつつの者にはまったくうれしくない「尋問だ！　服を着ろ！」という叫び声がひびいて、ちゃんと眠れなかった。

二人の取調べ官、ブーズニコフとコーガンが一番大きな尋問室で私を待っていた。DPZ管理職室のなかで最大の部屋というのは、おそらく尊敬と「深甚なる敬意」のせいだろう。私は彼らとこの豪華な部屋で、朝の五時までいられることに満足だった。その後は帰室して、「起きろ！」の叫び声まで少し眠れるのだ。特命全権委員ブーズニコフは取調べ官でもあり、私の自宅で捜査を行なった後、日中によく眠った。私の方は、二夜続きで眠れない夜を過ごした。ここで私が理解したのは、GPUの尋問が夜間に行なわれるわけは、尋問を受ける側の消耗と神経に対する策動だ、ということだ。記念日の祝賀会は意図的に行われたのだろう。ついでに、「アカデミー会員プラトーノフ」の審理はどうだったのだろうか？　彼も食事ぬきで閉じ込められ、八時に「二歩×二歩」の部屋で二夜続いて眠れなかったのだろうか？「アカデミー会員プラトーノフ」というふざけたくり返しが、初めての尋問から入獄期間中ずっと私にとりついた。なぜなら取調べ官が私に対する「深甚なる敬意」を示し、「アカデミー会員プラトーノフ」が享受したと同じ監獄生活条件を提案したからだ。まことにありがとう存じますが、そんな条件の恩恵を受けたくありません。しかしながら、何の質問も提案もしませんが、どうして三〇年間文学活動を続けた作家が、あまりにも盛大すぎる記念日の祝賀会から逃れられなかったのでしょうか？

　秘密政治部特命全権委員ブーズニコフと取調べ官コーガンはどちらも若く、二人の年齢を足してもたぶん私より若かった。彼らはまったく礼儀正しく丁寧だった（尋問中には正反対の態度が見られたが）。自らの専門――諸政党の綱領や政治的な対立点のニュアンスについての知識も十分に備えていた。思想の歴史についてははるかに知識不足で、二人ともチェルヌイシェフスキーが「マルクス主義者」だと確信していた。最後に、その夜、哲学の諸問題について私と話してみたが、どうにもならないレベルだった。彼らの疑問は素朴で、私はただ微笑むしかなかった。例えば、一人が私に、レーニン著作集の第一〇巻で述べられている「哲学的教義[50]」と同意見か、と尋ね、私が否定すると「つまり、お前は観念論者であって、唯物論者ではないんだな？」と結論した。私は形而上学者でない、唯物論も観念論も同じく形而上学の傾向だ、と答えると、この基本的な答えは二人にとって理解不能だったとわかり、以後このようなテーマについて私との会話は二度となかった。

　この夜の会話でのこうした場違いな問いが、偶然のものでどっちつかずだったと考えてはならない。反対に会話はすべて、そのように不必要で自明なものばかりだった。取調べ官たちは、私がサインして確認した調書で、以下のようなことを立証するよう望んだ。すなわち、私がマルクス主義者ではないこと、私は文学活動中ずっと「ナロードニキ主義」のイデオロギーを、ゲルツェン、チェルヌイシェフスキー、ラヴローフ[51]、ミハイロフスキーに発する社会-哲学的教義を一貫して展開したこと、である。私が皮肉っぽく、彼らも今日まで生きていたとしたら逮捕されたのではないか、と尋ねると、ラーザリ・コーガンは自信たっぷりに答えた。チェルヌイシェフスキーはマルクス主義者だから彼の記念碑がいくつも建てられているが、ミハイロフスキーは「邪魔するべきなのだ」、と。彼はこれを真顔で、

50　レーニン『唯物論と経験批判論』（一九〇九年）のこと。

51　P・L・ラヴローフ（一八二三～一九〇〇年）哲学者、社会学者、「ナロードニキ主義のイデオローグ。主著『歴史書簡』」。

そして頑迷そうな様子で言った。

その夜の会話は全部、取調べ官の手で小さな、半ページの「調書」にまとめられた。それは「私はマルクス主義者ではない」で始まり、続いて、文学活動中ずっと、私はナロードニキ主義の旗手であり、今日もその旗を拒絶していない、と述べられていた。「ソビエト政権」に対する私の態度はといえば何も隠す理由もないが、それでも私が監獄に囚われているという条件下でこの問いに答えることは、私の尊厳を低めると考える。

自明な結果に達するため、朝五時まで一晩中時間をとることに意味があったのか？　しかしこの最初の「尋問」は単に、取調べ官たちが次にジャンプするため据えつけた踏切板だった。次の夜（三日続けて！「アカデミー会員プラトーノフ」の審理はどうだったのか？）、彼らは鋭い助走の後、新しい調書の踏切板を利用した。

社会‐哲学的世界観としてのナロードニキ、ゲルツェンとミハイロフスキー、これはよい。しかし問題の第一、第二の面と分かち難い社会‐政治的問題がまだある。世界観としてのナロードニキ主義、それに政党としての社会革命党がある。私は社会革命主義者であったか？　いや、そうではなかった。第一に、私は「ひとり気ままに歩くネコ」（キプリングのお話）でどんな党派であっても「党規律」への服従は受けいれない人間だ。これは現代の通用語でいえば「小ブルジョワ的」特性だ。私の最初の同房者［ミハイロフ某］はこのばかげた隠語を愚かにも信じこんだ。彼はもちろん、マルクス主義に従った青年たちすべてに典型的だ。この点で議論はせず、事実そのものを確認しよう。その事実は社会革命党の（一九一七年）一一月大会の議事録に書きとめられさえした。したがって私は党員ではなく、党に服従するべき理由はない、ということは後に印刷された一九一七年一一月大会議事録に記されている。その時期までに左派社会革命党が形成され、その新聞『勤労の旗』と雑誌『我らの道』で、私は文学部門を編集し、編集者として党中央委員会へ欠員補充された。だが私は党員ではない、と宣言し、その宣言は考慮された。

これは、私が自分の肩にこれらの党の活動全部につき責任を負うことを望む、という意味なのか？　そんな責任は皆無だ。責任はすべて負っても、私を実際の私でない者に仕立てあげてもらいたくない。私は文学にかかわる生活のすべてにおいてゲルツェンの社会‐哲学的世界観を展開してきた。青年期の自著『ロシア社会思想史』で、今まで正しいとみなしている道を明らかにした。さらに成熟した著『生の意味について』［一九〇八年初版、一九一〇年再版］では、ゲルツェンの世界観の基礎である「人間自身が目的」

を（カントぬきでなく）発展させ、深めた。こうした社会‐哲学的世界観が社会革命党とその社会‐政治的イデオローグたちに近付いたかどうか、には全く関心をもったことがない。一九一二年に社会革命主義者の「分厚い雑誌」『遺訓』がつくられた時、私は一編集者になり、文学部門の責任者となった。二、三年後の世界戦争の初めに、私は社会革命党の戦争に対する態度（それが私に何の関係がある？）に関心をもち始め、戦争を拒絶し革命を求めてまったく異端的な論文「砲火の試練」を書き、あらゆる方面から敵意を持って迎えられた（ツィンメルヴァルトやキンタール[52]はまだ先のことだった）。その論文が印刷されたのは革命後だった。一九一七年に書いた一連の論文集『革命の年』で私は「自分の道」（一論文の題名）を歩んだ。たとえまったく一人でも、今もなおこの道を歩みつづけている。

以上のことはすべて（「第三夜」目に取調べ官に述べたが）、次のように要約できる。私は自分の社会‐哲学上の見解、社会‐政治上の見解に対する自分のいかなる責任も否定しない。しかし、「エスエル党員」の烙印を押されることは許さない。私の世界観は「党派的なもの」ではなく、自立している。世界観の問題に決着をつけることは、誰でも任意の人にまかせよう。

だが取調べ官にはそんなものは全部不要で、踏切板はすでに前夜に据えられていた。今彼らに必要なのは以下のようにまったく別なものだった。

「私、イヴァーノフ＝ラズームニクはナロードニキ主義の思想的‐組織的な中心であります。近年私の周りには、以下のような右派、左派エスエルが組織的に集まっております。……」それから取調べ官が作成した五、六人のリストが出てきた（「尋問」中に彼らは私に、誰彼の名前を挙げるようにとは一度も求めなかった）。きわめて奇妙な組み合わせだが、これについては後に触れる。当然、取調べ官は組織などまったくないことをよく知っていた。だが〈地位には責任が伴う〉。いったん当局が命じたら、見つけ出す必要があるのだ。

私は極度に信憑性がうすい提案をする。旧エスエル党員が実際に「組織」を創ったと仮定しよう。だが私のような非党員の人間には何の連絡もなかった。まったくありそう

52　ツィンメルヴァルトやキンタールは第一次世界大戦勃発後、各国社会主義者が一九一五年九月、一九一六年四月に上記のスイスの二村で開催した会議を指す。［その時点で左派による反戦の主張は開戦時よりは大きくなっていたが、なお多数を占めるに至らなかった］。

にない。というのは奇妙な「リスト」に、先に述べたＤ・Ｍ・ピネスが載っていたからだ。彼はもっとも親しいつながりのある知人で、毎日の仕事で一緒なのだ。しかし、もう一度、組織があったと仮定しよう。そして、私に何の関係があるのだ？　と問おう。

その疑問への［尋問側の］答はこうだ。そうだ、望むか否かにかかわらず、お前が最重要で唯一の思想的中心なのだ。お前は永年にわたってナロードニキ主義の社会哲学の旗手だ。お前が知っていようといるまいと、事態は少しも変わらない。例えば、ヴォロネシ、ヘルソン、タンボフ、その他各地に青年のサークルがあり、集まってナロードニキ主義の文献を読み、議論したが、お前の著書もあった。お前はそんなサークルの存在を知っていたか？　もちろん知らなかったろうが、だからといって事態が何か変わるのか？　例を挙げよう。互いを全然知らない二人の若者が尋問で、お前の本を読み、お前はジェーツコエ（旧ツァールスコエ）・セローに住んでいる、と述べたぞ。何という一致だ！　二人はまったく同じことを言ったんだ、ジェーツコエ・セローは今や自分たちにとりナロードニキ主義のメッカだ、と……。

一体どこまで話が及ぶのだ。アラーの他に神はなく、ムハンマドは預言者だ！　二人の若者とメッカは、取調べ官たちによる愛すべき思いつきだということを、私は一瞬たりとも疑わない。だがこの思いつきは初めと終わりがうまく合わない。こんな架空の若者たちが幸福なソ連の各町や村にいると仮定しよう。その場合、私のＤＰＺ滞在は、明らかに間接的に敵を利することになる！　仮にこんな若者たちがいるとしてだが、彼らにとって罰が高ければ高いほどメッカが一層高いことは明らかではないか？　そして、もしもジェーツコエ・セローがメッカなら、ソロフキ[53]は一体どんなスーパーメッカになるのか？　もし私を流刑にし墓もわからなくすれば、あるいは私を銃殺すれば？

しかしメッカというのは、ただの愛すべき軽口だ。私はペール・ギュント[54]でもフレスタコーフ[55]でもない。これが、私誰某はナロードニキ主義の思想的および組織的中心です、という調書にサインできない理由だ。第一に、組織的センターなど存在しないし、もし存在しても（仮に存在したとしても！）私は知らない。第二に、いかなるものであれ、たとえ理念的なものでも、自分を「中心」などと呼ぶことはできない。私はフレスタコーフ病に罹ってなんかいない。私が誰で何なのかは他人に考えさせ、呼ばせておこう。だが自分のことをそんなフレスタコーフ的口ぶりで語ることは、私には相応しくない。

●7　二重の調書

「三日目の夜」が何の実りもなく（すなわち調書なしで）終わった次の夜、私は安らかに過ごせた（尋問は連続で幾夜も行なわれることがあるので）。取調べ官たちは明らかに、今後の行動の仕方について上部と相談していた。夜の尋問が新たに始まり、取調べ官の一人が次のような見えすいた発言をしたので、私は彼らの相談の結果がわかった。［取調べ官］：我々とお前とで違うのは用語だけだ。お前は「私は……と知り合いです」と言う。我々は「お前の周囲に……が集まっている」と言う。お前は見せかけの遠慮深さで、二番目の要約を受けいれることを拒否するが、我々はそれだけが現実に一致するとみなす。各調書にお前だけでなく、我々もサインする。お前は我々の要約にサインできず、我々はお前の要約にサインできない。だからこんな解決法を提案する。つまり、並行して二つの調書をとり、一つは尋問側の観点を表現し、もう一つはまったく同じ問題につきお前の観点を表現するのだ。古い用語では、第一の調書は「検察官」の見解、第二の調書は「弁護士」の見解を表す。二つの調書には双方がサインする。こうして「A版」、「B版」の調書を合わせると、上級審が問題をすべて公正に考慮できるだろう。

こんな「審理」のやり方に私は（もちろん、やむなく）同意した。もし私に、尋問の観点に応じ自分の見解を表明して完璧に拒絶する可能性が与えられるならば、一体どうして自分の見解をはっきりさせないことがあろうか？　何ものも「審理」の当然の全結論を修正することは絶対できない。結論はあらかじめ決定済みだ。一九三三年一月に（なぜこの時期なのかについては後述）〝おばちゃん〟が「ナロードニキ主義の思想的・組織的センターの審理」開始を決めた時、副官たちは完遂するべき不屈の任務を与えられたのだ。ネクラーソフ[56]の言葉が時代遅れに聞こえる。

53［白海のソロヴェツキー諸島に一五世紀前半に開かれた修道院の略称。帝政期、ソビエト期を通じて政治犯を収容］。
54［イプセンの戯曲（一八六七年）の主人公。富と快楽と冒険を求める主人公が、恋人の愛により現実に目覚めるまでの人生遍歴を描く］。
55［ゴーゴリの戯曲『査察官』（一八三六年初演。『検察官』と訳されることが多い）の主人公。ただの旅する若い官吏が、ある地方都市でおしのびの査察官と間違われ、本ものを装って接待と賄賂をほしいままにした後、遁走する］。N・V・ゴーゴリ（一八〇九〜一八五二年）作家。
56　N・A・ネクラーソフ（一八二一〜一八七七年）詩人。

リチェイヌイには怖い建物があり／有罪ならそこで処
罰待ち／無罪ならば——釈放で帰宅／不快事やまほど
経験してから。

古き良き時代はこうだったのだ。今は「無罪者」は帰宅でなく、独房や強制収容所へ入れられ、アルマ・アタやチムケント［カザフスタンの都市］へ流される（まさに「ナロードニキ主義の思想的・組織的センター事件」でこれがあった）。「有罪者」も同じ扱いだ。この「平等化」がネクラーソフの四行詩を時代遅れにしている。

こうして取調べ官の見えすいた狡猾さから、私は一瞬でも忘れられることがない。彼らに必要なのは調書「A版」、すなわち彼ら自身の、予め決定済みの観点（不屈の任務！）であって、調書「B版」は「上級機関」にはこれっぽっちの重みも関心もないだろう。だが、いったん先に問題が決められたら、何でもいいとはならない。調書「B版」は私には重みがあり、私はそのことに満足だ。

このような「事件」がもう一年以上昔のこととなった今、私が時に悔やむのは、もっと簡単な方法を選ばなかったこと、つまりこの「事件」の課題と目的を明らかにして、それ以上のすべての会話をきっぱり拒否する、と短く文書で宣言しなかったことだ。もちろんそうしても結果と総括は髪の毛一本ほども変わらなかっただろう。だがそのような行動方法によって、私はいっさいの「調書」（「A」も「B」も）から、また、取調べ官たちとの夜のおしゃべりで得られるあいまいな喜びから解放されただろう。彼らは大層愛すべき若者だが、絞ったスポンジのようにうつろで干からびている。

だが話をこの「A」と「B」版の調書に移そう。「A」版の方は取調べ官たちに託された「不屈の任務」を明白に示していた。それは、恥ずべき事実を隠すためイチジクの葉っぱをつくりだすことだ。その事実とは、プロレタリア独裁の国でブルジョワ独裁の国と全く同様に、イデオロギーと「悪しき思想」ゆえに流刑が行なわれている、ということだ。あちらでもこちらでも「組織集団」のようなきまり悪さのためイチジクの葉っぱが必要とされ、もし葉っぱがなければ発明しなければならないのだ。

ここで最初の「A」版調書の例を挙げる。一九一七年革命初期から私はM・A・スピリドーノヴァと親しくなり、一〇月の日々にさらに友情を強めた。永年ソ連の監獄で過ごした後、スピリドーノヴァはサマルカンド、タシケント、そしてウファーへ流刑になった。我々は手紙よりもはがきで、年に一、二回だけやり取りし始めた。私は彼女に自分の新著を何冊か送った。彼女が病気で財政的に苦労していると知り、二、三度いくらかの郵便為替を送った。何も隠すことなくそうしたのは、郵便局に設置されている信書検閲〝おばちゃん〟の「赤色室」が、我々の手紙一通にいたるまで注意深く読んでいることを、よくよく知ってのことだ。強権を恐れて古い知己と友情を否定することは、私には恥ずべきだと思えた。私が流刑の身となった現在、恐怖のため臆病にも知らないふりをする古い知り合いや「友」を、何の驚きや尊敬の念もなしに見ている。だがこのことが問題なのではなく、調書「A」が上述した事実をどのように要約しているか、が問題だ。こんなふうだ「……近頃何年にもわたりM・A・スピリドーノヴァと恒常的なつながりを保持し、彼女に送金を組織した」。なかなか良いではないか？　私は「組織した」という言葉を受けいれなかった。すると取調べ官はその言葉を「手配した」に変えた。〈帽子は白い、白い帽子〉［同じことだ］。

さらに例を挙げる。左派エスエルのIa・V・ブラウン[57]は、永年の独房と流刑暮らしの後、最晩年にモスクワ居住を許可された。彼は出版社で（A・ベールルイ、エヴゲーニー・ザミャーチンについての）批評論文集を仕上げるため、一、二度ペテルブルクへやって来た。そして二度ともこの件でわが家へ来た。一九三二年夏に、彼の手紙を携えたある若い人物がわが家に来た。手紙にはこう書いてあった。シムフェローポリ出身の某（名前はすっかり忘れた[58]）は、自作の詩に対するあなたの意見を聞きたいと言っている、と。若者は私のまえで詩をいくつか朗読し、我々はそれらの詩について話しあった。その後で私はシムフェローポリや、学生時代の流刑で知り合った人に関して彼に尋ねた。会話で、彼も流刑囚だと分かった。私は何の件で、何党でとは尋ねなかった。いくつかの表現から彼の見解はアナーキズムに近い、と結論する準備ができた。取調べ官はこの訪問のことをどこからか情報を得て、（またさっぱり思い出せない）若者の苗字を私に思い出させようとし、この点が調書「A」に次のようにまとめられた「Ia・V・ブラウンと個人的に、また手紙で関係を保持し続けた。彼から私に一九三二年夏、左派エスエルの某が派遣され……」。某は左派エスエルと判明したが、彼が何者かというのは私には全く関心がないことで、彼と私は政治について一言も話さな

57　Ia・V・ブラウン（一八八九～一九三九年、本名I・V・ブロウン）、左派エスエル、文学・演劇批評家。一九二一年以来くり返し逮捕、強制収容所、政治犯隔離所、流刑を経験後、銃殺。
58　B・N・シャベル。左派エスエル、詩人。

かった。調書「A」にこのような事情がほんのわずかでも反映されていたか？　もちろんノーだ。なぜならこの件について書くことは調書「B」に委ねられていたからだ。こうして調書「A」は全面的に偽造されたことになる。

もう一つ、「起訴状」の最悪の深刻さをただちに暴露するような例がある。エスエル「中央」派の著名な代表E・E・コーロソフ[59]と私は偶然に数回出会っただけで、文通はしていなかった。だから取調べ官が、二〇年代中頃にコーロソフがいったい誰と、ツァールスコエ・セローの自宅へ立ち寄ったか？　としつこく思い出させようとすることに驚いた。思い出せなかった。すると取調べ官自身が、古い人民の意志派で苦役囚であるA・V・プリブィーレフ[60]だと、私に思い出させた。思い出した、そうだった。取調べ官はこの件で今回は、どこかから正しい情報を入手していた。だがそれでも私が驚いたのは、どうして彼らがこの事実を調書でこれほど強調するのか、ということだった。彼らにあっては、何がとくに犯罪的だったのか？　さらに、私と旧人民の意志派、感じよい人でいつまでも若々しい精神の持ち主A・V・プリブィーレフ、三・一事件参加者のA・P・プリブィーレヴァ＝コルバ[61]、V・N・フィグネル、M・P・サージン[62]やその他の人々との面識に対する尋問が、どうして特別調書に記されるのか？　そしてなぜV・N・フィグネルの手紙が私の手許から押収されたのか？　こうした疑問は後になってやっとアネクドートとして明かされた。

これ以上例を挙げることはやめよう。もう十分だ。ただ、これも少なからず私を驚かせた一つの事情だけ話そう。取調べ官は左派、中央派、右派のエスエルのリストを自分で作り、私がそのうちの誰を知っていたか（彼らの誰を一九一七年から一九一八年に知らなかったか？）、現在も誰と「関係を保持しているか」（単に知り合いだったか）を書きだした。このリストで五、六人中第一番目に来るのはもちろんD・M・ピネスだが、その次にA・I・バイジンの名があって驚いた。だから彼についてここで少し触れよう。この大層感じのよい人は、エスエルだからという理由で独房での刑期を勤めあげた後、二〇年代末にペテルブルク居住を許された。ここで彼は図書館員として順次二つの農業研究所で勤め、一時はツァールスコエ・セローに住んだ。だがわが家の近くに住みながらも、彼はきわめてまれにしか現れず、ペテルブルクに住まいを移してからは、視界からすっかり消えてしまった。とはいえ彼が（本と同じく）花も熱愛することを知っていたので、毎年五月、近所の家のまわりの庭にライラックが咲き乱れる頃、必ず彼に会えると確信していた。そして実際にその頃彼は我々の視界に現われ、大きな花束を抱えて帰って行った。それ以外の時は、彼は一度か二度、我々の許に来るだけで、私の記念日の祝賀会以前は、前年の五月から一年近く目にしたことはなかった。だから、取調べ官がなぜ何度も、私とバイジンとの「関係」をしつこく尋ねるのか、と大層驚いたのだ。ライラックの花束以外には、私は取調べ官に興味ありそうなことは何も話せなかった。そのことは調書「A」には書かれなかった。人民の意志派に対する取調べ官の関心でも、謎が生じた。その時、取調べ官がなぜ私とA・A・ギゼッティとの「関係」を問いただしたかが分かった。彼はこの時はすでに二年、コーカンド［ウズベキスタン］へ流刑されていた（彼を三月に尋問室まえの廊下で見かけたのには驚いた。彼はコーカンドから連れて来られたのだ）。彼とは手紙のやり取りをしたことがなかった。革命後、彼が私の「左翼偏向[63]」に怒って論文で激しく攻撃したので、我々の関係はまったく冷え切った。近年、関係は改善したが、少しも友好的ではなかった。夏に皆がツァールスコエ・セローに来るとき、彼は二度か三度、わが家へ来たことがあった。この間我々は会話で政治的テーマに触れることは一度もなく、もっぱら文学的テーマを話し合った。にもかかわらず、調書「A」版には、私とギゼッティとの「関係」が詳しく記録された。これが何のために必要だったかは後で明かそう。

59　E・E・コーロソフ（一八七九～一九三七年）エスエル、憲法制定会議議員、［革命運動史家、N・K・ミハイロフスキー著作集編集者。オムスクで銃殺。一九八九年名誉回復］。
60　A・V・プリブィーレフ（一八五七～一九三六年）人民の意志派、エスエル党員、一九二〇年代に元政治苦役囚および定住流刑囚協会員。
61　A・P・プリブィーレヴァ＝コルバ（一八四九～一九三九年）人民の意志派、革命運動史家、政治流刑囚協会員。［三・一事件は一八八一年のアレクサンドル二世暗殺事件］。
62　M・P・サージン（一八四五～一九三四年）革命運動家、パリコミューン参加者、バクーニン主義者。
63　［イヴァーノフ＝ラズームニク、ベールイ、ブロークたちの「スキタイ人」は、一〇月革命を受けいれた最初の文学グループとなり、革命に反対の文学者との間に亀裂をもたらしたことを指すと思われる。イヴァーノフ＝ラズームニク、ブローク、シチェーインベルクたちはボリシェヴィキ政権下で、メイエルホリドが次席を務める教育人民委員部演劇局（略称テオ）に短期間勤務し、テオがヴォリフィラの創設検討の場となった］。

●8　異論

調書「B」では、調書「A」にある事実ではなく、事実の説明をもっとも決定的に反駁する可能性を私はもった。私は五、六人の元エスエルと「関係」をもっていたか？　何十人もの元のメンシェヴィキ、アナーキスト、カデットと、ボリシェヴィキや無党派とまでも、まったく同じくらい関係があった。なぜなら我々は皆、知人が多かったから。だがこれを「関係」と――「組織された集団」と呼ぶのは、家族と友人の集まりで夕べのお茶を飲むことを非合法的・地下の集会と呼ぶのと同じで無意味だ。そんな「茶会」はあり得るが、私にも、私の知人たちにもそんなものはなかった。私に関するかぎり「組織された集団」は、下手くそに切り取られたイチジクの葉っぱでは誰もだませない代物だ。その上このきまり悪さは一体何なのだ？　プロレタリア独裁は公然と宣言しつつ、大胆に行動するべきであっただろう。そうだ、「組織された集団」のためだけでなく、イデオロギーのため、異論のために投獄し、流刑に処すのだ、と。

　私は自らの異論を一度も、誰に対しても隠したことはない。調書「B」においてもそのことについて沈黙する理由はない。そして第三の「調書」はすべて、まさしく私のこの異論に充てられている。ついでに一言。第三、四、五の調書というのは調書「B」しかなく、調書「A」という分身はない。そのBではイデオロギーだけが問題とされ、神話的な「組織された集団」は問題外で、ペン、インクと紙はもっぱら私の裁量にゆだねられていた。反対に第一調書（「踏切板」）には分身「B」があった。結局、第二調書と第六、七の調書（モスクワで記述。これについては後述）は分身だった。第六、七のモスクワ調書「A」を書いた取調べ官たち（以前と同じくブーズニコフとコーガン）は、あまりにもたくさん消したり書き直したりの苦労のあまり朝までに疲れ切って、私に清書を頼む始末だった。私は頼みを聞きいれてやった後で、すぐに調書「B」を作成した。自分のナイーヴさを悔いている。後でやっと思い至ったのだが、取調べ官が疲労したのは、私が清書してやった調書「A」を調書「B」として提出し、後で「B」はくずかごに捨てようと目論んだためだった、ということだ。だがこうも言えよう。そんなことをしなくても、誰が調書「B」をくずかごに捨てるようなトリックを妨げられるか？　と。彼らのやりたい放題なのだ。

　だが私が自分の穏健ならざる見解を明らかにするべき第三調書へ戻ろう。入獄という条件下で私は自分の「ソビエト権力への態度」を語ることを、すでに最初の尋問で否定した。だが、私の「イデオロギー」の観点からして、現代社会システムの数多くの手段と方法をなぜ受けいれられないか、という問いに対しては完全に明確に答えられた。私はただ一つ、次のような留保をつけた。それは、私はかつても今も政治家ではない。政治的隠語は私にはまったく異質だ。ゆえに私はすでに三〇年間文学的活動で話している言葉で話す、というものだ。そうして現代の生活に基本的な四点――独裁、集団化、工業化と文化建設――の特徴について、基本的観点から私見を述べる。その観点とはゲルツェン、チェルヌイシェフスキー、ラヴローフ、ミハイロフスキーの社会哲学の基礎なのだ。その基本的原則――「人間自身が目的」――は、あらゆる実践的問題に適用されうる規準だ。

　共産主義の究極目的――無階級社会と国家廃絶――は「人間自身が目的」の規準に全面的に合致する。この目的実現のためにボリシェヴィキがとる諸方法は、この規準にはっきりと矛盾するので、私には受けいれられない。

　独裁はどうか？　未来における人類の繁栄のため、疑いもなく数千万の人々が死滅するというのは問題として残る。集団化は、独裁の愛娘だ。工業化は機械嫌いと機械マニアと同じく「人間自身が目的」の規準から遠く隔たる。だが機械マニアが人間を犠牲にする時、工業化は基本となる規準と対立する。これらの問題の核心はすべて、究極目的達成のための諸手段のうちにある。想像するがよい、もし国家が自国の人口増加をねらって大都市すべてに軍隊を動員し、兵士に都市の乙女をすべて強姦するよう命じたとしたら、と。目的は達成できたとしても、その手段を何と言おうか？　目的がつねに手段を正当化するわけではない。

　その上、最後の文化建設だ。もし以上の三点では、国家はそのような手段で目的を達成できるかどうか、が論争の的だとすれば、文化建設の問題では、文化は独裁という方法では建設できる見込みが皆無で、論争はあり得ない。ボリシェヴィキ政府自身が一九三二年四月に、文学界で「管理」を試みたＲＡＰＰ――ロシア・プロレタリア作家協会[64]

64　ロシア・プロレタリア作家協会（略称ラップ。一九二五～一九三二年）はソ連の公式文学者団体。［ラップは共産党中央委員会決議「文芸の分野における党の政策について」（一九二五年六月）に沿って、アヴァンギャルド派や同伴者作家擁護派と激しく論争。他の団体・作家を厳しく攻撃し、「ラップの棍棒」と恐れられ、ザミャーチン、ピリニャーク、マヤコフスキー、ミハイル・ブルガーコフ、ゴーリキー、アレクセイ・［N・］トルストイなどが攻撃の的とされた。一九三二年四月、党中央委員会決議により他の文学諸団体と共に解散され、単一のソ連邦作家同盟（議長ゴーリキー）が設立され、「社会主義リアリズム」が基本的創作方法と規定された］。

――をすべて廃止せねばならなかったとき、このことを確信した。その試みがもたらしたのは苦々しいものだった。まったく同じことが音楽と絵画の分野でもあった。芸術は自由であって、銃剣を突きつけられて発展できない。文化建設の領域で何でも好きなように宣言できたとしても、得られるのはたんに追従、才能の欠如とありとあらゆる迎合でしかない。「人間自身が目的」という規準は、文化の領域でとりわけ明白に正当化される。

ここに数行で要約したことを、私は第三調書で紙四枚に述べ、五枚目に結論として、これらの理論的提言から生じる実際的な帰結をつけ加えた。現実にもしもすべてが以上のようなら、「われら何をなすべきか」。手をこまねいているか、それとも戦うか？　戦うとしたらどのように？「組織集団」を結成するのか？　地下のサークルを？　テロ組織を？　住民各層の間で非合法プロパガンダをやるか？　ヨーロッパ（そして全世界）で生れた諸条件下で、これらは過去の闘争手段であり、むだで有害でさえある。

世界はその位置を変え、自らの軸から外れたにもかかわらず、我々は依然として古い「戦前の」カテゴリーで考えることに慣れている。そして革命のハムレットだけが、従来の諸手段で何らかの結果を得られるだろう、と考えている。ナロードニキ主義は社会主義であり、社会主義は民主主義だが、今世紀の戦争と革命の結果、民主主義はおそらく二〇世紀中は崩壊した世界の破片の下に埋もれたままだろう。全政党がその役割を終えた。そして民主主義再生以前にその再生はないだろう。民主主義は一連の新たな世界戦争の結果としてのみ再生するだろう。二つの独裁陣営間の世界戦争は不可避だが、我々は〈戦闘に取りかかる〉立場にある。ファシズム陣営――ブルジョワ独裁――は我々の目的にも、行動方法にも敵意を抱いている。共産主義陣営は手段の点で受けいれられない。昔ながらの手法によってこれらの手段と戦うのはむだだ。ゲルツェンの言葉で語るならば、兵士が密集隊列を組んで階段を降りてくるときに、自らが階段を上る位置に立つのは愚かなことだ[65]。つまり、腕組みして脇に立っているということなのか？　いやそうではなく、自分の仕事をすることだ。現在、新たな条件と課題の下で自分の仕事とはただ一つ、昔ながらの永遠の価値にかかわる仕事だ。追従も、迎合も、おもねりもせず、自らの分野で独裁と共産主義を生き抜く仕事をするべきだ。なぜなら独裁や共産主義は過渡的な形態に過ぎないから（そのもっとも優れた代表者たちが認識しているように）。自分のことを語るなら、私の仕事がいかにささやかでも、「文化建設」の領域でその仕事は、何十もの「組織集団」を結成するよりも、本ものの精神の革命により近い。

このような思想を私はいつも、誰にでも、とりわけ「われら何をなすべきか?」と尋ねる少数の若者たち——でたらめにメッカを訪問しない人々——に表明してきた。第三「調書」で結論を記した五枚目の紙に、私はこのことを書いた。だが、取調べ官はこの最後の一枚は「つまらない」と言って「採用」を拒絶した。ちょっとお待ちを——つまらないとはどういうことなのか? 客観的な取調べ官にとっては、ここが一番おもしろい個所だろうに。これによって基本的条件が侵害された、とまでは言わないが、すなわち調書「B」は私の観点を表しており、取調べ官にとりおもしろいとか、つまらないとかいうことではなかろう。けれど私は固執しなかった。もし調書「B」全体がくずかごへ捨てられるとしたら、何のためなのだ? 私は(「実践」に関する)この疑問を〈十字架の試練〉としようとし、次の調書でそれを実行した。

　しかし、次の調書で実行したのではない。次は計算外だからだ。それは小さな「調書」で、そこには次のようなことが述べられていた。私は旧人民の意志派の誰と知り合いか(なぜ「知り合い」で、「関係を保っている」でないのか?)、長い知り合いか、しばしば会ったり、文通したりしているか。私はこの何の意味もない詮索好きに、またまた驚いた。知り合い、長く、V・I・フィグネルとは一九一二年から、A・V・プリブィーレフやその他とはもっと後から、手紙は捜査で押収、これ以上何がいる? 一か月後にやっと、この理解不能の詮索好きの理由が明かされた。

　数日後、続いて第四の調書だ。取調べ官の上官は、第三の調書に不満なままだった。「規準」だとか「人間自身が目的」だとかあまりにも言葉が普通でなく、要約がおかしすぎる。まったく別なものが必要だ。もっとも基本的な思想の政治的表明が強調されるべきだ、と。取調べ官は私に言った。「お前の共謀者D・M・ピネスはこうしたテーマで、社会‐哲学的観点でなく、政治的観点で何枚も書いたぞ」ある皮肉を込め、私は取調べ官に次のような解決法を提案した。彼が書いたものを私にください。私はそれを読んで「この手稿を読み、内容を承認しました[66]」と後に書き加え、サインします。取調べ官はこんな解決を喜んだが、

65 「ゲルツェンの言葉の出典は確認できなかった」。

66 トゥルゲーネフ(ツルゲーネフ)『余計者の日記』(一八五〇年)の「出版者の註」の語句を、皮肉をこめて言い換えてある(原文の「承認しません」を「承認します」に)。

それでも上官に相談する、と言って走って行った。戻って来て、いささか当惑の様子で、そのような行動は不適切と認められる、と告げた。それでも彼は前の調書の見解を少しでも展開してくれ、と頼んだ。どうして展開しないわけがあろうか？　これらのテーマでなら本が一冊以上書ける。そういって私は「第四調書」を書き始めた。

　私は自分の言葉で取調べ官たちを全然満足させなかったことを恐れる。第四調書は、記録的な形式をまったくとっていない。私はまさにそのような（独裁、集団化、工業化、文化建設）テーマをめぐるある夜の対話を想いおこした。それは一年か二年まえのことだった。そして今、第四の調書で私はこの会話の本質を述べ、対話者たちの名前すら挙げた。私は意図的に、ここでも皮肉をこめてそうしたのだ。彼ら対話者たちは、自らの穏健な思想に報いるに赤旗勲章[67]とはいわないが、少なくとも〝おばちゃん〟の好意的な見解には値する。

　それはこういうことだった。一九三一年[68]一二月、V・Nの名の日に、わが家に多くの「友人知人」が集まった。夕べのお茶と夕食が夜中の三時まで長引いたのは、今これほどまでに取調べ官の関心をひいている、まさにそのテーマをめぐる活発な論争がたっぷり四時間も続いたためだった。多くの客人がいたが、この論争にエネルギッシュに加わったのは四人のツァールスコエ・セロー住人だけだった。一人目は、この一年ずっと、夫婦でわが家に滞在したアンドレイ・ベールイだ。我々は長年にわたる友情で結びついてきたが、近年は相容れない政治上の意見対立で友情に影が射すようになっていた。黒猫が我々の間を走り過ぎたとは言わないが、黒い子猫がもう何度か動き始めようとしていた。それはアンドレイ・ベールイが著書『カフカースからの風』［一九二八年刊］で新生活建設に対し、そのやり方には口を閉ざしたまま、「賛美」を宣言しようとして以来のことだった。二人目は旧友で、わが国最大の画家ペトロフ＝ヴォトキンだが、彼は社会‐政治思想の領域では弱かった。それに彼は「哀れなクージャは臆病で[69]」、そのため自分の臆病さをなんとか理論的に正当化しようとしつつ、できる限りあらゆる時の要請に適応を重ねてきた。三人目は友でも味方でもなく、ただの良い知り合いですらないアレクセイ・［N・］トルストイ[70]だった。彼は脂肪太りの、才能ある太鼓腹で、詩についてのプーシキンの見解の生き証人で、理論の問題では一生まったくどうにもならない男だった。だが自分の問題をうまく片付けられ、どこにうまい話がありそうかと、風の吹く方向に鼻をむけて臭いを嗅いでいた。彼は今、共産主義の一番忠実な奉仕者だった。四人目の対話者は、「この文の筆者」だった。他の客たちも論争に加わったが、彼らは挙げない。なぜなら第一に彼らは多くは語らなかったし、第二に彼らが語ったことは全部とは言わないが、赤色勲章に値するからだ。論争は四人の間で進み、三対一に別れた。三人が語ったことは、上述の性格描写で明らかだ。四人目［私］が語ったことを、より詳しく書こう。

私は次のようなことを語った。誠実な作家、誠実な芸術家は公衆に対しても、自分自身に対しても嘘をつく権利をもたない。半分だけ真実を語ることは、嘘をつくことを意味する。先ごろ四人の駆け出しの作家が私を訪ねてきた。彼らはムルマンスク州に関する共著の執筆者だった。私が彼らの半ば評論的で半ば芸術的な作品に否定的な態度をとったことを知って、彼らはこのテーマで話し合いに来たのだ。私は彼らに言った。作家が評論家になる権利をもたない時代がある。なぜならば、もし真実を半分だけ伝えられても、それはまったくの嘘よりもっと有害で恥ずべきだから。現代の作家の一〇人中九人のように「勝利の雷よ、鳴り響け！」と大声で唱える方が、メダルの裏面についてはほんの一言でも語る可能性もなしにメダルの表面を一本調子に褒めそやすよりも、まだましだ。「工業化」はメダルの表側で、「集団化」と数百万もの犠牲は裏側だ。君たちはメダルの裏面は何も語らないのか？　ならば表面についても黙るべきだ。作家が評論家になるべきでない時代があるのだ、と。

だが、評論にかかわることは、文学全般にも、芸術全般にもかかわる。芸術家はテーマを選択し形成するさいに潔癖でなければならない。ポルノグラフィーは、魂を破滅させる社会的‐政治的な毒に比べれば、子どもの遊びだ。の毒が芸術作品ではとくに魅力的で、しばしば若者の世代全体に悪影響を及ぼしうる。ここにはまさしく、弱い者の誘惑について述べた福音書の言葉が見られる。すなわち、

67［ソ連邦発足（一九二二年）後最初の勲章（一九二四年）で、国家防衛の功績に対し授与された］。
68　著者は一九三一年を、誤って一九三〇年と書いており、編者註により訂正した。聖バルバラの日は四日（旧ロシア暦では一七日）。
69　プーシキンの詩「吸血鬼」（『西スラヴの唄』一八三四年）の最初の行を利用。「なおクージャはクジマー（ペトロフ＝ヴォトキンの名）の愛称形」
70　А・Н・トルストイ（一八八三〜一九四五年）小説家。［『苦悩のなかを行く』他。革命で一時亡命後に帰国］。

碾臼を首にかけられて海の底に沈む方が良い[71]。より良いのは、後に歴史の審判の時が近づき、碾臼がまさにこの芸術家にかけられると判定されるからだ。クーコリニクやブルガーリンたち[72]は愛国的嘘の毒を流しつつ、生涯を安泰に過ごした[73]。誰が彼らの運命をうらやんでいるか？　だが半分の真実は嘘よりも悪く、不幸な若者の魂を膿で覆う。なぜ君たち、言葉と絵筆の芸術家がこの破滅の道に入り込むのか？　個人年金のため、〝おばちゃん〟の配給のためや日常的幸福のためか？　なんといっても我々四人は合わせてもう二〇〇歳を超えている。おそらく我々全員で残り五〇年も生きられないだろう。問題はそんなことではなく、我々一人一人の顔にある。我々は顔を日常的成功というレンズマメのスープを得るために引き渡し、売り渡している[74]。顔はあらゆる幸福だけでなく、生活自体よりも貴いのだ。

結論――メダルの裏側を描けない我々作家や芸術家は、腕組みして仕事を拒否するべきか？　無論そうではない。アンドレイ・ベールイは『カフカースからの風』でなく、小説『モスクワ』［一九二六年］の次巻を書ける。ペトロフ＝ヴォトキンは「コミッサールの死」［一九二八年］でなく、すばらしい静物画を描ける。アレクセイ・［N・］トルストイはへぼ小評論でなく、『ピョートル一世』［一九二九年〜。未完］を書ける。私はというと、検閲で批評的、評論的、社会‐哲学的な仕事を禁じられているが、歴史‐文学的研究の道が残されている。もしも検閲がこの道も妨げるなら、書くことを止めて校正係や校閲者に、靴屋にでも何にでもなりもしよう。だがちっぽけで一時的な利益を得るために「自分」を捨てる作家にだけはなるまい。実際「重荷は一時、時は重荷！」だ。自らに忠実であろう。主人の鐙の傍を走る忠実なリチャード[75]や、風車と戦うドン・キホーテにもならずにおこう。共産主義との政治闘争は無意味で有害だが、有頂天で褒めたたえることは恥ずべきで卑しい。

当時私はこのように語り、そして今、第四調書に（これよりはるかに詳しく）書いた。それを通読した取調べ官は、共産主義との闘いは不要で有害という最後の数行を、また「不採用にした」そこは「面白くない」からだ。面白い事実ではないか？　〈十字架の試練〉はみごとに成功した。

機会があれば三度くり返そう、と決めた[76]。

機会はすぐにやって来た。数日後、私はまた取調べ官たちとの談話に招かれ、次のような予想しなかった問いについて自分の意見を書くようにと求められた。それは、どのようなやり方でナロードニキ主義は若者に広範に浸透でき、今も浸透しているのか？　というものだった。答えるのはまったく簡単だ。何よりもまず、現代の政治的条件下では、口頭であれ書面であれ、いっさいのプロパガンダやアジテーションの可能性がなくなっている、ということが明らかだ。もしもどこかで細い流れがすり抜けたとしても、それはほとんど重要と見なされないだろう。それだけではない（ここで私はわざと三度目の、教訓的な検査実験をやってみた）。もしも政治闘争が可能であったとしても、それは同時に役に立たず、有害でさえあるだろう。動機は、（不採用の）第三調書の末尾にあったのと同じだ。だが、実際にあるのは小川でなく、満々と水をたたえる川だ。それはこれまでロシア文学の平野を何の制約もなく流れ、癒しを欲する者を癒している。それは――以下でも以上でもなく――一九世紀後半のロシア文学全体だ。あらゆる図書館や読書室で、ゲルツェンやチェルヌイシェフスキーのような偉大なナロードニキ主義の代表の、まだ今のところ禁じられていない著作を手に取ることができる。ミハイロフスキーは禁止され、撤去された。今は――名誉なことで感謝！――私の著も禁止だ。何と悲しい報いだろう！　ならばグレープ・ウスペンスキーやサルティコフ＝シチェドリンも禁止しないと。さもなければ二人をがんばって「マルクス主義者」に塗り替えることだ（こんな愚かなことを、すでに若いマルクス主義者がやっている）。レフ・トルストイのアナーキズムはナロードニキ主義の左派にたいそう近い！　このナイアガラをダムでせき止めようとしてみるがいい！　それにはゲルツェンからトルストイまで、全ロシア文学を図書館から撤去しなければならないだろう。も

71『新約聖書』「マタイによる福音書」一八章六節。［引用個所は「私を信じているこれらの弱い者の一人を堕落させる者は」に続く］。
72 N・V・クーコリニク（一八〇九～一八六八年）劇作家、詩人。体制派。
73 F・V・ブルガーリン（一七八九～一八五九年）保守的な作家、秘密警察とつながる御用ジャーナリスト。
74『旧約聖書』「創世記」二五章三一～三三節より。
75 ドストエフスキー『カラマーゾフの兄弟』第二部第五編六、第四部第一一編八。［原卓也訳『決定版　ドストエフスキー全集』一五、新潮社、一九七八年、三二三ページ、『同』三〇八ページ］。カラマーゾフ家の使用人（家長フョードルの私生児）スメルジャコフが「忠実なリチャード」と自称していることを踏まえている。リチャードはグヴィドン王の従者で、ロシアで一六世紀に翻訳され、ルボークでよく知られるようになったボヴァー王子の物語に登場する。
76［逮捕されたキリストの仲間だと言われた弟子ペテロが、キリストの言葉通り、夜明けに鶏が鳴くまでにキリストを三度否定したことを逆用している。『新約聖書』「マタイによる福音書」二六章三四節、六九～七五節他］。

しもできないか躊躇すれば（だが、なぜ撤去しないのか？　恥は煙でなく、目にしみないのに）、ナロードニキ主義が広範な若者の間に現在浸透しており、今後も浸透するだろうことは何ら驚くことではない。

第五の（そして差し当たり最終の）調書はこのようなものだった。予想した通り、取調べ官は今回、共産主義との政治的闘いの不必要性と有害性を語った冒頭部分の「受けいれ」を拒否した。理由は以前と同じで「これは我々には面白くなく、事件に無関係だ……」

魅力的ではないか？

その日にL・トルストイの『戦争と平和』を読みかえして、私は一八一二年のモスクワ放火者に対するフランスの野戦法廷の記述に注目した。それはなんと驚くほど〝おばちゃん〟の裁判権に似ていることか！　その部分の引用でこの節を終るとしよう。

「……この質問は肝心なことの本質を置き去りにし、裁判でなされるあらゆる質問と同じように、裁く者が裁かれる者の答を望む方向に流し、裁かれる者を望む目的、つまり有罪に導くように樋を設置することだけを目的にしていた。彼が何か有罪の目的に合わないようなことを言いはじめるとたちまち、樋に手を加える。すると水はどこでも都合のいい方に流れてくれるのだった。……この集りの唯一の目的は自分を有罪にすることだと知っていた。とすれば、権力があり、有罪にしたいという気持ちがある以上、質問や裁判などのトリックはいらないのだ。すべての答が有罪に通じるにちがいないことは明らかだった」[77]

ダヴー元帥の野戦法廷は、どこまでチェキストの息子たちの法廷に似ていることか！

●9「起訴状」

ダヴー元帥と〝おばちゃん〟の裁判によると、起訴状はその内容をまったく知らされない被尋問者に手渡されることはない。だが、私にはその内容が分かった。一連の尋問を終えると（私が知らない何十人もの人が私の「事件」に関わったか？）、取調べ官たちはモスクワ行きを計画した。「審理」のすべてを〝おばちゃん〟の上級機関に報告するためだった。私の記念日からもう二か月ほどが過ぎていた。出発の夜に、取調べ官たちは私を呼んで話し合った。私が彼らに反対して個人的に申告したり不満を訴えたりすることがないか、と。〝おばちゃん〟として「不屈の任務」を良心的に遂行した二人の不幸な若者に対し、私は何を反対することがあろうか？　話し合いはだからすぐに終わった。

その時取調べ官たちは、自分たちにとり「事件」は今や

「完全に明白だ」と告げて、私を喜ばせた。私にとってもそれは明白だった。私は取調べ官たちのさらなる通知を大いに興味をもって聞いたが、聞いたのは本当に驚くほどの意外性と豊かな空想性だった。「A」と「B」の観点は当然違うべきなのに、違いは（偶然的な例に限っていうと）「関係を保持し続けた」と「知り合いだった」という表現の差程度でしかなかった。だが、この違いのうえにシェヘラザード［『千一夜物語』の語り手］も羨むほどの空想の模様を刺繍できよう。取調べ官の説明を要約すれば、それが「ナロードニキ主義の思想的‐組織的センター事件」で、私にその内容は渡されないのだ。

［起訴状の概略］ナロードニキ主義は単に世界観の内容だけでなく、組織‐集団的形態で存在しつづけている。旧人民の意志派、ナロードニキ主義の伝統の担い手が、古いナロードニキ主義から新しいそれへと理念的・社会的・政治的内容を基本的に伝えている。だが、革命前にあれほどの功績あるベテランたちの平和を乱すのは適切でないから、彼らはそのまま静かにしておくべきである。その上、彼らはほとんど全員八〇歳台で、間もなく舞台から消え去るから、それを待てばよい。だが次の事実は残る——彼らに続く世代の人間に対する彼らの思想の好ましくない影響と伝統である。二〇世紀のナロードニキ主義の主要なイデオローグである作家イヴァーノフ＝ラズームニクが、もっとも傑出した旧人民の意志派との「関係を保持し続けた」という状況は偶然ではない。

　この作家は全ソ連中に分岐しつつあるネットワークの思想的‐組織的中心である。その組織の一般的特徴は以下のとおりである。

　組織の思想的中心はジェーツコエ・セローの、上記作家の自宅に置かれる。彼と組織的につながるのは、五、六人の旧左派及び右派の社会革命党員から成る中央グループである。さらに彼は、モスクワや外国や流刑先にいる著名なエスエルと個人的に、手紙でつながっている。五、六人の中央グループは基本的な組織的機能を分担している。上記作家の個人秘書で元左派エスエルのD・M・ピネスは元の左派エスエルと、また国外とも恒常的につながりを持っている。エスエル「中央派」のA・A・ギゼッティは、自派のエスエルとのつながりを保つよう一任されている。しかし、すべての組織的活動の中心は実践的なもので、無党派者との連絡と、数千ものコルホーズ、ソホーズにおける妨

77［L・N・トルストイ『戦争と平和』第四部第一編九（藤沼貴訳、岩波文庫五、三四六〜三四七ページ）］

害活動の指導である。活動のこの部分はA・I・バイジンに委ねられており、彼が自分の仕事・勤務先として農業研究所図書館員を選んだのはまったく偶然ではない。彼はここで毎日何十人もの、年に何千人もの学生と付き合えたが、彼らの多くにナロードニキ主義の影響を与えた後、彼らをコルホーズ、ソホーズにおける妨害活動へ向かわせた。一九三二年のコルホーズ作業の挫折では、超早期の播種から穀物引き渡しまで、コルホーズ、ソホーズの下部職員、主として農学者などの指導者――そして妨害者――の間にナロードニキ主義的な気分が示されたことは、少しも偶然ではない。地方の中心で揃いもそろって、ナロードニキ主義的な若者の集団が摘発されたことも、少しも偶然のことではない。この例として、互いを全く知らない二人の若者が、個人的に会ったこともない作家イヴァーノフ＝ラズームニクの居住地が現代ナロードニキ主義のメッカだ、とまったく同じ言葉で特徴づけたことも同様である。

さらに、上記の作家はエスエル党員だけでなく、広く無党派的・ナロードニキ主義的分子を、たまたま知人の知人とか来客という見かけをとって自身のまわりに結集させた。彼の影響はもちろんのことさらに遠くへ、彼の知人の知人や客の客にまで及んだ。しかしもはや組織された集団ではなく、思想的なものだった。思想的・組織的集団に関しては、以上に記したことを踏まえて、以下のように図式化される。

最上端には旧人民の意志派の運動が位置し、そこから一九世紀後半のナロードニキ主義の直接的な伝統との生きた結びつきが生じている。中心にいるのは二〇世紀のナロードニキ主義のイデオローグである作家イヴァーノフ＝ラズームニクで五、六人から成る参謀部を備えており、彼らはさまざまな組織的機能を分担している。この参謀部の環の一つが、次には全ソ連に及ぶナロードニキ主義集団の中心となり、コルホーズ、ソホーズにおける妨害活動を行なう。これが実践的な社会的・政治的活動の環である。最後に最下端にはナロードニキ主義の若者の地下サークルが無数にあり、組織的にではなくても思想的に中央とつながっている……。

ラーザリ・コーガンはこの「ナロードニキ主義の思想的・組織的センターに関する」事件の起訴状の要点を述べ終えると、お前はこの「A」の観点をどう思うか？　と私に尋ねた。私は、せいぜいのところ千一夜（の尋問）の物語で、一番悪くいえば狂人のたわ言だ、と答えた。彼は少しも腹を立てずに反論した。「我々にはこれはまったく明白だ。まったく明白だ……」だがここでは、私にとってもすべてが「まったく明白」だった。

　二つの「まったく明白」で正反対の観点（「A」と「B」）のうち、一方が真実で、他方は偽りであることは明白だ。「何が真実か？」というピラト[78]の問いを立てずに、この真実はどこにあるか？　と問うこともできよう。偏見をもたない読者なら誰でも、この問いの答がごくごく簡単にわかるだろう。というのはこの「読者」――たいそう遠い将来の読者のために私は書いており、その時には私も〝おばちゃん〟もこの世にはいないだろう。その遠い将来のため、私は何も危険を背負わずに、「起訴状」で私につけ足されたクジャクの羽をきらびやかに広げられるだろう。そして遠い子孫のまえで、今は私にとり「嫌疑」とされているが、その時には称賛となるすべてのことを「告白」できるだろう。それゆえにこの回想では、アラビアンナイトを反駁する理由がなかっただろう。この物語は私を全ロシアのナロードニキ集団の中心に仕立て、国の隅々から三万五千の伝令使を私宛てに派遣するのだ[79]。だがこんな伝令使を私は受けいれず、クジャクの羽を斥け、魅惑的な物語をその正しい名で、すなわち愚かな偽りと呼ぶ。私はこれまでの私で、作家で市民であり続けたい。〝おばちゃん〟のでたらめな文書が紹介するような「指導者」になりたくない。真実の在り処を決めるのは、もはや難しくない。

　そのうえ私は絶対に確信している。ナロードニキ主義の思想的・組織的センター事件の起訴状が全面的に空想的なたわ言でばかばかしい偽造文書だと、〝おばちゃん〟自身があまりにもよく知っていることを。だが「不屈の任務」は達成されねばならず、何十人もの人々が監獄と流刑へ追いやられねばならなかった。その本当の理由を、以下で話そう。すべて私が少しも驚くことではなく、統治システム内ではまったく自然なのだ。だが一つだけ驚くことを、もう一度くり返そう。いったい何のためにあれほど儀式ばり、働き、奔走し、まったくの恣意的行為に「革命的合法性」の見かけを与えるのか？　あのきまり悪さやイチジクの葉っぱは何のためだ？　それらは存在しない組織集団をでっち上げる試みなのか？　ツァーリ時代の保安部はもっと恥ずかしがることなくもっと大胆で、不穏な行為だけでなく不穏な思想をも罰する、と公言した。〝おばちゃん〟

78　ピラト（生没年不詳）ローマ帝国のユダヤ属州総督。キリストを裁いた。
79　三万五千の伝令使は、ゴーゴリ『査察官』第三幕第六場でのフレスタコーフの口から出まかせで大げさな台詞より。［浦雅春訳『鼻／外套／査察官』光文社古典文庫、二〇〇六年、二三三ページ参照］。

には、広く不穏な思想でさえも罰する、と告白する勇気がない。もし告白したなら、どれほど手続きが簡略になり、どれほど〝おばちゃん〟の息子たちの仕事が軽くなり、どれほど夜の尋問が減らせることだろう！　だがそんなことは〝おばちゃん〟の息子たちにとって都合が悪いことばかりで、彼らはいつも煩わしい仕事でいっぱいであるべきなのだ。[80]

「起訴状」に戻ろう。いったい何十人（あるいは何百人？）のまったく罪なき人々が、不眠の夜の作業ででっち上げの夢物語に巻きこまれたか、私にはわからない。[81] 私の「参謀部」員の運命だけは知っている。D・M・ピネスはヴェルフネウラリスク［チェリャビンスク州］の独房に二年入れられた。A・I・バイジンはスズダリ［ヴラジーミル州］の独房に三年、A・A・ギゼッティはヤロスラヴリ［ヤロスラヴリ州］の独房に三年だった。私自身は一連の記念日祝賀会後、流刑となったが、一体どこへ？「村へ、おばの所へ、片田舎へ、サラトフへ！」（おお、不死のファームソフ！）。まったく偶然に、その他少数の（どれほど多数のうちの！）陰謀家たちの運命を知っている。上述した科学アカデミー図書館員のコトリャローフは五年の流刑をまずアルマ＝アタで、次いでチムケントでくらった。それは私と知り合いであり、そのことでナロードニキ主義への共感を明瞭に表したせいだった。たしかにこのような共感は取調べ官にとっても謎だったが、その代わりまさしくコトリャローフの不穏な思想が明らかになったのだ。お前はボリシェヴィキによる真の共産主義の王国建設を信じるか？　という問いに対して、コトリャローフは「信じません！」と答えた。さらに、お前はイヴァーノフ＝ラズームニクのナロードニキ的社会主義を信じるか、という問いに対しても彼は「信じません！」と答えた。このように取調べ官自身が（もしも作り話でなければ）ある尋問で私に伝えた。まじめで経験豊かな働き手のコトリャローフにナロードニキ主義でも、妨害行為でも、嫌疑をかけるべきではなかったとしても、彼はやはり不穏な思想のゆえに（どんなイチジクの葉っぱで隠してかは、知らないが）この世の果てへ送られた。取調べ官は宣言した。「イヴァーノフ＝ラズームニクは名誉の流刑に処した。お前は彼を知っていたのと思想ゆえに、人跡未踏の地へ送ってやる」

何の罪もないG・M・コトリャローフには深くすまなく思い、彼との知己をここで心からお詫びする。まったく類似の事例が作家A・D・スカールジンにも起こったことは、先に述べたとおりだ。彼の逮捕理由は、ナロードニキ主義への共感（なぜなら彼の父親は農民だった）と、私との知己のためだった。スカールジンは取調べ官に、ナロードニキ主義への共感など何ら抱いておらず、ジェーツコエ・セローの「ナロードニキ主義の主要イデオローグ」のごく近くに住んでいたものの、彼の家にはもう一年半か二年も行っていない、とくり返し指摘したが無駄だった。「俺の腹がへったから、お前はもう有罪だ」[82]と取調べ官は彼に答えたことだろう。この論拠には反駁しがたい。スカールジンはアルマ＝アタへ五年間流刑された。

これに似たもう二、三例を私は知っているが、知らない例はいったいいくつあることだろう！　ゆえに「事件」全体の結果については、ほんのわずかすらわからない。ここに一つだけ、私が偶然知った例がある。ほんの一例だがその代わり、私が知らない数百例にとってても特徴的なものだ。「妨害行為」の嫌疑をかけられたさるコルホーズの農学者が、先述のコトリャローフとしばらく同房に入っていた。ある時彼はまったく当惑して尋問から戻り、コトリャローフに向かって、イヴァーノフ＝ラズームニクとはいったい誰なのか、知らないか？　と尋ね始めた。「そんな名前は聞いたことがない。わが国で作家っていったい何なのか、全然知らなかった。取調べ官は、私が彼の本と『ナロードニキ主義イデオロギー』全般の影響を受けていると認めろ、と言うんだ。いったいどんなイデオロギーでどんな作家なのか、知らないか？……」気の毒なこの人は明らかに、A・I・バイジンから有害な任務を、私からはイデオロギー的裏付けを受けとった何百人もの農学者の一人なのだ。思うに、完璧に公平な取調べ官の意見では、これらの例は十分すぎるほどで、すべての審理は十二分に明白なのだ。

●10　モスクワ送検、ルビャンカ再訪

私は、「審理」は自然な結論へと達し、〝おばちゃん〟の上級機関はすぐに決定を下し、この「まったく明白な」事件に巻きこまれた者全員に革命的に合法的判決を通達することを、すっかり確信していた。私に「起訴状」の内容を伝えた取調べ官たちとの最後の会見は、ちょうど四月一日

80　むだ骨折を説いたクルイロフの寓話「猿」（一八一一年）から。〔内海周平訳『完訳　クルイロフ寓話集』岩波文庫、一九九三年、九一〜九二ページ参照。Ｉ・Ａ・クルイロフ（一七六九〜一八四四年）寓話作家〕。
81　「レニングラード州における反革命およびエスエル＝ナロードニキ主義組織事件」では計七六三人が被告となった。
82　強者のごり押しを記すクルイロフの寓話「狼と子羊」（一八〇八年）から。〔『完訳　クルイロフ寓話集』三〇〜三三ページ〕。

に行なわれた。四月中私は誰にも妨げられずに毎晩安眠し、〝おばちゃん〟の最終決定通達のため尋問室に呼び出されるのを、今日か明日かと待っていた。私はひどい間違いをしていた。私の本当の記念日祝賀会は始まったばかりだったのだ。

記念式典の開始からちょうど三か月後の五月二日夜八時頃、やっと私は尋問室に呼び出されたが、そこで告げられたことは予想とはまったく違っていた。上級機関は私をモスクワへ送検する必要があると認めたのだ。列車は一時間半後に出発するので、急いで準備せねばならなかった。独房に戻り、「急ぎ準備する」のを、この棟の看守が注意深く全物品を検査して手助けした。それからいろいろな書類上の手続きに移った。DPZの中庭に「黒カラス」が待っていて、もう二人の若者が、一人は制服、別の一人は私服で乗り込んでいた。二人は取調べ官で、私をモスクワへ送り届ける任務を帯びていた。鉄製ドアが音をたてて閉められ、カラスは鳴いた。さあ、モスクワへの〈楽しい行楽〉の始まりだ。

静かな独房から出てすぐに騒々しい鉄道駅にいること、二人の道連れと並んで「自由に」歩くこと、それから彼らと一等客室に腰かけること、車両の通路に立って窓の外を見ること、通り過ぎる人々とぶつかること、すべて不思議だった。若者たち（［将官クラスの］菱形の襟章をつけた軍人）は例によってたいそう愛想よく、私と文学について会話し、私を二人用客室の上段ベッドに寝かせ、自分たちは下段に横になった。朝モスクワで彼らと市電でルビャンカ広場まで「自由に」乗って行くのはたいそう不思議だった。ルビャンカ広場には元は保険会社「ロシア」の巨大な建物がそびえているが、今は全ロシアのGPU本部になっている。私の道連れは私を脇口へ連れて行き、警備司令部に引き渡した。五月三日午前一一時だった。記念式典のモスクワ部が始まった

始まりはもちろん調査書からで、それから身体検査だ。所持品が全部、綿密に調べられ、金製鼻眼鏡や携帯用櫛のような道具や武器が没収された。その後におなじみの手続きで「素っ裸になれ！　立て！　後ろ向け！　しゃがめ！」その他……やアリストファネスを彷彿させることまでだ。あらためて「アカデミー会員プラトーノフ」を思い出した。

これらの儀式（何か〝おばちゃん〟の宗教での「洗礼式に似ている）を終えると、下級職員がドアを通って私を「新参者用」部屋へ連行し、当直看守に手渡した。私はすぐに一階の一四号房へ入れられた。そこは窓がなく、天井に電燈がついていて、ドアに例の「監視の眼」があった。

この部屋（四歩×五歩の広さ）の調度は、脚の長さが不ぞろいの小さな鉄製ベッド二台だけで、マットレスの代りに板が置いてある。部屋の隅には金属製の「用便桶《パラーシャ》」がある。この部屋には誰もおらず、私は十分に長く一人で過ごした。だが昼までに部屋は徐々に混みだし、夕方までには六人にもなり、三人ずつベッドに敷かれた板に詰めて腰かけた。私の五人の同室者は、どこか地方の監獄からたった今送られてきたところだった。皆がコルホーズでの「妨害行為」の嫌疑をかけられていた。コルホーズ管理者、会計係、農学者、協同組合員と「動物学者」だった。ナロードニキ主義組織集団の実行班につながる私の弟子はいないか？　彼らの驚愕した顔を一見しただけで、イデオロギー的にまったく無実だと確信するに十分だった。

昼に昼食が出された。スープとカーシャだった。夜の八時から九時頃に隣室のドアが、次いで我々のドアも大きな音をたてて開かれた。下級役人が怒鳴った「入浴準備！」同じ中庭にある風呂小屋へ、すぐに二〇人ほどが連れて行かれた。目に入ってきたのは、この二〇人のなかに年配者は一人もいない、ということだった。我々が熱いシャワーを浴びている間に、我々の下着や衣服は全部消毒にだされ、服を着る頃に熱くなり、何か異臭のする蒸気がしみついて戻ってきた。風呂小屋は熱く、衣服を着たらもう大汗をかいた。我々は戻ったが、私は以前の監房でなく、そこから筋向かいにドアが開いた四号房へ入れられた。私は入って好奇の眼で見まわした。

そこは比較的広く、ゆがんだ形で、間口、奥行きとも一〇歩ほどの大部屋だった。ドアの向い側に大きくて開けっ放しの窓に格子と金属板がはめ込まれていた。たった一つの調度品は隅に置かれた「用便桶」だった。ベッドも、寝棚も、机も、腰掛もなく、ただ壁と天井と床だけだった。床には壁までぎっしりと二〇人ほどの人間の肉体が、床に敷いた外套の上に横たわっていた。枕も所持品もなかった。私だけが所持品と毛布を持っており、ほったらかしにされた群集のなかではブルジョワ的財産で目立っていた。誰もしばらくしゃべらなかった。

「いいだろ？　場所を選んで横になんな」誰かが私に助言してくれた。

だが言うは易く、行なうは難し。人々は壁に頭をもたせかけ、くっつき合って横たわり、空いた場所などなかった。二か所だけあった。一つは漏れだしている隅の「用便桶」の傍、もう一つはちょうど窓の下で、五月三日なのに雪片と凍えるような風が吹き込んでいた。私は、入浴後で全身汗をかき、悪寒が進んでいくのを感じたが、窓の下を選んだ。いったい何ができたろうか？　毛布を漏れだしている

「用便桶」の傍に広げるべきでない。雪片の舞うなか、私は窓の下に置いた所持品の上に横たわった。いつものように、皮肉に考えた。「アカデミー会員プラトーノフ」は、こんなに明け透けな「深甚なる敬意」の兆候をどのように感じたろうか？

今夜肺炎になってしまうかどうか、私にはわからない。だがここで一つの事件が起こり、私には直ちに監房内のもっと良い場所が提供された。床に横たわっていたうちの一人が、まったく希望はもっていないような声で、否定の答を予期して訊ねてきた「で、紙巻きタバコ持ってないかな？　わしらここでもう二日も喫ってないんだ」紙巻きはなかったが、代わりに所持品のなかには十分大きな――一フントもの――タバコの入った袋があった。タバコもパイプも検査時に没収されなかった。喜んでタバコを分けましょうと言うと、皆が飛び起きて私のまわりを囲んだ。房内には牢名主がいて、すぐに「組織化された」分配にとりかかった。私は袋の三分の二を提供し、「牢名主」は希望者全員にマッチ箱でタバコを分配し始めた。全員が希望者だった。全員が喫い、これまで喫っていなかった者も獄中で喫いはじめた。一分後には房内は煙の渦で満たされ、「牢名主」はこの時に自分と並んで寝るよう提案した。そこは監房の反対の隅で、「用便桶」からも窓からも同じように遠かった。彼と近くの者が少し詰めて、私は毛布を監房の「温かい」隅に拡げた。このようにタバコの袋が私を、おそらくかかっていただろう肺炎から救った。

我々が横になってタバコを喫っている時、「牢名主」は私に、ここは何のための部屋か、今入っているのはどういう人間かという新情報を話してくれた。ここや隣の部屋、そしてすべての階が新たに逮捕されてルビャンカ独房に入れられた全員の「配送所」なのだ（GPUに属するルビャンカのいわゆる「内部監獄[83]」）。ここはモスクワの監獄全体の「配送所」でもある。逮捕されたら全員が入浴後にこの部屋で自分の運命が、さらにどこへ送られるかが決められるのを待つ。この配置室での在室時間は一晩、一週間などさまざまだ。何人かは、これからどこへ「配置」するかを明らかにするため、尋問に呼びだされる。毎晩一一時頃、「鉄のカラス」が到着し、モスクワ中の各監獄へ獲物を運ぶ。ちょうどこのような話の最中に窓の下に「カラス」が飛び降りて鳴き、数分後に我々の部屋から五人が呼び出された。「カラス」は再び鳴いて、獲物を運び去った。部屋は少し空いたが、翌朝にはまた新たな到着者で満員になった。聞くところでは、年間で「一番あわただしい」のは秋と冬で、この部屋が何十人もの人で一杯になり、その時は床全体に雑魚寝するだけでなく、交代で横にならねばならないとのことだ。

私はこの部屋にたった一晩、五月四日の夜までいただけだ。その時飛びおりてきた「鉄のカラス」が私をさらって行った。この夜のことを詳しく記そうとすると一章では足らないだろう。今回は生活様式でなく、人々の物語について記す。生活様式はモスクワの悪化した条件に比べれば特に変わったところはない。部屋にはトイレがなく小用のために「用便桶」が置かれているだけだ。高度な要求の問題については、日に二回、朝九時と夜九時にやらねばならない。もし自分の肉体を地球の自転軸の動きに合わせ調整させられなくても、それは自分の問題だ。好きなようにしたまえ。「アカデミー会員プラトーノフ」はこの問題をどのように処理したのだろう？　それとも彼には「深甚なる敬意」のあらわれとして、太陽でなく自分の肉体の時間に合わせ「しばし用足し」が許されたのだろうか？

四号室の生活様式について記すことは、これですべてだ。なぜならたとえ手短かにでも、人々の物語に移らねばならないから。まず初めは、彼らほぼ全員が自宅からでなく、道路で拘束されたということだ。そのため誰一人として所持品を持っていなかった。一人は出勤途上に道路で、誰か民間人に止められ、しかるべき所へ「お越しください」と言われた。二人目は勤務先から戻り自宅の門の傍で逮捕された。三人目は並木道で、四人目は店から出てきた時に、その他、その他。全部のケースにただ一つ共通するのは、自宅では彼の運命を誰もまったく知らないということで、人間が行方不明になったのだ。「わかるだろ、ここはイギリスじゃない！」――チェーホフにこういうせりふがある。[84]

彼らが一つの部屋にいる原因というのは決して一つではない。私は一日で本一冊にもなるくらい、たくさんの話を聞いた。隣にいたモスクワのある工場の技術長の場合はこうだ。一週間前、彼は知り合いの有名な技師と、赤の広場を歩いていた。数日前に技師の成人した一人息子が、まったく無意味な死に方をしたところだった。父親は息子の死はソビエト政府のせいだ、と疑い、クレムリンを見やりな

83　［内部監獄は、ソ連の各共和国・地方・州・県レベルの国家保安機関建物の内部にある、外来者には分からない取調べ監獄。最初一九一七年にペトログラードChKにできた。被逮捕者の収容に必要な設備だけでなく、地下銃殺室も備える］。

84　チェーホフ『アルビオンの娘』一八八三年より［松下裕訳「アルビオンの娘」『チェーホフ全集』一・筑摩書房、一九八八年、六二ページ］。

がら「こいつを全部、爆弾一発で爆破できたらなあ」と言った。技術長は父親の悲しみをもっともと思い、彼自身でなく悲しみがこんなことを言わせたのだ、と理解して黙っていた。翌朝、技術長が工場へ向かうとき、自宅の玄関口で誰か民間人が彼を待っていて、コースを少し変更しようと提案し、ルビャンカへ案内した。彼は四号室にもう六日入っており、床に夏用コートを敷き、枕の代わりに頭を壁にもたせかけて寝ている。彼は毎日、クレムリン爆破目的の陰謀で短時間尋問に呼び出されている。その際彼は、技師は「すでに全部認めた」と告げられている。この件で彼と技師に共通の知人たちが数多く追及されている。

私の反対側の隣人は、モスクワ航空学校で学ぶ二〇歳くらいの軍服を着た飛行士だ。彼の父親はポーランド系ユダヤ人で、共産主義的信念が理由でポーランドから亡命し、今は個人「政治年金」を受給しつつ家族全員でモスクワに住んでいる。青年はまったく驚くべき理由で、学校から直接ルビャンカへ来るはめになった。仲間たちを反ユダヤ的アネクドートで堕落させた、というのだ。それは「ちょっと想像してごらん、ユダヤ人の私が自分自身のことで馬鹿なアネクドートを話すと！」というものだった。彼は悲しそうに泣いた。彼の苗字はレヴィタンだった。

彼と並んで横になっていた人は、「鳥のせいで」ここへ来たと言った。数日まえ、知人と通りを歩いていて彼は「黒いカラスが飛んでいく」と言った。ある民間人がこれを耳にし、即刻ルビャンカへのお出ましを求めた。彼はまだ尋問に呼ばれていない。

寝ている人々の「実際に並ばねばならない順番」に従って思いだそう。次は死ぬほど驚いた「ソヴェト勤務員」だ。彼は三月一日に妻と並木道の散歩に出かけた。二人の幼い子どもを近所の人に見てもらって家に残してきた。トヴェーリ大通りを歩き、プーシキン記念像の近くで休憩するため、空いていたベンチに座った。そして草の上にピストルを見つけた。夫はピストルを拾い、妻はびっくりして、記念像の近くに立っている警官にすぐに武器を渡そう、と言った。彼らは立ち上って歩いて行った。彼らと同時に二人の某民間人が警官に近づき（いったいどれだけはびこっているのか！）、夫婦がピストルはたった今草の上で見つけたところで警官に渡すため持ってきた、といくら断言し、誓っても聞きいれずに、二人を「しかるべき所へ」、つまり、今やすべての道がそこへと通じるルビャンカへ連れて行った。妻は女性監房に、夫はここへ入ってもう三日目で、起こったことすべてに死ぬほど震えあがり、子どもたちの運命を恐れている。彼らはまだ尋問に呼ばれていない。

もう一例は、右手の指三本がない、見上げるばかりの長身で屈強の若者だ。彼は、雷酸水銀の爆発で手をやられるまではドンバスのある炭鉱で掘削作業をやっていた。読み書きができなかったので、当時労働者予科《ラブファク》[85]に入学し、大変な努力で読み書きをマスターした。共産主義者になり、さる対外通商学校（名前は失念）に入ってこの春卒業し、ウランバートルの対外通商部での職を視野に入れていた。街頭で突然逮捕され、もう四日ここにいて尋問には二回呼ばれた。一回目には、「右翼偏向」とその集団を組織したために告訴と告げられた。二回目は、巻き添えになり、「すでに全部認めた」友人と対審させられた。私が見聞きせねばならなかったのは、彼のようにこれ以上ないほど非凡な人間がどれほどの当惑と憤怒をこめて、自分はまったく与り知らないことを強制的に認めさせられようとしている、と語ったことだ。

　これくらいで十分だろう。もう何十例ものかくも鮮明かつ単純な歴史を数え上げることはするまい。その上、これまで述べたのはもっとも凝縮した形で、細部には立ち入らないが、時にもっとも特徴的な例だ。何がその目的なのか？　私は自身の記念日を記しているので、やむをえず話の中心人物になっていて、その他のことは細部や周縁にすぎない。だが各人がこの周縁のなかでは中心でもあり、各人にとって私はすぐに消えてしまう陽炎か、ちらつく影でしかない。だが、この一瞬の影の出会いがはっきりと示すのは、何という愚か者の群が〝おばちゃん〟の執務室で創りだされているか、ということだ。

●11　ブティルカ監獄、記念日祝賀会

　五月四日は一日中この監房に座っていた（正確には、横たわっていた）。熱はまだ治まらなかった。昼にはいろいろな通路や横断個所を通って建物の中心へ連れて行かれ、そこで髭を剃っていない私の顔写真が不朽のものとされた。ついでに言うと、ペテルブルクのＤＰＺでも同じく私は不朽とされている。その他の時間は新たに到着したり、尋問から戻ってきたりする人たちとの会話で過ぎていき、いつの間にか夕方になった。私は熱で震え続けていた。

　夜の一一時頃、窓の下でいつもの「カラス」が騒ぎ始めた。カラスの到着時間だ。鍵が鳴る音、ドアをたたく音——我々の監房のドアも開かれた。当直が私の苗字を呼び、「身支度しろ」と告げた。身支度に時間はかからなかった。

85「労働者予科は中等教育を受けていない労働者のための、高等教育機関への進学予備校（一九一九～一九四〇年）」。

監房内の仲間たちと短く別れを交わし——もう私は中庭で、「カラス」のドアの傍にいる。今回の鉄の鳥は、三か月前に私をツァールスコエ・セローからＤＰＺへ運んだ鉄箱とは内部構造がすっかり違っていた。この「カラス」にはのど部から後部ドアまで狭い通路があり、その両側に互いに隔離された狭い小部屋が並んでいた。小部屋は縦横一アルシンで、高さは天井まで、なにか換気筒を想起させた。こんな鉄の筒には身を縮め、所持品の包みを膝にのせて、やっとのことで入りこめた。すると小部屋のドアが閉められた。隣の小部屋には同じように別の旅人が閉じこめられていた。「カラス」は内部がいっぱいになると、一声鳴いてゆっくり動きだす。モスクワの〈楽しい行楽〉は続き、わかったところでは、記念日の祝賀会のクライマックスへと私を案内した。祝賀会場はブティルスカヤ監獄——短くしてブティルカだった。かつてここの塔に鎖で壁に繋がれてエメリヤン・プガチョーフ[86]が入牢していた。作家の三〇年記念の年に「深甚なる敬意」を表すのに、これほど良い会場をいったいどこに見つけられようか？

到着。旅人が一人ずつ——「誰もが他者を」知ることがないように——鉄の部屋から引き出されるまで、十分に長く時間がかかった。やっと私の番が来た。私は大きく明るい部屋で、監獄の隠語で「駅」にいた。そこは明らかに黒カラスの輸送が次々と到着するため、活気に満ちていた。だが目のまえでどんなドアがどのように開くのかを見まわす暇もなく、私はまた筒に入れられた。今回は鉄の筒でなく、青色タイルが華やかに敷きつめてあった。奥行二歩、間口一歩、狭いソファ、どこか高くに電球がついていた。この「待合室」で私は、おそらく三時間ほど過ごした。座り、タバコを喫い、居眠りした。悪寒がした。

その後〝おばちゃん〟の儀式でいつもの洗礼手順が始まった（三度目）。調査書に記入せよと要求され、記入した。その後、退屈そうでお人よしの下級職員が、入念に検査をした。今回はなぜか、枕が没収された。所変われば品変わる、監獄変われば何が危険物かも変わる、だ。その後おなじみのことが始まった（三度目！）「素っ裸になれ！立て！　後ろ向け！　しゃがめ！」その他いろいろなことを含めて。この神聖な決まり文句が、フィンランド湾から金角湾［極東のウラジオストック］までソ連の監獄を統合している。少なくとも、半年後にノヴォシビスルクＤＰＺへの〈道半ばで[87]〉、私はこの決まり文句が〝おばちゃん〟の洗礼式で、儀式的な正確さでくり返されるのを確認した。

儀式が終わった。私は服を着た。まだ悪寒がする。下級職員が付いてくるようにと言い、ブティルカの広い中庭に連れ出された。中庭の真中にかつて教会だった建物があった。少し明るくなったのは、多分、午前三時すぎだったのだろう。私のウェルギリウス[88]は私をある建物のなかの通路へと連れて行き、あるドアを開けて入るようにと促して言った「服を脱げ！」なんだ！　またか！　だがその時「浴室」にシャワーと脱衣用のベンチがあるのが見えた。私は記念日祝賀室をきっぱり拒絶し、昨晩すでにルビャンカでこんな手続きを経ており、それに体調が悪く、もう一度風邪をひきたくない、とウェルギリウスに表明した。下級職員は穏やかで眠そうに言った「それはわしらにゃ関係ない。あんたは体を洗わなくちゃならん。衣類と下着は消毒せにゃならん」（これは私がしゃれで思いついたのでなく、まさに彼がそのとおり言ったのだ）。そう言った後、彼はドアをピシャと閉めて行ってしまった。私はベンチに腰を降し、待ち始めた。シャワーの水滴が石の床に音をたてて落ちていた。一〇分ほどして下級医官――衛生員が、私の衣類と下着を「消毒」するため取りに現われた。私は彼に事情を説明し、彼は長く思案した後、妥協案を提起した。つまり、新入りは全員が消毒を受けねばならぬという「形式が求める」から、外套と上着だけ渡せ、と。私は同意し、外套と上着を渡して下着姿で待った。もしも衛生員が私の外套をほんの三〇分の間に行方不明にすると知っていたならば、また、もしもこの「浴室」の温度がまったく浴室にふさわしい温度でないとわかっていれば、そんな妥協はしなかっただろう。私は数分もしないうちに悪寒で骨まで震えはじめた。その時私は「浴室」の温度を上げるためにシャワーの熱い湯を出そうと決めたが、どうしてこの室がひんやりするのかが分かった。二つのカランのどちらからも水しか出てこなかった。そして中庭は（五月五日の夜！）ちょっと寒さが厳しかった。私は寒さと悪寒で震えながら、衛生員が外套を持ってくるのを座って待っていた。数分後、衛生員に続いて下級職員が来て、私を夜の旅のさらなるラウンドへ導いた。出発。

しかし、旅はもう短く、記念日祝賀会のクライマックスへとまっすぐに進んだ。ウェルギリウスは窓に格子がある

86　E・I・プガチョーフ（一七四〇／一七四二～一七七五年）一七七三～一七七五年のカザーク・非ロシア人先住民・ロシア人農民などによる大反乱指導者。政府軍に敗れて捕えられ、赤の広場で処刑された。
87　ダンテ『神曲』地獄篇一章一の冒頭部分を一部引用。〔平川祐弘訳、河出書房新社、一九八〇年、四ページ参照〕。
88　古代ローマの詩人だが、ダンテ『神曲』ではダンテ自身を地獄と煉獄へ案内する役で登場する。

赤レンガ造りの建物へ私を導いた。廊下ごとに私を当直に手渡し、鍵束をガチャつかせてある部屋のドアを開け、入れと言った。ドアが大きな音をたてて閉められた。

自分がナイーヴだったと認めねばならない。取調べ官が「深甚なる敬意」や「アカデミー会員プラトーノフ」について話すのを聞いたとき、私はそれを皮肉に受けとったが、ここではくり返しユーモラスに思い出している。それでも私は、〃おばちゃん〃がこれほどまでに私に対する深甚なる敬意を強調しようとするとは思わなかった。私は今、奥行二〇歩、間口一五歩の大きな部屋――六五号室――にいる。夜明けの白っぽい光で部屋の家具調度品の大まかな特徴しかわからなかった。最初に視覚だけでなく嗅覚にもとびこんできたのは、ドア周辺に置かれた三つの巨大な「用便桶」だった。部屋の反対側の端には格子がはまっているが板はついていない大きな窓があり、寒いのに開けっ放しだった。しかし室内は寒くなく、反対に蒸し暑く異臭のする空気は数多くの人体から発する湯気で温かかった。壁に沿ってむき出しの寝棚が据えつけられてあり、そこに人々が肩と肩をくっつけ合って横になり、眠り、立ち、寝言を言い、タバコを喫っていた。皆が一様に下着姿だった。だから部屋の一般的な印象は、夜明けの光で白っぽかったが、昼間に服を着ると黒っぽく見えた。しかし寝棚は過剰人口には足らず、そのため寝棚間の通り道をすっかりふさいで木の板が渡され、その上にやはり肩を寄せあって多数の人々が寝ていた。それだけではなかった。朝の点呼が始まるや、なんと多くの人々が寝棚の下から世の中にはい出てくることか。この部屋は帝政時代に二四人用と決められていた。私がやって来た夜には七二人目だった。後に聞いたのだが、一番熱い季節（秋と冬）には、一五〇人くらいかそれ以上が詰め込まれるので、その時は交代で寝なければならないのだとか。さらに知ったことは、獄内の秩序は囚人自身が次の要領で民主的に決めるとのことだ。新参者は寝棚の下に寝て、人口変動（去る者、来る者）に応じて板の上に場を得て、最後に古参囚になると寝棚をもらえる。こんな身分上昇には時には何日か、時には何週間もかかる。

入室してさっと見まわすと、私は所持品をもって端の寝棚に寝ている幸せ者たちの足の間の狭い空間に座った。そこは樽型「用便桶」に近くて魅力的な場所だった。眠っている人々の間をひっきりなしに白い幽霊が（朝の光はまだ弱く、青い色調だった）立ち上がり、寝棚に沿って眠っている人の間を足音をたてて「用便桶」へ、また自分の寝場所へ向って歩いた。それぞれが用足し後に私の方へ寄って来て尋ねた。誰、いつ、どこから？　と。ピーテル［ペテルブルクの愛称］からだとわかると皆が、端から二番目の寝棚で寝ている人を指して言った「あれが古参囚で、彼もピーテルの人だ」

　こうして一時間か、二時間かが過ぎた。窓の外が薄青くなり、それから大空がどこか彼方から朝日の最初の光で照らされた。私は座ったまま思い出した。以前、共同房に入っていた時どうだったか、と。最初は一九〇一年三月、我々は皆大学生で、移送監獄の共同房で二週間にぎやかに過ごした。付け加えれば、我々は二〇人で、はねあげ式ベッドがちょうど二〇床あった。二回目は一九一九年二月で、その時はルビャンカのＶＣｈＫ［全連邦非常委員会］の地下室で一週間過ごした。同じ時にブロークも私の「事件」（存在しなかった「左派エスエルの陰謀」）で逮捕され、ペテルブルクのＶＣｈＫの屋根裏部屋で過ごした。ソビエト政権は当時も、ロシアの作家に「深甚なる敬意」を示せた。このようなエピソードについてはもう先に話した。今は第三の、記念日祝賀会の話を続けよう。

　もうすっかり明るくなり（朝の六時とわかった）、その時鍵と錠が当たる音がして、ドアが開けられた。朝の点呼のため「上級当直」が入室した。「起床！」木の板を除けて、寝棚の下からはい出す騒音が起こった。全員寝棚にのって二列に並び、三列目は顔を通り道に向けて座った。リストを手にした当直がすばやく並んだ囚人たちをすばやく数え、数え終わると大声で「七二人！」と報告した。そしてリストを確かめ、正しいとわかると彼は立ち去り、ドアが音をたてて閉まる。するとまた寝棚の下にもぐりこみ始め、板が積み上げられる。点呼後、給湯の時間まで眠ってもよいのだ。しかし多くの人はもう眠らず横になるだけで、タバコを喫ったり、小声で話し合ったりした。私は現在六五号室の「古参囚」で、夜のうちに教えられた「ピーテルの人」に並んで場所を占めるよう勧められた。彼と、その近くの人たちが寝棚で少し詰めてくれてできた狭い空間にもぐりこみ、所持品入り袋は頭の下にしいて私は横になった。だが仰向けに寝るには狭すぎて、横向きにしかなれなかった。

　私はこの監房では一時的な客人だったので、生活についても人々についても多くのことを語れない。だが「ピーテルの古参囚」については、感謝してせめていくらかでも話さねばならない。彼は自分の傍に私を置いてくれただけでなく、一日中ずっと私を気遣ってくれた。彼は獄室の「貴族」の隅（窓の傍のこと。監獄で古くから今日まで残っている表現！）の「牢名主」の所へ行き、骨折って「新参者」の私が寝棚の下でなく上で寝る権利を勝ちとってくれた。そして自分が寝ている寝棚の同輩たちの同意をとって、私に「板一枚」分（幅三ヴェルショーク［一五センチメートル弱」）のスペースを譲ってくれた。それに木のスプーンを苦労して手に入れてプレゼントしてくれた。このスプーンはその後私と「監獄と流刑をいくつか」巡った（これまで使い、記念にとってある）。想うに、彼はこうしたことすべてを、私の苗字を知って驚いたからでも、私の著書（〈仮綴じのままでなく〉「装丁済み！」）が彼の蔵書（六〇〇〇冊！）中にあるからでもなく、たんに心からの親切さ故にしてくれたのだ。この日に聞いたいくつもの中からただ一つ、たとえ短くても彼の物語をここで語ることで彼に感謝できる。

彼はA・I・ミハイロフ[89]といい、ペテルブルクの「ボイラー」企業合同の機械技師長だったが、大きな不注意で有罪とされた。いくつもの外国企業から工場のさまざまな機械を受け取る際に、彼は社長からささやかなプレゼント――娘に時計、息子にスキー板とかその他少々を受けとり、それをナイーヴにも「ごく些細なこと」と考えたのだった。一九三三年初めに逮捕された彼は、「些細なこと」が〝おばちゃん〟言葉では「賄賂」と見なされると知った。いくら彼が自分では、まったく収賄の罪を犯していない、と心の底から確信していても、〝おばちゃん〟には独特なニュアンスの用語があるのだ。それはすでに我々にはおなじみで、「知り合いだった」と「関係を保持し続けた」のような類型だ。彼の場合も同様で「プレゼントを受けとった」と「収賄した」の違いだ。こうして彼はまったく収賄を認めていないのに、「収賄した」と認めたことになった。しかしそれだけではなく、もう一つのことを「認め」ねばならなかった。彼が興奮して話したのだが、それは「まったく許しがたく、忌まわしく、醜悪なこと」で、外国企業のためにスパイ行為をした、と認めねばならなかったのだ。この嫌疑が取調べのまさに初日から突きつけられた。嫌疑を憤って反駁し、彼は今では四か月もの間、「すべて認めよ」という〝おばちゃん〟の確たる論拠を耐え続けている。論拠は単純だが強力だった。DPZの「第一棟」では散歩、差し入れ、面会、飢餓配給も全くなかった。その後モスクワへ移送され、ブティルカの共同房で刑事犯と同室だった。取調べは毎夜のことで、彼が数えたところでは四か月間で一〇三回あった。取調べ官の態度は粗野で、「お前」呼ばわりし、いつもロシア語の単語の気取った言い回しをひけらかした。それでも彼は「すべて認める」ことができなかった。彼には認めることが何もなかったからだった。先週から彼はいくらか静かにしておかれている。「彼らに言ってやった。君たちは私を銃殺したり、彼はスパイ行為を認めた、と新聞に書いたりできるだろう。しかし君たちは私の自筆の証言を手にすることはできない。なぜなら一

○○回も言ったように、この嫌疑は醜悪な嘘だから」
　たった一日だけ、私はこの苦悩する人と隣り合わせた。彼の青い眼には精神的な爆発の火花が点滅していた。しかし、彼が、三〇回目の取調べの後で、DPZの一人部屋でタオルで首をつろうとした、と語ったことは決して忘れないだろう。そして何度もくり返し、そのことを思い返したくない。当時すでに心理的に衰弱していたこの人は、今どこにいるのだろうか？　最後まで持ちこたえただろうか？　それとも「すべて認めた」か？　「スパイ行為」の罪で銃殺されたか？　どこかの独房に閉じ込められているか？　それとも神経科の病院に入院しているか？　たとえ彼がどこにいようと、もし彼がもはや亡き人ならばこの文章でもってのみ、彼の想い出に敬意を表することができる。もし彼が健在ならば、親切な態度に感謝する。

●12　隔離囚棟での「五か日計画《ピャチドネフカ》」

　五月五日は終日この監房にいたが、そこの「日常生活」についても「人々」についても多くは語らない。それは私の回想がプルタルコスの伝記集成になってしまわないためだ。日常生活面では特に一つのことが記憶に焼きついている。それは、ドアが開き、当直が人間の群を最高度の生理的作用遂行のため便所へと追いたてることだ。便所には石の床に穴が六か所あいていた。一つ一つの穴の前に多数の人間が並んだ。「アカデミー会員プラトーノフ」は、列を作って順番を待ち、我慢できずに足踏みしている多くの人の面前で「鷲」がとまるようにしゃがみながら、どのように感じただろうか？（これはピョートル大帝の厳しい禁止令「鷲は国章であるゆえに、鷲がとまる姿勢で排便すべからず」にもかかわらず、〈陛下を侮辱するような罪〉を犯すことだ）。それとも彼自身が、ピョートル大帝の指令をあからさまに破っている幸せ者たちをうらやましそうに眺めながら、列に並んで我慢できず足踏みしていたのか？

　行列しながら、私は自問した。このモスクワの〈楽しい行楽〉とそのクライマックスと六五号室のエピソードはすべて、偶然の「メカニズムの欠陥」か、あるいは「深甚なる敬意」の意図的表現なのか？　と。私は後者の方がもっともらしいと思えるが、その場合〝おばちゃん〟の心理は、やはり「深甚なる敬意」のシンボルだったドストエフス

86　A・I・ミハイロフ（一八八一〜九三四年）。著者は彼の勤務先を「ボリシェヴィキ工場」と誤記しており、原書編者註によって訂正した。

キーの練兵少佐（『死の家の記録』）の心理に相応する。

練兵少佐は、Ａ‐ｖは自分が聞いているブリュローフ[90]とほとんど変わらないほどのすばらしい芸術家だと本当に信じたが、それでも彼［Ａ‐ｖ］の頬を平手打ちすることを正当だとみなした。なぜなら、彼によると、たとえお前がそれほどの芸術家でも苦役囚なので、「よしんばほんもののブリュルロフ［ブリュローフ］であっても、おれがおまえの上司であることに変りはない、だからおれのすきなようにするのだ[91]」私はもちろん「仮のブリュローフ」ではないが、私のつつましい自己判断にもかかわらず、それでも私は三〇年間自分の舞台で（先祖の言うところでは）「恥じることなく」働いてきて、外国語にも翻訳され、百科事典にも載った作家だ[92]。こうしたことは全部、〝おばちゃん〟の理解力に合わせて話している。もしも私が鷲のようにしゃがむ人々のまえで長い列の後ろに並び、強制的に入浴させられて風邪をひき、侮辱的な洗礼の儀式（「服を脱げ！　後ろ向け！　しゃがめ！　見せろ！　持上げろ！」）を体験し、共同監房のむき出しの寝棚に横たわり、「鉄のカラス」に乗せられ、発熱で震えていても、これらの経験は先に挙げた問いへの二番目の答が正しいことを十分に証明するだろう。なぜならこれらは（チェーホフによると）すべてまさしく記念日の祝賀プログラムに入っているからだ。


　これで六五号室と別れる。というのは、実際に私はまさにその日、そこを出たからだ。夕方七時頃のこと、当直がドアを開けて私の苗字を大声で呼び、つけ加えた。「準備！」準備した。下級役人が私を中庭に連れだし、四階建て（と思う）の建物に連れて行った。その建物の窓は格子でふさがれていたが、板はなかった。間もなくわかったのだが、これは隔離囚棟だった。私は一階の鉄のベッドつきの暗く狭い部屋に入れられ、「待ってろ！」と言われた。もう何を待つのかがわかった。少しして勤務員がいつもの儀式を執り行うために現われた（四度目！）。「素っ裸になれ！　立て！　後ろ向け！　しゃがめ！　見せろ！　持上げろ！」熱で体が震えた。それから所持品の詳しい検査だ。今回はパイプと煙草入れの袋のような有害物が没収された。同じ監獄の壁の内なのに、許可事項と禁示事項がまったく一致していないなんて何てことだ！　儀式はすべて遵守され、最後に私はリノリウム敷きの鉄の階段を上って三階に連れていかれた。ドアが開くと、私用に決められた居所に入れと言われた。四六号房だ。六五号室の小共同室のような動物の檻を経験した後では、この一人部屋では十分ゆっくりと休息できそうだった。クライマックスはもう過ぎ去ったかと思えた。

　部屋は十分に大きいが（一〇歩×六歩）、部屋と呼ぶのはふさわしくない。広く三面開きの窓（窓台は中背の人の目の高さ）がある。ベッドとわらのマットレスと枕がある。ベッド（驚きだ！）と並んでサイドテーブルがあり、金属性の深皿、コップにやかんが置いてある。ドアの傍の隅には必需品の「用便桶」と床掃除用ブラシ。床は化粧板張り（木の床をもう長く歩いていない！）。どこからか日没の太陽光が反射している。一言で言えば、牧歌的だ！　二四平方メートルの居住区と絶対的な静かさ！　はたして羨ましがらないモスクワっ子がいるだろうか？

　腰かけはなかった。ということは一日中ソファに横になったり、座ったりできるのだ。熱を出している人間にとって、何という最高の幸せ！　これ以上読者を私の熱で煩わせないように言っておこう。熱はこの時から四か月間下がらず、ついに病状は深刻になった。だがそのことについては、いずれしかるべき所で話す。私は今、過去三日間の印象から解放されて休むことができた。この休みは完全に「五か日」続き、私はほとんどベッドから起き上がらずに過ごした。にもかかわらず、散歩には毎日出かけた。

　この模範的なサナトリウムでの一日（物音、足音、声などいっさいない「安静時間」が一晩中続いた）の決まりは、次のようなものだった。朝七時頃ドアが開けられ、当直が朝の巡回を行なう「上級当直」を通す。囚人が夜間に失踪していないことを確認して、上級当直は黙って踵を返して出て行き、ドアが閉められる。間もなくドアがまた開けら

90　K・P・ブリューローフ（一七九九～一八五二年）画家。［ロシアにおける新古典主義からロマン主義への過渡期に重要な位置を占める］。

91　［ドストエフスキー『死の家の記録』から。工藤精一郎訳『決定版　ドストエフスキー全集』五、新潮社、一九七九年、第一部の五「最初の一月《ひとつき》」の八三ページ］。

92　ベルリンの「スキタイ人」出版所から、『生の意味について』、『インテリゲンツィヤとは何か』、『自分の顔』（以上一九二〇年）、『マヤコフスキー』（一九二二年）がドイツ語で出版されている［（いずれも同名の著書の序文など、数一〇ページのもの）。ロシア語では『ロシア文学　七〇年代から現代まで』（一九二三年。『ロシア社会思想史』第六版と銘打ち、下巻の構成・内容が改編され、人名・作品・文献・内容の索引付き。上巻は未刊に終わる）のみは四〇〇ページを超える。なお一九二四年には三宅賢により『インテリゲンツィヤについて』第二版（一九一〇年）が全訳されている（邦訳タイトルは『インテリゲンチヤ』大日本文明協会）。ルナチャルスキー編『文学百科事典』第四巻（共産主義アカデミー文学・芸術・言語部、一九三〇年）では、イヴァーノフ＝ラズームニクは独立した項目で批判的に紹介されている］。

れ、日中の配給分のパン（四〇〇グラム）と「茶」のやかんが来る。これは何の茶か得体が知れず、香りもはっきりしない黄色っぽい液体だ。二時間ほどすると当直がまた姿を見せる。今回は一日分のタバコ一三本とマッチ一三本（一本すら多くも少なくもない）がもち込まれる。さらに二時間ほど後に、囚人に「朝食」、角砂糖二片と焼いて熱い塩漬け魚が運ばれる。茶と二時の間に昼食だ。一品だけだが、量はたっぷり、あるいは大層濃いカーシャだ（しかもＤＰＺのみじめな「キビ粥」ではない）。三時と四時の間に、プガチョーフが閉じ込められていた塔の足もとの小さな中庭を、ただ一人で三〇分間散歩する。散歩の間、当直は眠たそうに昇降口の階段に腰かけ、塔の壁のあたりに掛っている大きな時計を見ている。七時頃夕食（カーシャ）と茶、九時に「横になってよし！」ここでは一日中横になっていられるが、今は服を脱ぎ、監獄備え付けのシーツに寝られる。このシーツは洗濯したてでまだ湿っぽいが、全然清潔ではない。一五分ほどしてまたドアが開かれ、夜の巡回の「上級当直」が入ってくる。黙って入って来て、サッと踵を返し、黙って出て行く。一日が終わる。夜中天井からさがった電燈が明るく光り、一〇分ごとにドアの「のぞき孔」のふたが開けられる音がする。これが朝まで続く。

以上の他にサナトリウムの決まりにつけ加えねばならないのは、朝夕の便所行きだ。なぜならここでも、大地が地軸の回りを一八〇度回転するのに正確に消化のプロセスを合わせねばならなかったからだ。そしてここでもピョートル大帝の禁令に違反するやり方が実行された。便所の隅の石の床に割れ目があり、下水管につながっている。割れ目の左右に、足の置き場所が分かるように足型が描いてある。こんなことを詳しく書くのをお許し願いたい。だが文字通り何百万ものソ連市民がここ一五年ばかり、このような生活習慣を体験したのではないか。多分、さらに何百万もが体験するだろう。いつの日にか広いカンバスに文学者が描くとき、後世のために基本的かつ特徴的なことを保存しておくことが果たして役に立たないだろうか？　自動車やトラクターの工場、マグニトゴルスクと白海運河建設はすばらしい。しかし、このメダルには裏面がある。それは監獄と流刑で、こちらも劣らず特徴的だ。裏面は今のところうまくは描けない。しかし、私や誰か他の人の回想に含まれる事実という素材を集めることができる。未来の世代まで待とう。

この静かな避難所で私は五日間過ごした。静寂、平安、それに――重要なこと！――縦方向だけでなく横にも歩ける部屋！　それに広く、全然ふさがれていない窓（格子は計算に入れずに！）から太陽と一緒に、比較的澄んだモスクワ郊外の空気が流れこんでくる！　窓から見える空は（空以外は何も見えないが）細い半月形ではなく、まさしく長方形に見えた！　冗談はいっさい抜きで、一九三三年の記念の年に私が移った部屋のなかで、ブティルカの独房棟四六号房に第一位の栄冠を授与する。住居の厄介ごとで悩んでいるすべてのモスクワの人々に、たとえひと月でもこんなブティルカ幽閉を経験してみるよう、せつに願うものだ。この望みはそれほど難しくない。もしも私が初めて［ペテルブルクの］ＤＰＺに滞在したとき冗談でやった計算をモスクワに当てはめてみれば、だが［本章3節参照］。

五月一〇日、私はすでに横になって眠り、「上級当直」は急に踵を返して騎士の彫像のように通り抜けた。開かれた窓から「涼気が漂い」、小雨がしとしと降り始めた。私は眠気を誘う小雨の音に耳を澄ましていたが、眠れなかった。以後もずっと（次の夜も）、よく眠れなかった。一時間か二時間がたった。突然ドアが開けられ、「上級当直」がまた入室して来て、今回は沈黙の騎士の彫像でなく、言葉を発した「準備！」起き上がり、衣服を着て、準備した。間もなく下級役人が私を連れに来た（それにしても、彼らはどこまで均一なのか――くたびれ、退屈そうで、人が良い！　監査官の退屈な任務が彼ら全員に同じような特徴を与える）。私を以前の道を歩いて一階の以前の部屋へ連れて行き、そこに閉じ込めた。半時間すると〝おばちゃん〟の儀式挙行のためにまた現われた。私の所持品を検査し、それからのろのろと言った「素っ裸になれ！」それから「立て！　後ろ向け！　しゃがめ！　見せろ！　持上げろ！」五回目。

儀式を完了すると私はまず中庭へ、それからいろいろな通路や回廊を通って「駅」――ブティルカの出入り口である大きく明るい部屋へ連れて行かれた。おなじみの青いタイル製の筒（全室の壁のまわりにいくつもある）へ入れられ、閉じ込められた。私は一人にされ、青い筒のなかで三、四時間ほどじっとしていた。ドアの外はにぎやかで、どこかから大きなカラスの鳴き声がし、無数のカラスの輸送の出発や到着の様子が伝わってきた。いろいろな声や足音、数多くの「筒」のドアの開閉音が響き、サイレンが鳴り、夜の生活がたけなわだった。私は座り、パイプがなかったからタバコも喫えなかった。三時間ほどして活気が少しずつおさまってきた。その時、私の「筒」のドアが開き、没収された品々が返された。そして「菱形」バッジを付けた何とかいう若い男が、付いてくるように、と言い、中庭に停めてあるオープンカーへ私を連れて行った。正直のところ、内部がぬれていない「黒カラス」の方が良かった。小雨は横なぐりの雨に変わり、車の革張りシートはぬれていて、キャンバス地の雨除けは真上からの滴は避けられても、横なぐりのシャワーのような雨は防げなかった。一〇分も進まないうちに、私のコートは「ぐしょぬれ」になった。

私と一緒に、女性一人を含む四人が乗車していた（というより私が運ばれていたのだが）。彼らの会話から、夜の仕事が早く終わり、それぞれ帰宅する取調べ官だとわかった。一人、また一人と自宅の玄関口で降り、最後に残った一人が、私を指定された場所まで届けるよう任されていることが明らかだった。我々は人影のない、雨でぬれた街路を疾走した。時折〝おばちゃん〟の息子たちが乗った車とすれ違った。夜の宿へと飛ぶ「鉄のカラス」だ、と考えるべきで、夜の獲物を運んでいるのかもしれない。夜にモスクワの網の目のような小路はどこなのか分かりにくく、どこを走っているのか分からなかった。だが、あれはルビャンカ広場で、「ロシア」というシンボル的な呼び名の元保険会社の巨大な建物だ。車は脇口に停まり、私の新しいウェルギリウスが私に定められたモスクワでの最終ラウンドへと導いた。

「東へ行くべし――西から着くべし」すべての道はローマへ通じる。しかしいったい何のために私はこの一週間、五月五日の夜にルビャンカを出て、五月一一日の夜にルビャンカに着くモスクワ周遊の旅をしたのか？　六五号共同室で記念日の祝典を補強するためか？　それとも別な理由が？　あるいは単に、「お前が仮のブリュローフだとしても、おれはやはりお前の上司で、当然お前をおれの好きなようにする」というわけか？

●13　ルビャンカ内部監獄

私は狭い横の方の階段を上って五階へと連れて行かれ、そこである下級職員に引き渡された。下級職員というのはみたところ、全員が同じように儀式ばって見えるものだ。今回の男がこれまでに接した者たちと違うのは、いつも鼻をほじくっていることだけだ。この職員は私の所持品を拡げて注意深く検査し、「素っ裸になれ！」と言った。

私はソ連で一番「恐ろしい」監獄、「ルビャンカの内部監獄」にいるので、検査もそれにふさわしかった。例えば、私の所持品に粉砂糖を入れた亜麻布の袋があった。それは過去五回の検査でも外側から触って調べられたのだが、今回は鼻をほじくった役人は汚い手を袋に入れ、思慮深げに指で粉砂糖をこすった。その日の朝に粉砂糖を「用便桶」に捨てるべきだった。検査はずっとこんなふうに進んだ。今回は危険物のなかから靴紐と茶入れの小袋が押収された。

それから儀式の繰りかえしだ「立て！　後ろ向け！　しゃがめ！　見せろ！　持上げろ！」六度目だ。まさか！　服を着て所持品をまとめると、同じ階のエレベーターの向い側の踊場にあるドアへと連れて行かれた。警備員がドアを開け、私は階段を九段上ってリノリウム張りで何本かの帯模様のある部屋へと行った。部屋の奥には「上級当直」の小机があり、その上方の壁に時計があって四時すぎを指していた。「上級当直」が近づいてきて、やっと聞き取れるほどの声で言った「苗字を言え、小声で」私の苗字を聞くと、階段側の一番端で「監視の眼」より高いところに八五号と表示されたドアへと私を導いた（モスクワの監獄には「小窓」はなかった）。ドアが開き、私は「部屋」の中にいた。

私はこれまで二、三時間垂直の筒の中にいたが、今は水平の筒に行き着いた。というのは、そこは部屋とも監房ともいえなかったのだ。そこは狭い通路を切り取った一部とでもいうべきで、奥行き七歩、幅は二歩足らずだった。しかもこの二歩のスペースの一歩分に狭く短い鉄のベッドが二つ、頭と頭を監房の壁につけて置かれてあった。窓は格子つきで板でふさがれ、その上端に先に述べた建物の中にある庭に面する八階の建物の三階が見えた。窓の下の第一のベッドの足もとに小机があった。小机とベッドの間はどうにかこうにか通り抜けられるくらい狭かった。このベッドにある男性が寝ていた。ドア側のもう一つの方が私のベッドだった。二つのベッドの間に金属製の「用便桶」が置かれていた。この典型的な監獄でも、消化はやはり日時計にしたがって進行するべきとされた。この筒内の空気はそれ相応だった。なぜならば窓を開けることは許されず、鍵がかかっており、当直が毎朝開けるだけだった。

車でびしょ濡れになり、検査でひどく凍えたので、私は大急ぎで着替えて横になったが、悪寒で震えて寝入れなかった。私が来たため興奮した隣人も眠らず、そこで二人は時間つぶしのため声をひそめてしゃべり始めた。前章では「生活習慣」だけで「人々」については語らなかったので（隔離房に入っていたので）、ここでは私の同房者について少し話そう。この息苦しい水平筒での三週間の滞在後、彼はどのように見えたか。

彼は一九一九年来の共産主義者だ。民族的、文化的には混じっている。父はポーランド人、母はウクライナ人で、チェコの学校で教育を受けた。いくつかのほのめかしから判断すると、フョードル・フョードロヴィチ・B（苗字は失念）は多分〝おばちゃん〟の息子だ。少なくともGPUの尋問官に大の親友たちがいて、以下のような興味深い状況下で逮捕された。夜の一時に彼の友人の一人が電話してきて、尋ねた「フェージャ、家にいるかい？　まだ寝てないか？　ならば帰り道に、おれたちちょっと寄ってくよ」そして本当に寄って来て捜索、逮捕し、ここ八五号房に連行した。彼はこれまでもう五か月間、一人で入獄している。嫌疑は反革命の「右翼偏向」集団「ＯＲＴ」、つまり「ロシア・テルミドール派協会」を組織したことだ。彼は私との会話では、この嫌疑に対し皮肉な態度をとっている。自分のかつての「大の親友」で今は尋問側との談話では、多分、指示されたことはすべて「認めている」結核に罹っている。旧交により割増配給を受けており、毎日肉料理三品とサラダが付く。配給に足してバター、卵、丸型パンを買っている。「深甚なる敬意」は彼には払われていないらしい。だが友情から健康は見守られている。毎日医者が薬と体温計を持って訪ねてくる。私はこの医者からアスピリン錠剤をなんとか手に入れた。だが三か月間、熱が下がらず危険な病状だったが、こまやかな配慮に関して後で思い出しても微笑むほどのこともない。医者は私の方へも来たが、自費で（「料理三品」などとは決して言わないが）せめて牛乳でも「注文」できませんか、と尋ねると、彼は理解できないといった様子で私を見て答えた「当局に報告しよう」そして私に「深甚なる敬意」をはらう取調べ官に報告した。だが牛乳はやはり手に入らなかった。

ここに五か月間入獄してはいるが別な世界出身の人と話すのはおもしろかった。彼は三〇歳と少しではあるが、共産主義はまさに現在の方法のまま行動するべきだと確信している。確かに時に間違いも起こるだろう——私自身がその生きた例だ、と。だが、いったいどんなシステムが間違わない保証となるのか？　私は皮肉をこめて指摘した。例えば当事者主義の審理と陪審法廷というイギリスの訴訟手続システムで、そのような間違いをなくせる、と。すると彼は分別ある答えを返した「そうだが、我々はイギリスのシステムを採用できない！」彼は自分が獄内でさえも特権的立場にあるのは全く自然なことで、獄外では自明のことと見なしていた。一配給分受けとるごとに（彼は数配給分を受けとっていたが）月に三キログラムのフレッシュ・バターを受けとっている、と食欲を示しながら話した。とはいえ、この時期ウクライナでは人々が飢え死にしていたが、どうなのだ？　我々は国を支配しており、そのことで特権的な立場にある、我々は要するに共産主義者で、とりわけ〝おばちゃん〟の息子なのだ。私が先ほどと同じく皮肉をこめて、「旧体制」の支配階級は自らの特権的生活の権利をまったく同じ論拠に基づかせていた、と指摘すると、彼は先ほどと同じく分別ある答えを返した「そうだが、これは全然違う問題だ」

こうしたことすべてを明言したのが、地方のみすぼらしい共産党員でなく、いささか鈍い青二才でもなく、上級「専門家《スペッツ》」や出世第一のろくでなし党員でもなく、「イデオロギー的共産主義者」で、ヨーロッパに行ったことはないがヨーロッパ的教養を身につけた人間なのだ。問題なのは、これはまさしく共産主義者になった典型的なヨーロッパ的俗物《メシチャニーン》だということだ。それだけでなく、こんな雑種《ハイブリッド》が共産主義の国際的樹木から生育してきたのだ！　果たして共産主義者の圧倒的大部分がこのような俗物ではないだろうか？

　共通の言葉がなかったので、我々は社会‐政治的なテーマを二、三話してみた後は、話で気を紛らすことはまったくなかった。だが私はこのポーランド‐ウクライナ‐チェコ人の俗物が、ポーランド語で私を援助してくれたことを感謝をこめて思い起さねばならない。彼の手助けのおかげで私はこの数週間で房内にあった『パン・タデウシュ』をすっかり読み直した。ポーランド語は青年期から知っていたが、ずっと忘れていた。有名なミツキエーヴィチ[93]の詩を青年期の初めに読んだが、永らく読み返したいと思っていた。それが今Bに助けられて一週間で読めた。なんと素晴らしく、永遠に若く、強力で何ものにも比べられない作品であることか！　もっともおよそ偉大な芸術作品は「何ものにも比べられない」。ミツキエーヴィチの詩を読みながら私は、今どこにいるのかも、悪寒も、この世のこともすべて忘れていた。この詩は一〇〇年たっているが一年しかたっていないようで、それを読んだこの一週間は一時間のように過ぎていった。

　ついでに、「どこにいるのか忘れた」という表現について。興味深いことに、ルビャンカの「内部監獄」で私は三週間にこの句を三回耳にした（他の牢獄では一度も）。一回目はまさに『パン・タデウシュ』を読んでいる時のことだった。夢中になった私は、有名なクマ狩りの個所を小声よりもいささか大きな声で読んだ。たちまちドアが音をたてて開けられ、当直職員がいばって（小声でなく）言った「どこにいるのか忘れるな！」私としてはちょうど、リトアニアの森の描写に出かけていて、自分がどこにいるのか忘れていた。二回目は、同房者がパンを机でなく、なぜか賢明なる「規則」で禁止されているのに窓の上に置いた時

93　A・ミツキエーヴィチ（一七九八～一八五五年）ポーランドの国民的ロマン派詩人。［代表作『パン・タデウシュ』一八三四年。工藤幸雄訳『パン・タデウシュ』上・下、講談社文芸文庫、一九九九年、参照］。

だ。またドアが音をたてて開けられ、神聖な一句が続いた。三回目は、同房者が昼日中に便所に行くという許しがたい必要性に迫られた時だ。彼はドアをたたき、やって来た当直は夜まで我慢しろ、と勧めた。どうしても我慢できない、急を要する、という彼の説得に応え、先のいばった調子の答が続いた「どこにいるのか忘れるな！」そしてドアはバタンと閉められた。付け加えておかねばならないのは、当直は三人とも別人だったので、この定式は明らかに個人的な愚かな思いつきではなく、全ルビャンカ的な脅しの作法だということだ。後で我々は気晴らしに、この句を知っている限りの言語（古語も含め、二人で一〇言語）に訳した。そして私は、我らが監房の二面の壁を一〇の言語による銘で飾ろうと計画した。一方の壁には「万国のプロレタリア、団結せよ！」、他方の壁には「しかし、どこにいるのか忘れるな！」と。

ここルビャンカ内部監獄の「生活慣習」については述べない。というのはブティルカ隔離所の様子と見たところ変わらないからだ。一致しているのは毎日一三本の紙巻きタバコまでも、違いはといえば昼食の一皿が二皿、だがはるかに悪いという点だ。「死の沈黙」はどちらでも支配するが、ブティルカではより軽かったのは、部屋の広さに比べ囚人数がまだ少ないせいだろう。他方ルビャンカでは、狭く息苦しい部屋‐筒に詰め込まれるため、人為的にエスカレートされるからだ。散歩の場合も同じことが言える。ブティルカのプガチョーフ塔の下の中庭は、頭上に空があって気軽に歩けた。ルビャンカ内の中庭（三〇歩×二〇歩）は逆に、八階建ての建物の壁に囲まれた井戸の底だ。何でもこういう具合だ。生活慣習は本質的にはまったく同じで、雰囲気はまったく違う。

私のモスクワ行楽が始まってからもう二週間以上が過ぎたが、私は依然として記念日のお楽しみエクスカーションの理由が全然わからないままだった。だが五月二〇日に初めて「尋問室」に呼ばれた。この日は特に熱が高かったが、私は好奇心を抱いて「尋問」へと向い、もうろうとした頭でまったく当惑して戻った。実際、私の驚きを想像されたい。尋問室で私はあの「特別全権」ブーズニコフその人を見出したのだ。彼はジェーツコエ・セローで私の家宅捜査をし、DPZで私と対談したのだった。果たして私と彼は、会話継続のため六〇〇露里も旅するに値したのか？「尋問」自体も私を驚かせた。それもピーテルでの尋問をそっくりそのまま繰りかえし、テーマも社会革命党員の誰と「関係を維持していた」か？だった。発熱で頭がぼんやりしていたが、それでも私はブーズニコフが調書案に書く一句に注目した。それは「以前の証言で思想的‐組織的……と名付けた私のグループは」というものだった。私はこの点でただちに彼に告げた。以前の調書のどれにもそのようなサインをしていない、そしてサインしたのは調書「Ｂ」だ、ととくに強調した。果たしてモスクワ行きの唯一の目的は、ペテルブルクでの調書に言及し、その調書を私が忘れたかもしれず（モスクワでの苦難の旅のため）、彼らはその調書をここで提示できない、と言うことではなかったのか？　ルビャンカ・ブティルカ・ルビャンカ巡りと記念日祝賀会の唯一の目的は、ペテルブルクでの調書の正確な要約を「記憶から追い出す」ことではなかったのか？　尋問官がこの（第六の）調書を作成する骨折りぶりも驚きだった。書きちらし、消し、また線を引いて消し、あえぎ、息をはき、挙句の果てにこの調書「Ａ」の清書を私に頼んだ。こんなことが全部大きな驚きだった。だがしかし果たして驚きなのか？

　五日ほど経ってモスクワでの二回目（そして最後）の尋問に呼び出された時、私はもっと驚いた。今回は目のまえに、ペテルブルクでブーズニコフと一緒に私を尋問した取調べ官ラーザリ・コーガン本人がいた。第七の調書は内容も編成も細部にいたるまで第六の調書の分身だった。だが残念なことに、頭がぼんやりしていて詳しいことは何も記憶に残っていない。覚えているのは、夜の対話が終わると取調べ官が、これでモスクワでの審理はすべて終わりで、私は近々ＤＰＺへ逆送される！　と告げたことだけだ。

　言うまでもなくチェーホフは正しく、およそ記念日というのは愚劣だ。だが私はもう一度、自分のナイーヴさを悔い、次のように述べる。それでも私は、三〇年記念日を祝う作家に対する愚劣な扱いがこれほどまで極端だとは決して思わなかった、と。何ということだ！　特別にモスクワへ連行し、蒸し暑い浴場で汗をかかせ、ルビャンカ監獄の「配送所」のむき出しの床で風邪をひかせ、「黒カラス」に乗せて回り、共同房の寝棚の下で三つの「用便桶」の傍に放りだし、ブティルカの独房で五日間休息させ、またルビャンカへ（横殴りの雨のなか）戻し、内部監獄の狭い筒箱に三週間入れ、その後でまたペテルブルクのＤＰＺへ連行する——こうしたことは全部、まったく同じピーテルの〝おばちゃん〟の息子たちが、私と全く同じ対話を、ただしモスクワの〝おばちゃん〟の豪邸でするためだけなのだ！　こうしたことは全部、「深甚なる敬意」をもってのことなのだ！　彼らが「深甚なる敬意」なしにやらかしたと想像できようか！　いったい、こん畜生、「アカデミー会員プラトーノフ」や「仮のブリュローフ」のような人の問題はどうなったのだろうか？

●14 ペテルブルクDPZへ逆送

五月二九日の夜一〇時、我々は無言の合図（一晩中輝いている電燈が三度消える）で眠るため横になった。二時間ほどたって突然ドアが開けられ、当直がささやいた「服を着ろ！」「準備しろ！」でなかったので、あらたに尋問に呼ばれたのかもしれないと考えた。だが「内部監獄」ではもっとも単純な行動が、秘密性と意外性の外皮で覆われるのだ。そんなことは馬鹿らしく思えようが、厳かで印象に残るのだ。私が連れて行かれたのは尋問でなく、身体検査の部屋だった。そこへ当直が、私の部屋で集めてきた所持品をもってすぐにやって来た。それからおなじみの儀式だ。綿密なことこの上ない検査、全所持品の調べ直し、全食品を指で触る再検査、その後はもうお判りだろう「素っ裸になれ！　立て！　後ろ向け！　しゃがめ！　見せろ！　持上げろ！」七回目。

階下へ連れて行かれると、中庭にオープンカーが待っていた。私、上官と階級が下の「特別護送者」と、モスクワの案内人で一行のリーダーの四人で乗った。三か月間筒‐小箱のよどんだ空気を吸った後で、星空の下、照明で明るいモスクワの街路をドライヴするのは素晴らしかった。鉄道駅で案内人が護送者に切符を預け、我々を「硬席」車両の客室に座らせた。列車は夜の一二時半に出発した。モスクワでの〈楽しい行楽〉が終わった。

翌朝ペテルブルクのプラットホームで、記念日を祝われる人物［私］を代表団が出迎えた。何とかいう文官と「菱形章」軍人だ。広場にはオープンカーが待機していた。文官と「特別護送者」が姿を消し、「菱形章」が私と並んで座り、我々は猛スピードで陽光のネフスキーを、リチェイヌイを走り、シパレルナヤで曲ってDPZの中庭に走り込み、警備司令部に上がった。そして白い子牛のお話［同じことの際限のないくり返し］が始まった。調査書、検査だ。「素っ裸になれ！　立て！　後ろ向け！　しゃがめ！　見せろ！　持上げろ！」八回目。それから「待合室」なしで、クモの巣回廊を通り直接に、一番神聖な三階の一一四号房へ入れられた。ドアが閉まり、私は一人残された。こうして私は五月三〇日に旧い故郷の生家へ帰ったのだ。

今度は記念日祝賀会の記述を省略できる。というのは祝賀会が急テンポで進んだからではなく、正反対の理由からだ。直近の三か月半はまったく何の出来事もなく過ぎ、すべての祝賀会は「厳格な隔離所」で終わった。DPZ再到着の三日後、私は「尋問室」へ招かれた。そこで知らない人物が、私は「ナロードニキ主義の思想的‐組織的センター」の嫌疑で告訴されたとする書類にサインせよ、と告げた。その人物は「事件は解決済みだ」と伝えた。それから三か月の間、まったく静かで、呼び出しも尋問もなく、生活は静かで規則的だった。その書類には、「阻止する手段として」（何を？）「さらなる独房監禁」を選ぶ、と記されていた。私の記念日祝賀会は無論、この無意味な「監禁」で「完了した」

私は、未来の風俗史家や歴史家が満足するため、ＤＰＺでの生活の話をまだまだ書けるだろうが、もう十分だ。全部は書ききれない。ただ、まだ軽く触れておくのは監房の隅を見て、便所とその横の水道栓に次のような落書きを見つけて喜んだことだ。「おお、自由の喜びよ、食べるか食べないかの自由よ、排便するかしないかの自由よ、ぴかぴかの朝顔のまえで！」（アンドレイ・ベールイ『仮面』より）[94]。それから、気持ちよかったことは、図書室から新しく本を受けとり、各冊に丁寧で説得力ある、いささか長ったらしい、大層善良で説教じみたＤＰＺのスタンプ（空で覚えている）を見つけたことだ。

本を大事に。本で鍋を包むな。ページを破り取るな。書きこむな。

本を汚すと他の囚人が読めなくなり、各室の仲間が本なしで過ごすことになる——本を破損したらその部屋はＤＰＺ図書室の本を利用する権利を失う。

ルビャンカの「内部監獄」のスタンプとなんという違いだろうか。ルビャンカでは同じ意味が乱暴極まりなく、誤りも多く、短い命令が挿入されている。

禁止——本に書きこむこと、印をつけること、ページを破ること。そしたら処罰まで読書なし。

記入事項についていうと、またパイプでタバコを喫えて、レニングラードマッチの箱に次のような嬉しい説明を読めることに心を打たれる。「規準に従い箱にはマッチが五二本以上入っている。マッチは全部火がつき燃える（これは大成果！）。箱の塗布剤はマッチ五二本がつくことを保証する」もちろん、マッチは五二本入っていたためしがなく、いつも五二本以下で（何回数えたことか！）、三分の一は火がつかず、マッチの半分は「塗布剤」が足らない。だが机に向かい、こんな馬鹿げた説明に注意を向けたり考えたりする人が果たしているだろうか？　一人で静かにしていると注意力が研ぎ澄まされ、あらゆる細かい事に関心が向くようになる。だがここで付け加えねばならないことは、監獄生活ではマッチは「細かい事」ではなく、しょっちゅ

94　アンドレイ・ベールイの小説『仮面』（一九三二年）第九章の冒頭より。

うくり返し考えねばならないということは少しも驚きではない。たとえばこんな具合だ。タバコ入れの袋は床に、パイプはポケットにあるがマッチがなくなったら、毎日マッチが配られる時間を待ち望み、タバコやパイプのことを忘れようとし、クルイロフの「キツネとブドウ」の寓話[95]のキツネを演じるのだ。

　あるいはこうだ。「自由の身」ならいったい誰が、壁を照らす太陽光線を何時間も追いかけたりするだろうか？　だが、私と「伯爵」［本章5節参照］とは三月末か四月初めに、我々の暗くて湿っぽい低い階の部屋で、細い剣のように壁に落ちる太陽光線をどんなに喜んで見ていたかを思い出す。「伯爵」は毎日、この剣が壁にますます深く刺さり、ついにドアに達する様をどんなに熱心に観察していたことか！（一〇日に一度の）入浴、（月に一度の）散髪、（週に一度の）差し入れがどんな大事件だったか。面会はもう言うまでもなかった。思い起こせば、確かに面会での会話内容は厳しく制限されていたという点では子どもの遊びだったが。例えば「奥様が一〇〇ルーブリを送って言いました。ほしい物を買いなさい。『はい』と『いいえ』は言ってはいけません。黒いものや白いものを買ってはいけません。笑ったりため息をついたりしてはいけません」というふうな。しかし、それでも愛しい顔をせめて月に二度か三度でも見られたら！

　このように私は五月三〇日から、完全な静穏とまったくの孤独のうちに過ごした。だがその生活を壊すのがＤＰＺにたくさん生息し、各階の下水管を伝って侵入するネズミだ。「伯爵」はネズミをひどく怖がり、私的な用事で便所に行くたびに、来訪するかもしれないお客を脅かすため予めニャアオと鳴いた。一人で獄にいる私は毎日、記念日の祝客を興味をもって観察した。水が便所で音をたてると、数分後に耳と目をぴくつかせながら、小さな鼻っ面が用心深そうに現われる。その後、客は床にそっと降り立ち、においをかぎ始める。隅っこにはわざとサラミソーセージのかけらが置いてあるのだ。このような訪問は時には一時間、二時間も続いた。静かに座って本を読みながら、客たちを横目で眺めてみたまえ。

　八時間ごとに交代する当直も気晴らしをしていた。彼らはルビャンカの「内部監獄」では厳しく仕込まれているが、無学でいばったでくの坊だった（「どこにいるかを忘れるな！」）。ここＤＰＺでは、彼らの大部分が普通の人間で、まだ人間的な容貌を失っていなかった。彼らを大層哀れに思う――だが彼らもモスクワ人と同じだ。というのは彼らも私と同じく監獄に閉じ込められているのだ。違いは、私はここから出て行くが、彼ら不幸な者たちは確かに毎日監獄から出て行きはするが、無期限の禁固を宣告されていることだ。

このような気晴らしと満足とが一日のうちに占めるのは、いうまでもなくわずかな部分だった。その他の時間は自分の文学的教養を補いながら読書した。先に正しくないことを言ったが、私は「アカデミー会員プラトーノフ」のように、取調べ官が慇懃に提案した特別扱いをすっかり拒絶したのではない。一つの特別扱いを私は利用した。他の人たちも（例えばD・M・ピネスも）そうしたからだ。それは監獄図書室の本を列に並ぶことなく、冊数は無制限に予約する権利だった。この権利を私は大幅に利用し、二階の私の机には時に一五冊以上の本が置かれていた。DPZ図書室はかつて有名だったが、一連の「粛清」後の今はどこか大層みすぼらしい。だが幸いなことに「粛清」は外国部門には及ばなかったので、私は以下の本を読み直せた。ルーゴン・マッカール叢書を全部（人生で初めて、連続してフランス語で）、フロベールを全部、ユゴーをほぼ全部、『パン・タデウシュ』をもう一度、ついでにミツキエーヴィチを全部、『ファウスト』の大部の手稿・ヴァリアント・初稿、もっと後のメーテルリンクにまで至る作家たち（それ以後は所蔵なし）。ロシアのもので読みなおしたのは――これで何回目か？――トルストイとドストエフスキーを全部。いつの日か、プロレタリア文学が彼らの膝元までたどり着くだろう。忘れられた故L・N・アンドレーエフ[96]を矛盾した感情を覚えながら読み返した。出たばかりの一連の本も――ショーロホフ[97]の『開かれた処女地』まで――読んだ。たいていは内容が乏しく、二級品だ。アンドレイ・ベールイの素晴らしい『仮面』を読んだ。その時より二、三年ほど前に、著者自身の素晴らしい朗読ですでに全部聞いていた。まさにその日（一九三三年五月一五日）に、遠くコクテベリ［クリミア半島のリゾート地］で彼が最初の脳卒中に襲われ、半年後の第二、第三の卒中が我らの時代のもっとも偉大な作家の命を絶ったなどと考えられただろうか！

しかし私は非常に体調が悪かった。湿って暗いDPZの部屋に半年滞在し、しつこい熱というご褒美をもらったモ

95 ［負け惜しみについて記す「狐と葡萄」の話は『完訳　クルイロフ寓話集』一九七ページ］。
96 L・N・アンドレーエフ（一八七一～一九一九年）作家。劇作家。一〇月革命後、亡命。
97 M・A・ショーロホフ（一九〇五～一九八四年）作家。代表作『静かなドン』。一九六五年ノーベル文学賞受賞。

スクワの〈楽しい行楽〉――これらの影響が少しずつだが強まっていった。私は部屋運が悪かった。最初は暗くて湿気た東側の一階隅の七号房だった。次が魅惑的なモスクワ旅行の後、三階でよほどましな一一四号房だが、そこには長くおらず六月二〇日まで三週間だけで、もっと上の階の一六三号房に移って九月九日まで過ごした。まさしくこの部屋で私は一九一九年に何時間か過ごしたのだった！　この最後の監房は東と北の壁の交差する場所にあり日当たりが悪く、太陽は毎朝一時間射すだけだった。蒸し暑い夏にこの部屋はそう悪くはなかったが、一九三三年夏は涼しく、私の部屋は大変湿気た。それは室内の棚の上の小箱に入っている塩がいつも湿っていることから判断できた。こうしたことと、その他の諸条件を合わせると、私の熱は週に一度回ってくる医者がくれるアスピリン錠では下がらないということになった。

ちょっとしたことだが大いに関心ある脱線――私がこの最後の部屋に移された理由について。私が以前にいた三階の部屋は全部修理中で、現在ドアが開けっ放しになっている。三階では、いつもと違って開かれたドアを見られた。ＤＰＺは空っぽだ。夏が来て、尋問官たちは正義の業務を休んで保養地へ出かけた。もう毎夜の鍵とドアの打撃音は聞こえない。ソ連邦における歪んだ犯罪が季節によって左右されるとは驚きだ！　秋と冬は犯罪人がひしめき、監獄は犯罪人の数の多さで苦しみ、監房は入りきれないほど詰め込まれ、〝おばちゃん〟の息子たちがへとへとに疲れ、「鉄のカラス」が疲れを知らず飛びまわり、一晩中尋問が続く。だが地球は太陽の周囲を半周し、木々の葉が黄金色に変わる。そして未だ閉された悪しき思想の持ち主どもの心がやわらぐ。春と夏には、ＤＰＺもその他の監獄も新しい来客を受けいれることがきわめて少ない。それは明らかに新しい犯罪者が大層少ないからだ。秋と冬に入獄した者たちは少しずつ、さまざまな方面へ送られる。ＤＰＺは空になり、［次の］秋と冬の、いつもの数の悪しき思想の持ち主に備えて清掃と整頓を始める。なぜなら地球が一年の旅の後半を終えると、また秋が始まり暖かさで柔和になった犯人の心が、またどんどん硬くなる――まさにその時（おお、なんと摂理的な一致！）休息していた〝おばちゃん〟の息子どもが保養地から戻り、新たな熱意で一年のサイクルを更新する。こんな天文学的・心理的な考察から一連の結論が導き出せる。だがその結論自体は理解できるものだ。私のちょっとした逸脱も長引いた。付け加えることは、早春と晩秋の漁獲が入獄者によって「春期漁」と「秋期漁」と呼ばれることだけだ。

こうして七月中頃に私の具合はなかなか回復しないだけ

でなく、もはや深刻な病と感じられた。医者は私にどんな回復処置も提供できず、一日中「安静状態」でいるよう指示した。朝の散歩はもうずっと前からやめていた。この病気がどのような経過をたどるかをよく知っていたので、横になり読書していた。どうして知っていたか――それを語るには、三〇年まえに戻らねばならない。

それは一九〇一年初めのことだった。そこへ「学生騒乱」が起こり、私は冬中、何かしら具合が悪かった。そこへ「学生騒乱」が起こり、私は活発に加わった。三月四日、カザン聖堂広場でデモが起こり、我々数百人の大学生と専門学校生がまず各地区警察署へ送られ、夜までには広大で湿っぽい騎兵連隊馬場へ追いやられた。ここで我々は寒さで歯をがちがちいわせながら、騎兵連隊士官のお慈悲で提供されたわら束に寝て一晩過ごし、翌朝に各監獄へ送られた。こうしたことはすべて、本書の最初の章で詳しく語った。二週間後、私は完全に病人となって移送監獄を出て、二か月後には喀血した。当時著名なネチャーエフ博士が（彼が昔から院長をしていた旧オブーホフ病院は今、彼の名を冠して呼ばれる）注意深く私を聴打診し、一瞬黙ってから言った「悪化している。これまで通りろうそくを両端から燃やすようなことをしたら、余命約三か月だ。私の指示を実行すれば治る可能性がある」指示された規則は厳しく、当時の習慣により馬が飲むほど大量の薬だった。ここで故アファナーシー・アレクサンドロヴィチ・ネチャーエフ[98]先生に感謝の言葉を捧げたい。先生は私を夏に人里離れた松林へと送り、生活規則と薬を指示してくださった。私は秋には大学へ戻ったが、春の到来とともに「流刑」を宣告され、「流刑」先にクリミアを選んだ（おお、なんと素朴な古き時代か！）。その後、私とV・Nはヴラジーミル県の古い松林に三年住んだ。[99]それからペテルブルクに戻ってA・A・ネチャーエフ先生の許へ行くと、先生はまず私を聴打診してから満足そうに言われた「さてと、お祝いしなくちゃ。死ぬのは何か別の病気でだね」それでも用心のためツァールスコエ・セローに移り住むよう勧めた後で、冗談めかして付け加えた「心に止めておくんだね。もし冬の夜にもう一度騎兵連隊の馬場で過ごしたら、元の木阿弥だよ」と。

98　A・A・ネチャーエフ（一八四五～一九二二年）内科医、医療組織者。

99［妻の両親の領地。彼女の父親は森林監督官。この地で彼は『ロシア社会思想史』を執筆するとともに、一九〇五年革命で立ち上がった共同体農民の姿を書き記している］。

それから四分の一世紀以上がたち、すべてが順調だった。〝おばちゃん〟の「深甚なる敬意」のエピソードと楽しいモスクワ旅行までは。だがどんなことがくり返されたか、考えてみたまえ。一九〇一年――湿っぽい馬場での寒い夜、その後短期の監獄、それから二か月ほど後に喀血。一九三三年――三か月間湿っぽい監獄、それから熱い風呂の後、夜はルビャンカ獄の「配送所」の冷たい床の上。それからまた湿っぽい部屋。それから……私が職業革命家だなんてとんでもない！ 実は監獄とやらに入ったのがたったの三か月、それに短期間で、これじゃ話が合わないのではないか！

喀血は八月一六日に終わった。私は医者を呼んだが来なかった（当直がそんなくだらないことで騒ぎたがらなかった可能性がある）。そこでA・A・ネチャーエフ先生の助言を思い出して、横になって自分で濃い塩水を何杯も飲んだ。血は長くではなかったが、大量に出た。二日後に医者がいつもの回診に来て、新しい薬を処方し、「絶対安静」が不可欠だと念を押した。だが人間は何と生命力にあふれていることか！ 新しい薬のせいか、暖かい八月のせいか、月末までにはいくらか具合よく感じ始め、九月初めには朝の散歩すら再開した。

もはや散歩で知り合いには誰にも、ナロードニキ主義の中心的な思想・組織グループの誰にも会わなかった。後ほど、もう七月と八月には彼ら全員がそれぞれの地へ送られた、と知った。サークルの中心である私だけが天地にただ一人取り残された。私に対する「深甚なる敬意」のために、〝おばちゃん〟はまだ私の運命を決定できていなかった。そうこうする間にもう九月半ばになり、監獄を流刑に変える季節がやって来た。

●15　取調べ官と取調べ方法

DPZとの永久の別れに際して、我々の運命の支配者である同志取調べ官にもう一度言及したい。彼らは一体どのような人間か。ボリシェヴィキ革命の始まりから三〇年代のボリシェヴィキ反革命全盛期までの長期間に、どのような進化が彼らに起こったのか。

VChKは見境なく、特別な根拠もなしに取調べ官を採用した。そのなかにはほとんど無学な「大学生」（「私は確認いたします」）、政治的冒険主義者、本当の元大学生、教養があり多分進歩的な人、「非常委員会」の野外仮設舞台で新しい役を演じる地方の俳優や概して雑多な分子などがいて、一九一九年に私はそんな人々とペテルブルクやモスクワでたまたま出会った。これらの人々は法的に専門的教育をいっさい受けておらず、まるで神が没頭するように取調べを行ない、仕事はいき当たりばったりで、取調べ官の構成は偶然的、流動的だった。

二〇年代初めに手工業的な時代が終わり、ＶＣｈＫがＧＰＵに変わった時、審理はより堅固な基盤に基づくこととなった。取調べ官職を目指す候補者がいくつかの予備コースに通ったが、そこで彼らに法的規準を教えることはまったくなく、対立政党の綱領と歴史だけをボリシェヴィキの観点から紹介したようだ。取調べ官は専門化され、ある者は社会民主主義の諸潮流に「通じた人」で、次の者は社会革命党の専門家、第三の者はアナーキズムの、第四の者はロシア上流社会のリベラルグループの、第五の者は宗教問題の専門家といった具合だった。こうした諸潮流やグループがどれも一様に「反革命的」、「小ブルジョワ的」と見なされたことは明々白々だ。候補者たちはマルクス主義の笛で訓練を受けたが、それでも自分たちが裁くことになる諸グループと潮流を分析することは教わった。とにもかくにも半年あるいは一年のコースで数多く読み、多くの人と知り合い、多くのことを記憶するよう求められた。私を取調べた二人、ブーズニコフとラーザリ・コーガンは自分の専門分野では十分に訓練され、エスエルの諸潮流の理解も――ボリシェヴィキ的観点では――正しかった。それだけではない。作家について、私について、良くも悪くも私の著作も彼らは特に目を通していた。そしてしばしば私のまえで私の本からいろいろ引用した。引用は彼らの観点からしてもっとも「反革命的」な、すなわち反マルクス主義的な個所だと思われる。調書が「私はマルクス主義者ではない」で始まる最初の尋問で、取調べ官ラーザリ・コーガンは満足のため息をついて私に言った。

「あなたのことを扱うのは何と楽しいんだろう！　他の者の場合には、お前は反革命だ、と認めさせるのに苦労しっぱなしなのに、あなたはすぐに『私はマルクス主義者ではない』と認めるので……」

「果たして『非マルクス主義者』と『反革命』は同義語なのかな？」と私は疑問を呈した。

「もちろんだ」彼は確信をもって答えた。

無論、候補者は党綱領についての「科学的」講義以外に、取調べの実施にかんする実践的訓練は受けない。だが我々はすでに、ダヴー元帥や〝おばちゃん〟の息子たちの裁判権をよくよく知っている。後で取調べ官のタイプについて立ち戻らないように、ここで「エジョーフ時代」の新しい取調べ官の発生について話そう。

私がペテルブルクのＤＰＺでＧＰＵの強力な手の下に入獄していた一九三三年から、いっそう強力なＮＫＶＤの手の下にほぼ二年間モスクワの監獄にいた時まで、それほど時間はたっていない。だがこの短い時間で取調べの状況にはまさしく大転換が起こった。「エジョーフ時代」には、何万、何十万、全ロシアでは何百万もの人が逮捕され、新しく広範な任務に従前の取調べ官では量的にも質的にも、まったく適応できないことがわかった。GPU長官ヤゴーダ[100]銃殺後、ぼう大な数の彼の協力者たちは長官と運命を共にした。ラーザリ・コーガンのような者は銃殺され、ブーズニコフのような者は獄につながれた。新しい「エジョーフの取調べ官」メンバーが、大方はコムソモール員で年長の者の中から急ぎ募集された。どのような専門的講義を考えることもなく、ぼう大な数の不幸な若者たちを仕込むことも、新しい取調べ方法を手短にでも準備させることもなかった。それはまだ先の話だ。モスクワだけで取調べ官は三〇〇〇人に達した。このことは一九三三年にブティルカ監獄で、自らが嫌疑を受けて我々の監獄社会にやって来た取調べ官の一人から聞いた。ここで講義とか基礎的素養とかは考えもつかなかった！　シェプターロフ中尉は一九三七年から三八年に私の「事件」を処理した取調べ官だが、ある時私が自著から引用したのに答えて言った「我々に反革命のたわ言を一々読む暇があるなんて思うな！」彼は七つの死罪に該当するとして自分が告訴中の作家の本などまったく知らなかった。作家でない者についても同様だった。ブーズニコフやラーザリ・コーガンたちのそれほど昔ではない時代のことを、愛惜の念とともに思い出さざるを得ない。彼らは確かにろくでなしだったが、少なくとも教養はあった。だがこうも言えよう。おそらく無教養なろくでなしは教養あるろくでなしよりもましで、どんな場合でも無邪気だ、と。だがおそらく、彼らのうちの何人かは教養があろうとなかろうと信念という点でまったく真面目で、自分の汚れたインチキ・嘘・歪曲の仕事をしていた。だがあらゆる点で、GPUの取調べ官世代と、エジョーフ時代のNKVDの取調べ官世代とは、はっきりと異なっている。

ラーザリ・コーガンを例にとると、彼はロシア文学を相当知っていて、種々の文学関係資料の収集家だった。彼のコレクションにはエセーニンやクリューエフの自筆原稿をはじめとして、おそらく私の資料ファイルから手に入れた手稿が少なくなかった。彼は尋問に数多くの文学的エクスカーションを挟み込んだ。彼の中編の一つ（『夢物語』）を私は自著『作家たちの運命』に書いておいた。ある時の尋問で彼は、一八八四年刊のサルティコフ＝シチェドリンの石版刷り地下出版物を私に見せ、それが書誌学的に見て大変な稀覯本なのかどうかを知ろうとした。また別な時に彼は、本当に貴重な――「私の自慢のコレクション」と言った――プーシキン自筆の『エヴゲーニイ・オネーギン』の下書き原稿一枚を私の目のまえに置いた。彼がこの原稿をどのようにして手に入れたかという話は大層おもしろいので、ここに再現しよう。

［ラーザリ・コーガンの話］最近、ある文学者がDPZに入獄していた。彼は四か月ほど入っていて、悪魔は絵に描かれているほどには怖くない、とわかった。彼は、自分が拷問され、何本もの針を刺され、火あぶりにされると考えたが、そうではなくきわめて適切な扱いを受けた。彼はこのことに感動したので、彼の一件を扱っていた私に感謝しようと決め、この原稿を私に提供したのだ。彼の話はこうだった。かつて彼は大層若い時に、ハリコフのある弁護士で大の文学愛好家の下で働いていたが、そこで『エヴゲーニイ・オネーギン』の下書き原稿一枚を見た。若者自身はプーシキンの熱狂的な崇拝者で、誘惑に負けて自分の雇主のもとから貴重なこの原稿を盗み出して家に持ち帰り、自分の蔵書の一冊の表紙の内側に貼りつけた。三〇年たってハリコフの雇主はとうに死んで、若者は尊敬される文学者になった。原稿は依然として本の表紙に貼られたままだった。若い日の自分の行いが恥ずかしくて、彼はその本を手に取ろうともしなかった。そこでこの文学者は古い罪から逃れるとともに私に感謝の意を表すために、この原稿をプレゼントとして提供した、という次第だ。私は最初の面会の時に、彼が妻に蔵書のなかからこれこれの本を持ってくるように、と手紙を書くことを許した。面会時に私がいるところで、彼はポケットナイフで表紙の上部を少しこじ開けて原稿を取りだし、私に渡しながら言った、「さて、お蔭さまで解放されました！……」

取調べ官ラーザリ・コーガンのこのような話から数年がたった。三年間を流刑で過ごした後、一九三六年初めに私はペテルブルクのツァールスコエ・セローに二か月間舞いもどった。ある時ネフスキー大通りで、有名なプーシキン学者で今は故人となったN・O・レルネル[101]に出会った。彼は私の直後にやはり〝おばちゃん〟の洗礼による屈辱を経

100　G・G・ヤゴーダ（一八九一～一九三八年）OGPU長官、一九三四～一九三六年内務人民委員として初期のスターリンの大テロルを実行。一九三七年解任後逮捕され、翌年処刑。
101　N・O・レルネル（一八七七～一九三四年）ロシア文学史家、プーシキン研究家。レルネルは一九三六年にはすでに故人となっており、イヴァーノフ＝ラズームニクはこの話を誰か別人から聞いたものと思われる。

験したが、DPZには長くおらず、約四か月だけ入っていた。

「どうしてこんなに早く〝おばちゃん〟の豪邸から出られたのですか？」出会って私は尋ねた。

　彼は目配せして、私をいたずらっぽく見ながら言った「賄賂を渡したんだ！　ただお金でなくて、ゴーゴリ風にボルゾイ犬の子でさ！」[102]

　それ以上の説明はなく、私も質問しなかった。私が事の次第を全部知っていて、自分の目でそのボルゾイ犬の子を見たとは、彼は想像もしなかった。

　この章を終えるにあたって、取調べ官自身でなく彼らの尋問方法についてもう一度触れておこう。その方法はすでに私の「一件」だけで十分に明白だが、決して統一されていない――別の典型的な例を示そう。これと似たような例は他に数多くある。

　私と同時期にDPZに、我々の旧知の人の息子が入獄していた。彼は技術専攻の最終学年生だった。ここでは彼の名を略してゴーガと呼ぶ。彼は一九三三年一月に逮捕され、DPZの共同房に入れられた。そこには三〇人が入っていた（先に述べたG・M・コトリャローフもその中にいた）。彼はスパイ目的で満州国境を越えた嫌疑をかけられていた。驚いたゴーガが、人生で一度も、ヴォルガ川を渡ったことすらない、と答えると、取調べ官は言った「お前の言う反対のことを今、対審によって示すぞ」そして尋問室にゴーガと同学年の逮捕者を連れてきた。彼は極東のハルビンからやって来たので、仲間内での通称は「ハルビンっ子」だった。彼はゴーガに言った「お前はどうしてはっきり言わないんだ？　おれたちは一緒に満州国境を越えたじゃないか！」ゴーガは、後に語ったところでは、最初立ちすくみ、それから怒り、立ち上がって椅子を床にたたきつけて叫んだ。「嘘つき！　ろくでなし！　悪党！」文学的教養を身につけた取調べ官は、皮肉な指摘をするに止めた「お前がスパイだとしても、どうして椅子を壊す？」[103]

　この対審で審理は決着した。ゴーガは「ハルビンっ子」がGPUの手先だったのか、それとも取調べ官に脅されて、命令されたことをそっくりその通りに言っただけなのかもわからなかった。だがいずれにせよ、ゴーガは有罪とされ、〝おばちゃん〟法廷で三年の収容所行きを宣告された！　スパイ行為のために！　銃殺の代りに！　一番軽い宣告には裏があった。無給の有資格労働者が必要だった――そしてゴーガはこのルートで働き続けたのだ。

　ラーゲリでの三年で〈特別に優れた結果を残して〉、彼は自由になりNKVDからオオカミ身分証明書《パスポート》を受けとった。その身分証明書ではペテルブルクにもモスクワにも住めなかった。我々が流刑かラーゲリかの刑期を終えたら発行される身分証明書の条項「身分証明書発行の根拠」欄は、「NKVD調査資料〇〇号に基づき」となる。これがどのような証明書でも我々をたやすく識別するオオカミのスタンプなのだった。

ペテルブルクの家族の許には戻れず、モスクワには住めず――どこかに住み、働かねばならない――ゴーガは両市の中間に住むことに決め、小都市Bに住む許可を得た。地区のNKVDに出頭し、Bに住む許可をもらい、寛大にも地方の工場で働くようにとの提案も受けた。工場に出向いて「工場長」と話し合った。工場長は工場に必要な専門家だったので大喜びしたが、身分証明書に目を通すとたちまち黙り込んだ。

「どんな事件で有罪判決を受けたのかね？」身分証明書をゴーガに返しながら、工場長はそっけなく尋ねた。

「極東の組織でのスパイ事件です。スパイするため満州国境を越えました」とゴーガは答えた。

工場長の顔は喜びで輝き、ほっと息をはき叫んだ。「あぁ、たったそれだけか！　お前さんはトロツキストかと思ったよ！　おいでなさい、おいでなさい、お前さんの仕事があるよ！」

この古典的なシーンに何をつけ加えられようか？「工場長」も、取調べ官自身も、ゴーガ自身も一様に〝おばちゃん〟の息子の裁定権を知っていた。GPUの公式スタンプを誰もが信じていなかった。「トロツキスト」となれば話は別だが。その当時トロツキストは特に追及されていた。それに対して「スパイ」なんて重要か考えてごらん！おいでなさい、おいでなさい！

ゴーガはスパイ、私はナロードニキ主義センターの組織者。スケールと方向に違いこそあっても、双方の間に何の差異もない。同じ取調べ方法とダヴー元帥の裁定権だ。多くの囚人に会い、彼らの「事件」を詳しく知れば〈事態をよく心得て〉自信をもって言える。「インチキ」で欺瞞、〝おばちゃん〟の息子たちによって捏造されたのでなかったのは、恐らく一〇〇（一〇〇〇！）件中二件だけだ。その他の件については「金の鶏」の末尾で占星術師が公衆に告げる通りだ。

102　ゴーゴリ『査察官』第一幕第一景の、賄賂をめぐる市長と判事の会話を踏まえている。［浦雅春訳『鼻／外套／査察官』、一五一ページ参照］。

103　ゴーゴリ『査察官』第一幕第一景の、市長の台詞の言い換え。［浦雅春訳『鼻／外套／査察官』、一五四ページ参照］。

――残りは――嘘、空想、／漠とした幻想、空っぽ、[104]

――

取調べの立論はまったく嘘でまったく無内容でしかない、ということは明白だ。

だがそうだからと言って、ソ連の監獄・強制収容所・隔離所に住まわせられている青白い幽霊たちにとり、事態がより良くなることはないだろう。

これでＤＰＺの取調べ官と取調べ方法にかかわる物語を終えることができるが、あのゴーガから伝えられた魅惑的な結びを記しておこう。一九三三年初めに彼がＤＰＺの共同監房に入っていた時、そこの入獄者は同時期に我々が一人でいた時のように新聞を受けとっており、当時ドイツで激しく展開する諸事件に関心をもっていた。とくにドイツ国会議事堂の放火と放火犯の探索が注目の的だった。[105]

全監房で一日中、話題はこの事件ばかりだった。囚人のなかに荷馬車の御者アニューシキンがいた。彼はあごひげを生やし、陰気で、読み書きができない無口な百姓だった。自分の起訴内容を彼は知らなかった。取調べ官は彼をしばしば短時間の尋問に呼び出したが「さあ、もう自白するかね？」としか言わなかった。だが何を自白しなければならないのか、は話さず、御者に下品な御者言葉を浴びせ、御者が自分で知らない罪を自分から自白するようになることを望んだ。百姓はこんなさっぱりわからない取調べにすっかり困り果てた。「よし、やってみるか。だけど何も白状することなんかない！」彼は時々すっかり絶望的になって何かしゃべっていた。

ある夜遅く、アニューシキンは尋問に呼び出された。尋問はすぐ終わり、彼はいつもより暗い様子で部屋に戻ってきた。ゴーガは眠らずにいて、アニューシキンに尋ねた。

「どうだった？」

アニューシキンは望みを失った様子で手を振り、言った。

「自白した！」

「何を？　さあ、何を！　何が！」

「取調べ官に顔を殴られた」

「どんなに！　いつだ？」

「俺が自白した時だ」

「何てことだ！　なぜだ？」

「こういうことさ。俺が到着すると、やつが尋ねた『さあ、もう自白するかね？』俺は手を振って『あなたの指示通りに、自白します！』と言う。やつは『そうか、やっとか！で、何を自白するんだ？』俺は言う『国会に放火しました！』やつは跳びあがって俺を殴り、俺に……そして言う『出て行け、雌犬の息子め、監房へ戻れ！　お前を獄内で痛めつけてやる！』俺は何の罪なんだ？　毎日周りの会話で犯罪者を探してる、国会に放火した奴だって聞いてる。よし、自白しよう、ひょっとしたら取調べ官が俺に付きまとわなくなるかも、って。けど、あいつ、俺の顔を……」

この話で私は有頂天になった。なぜならアニューシキンの事件は典型的な事例だから。彼の国会放火はゴーガのスパイ行為、私の組織センターと全く同じだから。違うのは、アニューシキンは国会議事堂放火の自白を考えついた（そのため殴られた）が、我々は放火を自白できなかった（そのため流刑またはラーゲリをくらった）ところだけだ。だがともかく私がノヴォシビルスクやサラトフで、なぜ流刑されたか、と問われると、私はいつも変わらずアニューシキンの定式で答えた。

「国会に放火した！」

なぜなら実際にそうだったから……。

しかし、もうＤＰＺとおさらばし、流刑に出発する時だ。*

＊本節はサラトフへの流刑とモスクワの監獄を何か所か経た後で「記念日」のテクストに挿入された。

104　リムスキー＝コルサコフのオペラ「金の鶏」（一九〇九年）の結び、占星術師の言葉の不正確な引用。

105　［一九三三年二月二七日夜発生。これを契機に共産党が非合法化されヒトラーのナチスによる全権掌握へと進んだ］。

第Ⅳ章

流刑*

*一九三七年にカシーラで執筆。

ブティルカ、タガンカ、ルビャンカ（左より時計まわり）

村へ、おばの所へ、片田舎へ、サラトフへ
［グリボエードフ］『知恵の悲しみ』

●1　ノヴォシビルスク送り

牢獄では月や週でなく、日で数える。私の在獄二一九日目が始まった。何という無意味な時間のむだだろう！　この間に私がサルティコフやブロークに携われれば、どれだけ仕事ができただろう！　しかしながらブロークの第五巻の校正刷りは、三月になんとか私の監房に届けられ、出版社へ返送された（そこでひどい間違いがあるのに印刷された）。言うまでもなく、二度とも取調べ官が丹念に目を通した。革命的な詩「十二」と「スキタイ人」の校正刷りが、どんなに実り多く静かな場所で訂正されたか、A・A・ブロークはとても予測できなかっただろう！

九月九日の昼食後、私は面会に呼び出された。午後二時のことだった。V・Nは会話で、取調べ官が彼女に夫の旅の所持品を、お金、衣類、下着、食べ物を用意するようにと伝えた、と一部ははっきりと、一部はほのめかして言った（「〝はい〟、〝いいえ〟を言うな、黒いものも白いものも買うな！」［第Ⅲ章14節参照］）。彼女はこれらを全部用意してトランクをDPZの真向いの知り合い宅へ運び、出発日が決まればすぐ私に手渡せるように計らった。取調べ官は出発日を前もって知らせる、と約束したのだ。面会はいつも、我々の間に第三者が座っているまえで行なわれるので、それ以上の詳細を知ることはできなかった。私は部屋へ戻り、少し読書し、夕食を食べ、医者が指示した「絶対安静」を守って本を手に横になり眠った。

六時すぎに「上級当直」が入って来て、言った「準備しろ！」四階でも修繕が行なわれるのだろうか？　だが違った。「上級当直」は私が集めた所持品を綿密に調べ始めた。ということは別室へ移動するのではない。私物検査が終り、まとめられた。私はクモの巣回廊を通って階下へ、それから警備司令部へ連れて行かれた。そこには当直士官の他にさる下級兵（襟に「菱形」バッジが二つ）、「特別任務部隊」の馬面の二人の護送兵がいた。この二人は行軍用完全武装をしており、ライフル銃と雑嚢を持っていた。当直は私に言った「これを読んで、サインしろ」私は言われるようにした。紙切れには、何某は一九三三年二月二日から数えて三年間ノヴォシビルスクへ流刑、とあった。さらに当直は続けた「特別護送兵と行くのだ。列車は夜八時半発車」

私は、もう「深甚なる敬意」や「記念日祝祭」に慣れるべき頃だと思われたが、驚いて訊ねた。

「私のための所持品やお金の準備のことを、取調べ官自身が提案してましたが？」

「急がねばならん」当直士官は壁の時計を見ながら、落ち着いて答えた。

「けれど私は所持品も食べ物もお金も持たずに、どうしてノヴォシビルスクへ行くのですか？」私は言い張った。

「列車は一時間一五分後に出発する」当直士官は前と同じように落ち着いて答えた。明らかに生まれつき耳が不自由なようだった。そこで私は「二つ菱形」の男に向かって、自分の質問をくり返した。

彼はやわらかく答えた。「この件について俺は何もわからない。俺はあんたをノヴォシビルスクへ連れて行くよう命令を受けたが、お金やトランクのことは何も聞いていない。けれど食糧のことは心配ない。ほら、これがあんたの五日分の配給だ」

テーブルの上に一やま半の「レンガ」パン、大きなニシン三匹、粉砂糖の小パックが置かれていた。

「これは大変結構です。私は道中腹がへって死ぬことはなさそうです。けれどノヴォシビルスクではどうでしょう？所持品なし、知り合いもなし、お金もなしで」と私は言った。

「わかるかな、人々はきわめて困難な状況下でもなんとかするものさ。あんたもノヴォシビルスクで死にはせんよ」「二つ菱形」がやはり静かに言った。

これがきわめて温厚に、十分に確信をもって言われたので、私は主張するのをやめた。トランクとお金でもって愚弄するよう記念日祝賀会のプログラムに入れられてあり、DPZからの出発を感動的にするために前もって「カーテンの背後で」たくらまれたことを理解したからだ。だが残念なのは「アカデミー会員プラトーノフ」がサマラへ流刑される際に、これほど感動的に出発したかどうか、知らないことだ。

「急がねばならん」生来耳が不自由な当直士官が、落ち着いてくり返した。

私は「黒カラス」へ連れて行かれた。聖書に記されたことが実現するであろう。あなたが若ければ自分で帯を締めて、思いのままに歩きまわっていたが、今はあなたを縛り、「行きたくない所へ連れて行かれる」[1]……。

モスクワ駅で我々は、汚れたノヴォシビルスク行き列車の普通硬席車両に乗り、コンパートメント一つを占めた。


1『新約聖書』「ヨハネによる福音書」二一章一八節。

私と「二つ菱形」が窓側に向き合って、馬面の「特別任務隊員」が銃を膝の間にはさんで向き合って座った。温和な作家にとって何という勇猛なエスコートだろう！　すぐに事態を理解した一般乗客は、こんなに印象的な護送兵に連行されるこの泥棒か人殺しは一体誰だ？　といぶかりながら、驚いた様子でのぞいていた。手洗いに行くのがとりわけ荘重な見世物だった。銃をもった護送兵が一人、逮捕された者をエスコートして開けたままの手洗い所のドアの傍で見張った。ここでも通路に喫煙者が群がり、荘重な手順を好奇心まる出しで眺めていた。「アカデミー会員プラトーノフ」は流刑地への旅で、こんな尊敬を受けたかどうか、知りたいものだ。

　こうして出発した。「まっすぐ、まっすぐ東へ[2]」列車はのろのろと走り、思考もゆっくりと回っていった。M・M・プリーシヴィンの本『黄金の角』［一九三四年］に同じような旅の記述があった。ただ彼は特別護送兵もなしに他の乗客たちと話せたが、私は「二つ菱形」と話すか、窓の外を眺めるだけだった。私はかつて偏見をもって制服に対したことはなく、いつもゲルツェンの言葉を心に覚えていた。それは、制服着用の憲兵に対しても人間に対するように接するべきだ、というものだ[3]。「二つ菱形」は物静かで控えめな、病み疲れた人物だとわかった。彼と正反対なのが若いヴラジーミル出身の二人の護送兵で、気楽で満ち足りた生活ですっかり堕落していた。彼らの会話から判断するに、始末に負えないやくざ者だった。生活が何と人々を歪めることか！

「二つ菱形」とほとんど話さずに、いつも窓の外を見ていることが多かった。ヴォログダを過ぎ、ヴャトカへ近づいた。ひっきりなしに鉄道を横切る田舎道を、興味深く眺めた。ほぼ一〇〇年前にこのような道を、ヴャトカの役人をしていて流刑されたサルティコフが何度も行き来したのだ。私は彼について書いた論文の一つで、彼の流刑の旅を詳しく述べたが、今は私自身も流刑の旅の途上だ。彼を駅逓馬車で護送したのは憲兵隊員だったが、私を列車で〝おばちゃん〟の息子が護送している。私の方が敬意を払われている——サルティコフには銃を手にした護送兵二人は同行しなかった。

　ペルミ。ウラル山脈。シベリア平原。大層驚いたのは刈入れられていない麦畑で、それが何十ヴェルスタも続くなかを走ったことだ。その後、刈入れられた区画、その後また刈入れられずにずっと前に落ちてしまった穀物。なにしろもう九月一二日だった。それから一日進み、さらに一日（『黄金の角』参照）、そして列車は広く濁ったオビ川へ近づいた。ノヴォシビルスクだ。駅舎の時計はモスクワ時間を指し昼の二時だが、もう日暮れていて現地時間は午後六時だった。一五年前に私はやはり「特別護送兵」とペテルブルクからモスクワまで五日間さ迷った。今また五日間、ペテルブルクからシベリアの中央までたどり着いた。

護送兵は私を駅のGPUに連れて行き、「二つ菱形」はそこから自動車を呼び出すため、しかるべき所へ電話した。一時間半ほどたってトラックがやって来た。そして私は西シベリアの首都で〝おばちゃん〟の建物へまっすぐに華麗な入場を果たした。だが一つの建物でなく、いくつもの建物へ入った。というのは、ノヴォシビルスクでは（大都市ではどこでもそうだが）この機関は広い区域を占めていたからだ。「二つ菱形」は私を当直警備隊長に渡し、後者は下級職員を呼んだ。彼は眠そうに短く言った「ついて来い！」

彼は私をどこへ案内するのか？　私は大層関心があった。なぜなら私はノヴォシビルスクで「自由な生活」を得ており、「ついて来い！」という短い台詞は強烈な監獄臭がしたからだ。だがどうしようもない。あなたを縛り、「行きたくない所へ連れて行かれる」出発。下級職員は私を通り（もちろん「共産主義」通り）を横切り、ノヴォシビルスクの〝おばちゃん〟の主要部で新しく大きな建物の門へ、そして中庭へ案内した。中庭の奥まったところに古ぼけて、窓に格子と板がはられた二階建ての建物があった。当直の傍を通って、内部で調査書に記入し、狭い物置部屋のような所へ行った。そこで下級職員は私の所持品検査を始め、薬を入れた小箱を没収した。それから彼は――おお、正義の神よ！――眠そうに言った。「素っ裸になれ！　立て！　口を開けろ！　後ろ向け！　しゃがめ！　尻を見せろ！　回れ！　……を持上げろ！」一〇度目！――これで最後。

……第九の波がぼくの小舟を／楽しい岸にどっと投げ出す！／たたえあれ、おんみら、九柱の水の精たち、

2　プーシキン『金の鶏の話』より。［北垣信行訳「金のにわとりの話」『プーシキン全集』三、河出書房新社、一九七二年、一三〇ページ。ただし引用文通りではない］。

3　［「……すべての身分を、その肩書きや道徳的なカタログやその所属の主な性格だけによって、ひとからげにして非難するくらい偏狭で非人間的なことはない。……」の部分を指すと思われる。ゲルツェン（金子幸彦、長縄光男訳）『過去と思索』一、筑摩書房、一九九八年、第二部第一一章二四三ページの「士官の話」参照］。

などなどに。[4]

私はまったく驚いた――この儀式がもう九度も私に行なわれたことにではない（「アカデミー会員プラトーノフ」がこの「深甚なる敬意」を何度経験したかを知ることは興味深いが）。この儀式的形態がペテルブルクからルビャンカ、ブティルカと文字通り一致することに驚いたのだ。フィンランド湾から金角湾への〈旅の途上で〉、私はまったく同じ儀式形態を突き止めている。それはウラジオストークでもあると確信する！　私は、モスクワ郊外からウラジオストーク地方へ行ったことのあるミハイル・プリーシヴィンに、何に一番驚いたか？　とかつて訊ねたことがある。彼は答えた「ウラジオストークから何百露里も離れて人跡稀な僻地へどんどん旅し、ソホーズに着いた。そこで泊まった丸太小屋で、配給手帳をなくした、と言ってひどく泣いている女に会った。その時すぐに分かったのだが、一万露里を旅したが、モスクワからはそんなに遠ざかっていないのだ」これは私がノヴォシビルスクDPZで、ペテルブルクDPZと文字通り同じ形式のくり返しを経験した時の感覚とまったく同じだった。

儀式が終わると下級職員は格子ドアを通って私を一階の通路へ連れて行き、そこで当直が四二号房のドアを私の目のまえで開いた。低くて暗い四角の部屋で、左右の壁一面に跳ね上げ式の木製ベッドが壁ごとに一〇床並んでいた。隅には悪臭を放つ蓋なし桶、「用便桶」があった。窓際には背の高い棚つき机が置かれ、その後ろで三人の元気のない人々が夕食中だった。そのうちの一人はぎょっとするほどのぼろ服を着ていた。ここは刑事犯用の部屋で、私は四人目だった。記念日の祝賀会はノヴォシビルスクでも継続中だった。

この部屋で私はほぼ九昼夜を過ごし、その翌日に満室になったので、私が出て行くまでに空いたベッドはすでになかった。秋が来て、「秋の漁期」が近づくと、ソ連におけるあらゆる犯罪行為が執拗に成長を示し始めるのだ。私はこの部屋の生活習慣を記さない。それはブティルカ監獄の共同房の様子と本質的に変わりがない。多くの人々について詳しく述べない。もしも言葉の芸術家なら彼らの間で、豊かで精彩に富むさまざまな材料が集められるだろうが。ここ刑事犯用の部屋には、シラミをわかしたぼろを着た二〇歳の浮浪児が入れられていた。彼は中国国境を越えようとして捕まった。ここには遠くの村から来た三〇歳の静かな農民もいた。彼の容疑は偽造「チェルヴォネツ」を使ったというものだ。彼はそれを押しつけられ、自分がそれで買い物に行って妻ともども逮捕された。もう三か月も入獄していて、三人の小さな子どもが誰も世話する人もなく村に残されている。彼はまったく無罪なのだ。ここには「任務にからむ犯罪」容疑のやや図々しいＧＰＵ員もいた。彼はめげず、どこの強制収容所でもまた司令官の地位に浮上する、と確信していた。ここには、集団強盗行為の容疑でペテルブルクから護送されてきた元警察副査察官がいた。彼は逮捕された奴らを警察の支部で、「体に跡が残らないように」半殺しにぶちのめしてやった、と何度も生々しく物語った。ここには、ミヌシンスク［クラスノヤルスク地方］出身で、兄弟がさる「悪の集団」に加わったために逮捕された労働者がいた。ここには、元赤色パルチザンで、今はさる機関に勤務する男がいた。勤務先では全員が妨害行為を「認めた」が、彼は自分も「認め」ねばならないという説得をどうしても受けいれられず、納得できなかった。彼が語ったことは大層ショッキングだったので、イギリスだけでなくシベリアのどこかでも、そのように審理を担当した取調べ官は直ちに逮捕されただろう。

だが、もう十分だ。全部は語るまい。次のように考えた。わが愛しい大地にどれほど監獄が増え、何百万もの人々が監獄を通り過ぎ、何百万ものまったく無罪の人々が入獄していることか。もしも二つの監獄の二つの共同房でとるに足らない数の人々と出会う私までが、すでに何か月も入獄して待ち受ける多くの罪なき人々に会うとすると、彼らのある者は隔離所、ある者は強制収容所、ある者は流刑を待っている。しかし誰も釈放はされないのだ。

●2　ノヴォシビルスクの二か月、サラトフへ

私はこのグループのなかで四日過ごしたが、どんな天使もこのシロアムの池の水を動かしにやって来なかった。[5] ついに九月一七日の午後二時から三時の間に呼び出され、中庭のむこうの本館へ連れて行かれた。そこで私はなんとかいう階級の「秘密政治部」員にきわめて愛想よく迎えられ、

4　プーシキン「オネーギンの旅　断章」より。［小澤政雄訳『完訳　エヴゲーニイ・オネーギン』群像社、一九九六年、三〇〇ページ。第九の波は嵐の海でもっとも危険な高波。転じて、最大の危機］。

5　シロアムの池はエルサレムにある聖なる池で、［イエスが生まれつきの盲人の目を直した奇跡で知られる。『新約聖書』「ヨハネによる福音書」九章六〜一一節参照］。

「一時間半後」に自由になる、と告げられた。私は、お金も所持品もなく、「自由になって」どうしたらいいのか？と尋ねた。お金とトランクというペテルブルクでの記念日の出し物のことを知ると、彼は少し考えてから言った「我々があんたに今、二、三人の流刑者のアドレスを教えよう。彼らはあんたが落ち着くのを手助けしてくれるだろう。それと近々お金も渡そう」彼は何かの書類を探してから、実際に三人のアドレスを書きだした。それから下級職員を呼び、彼に私を四二号房へ護送させた。

部屋へもどると私は所持品を集めて待機し始めた。しかし十分に長く待機せねばならなかった。というのは約束の「一時間半後」というのがちょうど五昼夜延びたからだ。これはお決まりの記念日祝賀会と〝おばちゃん〟の「深甚なる敬意」の出し物だった。そこで何度も何度も疑問なのだが、「アカデミー会員プラトーノフ」の場合はどうだったのだろう？　彼もライフル銃をもった兵士に護送されてサマラへ送られ、サマラで刑事犯と一緒に共同房に入れられ、九日も留め置かれたのか？　質問をお許しあれ。それから、「革命的合法性」は一体どこにあるのか？　私の「一件」は終了した。「判決」は下された。私はノヴォシビルスクに住むよう送られた。しかし、どんな新たな「事件」の根拠に基づいて、私は新たにノヴォシビルスクの監獄にぶち込まれたのか？　いかなる法によってか？　このようなまったくナイーヴな疑問に対して、明快な答えは一つだけだ――お前さん、ここはイギリスじゃないよ！

こうしてさらに五昼夜入獄していた。もし夜になるやありとあらゆる隙間からはい出てくる果てしない祝客の縦隊に触れずにすませたとしたら、私の物語は完全ではない。私は一九一九年に経験済みにもかかわらず、どれほどのナンキンムシの大軍が寝棚のすき間にひしめき合い、どれほど無数のノミが刑事犯のぼろ服に巣くうことができるか、想像できなかった。私は毎夜まったく眠れなかった。ちょっとまどろむや否や、四方八方から血を吸いにナンキンムシの群が襲ってくる。左右から集まるシラミの軍勢から身を守ることはどうしてもできない。ついでだが、まさにこの時期にノヴォシビルスク中で（他のロシアの諸都市と同じく）発疹チフスが広まっていた。偶然に私は発疹チフスという記念日祝客を免れたのだった。

「一時間半」が天文学的時間で数えて二〇〇倍も長引いた時、〝おばちゃん〟の時計では時があまりにもゆっくり進み、振り子を押してやるべきなのだ、と私は決めた。九月二二日の朝、私は「秘密政治」部宛てに次のような文面の申告を渡すよう、当直に委ねた。

「私はノヴォシビルスクへ政治的流刑（監獄でなく）で送

られ、九月一四日にノヴォシビルスクDPZの刑事犯用房（四二号）に監禁されました。九月二二日に貴殿から、私の法に拠らない監禁は「誤り」であって、「一時間半後」に釈放と聞いて満足しました。それ以来ほぼ五日が過ぎたので、新しく重大な――私には知らされませんが――理由で私の入獄が継続していることは明らかです。本状によってお願いいたします。私にこの理由をお知らせください。あるいは貴殿が示された一時間半がいつ終わるのか、お知らせください。今日中に返事がなければ、もっとも明確な抗議形態を採ります」

　私は九時になってすぐにこのメッセージを送った。一一時に当直がやって来て、短く告げた「所持品をまとめろ！」それから数分後、私は「自由」になってノヴォシビルスクの街路に立っていた。私は二三日入獄した。自由になったので長々と体を洗った！

　これで監獄暦と記念の監獄祝賀会シリーズが終りなので、その後のことは短く語れる。ノヴォシビルスクの〝おばちゃん〟にけりをつけるために、まだ伝えねばならないのは、三日後に「居住証」を受けとり、自分のアドレスを知らせるため、〝おばちゃん〟の所に出頭せねばならない、と言われたことだ。私が行くと、一二ルーブリ五〇コペイカが手渡された。私はこの金を、V・Nから現金為替を受けとると、〝おばちゃん〟に郵便為替で返した。一二ルーブリ半――これが流刑囚なら誰でもが受けとる権利のある二か月分の手当てなのだ。月に六・二五ルーブリ、つまり金ルーブリで一二コペイカだなんて冗談じゃない！

　こうして私は「自由だ」。かび臭い監獄から出たからか、ノヴォシビルスクの九月が日当たりが良いからか、旅の途上でも、刑事犯用獄でも私を苦しめた発熱は、出獄するとなくなった。私は〝おばちゃん〟が指示した三か所のアドレスを訪ねて回った。最初の所については話さない。そこは若いペテルブルクの技師宅で、当地で三年の流刑期間を終えたところだとわかった。彼は、なぜ〝おばちゃん〟が自分のアドレスを私に示したか？　が疑問で、死ぬほど驚いた。だが他の二人は私に心からの友情を示し、多くの助言と行動で私を助けてくれた。二人とは、教授で協同組合活動家のV・A・キリチェフスキー[6]と、旧メンシェヴィキ（正確に言えば、ポーランド社会党［PPS］員）のI・

6　V・A・キリチェフスキー（一八七三～?年）エスエル、協同組合活動家、全ロシア農民代表ソヴィエト執行委員（一九一七年）、憲法制定会議議員。一九二〇年代にヴェルフネ・ウラリスクの政治犯隔離所に入獄。

Ｓ・グヴィズドンだ。[7] 後者は一九〇三年以来、短期の中断を何度かはさんでシベリア流刑を経験してきて、従って彼も今年が三〇年記念だった！　彼ら二人に、ここで心からの感謝を表明する。

Ｉ・Ｓ・グヴィズドンについては、興味深い歴史をより詳しく語らねばなるまい。彼は一九〇三年にＰＰＳ党員として一二年の徒刑判決を受け、この期間中ずっと枷をはめられていた。革命の二年前に出獄して定住を許され、バルナウール［ノヴォシビルスクの南南東二〇〇キロメートル、アルタイ地方の中心地］に住んだ。革命で彼はこの町の市長となり、打ち続く革命の年々の浪は彼をあるいは頂上に運び上げ、あるいは「この世の地獄へ」突き落した。「赤」がやって来ると彼を都市行政のトップに据え、「白」がやって来ると彼を投獄し、銃殺といって脅した。このような浮き沈みは一度ならず起こった。ある時はバルナウールの権力のトップとして監獄を視察し、ある時は自分が入獄した。このような交代は一度だけでなく、いつも同じ獄吏たちは彼にどのような態度をとるべきか、もはや分からなかった。かれはここ何年かの人生のエピソードを以下のように物語った。

「『白』がやって来て、私は六度目の入獄となった。何も驚かず、ただ座っているだけで、慣れたものだった。だが今度は危なかった。銃殺といって強く脅されたのだ。ある時、看守が私に言った『同志グヴィズドン、あなたがここに入っているのは何なのですか？　もしかすると奴らはあなたを銃殺するかもしれない。ここにまた赤どもが来れば、あなたはまたこの町の長になるでしょう』

私は言った『「それじゃ、こんなにたやすいことはない。鍵を取って私を自由にしなさい！」看守は言う『そんなに単純ではありません。ドアのむこうには番兵がいて、彼は味方ではない。もしよく見ないと、告発されるでしょう。けれど我々はうまくやりますよ。今夜中庭での散歩であなたたち全員を獄内に戻す時、我々があなたをちょっとしたことで少しだけ中庭に残すように、大声で頼んで下さい』『それで、その後は？』『ご自分でお判りでしょう』結構、私は何も質問せず、夜の散歩を待ち、すべて言われた通りにやった。その冬は厳しく、雪が多くて頭より高く積もっていた。私だけが中庭で四人の看守と一緒になった時、そのうちの一人が私の方に駆けより、両足をつかんだので、私は雪の上に倒れた。別の二人が、一人は私の両足を、一人が頭をもって私を前後に揺らし、非常に高く、一・五サージェン［三メートル余］もある柵越えに投げ出した。私は重いシューバを着ていたが上空を飛んでから急降下し、干し草に飛び込むように雪堆に落ちた。しかしすばやく立ち上がり、停まっているそりに妻が乗っていて、馬を制しているのを見てとった。私はそりに乗ると、馬は急に走り出した。柵の向こうで呼子の音や叫び声が聞こえる。「止めろ、止めろ、逃げたぞ！」ピストルが発射され、看守も例に倣ってやみくもに発砲した。我々は知り合いの屋敷へ急ぎ、私はそこで一か月間身を潜めた。その後『赤』がやって来て、私はまた市長として監獄を視察する。看守たちは喜んで挨拶する『おめでとうございます。同志グヴィズドン！』私は彼らに話す『ありがとうじゃないよ、困った奴らだ！　私が市長の時にあんな出来事がないように気をつけなさい！　どのようにあんたらの監獄から脱走できるか、もうわかっているよ！』」

革命までに彼は工場で働く熱心なボリシェヴィキ女性と結婚した。しかしシベリアでボリシェヴィキ政権が確立されると、彼は元メンシェヴィキ、つまり反革命家として監獄と流刑の繰りかえしでさいなまれた。彼の妻はそれ以後熱心な反ボリシェヴィキになり、彼女の夫を守るためのチェキストやGPU員との闘いを全部語るとすれば、何冊ノートがあっても足らないだろう。そうではあるが、彼女の純真なアネクドートを一つだけ話そう。

「私たちは三年間の流刑でチムケントにいました。夜遅くに私が女家主とクワスをびんに入れていた時、突然ドアがノックされ、家宅捜査だ！　の声。捜査官の長は肘掛け椅子にゆったり座って言う『クワスを飲めるとはすばらしい、今夜は蒸し暑いからな！』家主は喜んでクワスの瓶とコップを盆にのせて、彼に出しました。私は彼に駆けよって瓶をつかむと床にたたきつけ粉々にして、言いました『もう沢山。招かない客が捜査に来て、クワスを出すなんて！　水を飲ませておけば十分！』チェキストは私を見て臆病者ではないとわかると、黙り込んで机の引き出しを調べ始めました。鎖を引っ張り出すと『これは一体何だ？』と夫に尋ねました。夫は答えました。『これは私の革命の勲章で、私は徒刑でこの鎖に一二年つながれていました』チェキストは肘掛け椅子にふんぞり返って馬鹿にしたように笑って『ハ！　ハ！　ハ！』その時、私は体の中が燃えあがり彼にとびかかって、両手で彼ののどをつかんで揺さぶり言ってやりました『ろくでなし、でき損ない、何をせせら笑ってる！　この鎖のまえに跪いて接吻しろ！　お前なんかど

7　著者はグヴィズドンをグヴィズドルと間違っており、編者註によって訂正した。徒刑を務めあげたというのも間違い。I・S・グヴィズドン（一八八一〜？年）。ポーランドとロシアの社会民主主義運動家。一九〇一年以来、何度か逮捕され、一九〇六年西シベリアへ移住。

れほどの革命家だ、この野郎！』チェキストは跳びあがってピストルに手をかけたが冷静さを取り戻して我慢し、黙って捜査を行ないました。何も見つからず、私たちを放っておき行ってしまいました。翌朝牛乳を買うため行列に並んでいて、順番をめぐって他の女と言い争い、騒ぎが大きくなって人が集まって来ました。その時、昨夜のチェキストが通りかかって近寄り、何事かと尋ねました。彼は説明を聞いたが、私が目に入って誰だか分かると、相手の女に言いました『あなたはこの意地悪女と関わらない方がいい。関わっても何もいいことはない』そう言って彼は行ってしまいました……」

チムケント流刑後、I・S・グヴィズドンは（もう一度！）バルナウールの監獄入りになり、その地でメンシェヴィキ・グループを組織したという容疑で二年間を獄中で過ごした。そこから三年間セミパラチンスク［カザフ共和国］で流刑、さらにまた入獄し、今はもうノヴォシビルスクで三年の流刑を終えた。一九〇三年九月の末に逮捕され、彼の徒刑、監獄に流刑の連鎖が始まった。だから今、一九三三年末に彼は自身の三〇年記念日を祝っていたのだ。私の記念日なんか比べものにならない！　彼は夕べの集いを開いて我々——キリチェフスキー教授、私にもう三人のノヴォシビルスク流刑仲間を招き、「本もののシベリアペリメニ」で楽しんだ。彼の妻が言うには我々七人のためにペリメニ一五〇〇個が用意され、（このことが一番驚くべきだが）我々はそれを一個残さず食べ尽した、と説明すれば、それはシベリアの宴会が十分に明るく描かれることになろう。実はシベリアのペリメニは大変小さいのだが、それでも……。

グヴィズドン一家は私の短期間のノヴォシビルスク流刑期を通じて、一番親切に配慮してくれた。この地を去ってから私は彼らと文通し、この善良で勇敢な人々、魂からの真の革命家に深い感謝の念を抱いている。ボリシェヴィキの王国では、彼らはもちろん影響力がないが、監獄と流刑地では彼らが力をもつ。

だが、私のノヴォシビルスク流刑物語も終わる時だ。ノヴォシビルスクにおける私の日常生活は大層精彩に富み、私はその様子を手紙でユーモラスにV・Nに知らせた。だが、記念日祝賀会というテーマに関してはただ一つだけ特徴があったといえる。私は大層やさしく接してくれる家庭に身を寄せているが、そこは小さな部屋でソファ（残念ながらナンキンムシがいる）を提供するしかなく、それでなくても夫婦と二人の小さな子どもが住んでいる。しかしこのような条件下で何らかの仕事のことは考えることもできなかった。

どの流刑囚でも同じだが、私は月に三度、「登録に」行かねばならなかった（去りもせず、逃げもせず）。だが私が〝おばちゃん〟を訪問したのは三度だけだった。まったく予想もしなかったことだが、私は「西シベリアPPOGPU」（最初の二文字は「全権代表部」の意味）から、一〇月三一日に上記「PP」に「審理の件で」出頭せよとの「呼出し状」を受けとったのだ。出頭してわかったことは、私はモスクワの指令で流刑地をノヴォシビルスクからサラトフに変更され、そちらへ即時出発するよう決められたということだった。どうしてこうなったかはわからない。私もV・Nも何ら決定的な一歩を踏み出したことも、「嘆願書」を提出したこともなかったからだ。[8]

ノヴォシビルスクに別れを告げねばならなかった。本当のことを言うと、大きく悲しむこともなく別れた。今回私は――考えてもごらんなさい！――護送兵ぬきで、自由な市民として旅し、おまけにGPUの「無料乗車証」を使っているので、鉄道の監督者も公衆も私をGPUの息子と理解していた。一一月九日に私はノヴォシビルスクを出発した。また車窓に果てしないシベリアの平原が現われては消え、今はもう初雪が薄く積もっていた（この年は冬の到来が非常に遅かった）。何千デシャチーナにも及ぶ麦畑で、まだ刈入れていない麦の穂が雪の下から悲しげに突き出ていた。私が旅で往復する二か月間、そこには全く何の改善も見てとれなかった。私はすぐに、これは私が思想的中心である我々の組織の妨害行為と、周辺的グループ――A・I・バイジン班の実行作業の結果だろうと推測した。私の手による悪行を目の当りにして、私が後悔に囚われたと認めることはできない。だが、この悲しい光景を見て、なぜ私が今シベリア平原を旅していて、自分の書き物机で仕事をしていないかをはっきりと理解した。私の「審理」の口実、動機と理由が完璧に明確化した。だが、まずは我が遍歴談《オデュッセイア》を片付けよう。

一一月一三日一三時、一三号車の座席指定番号一三番（またチェーホフを想起！）でサラトフに到着。街は飢餓の一年、発疹チフスに重苦しい夏の惨事から回復し始めたところで、餓死者の死体が通りの至る所に転がっていた。

8　流刑地の変更はE・P・ペシコヴァのとりなしの可能性がある。ペシコヴァ（一八七六～一九六五年）は作家マクシム・ゴーリキーの最初の妻（一八九六～一九〇四年）、一九〇〇年代には革命運動に参加。エスエル党員、徒刑囚・流刑囚救援協会（会長ヴェーラ・フィグネル）、政治赤十字の活動家。一九二三～一九三七年に「政治囚救援」議長。

サラトフの住民が私に話したことからすれば、一九一九年から一九二〇年のわがペテルブルクの飢餓が子どもの冗談に過ぎないように思えた。サラトフで最初に記念日を祝ってくれたのは、市街電車で私のポケットから小銭入れを巧みに抜き取ったスリで、そのため当地でも私はノヴォシビルスクにいた時と同じ境遇に陥った。だがこれは日常生活なので語るに値しない。くり返し言うが、一九〇二年のシムフェローポリと三〇年後のサラトフの地方の生活はまったく同じだ。新しくなったのは生活ではなく、生活に対する支配だった。

こうして私は「おばの所へ、片田舎へ、サラトフへ」やって来た。〃おばちゃん〃の所には到着した日に出頭し、「居住証」を受けとった。居住証にはこう書いてあった。「行政的追放者（氏名）、サラトフ市居住登録者へ発行。上記追放者は必ず毎月（消して、月に二度、と書き直されている）OGPU機関に登録のため出頭すること」文法的間違いはあるが、短い。だがひと月も経たずに告げられたのだが、通常の規則の例外で、私は五日ごとに登録のため出頭せねばならなかった。これもまた一つの――そして多分、最後のではなかろう――〃おばちゃん〃の細やかな配慮の、「深甚なる敬意」と記念日祝賀会の表れだと考えられる。ついでに、ここでもどうしてこうなったのか、というのは疑問だ……。だが、こんなユーモラスな、皮肉でうんざりするようなライトモチーフを、これ以上くり返さないことにしよう。

●3　記念日の愚弄の考察、サルティコフの物語

私は愚弄と記念日祝賀会の叙事詩のすべてを、皮肉とユーモアでもって書くことしかできず、それ以外のトーンは現在見出せない。愚弄の本質はいうまでもなく、ありふれた形式にはなく、形式が提示される「深甚なる敬意」の仮面にある。以上が第一番目のポイントだ。第二番目はこうだ。〃おばちゃん〃自身が秘かに楽しみつつでっち上げた、組織に関する「事件」自体が主な愚弄だ。だが真面目に話すことができれば、私が自分の文学活動三〇年記念を監獄と流刑で祝った原因がどこにあるか、が解明されるだろう。

このすべての事件の口実、動機、理由は極めて明瞭だ。GPUの行動の口実として、一九三三年一月初めに新聞に発表されたスターリンの演説があった。[9] ちなみに演説では、一九三二年のコルホーズ政策の失敗は「妨害行為」のためで、それの根絶には断固たる手段をとることが不可欠だ、と説明されていた。この新聞紙のインクが乾くかどうかの

うちに、〝おばちゃん〟の息子たちの仕事が勢いづいた。一九三三年一月を通じて何十人もの逮捕が聞こえてきて、その数は何百、何千と増えた。「春の漁期！」だ。人々はきわめて乱暴でありそうもない容疑で、次々と逮捕された。監獄は満員になり、はち切れそうだった。偽りの犯罪件数が、異様な形での銃殺により急増した。このような狂騒が冬の終りまで、夏の休暇と保養の季節まで続いた。〝おばちゃん〟の保存文書で、厳密な統計的数字が確認できる。

私が出獄時に知った一例だけを挙げよう。一九三三年三月中頃、ツァールスコエ・セローの住人たちは早朝の行進の光景に驚いた。何十人もの群が追いたてられていた。皆がよく知られた当地の教師たちだった。それは逮捕され、監獄へ護送されるツァールスコエ・セローのいくつもの学校の男女教師たちで、後にわかったところでは、容疑は有害な反革命集団の組織だった。彼らは十字監獄へ連行され、数か月投獄され、その後大多数は帰宅した。だが、私はノヴォシビルスクでこのグループの一女性教師に、他の男性教師にはサラトフで出会った。つまり、何の罪もない何人かが、追放や流刑に処されたということだ。彼らは後に私に対して、その精彩に富む話を記録するには多くのページが必要と思えるような、注目に値する自分たちの容疑や尋問のことなどを語った。しかし先に語ったことで十分だろう。この例一つで無意味な逮捕の狂騒がどのような特徴を持っていたか、が分かる。スターリンの一月演説はその口実となったのだ。

私の記念日祝賀会の動機を考えつくことは大層簡単だ。「コルホーズにおける妨害行為」から「ナロードニキ主義のイデオロギー」に細い糸を伸ばし、この糸を結びつけられる人物を見つけるだけでよかった。そのような人物がA・I・バイジンで、彼は司書として他でもなくまさに農業研究所に勤務していた！　ははあ、そうか！　この研究所は細糸をひっかけてさらに「ナロードニキ主義のイデオローグ」へと延ばすのに実に都合がよい。そうすれば組織集団と唯一のセンターというお決まりの主題を創りだすまでは、もうほんの一歩だ。「ナロードニキ主義の思想的・組織的センター」の「事件」は最大もらさず――それ以前から容疑者の逮捕まで捏造され、吟味されていた。後に残るのは取調べと調書をすべて、予め決めておいた一件書類

9　全連邦共産党（ボリシェヴィキ）中央委員会と中央統制委員会の合同総会での報告「第一次五か年計画の総括」（一九三三年一月七日）、あるいは演説「農村における労働」（一月一一日）。

に合わせるだけだ。
〝おばちゃん〟流の裁判権による革命的合法性（お前さん、ここはイギリスじゃないよ！）はこのように行われたのだった。同じような裁判を経験した人々と数多く話し合って、私は、こうしたことはすべて推測ではなく、恒常的に適用される本物のシステムだ、と確信した。

口実と動機はまったく明確だ。私の記念日祝賀会に関して、それらははるかに深いところにある。公式イデオロギーを共有せず、自らの信念を隠さない作家として、私はすでに一〇年ほど、〝おばちゃん〟にとり眼障りな存在だった。すでに一九二四年、私の論集『絶頂』出版時に、検閲官ブィストロヴァ（元専門学校生）は、ブロークをめぐる私の発言から一連の個所を削除するよう求めた。その文は二年前に（ヴォリフィラ出版で）全部印刷されているにもかかわらず。[10]奇妙な削除の理由は何か——将来の検閲史家がいつの日にか、削除前と後の二つの版を比較するだろう。私と議論するなかで、元専門学校生は顔を赤らめた（つまり、恥じいったのだ）が、「一九二四年は一九二二年と違う。当時はまだ多くのことが許されていた」と述べて自分の主張に固執した。彼女は正しかった。この二年で歪んだ検閲による禁止は急激に増え、同時にもはや検閲官が顔を赤らめることもなくなった。『絶頂』出版から一年も経たないうちに、顔を赤らめることもない検閲官の一人が、出版社に伝えた「イヴァーノフ＝ラズームニクの本を我々に提出しない方が良い。我々は本の内容と関係なく、どっちみち許可しない」だが彼は数年この声明を急ぎすぎた。

二年が経った。私はサルティコフ七巻選集の註解に携わった。最初の二巻はもう出版された。ある時、サルティコフの手稿を研究しているプーシキン館で、私は当時館長だったB・L・モザレフスキー[11]に出会った。彼は驚いて私に尋ねた「君はあそこでサルティコフにどんな註をつけてるんだね？　国立出版所の検閲官がある個所を見過ごしたため厳しく叱責されたが、一体どんな個所かね？」面白いことに、この件に関して国立出版所内で、私にこのエピソードを話した者は一人もいなかった。

私は、『ある都市《まち》の歴史』への註解の個所が震源だとすぐにわかった。その個所で私はラブレー[12]の『プードル犬の王子』［一八六八年］の内容を説明した。今サルティコフの当該巻が手許になく読者氏も同じだろうが、記憶によってこの魅力的な歴史を説明する。

サルティコフの作品の源泉と彼に対する多種多様な影響（例えばディケンズ）を研究するなかで、私はラブレーの政治的パンフレット『プードル犬の王子』に注目した。これはフランスで六〇年代末にその名声をとどろかせたものだ。私は『ある都市の歴史』につけた註釈で、この毒のあるパンフレットから以下のようなページを引用した。

　父親の死後、ヒヤシンス王子は野次馬《ロトゼーイ》王国の王座に就いた（サルティコフの「間抜け《グルーポヴェツ》」と比較せよ）。王の許に三人の大臣が現われ、三つの法令を発して即位を祝うよう提案した。最初の大臣の提案はこうだ。王国全土で一〇歳までの子どもを親から取りあげ、彼らを国家監督官の指揮下に「ピオネール」［パイオニア］部隊に組織し、若い時から野次馬的世界観の規則を根付かせること。二人目の大臣の忠告は、以上の有益な出発を補完するため、すべての私的蔵書を没収し、国立図書館から野次馬的世界観に合致しない著作を全部没収するというものだった。三人目の大臣は、以上二つの処置の効用を認めるが、第三の法令で補足することが不可欠だと見なす。すなわち非野次馬的雑誌や新聞を全部停止すること、そして「プラウダ」［真実、正義を意味する］という名の唯一の公式新聞を発行し、この新聞を野次馬王国の市民は朝に夕に読むことを義務とする。

ラブレーのパンフレットからこのページを、『ある都市の歴史』への註釈としてまるまる引用する必要はまったくなかった、と認めねばならない。だが誘惑があまりにも大きかった。というのも我がソビエト連邦ではピオネール部隊が組織され、図書館から非野次馬的（つまり非マルクス主義的）傾向の有害書がすっかり排除され、非マルクス主義的傾向の新聞や雑誌は全部停止され、主要な党派的、公式的な機関は「プラウダ」と名付けられたではないか……。あまりにも驚くべき一致なので、これは私自身がラブレーのパンフレットにこんな毒のあるページを挿入したのだ、と他の人々は考えるようになった。そして風刺の切っ先をナポレオン三世政府に向けたラブレーも、自分の毒ある一突きが半世紀後に、手袋が手になじむように勝利した革命の行動にピタリと当てはまる、と考えられただろうか！

　しかし、全然検閲の眼を経ていないページが、ボリシェヴィキ的検閲のるつぼをどのようにして通過できたのか？　私の毒のあるページは私のつけた註釈から抹消される、と

10　第II章の註24の後半部「シチェーインベルクの回想は……」以下を参照。

11　B・L・モザレフスキー（一八七四～一九二八年）文学史家、科学アカデミー準会員（一九二八年～）。ロシア科学アカデミー文学研究所プーシキン館の設立者の一人。

12　エドゥアール・ラブレー（一八一一～一八八一年）フランスの学者、評論家、教育学者、社会活動家。

ほぼ確信していた。だからそれがそっくりそのまま印刷されたのを見て、私は大いに喜んだ。これは次のようにして起こった。これを出版したゴスイズダート（国立出版所）の検閲機関の長はガイク・アドンツ[13]とかいうアルメニア人で、当該出版所内でもペテルブルク随一の馬鹿と言われていた。いくら馬鹿だといっても私の註を全部読めば、もってのほかのこれらのページはとても認められない、と気づいただろう。だが問題はこういうことだった。大部で八ポイント活字で印刷され、それにサルティコフの諸作品に私がつけた純粋に事実に関する註が彼にはあまりにも退屈で無害に思えたので、彼はよく考えず、全部読み通しもしなかったのだ。その報いとして彼は検閲官の地位を失い、厳しく叱責されてどこか他の、下級の地位に移動させられた。くり返すが、国立出版所内で誰も私にこのような話を一言も漏らさなかった。ただ次の巻の刊行から検閲が急に活動的で口うるさくなった。第三巻以後、「野次馬的な」文はもはやなかったのだが、私の註釈の多くが削除された……。このような話はただちに、〝おばちゃん〟の収支帳には全部、私の勘定として記入されていることはまったく疑いない。

　一九三一年に私はまたサルティコフ全集に註釈を書き、編集に親しく加わるようにと誘われた（サルティコフ研究者が少なかったのだ）ことも、厄介なことだった。ブロークの詩に対する私のぼう大な註釈もまた厄介ものだった。だがブロークの場合、〝おばちゃん〟は「作家出版所」内の協力者を通して検閲がまるごと認め（驚くじゃないか！）、全部整版済みで一部は印刷済みの註釈を、ブローク著作集の最初の四巻から削除することに成功した。私の手許には赤字を入れた校正刷りだけが残った。だが大の稀覯本マニアである取調べ官ラーザリ・コーガンが、校正刷りを自分のものにした。どんな権利によってか？　と問うのは馬鹿げている！　もちろん、革命的合法性の権利によって！　だ。

　ＧＰＵの我慢の限界を越えていない、もう一つのエピソードがある。なぜなら、〝おばちゃん〟はいずれにせよ、このエピソードを私の明細書に記し、遅かれ早かれ適当な機会に私に提示するからだ。一九三一年に私は「作家出版所」から作品集『未刊のシチェドリン』を刊行した。それはこれまでサルティコフの著作集に入っていない（あるいは部分的にしか入っていない）数点の作品を集めており、とくに「スポイルされた子どもたち」と、「くそまじめな長官の物語」の完全版が印刷された。私は序文で、サルティコフの作品は現代にとっても焦眉の問題である、と指摘した。この自明の主張（公式出版物にさえしばしば見られる）が臆病な出版所を不安にさせた。本はもう印刷され、五〇部が書店に渡されたが、その時点で出版所は本を回収し、序文の危険な個所を削除して印刷し直す、という処置をとった。またまた純シチェドリン的な魅惑的なエピソードだ。〝おばちゃん〟は「作家出版所」にいる代表者から即刻このことを知らされた。いずれにせよこのようなエピソードは、私の「事件」を扱う取調べ官に詳しく伝えられた。

この本との関わりで、もう一つ奇妙なニュースがある。ルビャンカの「内部監獄」八五号房で、私の隣人となった共産主義者Bが、ある時私に次のように語った。すなわち「彼らの許で」（私はGPUで、と理解した）『未刊のシチェドリン』を文字通り「互いに手から手へ奪い取り」、モスクワ在庫分を全部買い上げた、なぜなら「くそまじめな長官の物語」は当時センセーションだったからだ、と。私がここでサルティコフに月桂冠を授ける権利などこれっぽっちもない、と思えようが、〝おばちゃん〟の意見は明らかに違っていた。

ここでこの物語の内容を手短に述べよう。そうすればなぜ大騒ぎが起こったかが、読者にわかるだろう。

サルティコフは八〇年代初めには毒のある『現代の牧歌』シリーズを書き終えた。その頃、悪名高い黒百人組の地下組織「神聖親衛隊」が有名になっていた。この組織は人民の意志派のテロと戦うため、上流貴族社会の「不安を抱く怠け者たち」のグループにより結成された。この組織のことを活字で語ることはできなかったが、サルティコフは「現代の牧歌」の章に挿入された『くそまじめな長官の物語』で、この組織をあざ笑うというやり方を見つけ出した。[14]彼は検閲の壁のためこの物語で苦心したが、毒のある物語の手書き原稿には全部で五つのヴァリアントがあることを、私は見出した。第一から第四へとヴァリアントはどんどん長くなり、ますます検閲を通らなくなっていた。もっとも辛辣な第四ヴァリアントは同時にもっとも長かった。サルティコフはこれが検閲を通らないことを確信して、物語を削り、縮め、切り刻み始めた結果、第五ヴァリアントは比較的精彩を欠くものとなった。そしてこれが印刷さ

13　Ｇ・Ｇ・アドンツ（一八九二〜一九三七年）演劇評論家、『芸術生活』紙編集者。［銃殺］。
14［「糞まじめな長官が御上をその勤務ぶりで悩ませたはなし」『シチェドリン選集二　現代の牧歌』西本昭治訳、未来社、一九八一年、三三四〜三四三ページ参照。

れている『現代の牧歌』のテクストとなっている。私は『未刊のシチェドリン』に収録するため、一番長く、当時一番印刷の可能性がなかった第四ヴァリアントを採用した。それが現代でも印刷できないことがわかった……。(私の手許に『未刊のシチェドリン』はないが)短く、精彩に欠ける叙述だが、物語の内容は以下のようになる。

昔々ある王国に、ある国にくそまじめな長官がいました。彼は鼻に傷跡がありました。「悪の手段でもって善を獲得しろ」彼に全地域の統治が任され、彼は国内に自分のシステムを適用し始めました。土地所有は廃止され、漁業は廃止され、国民は恐れおののいて、自分の巣穴に隠れました。長官は権力の座に腰を据え、喜び、夢見ていました。そうだ、なにもかも絶滅させ、削減し、塵に変えよう。そうなれば巨大な悪から突然に巨大な善が生じるだろう。それは普遍的な労働刑だ。そうなれば国民はより賢くなり、生活は繁栄し、吾輩はそれを眺めて喜び、百姓一人一人に赤い腰帯を、百姓女一人一人に赤いプラトークを贈るだろう。だが、彼は一年、二年と害を及ぼし、どんな良いことも彼のやり方から生じることはありません。畑は悲しみに満ち、川は浅くなり、取引は停止され、人々は貧しくなりました。彼はなぜこうなったかを考え、また考えて——ついに思い至りました。思慮をもって害を与えたからで、思慮などいっさいなしで害を与えるべきなのだ。彼は魔法使いの許を訪ね、魔法使いが彼の頭のバルブを開いて、思慮よ出て行け、とやると、思慮は飛んで行ってしまいました。そしてくそまじめな長官は思慮なしで害を与え始めました。けれどここでも何も生じませんでした。様々なプロジェクトが、例えばアメリカ発見を隠蔽するプロジェクト「「アメリカを発見する」は「分かりきったことを言う」の意味」が考えだされました。彼は急に思いつきました「だがこれは自分の手ではどうにもならないらしい」彼は戦いに勝ったけれど何も生じず、害を与えたが何も良いことはありませんでした。そこで彼は手伝わせるために、ちょうど、文字通り日向で群がる蚊のようなろくでなしどもを呼び出しました。長官は彼らに言います。かくかくしかじか、ろくでなしの諸君、吾輩はたくさん害を与えているがよいことはほとんど生じて来ない。吾輩を助けてくれないか? と。ろくでなしどもは喜んで手助けを引き受けますが、以下のような条件を付けました。我々ろくでなしが発言し、その他の者は黙ること。我々ろくでなしが楽に暮らし、その他は鎖につながれて暮らすこと。我々ろくでなしはまったく満足して暮らし、その他はみな最悪の状態であること。我々ろくでなしの嘘は真実と見なされ、その他が言うことはたとえ真実であっても、我々に関してでも、嘘と見なされること。その他は一言も言えないが、我々ろくでなしは望めば誰にでも吠えられること……。長官はろくでなしどもが出した条件に同意しましたが、それでもこう言いました。ろくでなし諸君、おまえたちの仕事から悪いことが実際たくさん生じることは分かるが、良いことは生じるのかな――占い婆さんはどちらともとれるように言いました。そしてろくでなしの諸君は活動し始めました……。

物語の結末を引用する必要はなかろう。なぜ共産主義者諸君がこの物語の本を「互いに手から手へ奪い取り」始めたかを理解するには、これで十分だ。この物語が、手袋が手にぴったり合うように、我がソ連の現実にすっかり当てはまったのだ。サルティコフは、「神聖親衛隊」を向こうに回した自分の諷刺が、五〇年を隔ててまさしく当面の問題となるなどと考えられただろうか！　驚いた「作家出版所」が私の書いた序文から、サルティコフの諷刺の当面の問題にかかわる語句を削除したのも故なしとしない。この有害な首長の物語は、三〇年代初めにソビエトロシアを飢えと零落へ導いた首長にまさにぴったりだ、と読者は誰もが理解した。モスクワ郊外の村に住む私のある友人［M・M・プリーシヴィン］は、この物語が載った本を近所の農民たちに読ませた。彼らは本を友人に返す時にこう言った「スターリンのことがうまく書いてある！」と。それに「スターリン自身が」私の本を読み通した、ということを私は一九三六年一一月に悪名高い「スターリン憲法」導入に際しての彼の演説を聞いて知った。[15]この演説で彼は、アメリカ隠蔽プロジェクトの語句――「だがこれは自分の手ではどうにもならないらしい」――を文字通り引用したのだ。ここでは〈お前について寓話が語られている〉ことを理解せずにだが（あるいは理解していないふりをしてかも）。もう一度、クルイロフの寓話「鏡と猿[16]」がここで優れた挿絵を提供した。

サルティコフのこの物語の印刷を禁止することは不可能

15「ソ連邦憲法案について」、一九三六年一一月二五日、第八回全連邦ソヴィエト特別大会におけるスターリンの発言は次のとおり。「アメリカを再度閉じ込めることを決議しつつ、シチェドリンの官僚はまったく愚かであるにもかかわらず、それでも現実を理解する諸要素を自らのうちに見出した。彼らは独り言を言ったのだ。『だがこれは自分の手ではどうにもならないらしい』と」

16『自分に対する皮肉を認めたがらない例を示す。『完訳　クルイロフ寓話集』一五四～一五五ページ参照。

だった。そんなことをしたら、ろくでなしの紳士諸君と共産主義者の紳士諸君とがまったく同じだということを認めることになるだろう。この物語が歴史的な意味しかもたないふりをするのがずっと良い。だが〝おばちゃん〟がその黒書《ブラックリスト》にこのエピソードをすっかり書きこんでいることは、疑う余地がない。

　最後の例を引こう。一九三〇年四月にサルティコフに関する私の研究書の一巻目が、大きな障害と「マルクス主義的序文」を伴って出た。そのような序文は同じレシピによって焼かれていた。というと、まず著者は弁証法的唯物論の方法をまったく理解していないことが証明され、それから、にもかかわらずこの本はいくらかの価値があり、それゆえに出版されたのだ、となる。そのような序文を普通誰も読まないが、そのようなマルクス主義的な入口の柱廊《プロピレイ》は不可欠で、我慢せねばならなかった。このような序文は時に恥知らずな調子になった――アンドレイ・ベールイの『世紀の始まり』［一九三三年］や『ゴーゴリの創作技法』［一九三四年］に対するカーメネフの序文のように。また時にはまったく正確なものに――サルティコフを扱った私の本に対するマルクス主義者デスニツキー＝ストローエフ[17]の序文のように。しかしながらこの序文で指摘されたのは、著者は頑固だということだった。すなわち彼は四分の一世紀前の最初の著書『ロシア社会思想史』と同じく、今日の著書『サルティコフ＝シチェドリンの生涯と創作』でも反マルクス主義的なのだ。まさにそうだ。だが取調べ官ラーザリ・コーガンが言った、反マルクス主義と反革命とは同義語だ、という確信を思いおこせば、〝おばちゃん〟がこの私の本に狙いを定めてもう一点明細書に記入し、当然ながら早晩私に提示するつもりなのだ。

　これが私の記念日祝典すべての本当の理由だ。もちろん、こうした理由は私には一度も警告されず、この明細は一度も提示されなかった。何ということだ！　我々はイデオロギーが理由で流刑されることはない！　しかし〝おばちゃん〟の所には二重の計算方法だけでなく、本ものと偽ものの複式帳簿もある。本ものの帳簿では真実の理由の計算が行なわれるが、この帳簿は内部使用のためにだけ残る。並行して偽の帳簿がすぐに作られ、容疑者に提示される。こうして私の「事件」ではたった今説明した状況が私の記念日祝賀会の本当の理由だった。しかし取調べ官はそのことはほのめかしもせず、存在しない「ナロードニキ主義の思想的・組織的センター」を偽りの明細とした。適当な口実と動機さえ見つければよかったのだ。彼らがそれを見つけるや否や、予め決められた「事件」が勢いづくのだ。

偽りの「深甚なる敬意」で味付けされた偽りの二枚舌に、私の「記念日」を特筆すべきものとした愚弄の基盤がある。私は、一定の法的規範の水準にある国家があらゆる異論をもっとも厳しい罰でもって罰することができる、と十分理解している。しかしイデオロギー的な真の理由を、この場合なら実在しない「組織性」をイチジクの葉っぱで隠すことは、強さの徴候でなく、弱さの徴候に該当するのだ（それはブルジョワ独裁にはふさわしくても、プロレタリア独裁にはふさわしいのか、もう一度訊ねたい）。

作家のなかにさえ、「我が国ではイデオロギーのせいで罰せられはしない」とオウムのようにくり返すナイーヴな間抜けがいることを、私は知っている。彼らと話すことはないが、それほどナイーヴでない人々に対して難しくない解決のために、以下の問いを提起できる。私は自分の生涯と文学的回想への導入として「記念日」を執筆した。この回想記は無階級時代の遠い未来の読者のためと定められている。この回想記を通読するため誰でもいいが誰かに提供するとか、何らかの形で広く普及させることは、まったく予定していない。私は回想記を未来のために保存する――それが無階級社会まで（また無検閲時代まで？）伝わることを望んで。だが、私の手稿が偶然に〝おばちゃん〟の手に落ちたと想像されたい。そうなったら何が起こるか？「組織」――そんなものは存在しない。有害な思想の普及――そんなものは起こり得ない。「わが国ではイデオロギーのせいで流刑にならない」こうしたことが全部そうだとしよう。それにもかかわらず十分に確信できることは、結果として豪華な記念日祝賀会の新シリーズが続き、私はそのことを記す可能性すら失うだろう、ということだ。

●4　無為の日々、ゴーリキーへの手紙

さて、私は岸辺に――ヴォルガ河畔のサラトフの岸辺にいる。語るべきことはわずかしか残っていない。私の記念日から一年半が経った。監獄ではもちろん恢復しなかった健康は、なかなか恢復しない。文学に関わる仕事はまったくできない――いろいろ試みたがうまくいかなかった。「生涯の残りの時間を」無為に過さねばならない。ということは、まさに今、生涯と文学に関する回想を書き、机に向かいチェーホフに倣って「私は……に生まれた」と始め

17　V・A・デスニツキー（ペンネームはストローエフ）（一八七八～一九五八年）社会民主主義者、ジャーナリスト、文芸学者。

る時なのだ。だが、そこで困ったことに、記憶だけに頼っては確かなことが書けない。私の「文書」はすべて（つまり、破壊を免れた部分は）メッカ、すなわちツァールスコエ・セローにある。従って回想を書くという仕事から何が出てくるかはわからない。

　テーマから少し逸れるが、言っておきたいことがある。仕事を手に入れる可能性がゼロというなかで、私は何によって生きていくか？――もっとも単純な「肉体面で」――という問題だ。我々には暗黒の日まで親しい友人がたくさんいた。私の逮捕の翌日に彼ら友人は隠れてしまった――時にはその名が鳴り響いた人々が、大層驚いてウサギのように臆病になった。真の友は不幸な時に分かる。私はとくに不幸に見舞われたわけでなく、小さないやな目にあっただけなのに、サラトフに住む私と文通することさえ（さえ！）恐れない本当の友だと分かったのは（何十人ものうちの）二人か三人だけだった。ギムナジア時代からの旧友A・N・リムスキー＝コルサコフがそのような友だった。だがここでは、もう一人の旧友M・M・プリーシヴィンだけについて詳しく書こう。彼はノヴォシビルスクでもサラトフでも、元気のいい手紙をくれただけではなく、自分の新刊書も送ってくれ、モスクワの出版社で私のために何か仕事がないかと骨折ってもくれた。そしてこの骨折りがうまくいかなくなると、自分のイニシアティヴで、少しも隠すことなく、毎月二〇〇ルーブリ［原文のママ］を私に送ることに決めたのだ。ひとえに彼のお蔭で、私は「肉体面で」まだ存在している。このことを黙っていることはできない。[18]

　その他の友ではなくても同僚作家の行動は、まさしく予想通りだった。一九三四年二月一〇日に『文学のレニングラード』紙で、ある有名なプーシキン学者（カッコに入れて言うと、彼とはつねにもっとも礼儀正しい間柄だった）の手紙を読んだとき、私は少しも驚かなかった。ちなみにその手紙で彼は、サルティコフに関する仕事がもはや私の手中にない（〝おばちゃん〟に感謝！）ことに満足の意を表明した。彼は、「レニングラード国立文学出版所《レンギフル》が、例えば、サルティコフの全巻にわたってイヴァーノフ＝ラズームニクとその弟子たちによる全註釈独占のような過ちをくり返さないため、いくつかの保証が不可欠だ」と強調した。彼の強調の前半は嘘で、結語は謎だ。私の「弟子たち」とは何のことを言っているのか？　私はおよそ弟子をもったことはかつてないし、特にサルティコフに関してはそうだ。この編集者への手紙から私は以下のことを知った。尊敬されるプーシキン学者がこのような考えを、「シチェドリンの文学作品のマルクス・レーニン主義的解釈」が不可欠だと強調しつつ、何かの文学的「報告」で展開したことと、まさしくそれ故に、非マルクス主義者のイヴァーノフ＝ラズームニクを文学界から排除することに固執したことを。そして、私がすでに入獄し、その後流刑された時にこのことが語られ、書かれたのだ。尊敬されるプーシキン学者自身がとうにマルクス主義者になったのかどうか、私は知らないが、この発言全体の高潔さは何と言おうか！　我が文学は倫理的にレヴェルが大いに低下したものだ。もし私がこの一例に留意するとすれば、ひとえにそれがきわめて典型的だからだ。*

＊一九三六年末の註：新聞と手紙で知ったところだが、この尊敬されるプーシキン学者でプーシキン館副館長のIu・オクスマン教授[19]は、「人民の敵」と宣告され、私が三年半前に客であったルビャンカのまさしく隔離所に収監されている。

言うまでもなく、ここ二〇年の私の人生における基本的な仕事が未完のままであることは大層悲しい。だがどうしようもない！「誰にも終りがある」健康も年齢も、「いつのことかわからない」がこれらの仕事を見事やり遂げるという期待を許さない。何といっても私はもう「五五歳に達し、神のお恵みで前進するのが幸せな年齢なのだ」……。本当に、ヨーロッパ人なら、五五歳が年寄だなんて！　ほんの「成熟」盛りで、生理学者（ヨーロッパ人の！）は六七歳が終りだ、と言って笑うだろう！　フランスで何の皮肉もなしに、〈四〇歳の若者〉と言われるのは故なきことではない。親切なシリヴェストル・ボナール[20]が年寄と呼ばれて悲しんだのも故なきことではない。〈六二歳は老人

18　イヴァーノフ＝ラズームニクは妻への手紙（一九三四年四月二二日）で、プリーシヴィンが年に二〇〇〇ルーブリ送る、と言い、実際に受けとった、と書いている。またイヴァーノフ＝ラズームニクは妻への手紙（一九三四年二月四日）で、ペトロフ＝ヴォトキンや、一か月前に亡くなったアンドレイ・ベールイのような「旧友」の振舞いに比べて、プリーシヴィンがメイエルホリドと共同で連帯保証人となり自分をザゴールスク（現セルギーエフ・ポサード）へ移すという「ファンタスティックな」計画を立てていることに感動している。

19　Iu・G・オクスマン（一八九四〜一九七〇年）文芸学者。プーシキン館副館長（一九三五〜一九三六年）。一九三六年逮捕、矯正労働収容所に五年、さらに五年延長後、文学活動に復帰。G・P・ストルーヴェなどの亡命文学者との交流でも知られる。イヴァーノフ＝ラズームニクの回想記（一九五三年にアメリカ合衆国で出版）を一九六〇年代中頃に読み、かつての自らを恥じた。

20　アナトール・フランスの小説『シリヴェストル・ボナールの罪』（一八八一年）の主人公。［伊吹武彦訳『アナトール・フランス小説集』一、白水社、二〇〇〇年、四九ページ参照］。

か〉八〇歳のクレマンソー[21]がシュタイナッハ[22]による「若返り」法を勧められ、感謝して、〈老年になったら〉この勧めを受けいれましょう、と答えたのも故なしとしない……。しかし我々ロシア人はすでに革命の一五年を生きぬいてきたが、その一か月は一年と数えられ、ヨーロッパの同輩たちよりも限りなく老い、すでに非常に長く生きて、我々の年限はもはや尽きている。

しかし、〈息が続く限り期待する［生きる限り希望をもつ］〉[23]。それ故、サルティコフとブロークの仕事を最終的にあきらめたくないので、私は自分の「記念日」から一年半が経ち、それについては書き終えたので、モスクワのマクシム・ゴーリキーに手紙を書いた。この手紙は私の回想の「記念日」と「流刑」の内容を総括し、要約してあり、回想記へのエピローグとしてまったくふさわしい。そこで手紙の全文をここに正確に引用しよう。

［ゴーリキーに宛てたイヴァーノフ＝ラズームニクの手紙
一九三四年七月］

私があなた、アレクセイ・マクシモヴィチに宛てたこの手紙の内容は、純粋に文学的なものです。しかし、残念ながら、短くてもまったく文学的でない前書きが必要なのです。

作家同盟議長であるあなたは、その頃（一年半前）私の逮捕、七か月にわたる投獄、それに続く流刑（ファームソフ的伝統に従い、「片田舎へ、サラトフへ」）のことを聞いておられることと信じております。あなたが三〇年間ロシア文学に携わってきた一作家のこのような運命にまったく無関心で見過せなかったであろうこと、そしておそらく、文学にも記録がないような異常なやり方で作家の三〇年記念日に敬意を表した理由について、当局者に照会されたであろうことを疑いません（滑稽な運命の気まぐれのため、一九三三年二月二日の私の逮捕は、まさしく私の文学活動三〇年目のその日に行なわれたのです）。あなたは十分に注意を払い――少なくとも私があなたの地位にいたとすれば、そうしたでしょう――「ナロードニキ主義の思想的・組織的センターに関する事件」の調書そのものに目を通すことさえ可能だったでしょう。あなたの立場であれば、そうすることに何の困難もあり得なかったでしょう。しかしながら、もしもあなたがその調書に目を通されたとしても、やはりあなたに偽りの情報が伝えられたことを懸念します。つまり、取調べの観点から述べられた調書「A」があなたに示され、それと並行して私が自ら記し、取調べの観点を真っ向から否定した調書「B」は伏せられるということです。しかし問題はそこにあるのではありません。この「事件」は一年前にすでに決着済みです。私の「事件」とかいうのは実際にはまったく存在しませんでした。それは近年とりわけ忙しかった私の歴史・文学的作業を無理やり停止させるために、〈特別に〉私に押しつけられたのです。この作業について私はあなたに手紙を書こうとしています。もしもあなたが私の個人的な運命にまったく無関心でなければ、償うことはそれほど簡単ではなく、いくつかの場合には不可能な文化的価値の喪失にも無関心ではいられない、と仮定してのことです。以上のような短く文学的でない前書きを終えて、我々作家の誰もが、さまざまにではあれ理解力に応じて寄与する文学の諸問題に移ります。

　しかしもう一つ言います。私の「事件」を担当した取調べ官は、私がここ数年携わってきた文学上の作業を今後も続けることは完全に可能になる、とつねに断言していました。「もしもそうならなければ、ソ連当局があなたをだました、と大声で声明できるだろう」もちろんのこと、取調べ官は下級の官吏ですが、それでも何らかの「ソ連権力」の一部を担っています。もう一年が過ぎて、この間に、私にとり「今後の作業」の可能性が断ち切られた、と完璧に確信しました。これは極めて悲しむべきことです。私にとってと言うよりも（我々は誰でも、遅かれ早かれ地上の仕事との結びつきを力づくで断たれるのですから）、むしろ現在の条件の下で、私以外には完成させられない作業にとって悲しむべきなのです。このような問題の純文学的側面について、私はこの後いささか詳細に言及します。

　私は一九一四年から二〇年にわたり、サルティコフ＝シチェドリンに集中的に取り組んできました。まず彼の最初に印刷されたテクストを、それから彼と同時代の内外文学を、そして最後に手稿と文書資料を研究しました。それと同時に時折、サルティコフに極めて近い協力者たちのきわめて貴重な回想類（例えば、革命初期に亡くなったM・A・アントノーヴィチ[24]）を集めました。永年にわたる予備作業の後、私はサルティコフの生涯と作品を扱う三巻の大部な研究書のために十分な準備が整った、と考えました。第一巻は（大きな障害を伴ったもの）一九三〇年に公刊

21　G・クレマンソー（一八四一～一九二九年）フランス首相（一九〇六～一九〇九年、一九一七～一九二〇年）
22　E・シュタイナッハ（一八六一～一九四四年）オーストリアの生理学者、生物学者。
23　［古代ギリシャの詩人テオクリトゥス（紀元前三世紀）やローマのキケロ（紀元前二～一世紀）の言葉として伝えられている］。
24　M・A・アントノーヴィチ（一八三五～一九一八年）文学評論家。

され、第二巻、第三巻は（大きな希望はもてなかったもの）印刷の準備ができました。第一巻は（大層少ないが）もっとも詳しい「サルティコフ学者」から肯定的な評価を得るとともに、言うまでもなく（大層多くの）新聞批評家からは好意的でない扱いを受けました。このようなやり方をおそらく見ることはないでしょう。と言うのは、もし今あなたが大層拙い作品を出版されたとしても、よくお分かりと思いますが、新聞や雑誌の批評で熱狂的に迎えられるのです。このような追従をあなたはもちろん悲しまれるはずですが、今日の文学が置かれた条件の下では、それに効く薬はないことを私は危惧します。作品ではなく、名前が尊ばれるのです。そこで私の名前などは当然に、とくに厳しい批判を呼ぶことになります。一方、まったく厚かましさなしに（私はそんな罪を犯したことはかつてありません）、私は完全に「客観的に」考える根拠があります。すなわち、私のサルティコフ研究は、非マルクス主義的ではありますが（ただしマルクス主義的な前書きで無害化されています）、マルクス主義的文学研究のためにも替え難い事実資料の集成であり、それは二〇年にわたって大きな困難を伴って集められたものです。その資料の一部は、サルティコフの協力者や友人（アントノーヴィチ、パンテレーエフ[25]、ウンコフスキー[26]、カレーエフ[27]やその他）で私が知っている多くの人々がもはや故人となってしまったので、再現不可能なのです。私がサルティコフ研究の第二巻と第三巻を完成するためには、二年ほどサルティコフ文書（主としてレニングラードの旧プーシキン館で）に取り組む作業が残されていました。その時に文学とは無関係な力が介入してこの作業を中断したのです。サラトフでこの作業を完結させることなど、もちろん考えるまでもないでしょう。

この一風変わったサルティコフ物語の結びに付け加えます。私は一九三三年二月二日まで、国立文学出版所刊のサルティコフ全集の校訂にきわめて密接に携わっていました。この全集のプランは私の手になるものでした。そのうえ全巻は、編集作業を経て、あり得る誤りや遺漏を除くため私に評価をまかされていました。私が作業から遠ざけられたら、全集出版に役立つとは思われません。すでに公刊された何巻かを見れば、広汎に、科学的にと意図された出版理念そのものがどれほど台無しにされ、貧しくされたか分かります。どれほど豊かな可能性があったことか（未知の、極めて興味深い多くのヴァリアントの公刊）、それなのになんと貧弱な成果！　この「ずさんな仕事」はだれの責任か、「妨害行為」はだれの責任か——分かりません。サルティコフのためにも、読者のためにも悲しいことです。しかし、さらに続けましょう。

サルティコフ＝シチェドリンは過去二〇年にわたり、私の第一の、主要な仕事でした。サルティコフに関わるのと並行して、私が過去一〇年間を捧げてきた第二の仕事もありました。A・A・ブロークの死後一〇年間、私は彼の詩に関わる資料を集めてきましたが、一九三〇年秋から、自分で作成した案によって彼の全集を「レニングラード作家出版所」で編纂していました。A・A・ブロークの詩的遺産を網羅した最初の七巻が、最初の二年の間に出版されました。一九三三年には彼の散文を全部まとめた残りの巻が出るはずでした。私の文学界からの追放とサラトフ居住の後、誰か別な人（あるいは人々）がこの仕事に従事していきます。しかし重要なのはそのことでなく、もっと別なことです。すでに一九三二年春、その一年後に私の文学活動の息の根を完全に止めたさる機関の圧力によって、ブロークの詩の諸巻が骨抜きにされました。つまり、すでに検閲を通り、すっかり整版され半分は印刷され、異本、草稿、テクストの沿革を含む私の註が全部削除され、全体で一万行に及ぶA・A・ブロークの詩がそれ以来、日の目を見ていないのです。その後、私が一〇年にわたる労力を費やした、もっぱら事実と書誌学に関するこの資料を、（印刷全紙五〇枚分の）単行本として、たとえ「原稿保持権」に基づいてであれ、二〇〇部か三〇〇部であれ出版しようとすると、これまた克服できない障害に行き当たりました。一度ではないのです。これは一体「どういうこと」なのでしょう？シチェドリン風に言えば「ずさんな仕事」なのか、現代の表現では「妨害行為」なのでしょうか？　私はシチェドリンの方を採ります。私が一部だけもっていた印刷・校正済みの「ブロークの詩への註解」が例の機関の代理人に没収されて戻ってこない、ということだけをつけ加えておきます。ブロークに関する一〇年がかりの仕事、サルティコフに関する二〇年がかりの仕事が、このようにして消滅するかもしれないのです。もしもこうしたことはすべて、「メカニズムのちょっとした欠陥」や、文化や文学に無頓着で分別のない人間の熱意に過ぎないとすれば、作家同盟議長で

25　L・F・パンテレーエフ（一八四〇〜一九一九年）ナロードニキの「土地と自由」メンバー。出版者、評論家、回想記作家。
26　A・M・ウンコフスキー（一八二八〜一八九三年）自由主義的な社会活動家。
27　N・I・カレーエフ（一八五〇〜一九三一年）歴史家、科学アカデミー准会員。［なお、原書では「カラーエフ」と誤記されており、人名索引と照合して訂正した］。

あるあなた以外の誰がこのような中断を正せるでしょうか。そのような中断が、一九世紀と二〇世紀のロシア文学において大きさと意義を異にするとはいえ、サルティコフやブロークのような作家の文化的遺産を損なっているのです。

　私があなたに訴えたい問題――もっとも基本的な――は、以上ですべてです。私の生涯におけるこれら二つの基本的な、そして最後の仕事を仕上げられなければ、私はどんなに悲しいことでしょう。それらが「マグニトゴルスク文学」[28]に比べどんなにつつましくても、そんな些事――だとして――を無頓着にも放棄することは、我々の貧しい文化のためにならないでしょう。もしも年齢ととりわけ健康（その状態は上記の機関が十分に報告しています）が、私に数年（あるいはもう少し長く）静かに生き延びることを許し、旧プーシキン館でサルティコフの手稿に取り組み、ブローク未亡人の書庫で註を付ける仕事に戻って完成させる可能性があったなら、何の仕事もないサラトフ滞在そのものがいかに無意味であっても、私はあなたにこのような手紙で訴えかけなかったでしょう。うわべだけの謙虚さをかなぐり捨てて申しますが、サルティコフとブロークの仕事の完成は、個人的だけでなく、全文化的な意義をもつ一大事業だと考えます。それ故に、あなたに以下のことをお願いいたします。

　私にとり、レニングラードの文書館でサルティコフとブロークに関する仕事の完成に必要な時間は、二年です。その仕事の完成後は、どこで「余生を」終えようと（余生が二年以上あればですが）――レニングラードでもサラトフでも、自由の身でも獄中でも、私にはまったくどうでもよいことです。あなたがもし望まれるならば、私が仕事で二年間レニングラードに復帰できるよう手配することは十分に可能だ、と私は考えます。私は「あなたがもし望まれるならば」と言います。あなたが望まれないこともあり得ましょう。その場合は、この手紙であなたのお時間を奪ったことを、前以てお詫びします。

　結びに一つだけつけ加えたいことがあります。あなたがしばしば過去にも現在も耳にしておられることですが――おそらくあなたに何通もの「匿名の」手紙で知らされていることでしょう――あなたが「現実から遠ざかった」とか、ご自分の高い地位のために「生活の些事」に見向きもしない、と言われます。サルティコフとブロークを扱う私の仕事も、そのような些事の一つなのかもしれません。しかし私は、人々についてはゲルツェンの言葉[29]に従って考えることをよしとします。それは、人々については言われているよりもずっと良く考えよ、と言うものです。四分の一世紀にわたって、私とあなたとの文学上の関係は決して近くなく、とくに友情にあふれてもいなかった故に、まさにこのことが私に次のように考えさせます（「人々について……ずっと良く考えよ」）。サルティコフとブロークを扱う仕事がどれほど些事であるとしても、現代の生活を背景にすれば、あなたはその仕事の行く末にそれだけ一層無関心ではいられない、と。もっとも、文化の領域では「些事」はありません。あるのはただ価値あるものと、有害か不要なものだけです。サルティコフとブロークを扱う私の仕事がどれほど「価値がある」か「必要」か、この点に関して私は言うまでもなく公正な判定者ではありません。しかし、これらの仕事を力づくで破滅させることは文学に対して有害でもあり、恥ずべきことでもあります。これについては公正な判定者なら誰でも同意するものと私には思われます。

敬具

イヴァーノフ＝ラズームニク
一九三四年七月
サラトフ

●5　きれいな身分証明書《パスポート》、カシーラへ

これまでの章は全部、一九三四年にサラトフで執筆した。一九三七年九月の今、カシーラでペンを執り、ここ三年のことを少々語ろう。まず、ゴーリキーに宛てた手紙に返事はまったくなかったということから書き始める。これは少しも驚くことではない。ただ、手紙が彼個人に手渡されたことは、確かだ。こうしたことはすべて当たり前のことだ。[30]

サラトフでは旧友A・A・クロギウス教授[31]の家族が、私が落ち着くのを助けてくれた。彼については私の文学上と

28 ［マグニトゴルスクはウラル山脈南部東麓の都市。磁鉄鉱生産地に冶金コンビナートが設立され、一九三〇年代に五か年計画で急速に発展、社会主義建設のシンボルとなり、ルポルタージュ等で宣伝された］。

29 ［ゲルツェンの言葉の出典は確認できなかった。本章註3も参照］。

30 ［手紙はプリーシヴィンからゴーリキーに手渡された。ゴーリキーは秘書のクリュチコフへの手紙で、病気で仕事もなく、残り八か月となったイヴァーノフ＝ラズームニクの追放期間短縮とレニングラード帰還が可能か？　と尋ねている（一九三四年一〇月二三日）。イヴァーノフ＝ラズームニクはこの事実は知らなかったであろう］。

31 A・A・クロギウス（一八七一～一九三三年）心理学者、ペテルブルク大学、後にサラトフ大学講師。

生活上の回想で言及する。サラトフで回想を書き始めたことで、〝おばちゃん〟に感謝！　ここでくり返すと、A・A・クロギウス自身は私がサラトフに到着する数か月前に、レニングラードでチフスのため亡くなった。O・A・クロギウス未亡人が、「ヴォルガ河畔の都」へ私が到着した当初、私を住まわせてくれ、その後すばらしい部屋を見つけてくれた。私はその部屋に当地在住の三年間ずっと住んだ。この吹けば飛ぶような部屋はヴォルガの崖に建つ古くなった木造の百姓小屋のうちの一つにあり、街の中心で有名な公園「菩提樹《リプキ》」から徒歩五分の所にあった。小屋はロシア式暖炉のある台所と二部屋だけから成っていた。大きい方の部屋は靴屋のイリナルホフ一家――彼と妻、一〇歳の息子――が住み、小さい方が私に提供された。部屋の広さは私が入ったDPZの部屋とそっくり同じで、七歩×三歩だった。家具は狭いベッド、小机、椅子、書棚で全部だった。二面の壁に傾いた小窓が二つ、天井まで届かない薄い合板の間仕切り。受皿サイズの小庭、ヴォルガの眺め。一軒おいてチェルヌイシェフスキー博物館。私はこの小部屋でほぼ三年間、快適に過ごした（サラトフの知人たちは驚いたろう）。O・A・クロギウスさん、ありがとう！　ついでに言うと、彼女と家族は一九三五年にペテルブルクへ移り、そこから（ちょうど知ったところだが）この一九三七年秋に多くの人々と一緒にカザフスタンへ追放された。彼女の長男アルセーニーが「強制収容所」に入っているからだと言う……。ここはイギリスじゃない！＊

＊アルセーニーは強制収容所で一九三八年に死んだ。O・A・クロギウスは「OMZ」［禁固地課］のスタンプが押されたオオカミ身分証明書［不穏分子であることを示す身分証明書］を受けとった。それが意味することは、彼女は住んだことのない「拘禁地」で刑期を終えた、ということだ。これは文字通り偽の身分証明書で、それは何ともできない！（一九三九年の註）。

V・Nが一九三三年冬と一九三四年秋の二度やって来て、一カ月一緒に過ごした。この光明期はたいへん短かった。だが徐々に、そして偶然のことで小さな知り合いの環ができ、重要なことに――三台のピアノが弾けることになった！　ソロやデュエットでの演奏が、〝おばちゃん〟の客になっていた最後の二年間の慰めだった。夏にはしばしば船で観光、ピクニック、砂浜での水浴はまったく牧歌だ！〝おばちゃん〟に感謝――私はここでの無為の生活で健康を取り戻した。無為のというのは先に述べたとおり、モスクワから文学に関わる仕事をもらおうと試みたが、全部うまくいかなかったからだ。ただサラトフでの地方の生活を語るとすれば、それは三〇年まえのシムフェローポリでのより「危険」でない人々、サラトフの住人と知り合いになることを優先した。親切にしてくれた三家族を感謝の念をこめて思い出す。彼らからすれば私は「危険な」人物だったのに。ここで彼らの名を出すことはできない。そうすれば私が卑劣な忘恩行為を働くことになってしまう。その代りに「流刑者仲間」のD・S・コーロボフ[33]の名を挙げる。彼は面白い人物だ。帝政期に消費組合中央連合の長で、その何百万もの取引を動かしていた。彼はマリ州［モスクワ東方約八五〇キロメートル、ヴォルガ中流域］の人里離れた地で監獄と流刑を経験した後、最後にサラトフ流刑となった。ここでその大いなる協同組合経歴に鑑みてサラトフ州協同組合長として招かれた。彼はその任務に就いてみて、二か月ほどでやめざるをえなかった。彼の話では、全ロシアと全シベリアで仕事をした中央連合では、中央のモスクワにいる彼の下に会計係は二人だけで、小さなサラトフ州なのにポケットに入っていた。それがここ、会計係は一二人もいて、収入と支出は積み重なり、事業は大混乱だ。早晩「妨害行為」の容疑をかけられることを生活とすっかり同じだ、と言うことだ。

サラトフには我々、流刑者は多くなかった。皆がつねに監視下の「エリート」流刑者だった。それとも「深甚なる敬意」を払うべきだったのか？　それ以外の者はアトカルスク、ヴォリスク、カメンスクやその他州内の大小諸都市へ送られた。一五人ほどのメンシェヴィキのグループ、同様な右派や左派のエスエルのグループがいた。私はエスエルとは出会ったり知り合ったりすることは慎重に避けた。そして、そうすることが正しかったと後にわかった。その代りメンシェヴィキと知り合うことは避けず、その優れた党員の一人キーブリク[32]とその家族と仲良くなった。キーブリク一家は私のサラトフ滞在の初期をずいぶん楽にしてくれた。だが彼は私よりも注意力を欠いて、元の党仲間と親しくし付き合いを続けたためにしかるべき報いを受けた。一九三六年中頃、彼とサラトフにいるメンシェヴィキは全員、サラトフ地下メンシェヴィキ組織を結成した容疑で逮捕され、長期間入獄し、その後北方やシベリア各地へ流刑のために送られていった。

32　B・S・キーブリク（一八四四年頃～？）メンシェヴィキ、ロシア社会民主労働者党代表候補（一九一七年）。
33　D・S・コーロボフ　協同組合運動家、一九一七年に臨時政府食糧大臣次官、消費組合中央連合議長。著者はコーロボフの父称SをIと間違っており、原書編集者註により訂正した。

恐れて、彼は急いで退き、当地の一製材工場の法律顧問という控えめな職にだけ就いた。彼とは大層親しくし、夏中すばらしいサラトフの砂浜に一緒に行き来した。そこは川の中州にある広い砂地の浅瀬で、中央にはヤナギの低木が密生していた。水浴びは必ず二人一組でないとだめだ。一人が泳いでいる間に、もう一人は衣類番をしないと、跡形もなく消えてしまう。サラトフのこそ泥はヴォルガ全流域にその名が知られていた。

五日ごとに「登録のため」GPUに出頭する必要性が、生活に変化をもたらした。警備司令部に出頭し、三つある小窓の一つに近寄って当直に告げた「登録出頭のため、七二号室への通行証を」当直はその部屋へ電話をかけ、返事があると私に通行証を手渡した。通行証を手に私は近くの出入り口から三階へ上がらねばならなかった。三階には——三年間いつも！——同じ取調べ官がいて、名簿を開けて何か書きこみ、いつも同じ質問をした「何か変わったことは？」つまり、部屋を替ったり、勤務先を替えたりしていないか？　という意味だ。私は部屋も替えず、どこにも勤めていないので、三年間いつも決まりきった質問に決まりきった答をした「変わったことは何も」通行証にスタンプを押してもらうと、帰宅できた。手続きは簡単だが、三年間どれほどうんざりしたことか！　数えると、この間手続きはほぼ二〇〇回くり返されたことになる。

この三年間に一度だけ、私の出頭にいくつかの変化があった。いつものように問い、いつもの答を聞いた後で、取調べ官は言った。たった今、中央から赴任してきた新しい秘密政治部の上司がお前と知り合いたい、と望んでいる、と。そして私は彼のところへ連れて行かれた。上司はきわめて親切で、私の事件を知っていると言い、私に尋ねたがった。なぜサラトフでどこにも勤めないのか？　と。GPUとしてはあなたが勤めることに何の異論もない、それどころか今、大学の図書館で司書職に欠員があるので電話できる、あなたはこの職で働いては、と勧めた。彼は言った「我々の推薦があれば先方にとって十分確かなことだと確信しているが……」私もこの件がまったく確かだと確信したが、どこであろうともGPUの推薦で行くつもりは全然なかった。それで勤務する必要はない、と明言して提案を断った……。

ついでに、このことで思い出したのは、取調べ官ラーザリ・コーガンとの一年前の会話の一つだ。文学的なテーマで私と話すなかで、彼は私に伝えた。ジナイーダ・ギッピウス[34]の日記が今は公共図書館の秘密部局に保管してあるが、そこに私の名前が何度か出てくる。「しかし、コンテクストの中で、あなたと私たちの観点はまったく折り合えない」*と。彼は亡命者一般の傾向について話し始め、P・N・ミリュコーフ[35]がパリで発行する自分の新聞でインテリゲンツィヤの考えに反対意見を述べたことをほめた後、付け加えた「彼はソビエトロシアで働くため、今なら帰国できるのだが。我々は彼に職を——そうだ、公共図書館長でも提供できるが……」もしP・N・ミリュコーフがこんなに魅惑的な提案を知ったなら、どんなに気をよくしただろう、と想像する。スケールが小さいものの、私も似たような提案でどんなに気をよくしたことか。

＊ずっと後の註：ジナイーダ・ギッピウスと私については、拙著『冷めた観察と悲しい印象』を参照。[本書の序、註9参照]。

サラトフ流刑の章にもう一点、エピソードを入れよう。

一九三五年の二月か三月の早朝、私がやっと起きだしたかどうかの時間に、知らない年配の人の来訪を受けた。彼はペテルブルクのO・A・クロギウスの紹介状を持ってきた。彼はゲルマン・ゲルマノヴィチ・ブラントといい、数学の教員だった。彼は言った。我々は今はお互いにわかりませんが、三〇年あまり前には毎日会っていました。移送監獄での大学生チェストーナメントで、あなたが一等賞、私が二等賞をとったのです……、と。そうだ、思い出した！　で、御用は？　以下のようなことだとわかった。キーロフ[36]殺害（一九三四年一二月）後一か月かそこら経って、何千というペテルブルクの住民と家族が呼びだされ、旧首都から出て行くよう言われた。あらゆる問題や財産を処理するため、ある者には五日、他の者には一〇日が許され、ソ連邦の各

34　Z・N・ギッピウス（一八六九～一九四五年）詩人、小説家、評論家、作家メレシコフスキーの妻。一九一七年革命後、国外へ亡命。ギッピウスの日記は現在は公刊されている。[イヴァーノフ＝ラズームニクとメレシコフスキー夫妻との関係は互いに否定的であった。その原因として、前者が後者主導のペテルブルク宗教哲学協会に期待したが失望に終わり、厳しく批判したこと、前者がアレクサンドル・ブロークに「悪い」影響を与えたというギッピウスの見解、前者の「スキタイ人」グループが一〇月革命を支持したこと等が挙げられる]。

35　P・N・ミリュコーフ（一八五九～一九四三年）カデット党リーダーの一人。歴史家、[臨時政府外相。白軍の指導者の一人。一九二〇年に国外へ亡命]。

36　S・M・キーロフ（本名コストリコフ、一八八六～一九三四年）党活動家、政治家。レニングラードの指導者、中央委員会書記、政治局員。その暗殺が一九三〇年代後半の「大テロル」の幕開けとなった。

都市や村へ――サラトフへ、サマラへ、オレンブルクへ、カザフスタンへと送られた。我々の土地は広大で豊かで、GPUがその地の秩序を正している。[37] ブラントは妻と大学生の息子とともに、知り合いが誰一人いないサラトフにやって来て、どうしたらよいか何もわからない。すぐにヴォルガに身を投げるか、それともう少し待つか？

D・S・コーロボフの住むフラットには空き部屋があり、彼はすぐに喜んで新しい流刑者を住まわせた。間もなく彼らは独立したフラットを見つけた。この日、私はいつものようにGPUへ出頭する日だった。行ってみると、警備司令部の部屋へ通り抜けられなかった――ペテルブルクからちょうど到着したばかりの移住者で、部屋はそれほどぎっしりと埋め尽されていた。サラトフには一五〇〇人が送られてきたのだ。なんと粗野なたわごと！　どれほどの人間の苦難と涙か！

警備司令部に出頭すると、流刑中のアカデミー会員ペーレツ教授[38]にしばしば出会った。彼とはずっと以前から知り合いだった。彼はさまざまな文学上のテーマで話し合うのが好きだったが、私的な付き合いは避けていた。彼は私を大層恐れた。多くの付き合いや出会いが他にもあったが、全部は書けない。

光陰矢の如し。一九三六年二月になった。二月一日に恒例の登録に出頭し、「何か変わったことは？」という取調べ官のいつもの問いに、次のように答えて彼を大層驚かせた「変わったことがたくさんあります。明日、私の流刑期間が終わります」彼はあざ笑って、二月五日に定例の出頭に来るように、その時にしかるべき書類を渡す、と言った。彼がこの間に、何某を釈放するか、それとも逮捕するか？新たに審理を開始して流刑期間をもう三年延長するか？等々をモスクワと電話で連絡をとることを、私は知っていた。私が懸念を抱きながら二月五日に彼の許へ出頭すると、彼は次のような「証明書」二一、二三九号（ほほう！）を私に渡した。

「イヴァーノフ゠ラズームニク、一八七八年生まれ、に発行。流刑から終了により釈放」

まったく間違いだらけだが、この書類によってサラトフの民警から身分証明書を受けとるには十分だ。だがことはそんなに簡単ではなかった。私がこの証明書をもって民警へ身分証明書をもらいに行くと、身分証明書課長は、私の出生地がどこか尋ねた。「チフリス［現トビリシ。グルジア（現ジョージア）の首都］です」――「ヴャトカかもしれんじゃないか？　証拠はどこにある？」証拠は私の手許にはなかった――出生証明書はツァールスコエ・セローに保管されている。「職業は？」――「作家です」――「バレエダンサーかもしれんな？」私はサラトフ大学図書館に問い合わせるよう、彼に提案した。だが彼は証明書を発行するのは自分の仕事だが、それを探すのは自分の仕事でない、ともっともな答えを返してきた。そこで彼は、必要な証明書が提出されるまで、身分証明書の代わりに三か月有効の「居住証明書」を私に発行し、そこでは「職業」欄には「無職」と、「本身分証明書発行の根拠となる書類」欄には「NKVD証明書第二一、二三九号」と書きこんだ。これはまさしくオオカミ証明書で、これでは私はサラトフから発つことができなかった。

急いで発たねばならなかったのは、V・Nが重病で危険な状態だったのだ（肋膜炎と合併症）。そこで私は即刻モスクワへ出発し、そこでマクシム・ゴーリキーの元妻で政治赤十字を率いていたE・P・ペシコヴァの助言に従い、民警管理総局宛ての申請書を彼女に委ねた。申請書には、妻の重病のため一か月間ツァールスコエ・セローで過ごすことを許可してほしい、と書いた。しかし回答を待たずに、その日にレニングラードとツァールスコエ・セローへ発った。二日後に私はE・P・ペシコヴァから電報を受けとり、許可が出て、ツァールスコエ・セローの民警へ送られた、と知った。私はツァールスコエ・セローで一か月でなく二か月半過ごした。なぜなら民警がこの許可を受けとるのをずっと「待った」からだ。この許可はなぜか届かなかった。メカニズムのちょっとした欠陥だ！

こうして私は三年の旅を経てまた自宅に戻った。二か月半は一日であるかのように過ぎた。V・Nは徐々に健康を回復し、私は自分の文学資料庫の分類と整理にとりかかった。資料庫の目録を当時まだもっておらず、一九三三年二月二日から三日にかけての夜にいったい何が奪われたか、確認できなかった。明らかにできたのは、ニコライ・クリューエフとセルゲイ・エセーニンのオリジナルな詩が含まれた大きな封筒がなくなっていることだけだった。私の資料庫からこれらの原稿がなくなったのは、取調べ官ブーズニコフが盗んだ以外にない、と判定できる。彼自身が詩人たちの自筆原稿の評価ができたのか、それとも、こちらの方が可能性は高いが、原稿を取調べ官仲間で「自筆原稿

37『ロシア原書年代記』のロシア国家の起源を記す部分「私たちの国の全体は大きく豊かですが、その中には秩序がありません」の皮肉なパロディー。［国本哲男・中条直樹・山口巌訳『ロシア原初年代記』名古屋大学出版会、一九八七年、一九ページ参照］

38　V・N・ペーレッツ（一八七〇〜一九三五年）文芸学者。

収集者」のラーザリ・コーガン（簡単な「収集」方法！）に渡したのかは、わからない。だが事実は事実として残る。それ以外に熱心な取調べ官によって何が盗まれたか、記憶によって確定することはできなかった。私は二か月余りの自宅滞在を、たとえ短いものでも自分の文学資料庫の目録を作るために費やした。それはブーズニコフやラーザリ・コーガンのような〝おばちゃん〟の息子たちと将来知り合いになる場合に備えてのことだ。ところで二人の取調べ官たちについてだが、彼らと別れるため（そう希望するが！）、触れておく。私がレニングラードにいたので知ったのだが、ブーズニコフは一九三七年に逮捕され、私を取り調べたあのDPZに入っている。ラーザリ・コーガンは銃殺もされず、どこか「辺境」[39]へ流されてもいない……。今日は私で、明日はおまえだ……。

一九三六年五月半ば、私は「自由意志で」サラトフに戻った。そこで夏を過ごし（何といってもどこかで過ごさねばならなかった！）、ついでにオオカミ証明書の代りの身分証明書《パスポート》を手に入れるためだった。今は私の手許に出生証明書があり、「本証提示者」某は「確かに職業的文学者である」と証明する作家同盟レニングラード支部発行の「証明書」もある。これらの書類で身を固め、私はついにサラトフ民警から身分証明書を受けとることができた。その証明書では「無職」とされていた個所が「勤務作家」と替えられた。私が身分証明書係に、私は一度も「勤務」したことはない、と指摘すると、確信をもった答えが返ってきた。「わが国では二つの階級しかない——勤務者か、労働者かだ……」何と急速に我々は無階級社会へ近づいていることか！

しかし身分証明書係のこの女性は、私に対し大いに力を貸してくれ、そのことに対しこの娘さんに、ここで感謝をささげたい。

私がオオカミ証明書を小窓越しに彼女に提出すると、彼女は訊ねた。

「なぜあなたは仮の居住証明書を発行されたのですか？」

「その時は必要な書類がなかったからです」

「今はあるのですね？」

「あります。これが出生証明書、これが職業証明書です」

「ちょっと待っていてください」

彼女は書類を受けとり、小窓をピシャリと閉めた。一〇分くらいして小窓が開かれ、彼女は私に身分証明書を手渡した。五年間有効で、私に幸運を祈り、私とやり取りした「勤務作家」の件を書き換えてあった。帰宅して身分証明書をよく見ると、何と嬉しい驚きだったことか！「当身分証明書発行の根拠となる書類」欄には、お定まりの、あらゆるドアを閉じてしまう「NKVD証明書に基づき」の代りに、ただ「出生証明書五六三二号」と記されていた。私は、このような職務上の手抜かりに対して、身分証明書係の女性に何度でもキスする用意ができていた。

　三か月ほど経って、焼けつくような八月のある日、私とD・S・コーロボフは砂浜へ出かけた。そこは水着姿の何百人もの男女と子どもであふれていた。我々は、人が少ない砂浜の一番端まで降りて行った。D・S・コーロボフが衣類を見張り、水流で下流まで運ばれるように、私は砂浜を上流へ向かってたっぷり一キロメートル歩いた。

　私が他の水泳者たちとほとんど湯のような水に入った時、私の後からほっそりとした、ブロンドの縮れ毛の女性も水に入り、川の中ほどで私と並んで流れに身を任せた。

「あなたを知ってるわ」彼女が言った。

「私はあんたが分からんが」私は答えた。

「あなたはチェルヌイシェフスキー通りの、チェルヌイシェフスキーの家の近くに住んでいるでしょう」

「そうだよ」

「私も近くで、バーブシカ坂に住んでる。あなたは作家でしょう」

「それもそうだよ」

「あなたの名前は（彼女は私の名を言った）」

「それも正しい」

「私の名前は（彼女は名乗った）。つまりあなたは本当に私をわかろうとしないの？」

「失礼、思い出せない」

「何てあなたは恩知らずな人ね！　この春、誰があなたにきれいな身分証明書を発行したの？」

「そうか！」

「そうよ、私は民警第一課の身分証明書係」

　元流刑囚をオオカミ身分証明書から救い出したのは、彼女の側の職務上の手抜かりでも間違いでもなく、意識した親切な仕事だったとわかった！　彼女になんと言っていいかわからなかったが、その時我々は、コーロボフが自分の順番を待ちながら岸辺で座っている場所まで川の流れに運ばれた。水から上がって子犬のように体を振いながら彼女は言った。

「私の家へいらっしゃい。友達になりましょう。私たち近所だから」

　約二週間後に私は永久にサラトフに別れを告げた。そし

39　チャイコフスキー作曲「スペードの女王」第三幕第三場、主人公ゲルマンのアリアの言い換え。

て感じのよいお嬢さんの家へ寄らなかったことを何度も悔やんでいる。彼女に花束か小さな菓子箱でも届けに寄って、親切に感謝するべきだった。実を言うといささか恥ずかしいのだが、するべきことをしなかったのは、彼女が民警勤務であり、それに彼女の家で誰に会うとも限らない！ と考えてのことだった。制服を着ている人はしばしば、我々の眼から隠されるものだ。こうして私は、彼女にお礼を言わないままサラトフを去った。だから今、お礼を言う。遅ればせだけれど。

さあ、私は自由なソ連市民だ！ 私には「きれいな身分証明書」がある！ 行きたい所へ行ける。どこでも都合のよい所に住める……住みたい所に、つまり自宅を除けばだが。なぜならペテルブルクとモスクワ周辺一〇〇キロメートルの禁止区域内には、地方身分証明書では居住登録できないからだ。つまり、この一〇〇キロメートル区域外で、どこかを選ばねばならないのだ。さらに第一に、ペテルブルク周辺には、モスクワのように地方都市の環が存在しない。第二に、私が何らかの文学に関わる仕事を得られそうなのはモスクワだけだ。と言うわけで私は、モスクワ近郊の一小都市を選んだ。九月初めに私は、サラトフが私に与えてくれたすべてに感謝して別れを告げ、カシーラに移住した（モスクワから一〇八キロメートル！）。

サラトフとはまったく正反対のことばかりだ！ サラトフでは親切な何人もの知り合い、三台のグランドピアノ、散歩に夏の砂浜があった。カシーラでは――もう一年経つが――知り合いは一人もなし、完全な孤独状態で、その状態を立方体禁固と名付けた。なぜなら私の部屋は正立方体で、幅も奥行きも高さも四アルシン［約二・八メートル］だからだ。静寂と沈黙。仕事には理想的な条件だ。

そうなのだが、まずは仕事を探さなくてはならなかった。一九三六年一〇月一日、私は三人の文学・評論出版社の大黒柱に三通の同じ手紙を書いた（一〇年ほど経てば、多分誰もこれら三人の小物の名を覚えていないだろう。だからせめてここで憐れな奴らを助けてやろう）。三人とは、国立文学出版所主任編集長のルーポル某[40]、国立出版所古典文学部編集長レーベジェフ＝ポリャンスキー某[41]、国立出版所長ナコリャコフ某[42]だ。三通の手紙の文面は同じだ「私はモスクワ地区に移住してきました。GIkhL［国立文学出版所］でテクスト批判、註解等の何らかの文学に関わる仕事がありませんか。付け加えますと、私の手許には、アレクサンドル・ブロークの詩の下書きとヴァリアントが印刷全紙五〇枚分（未知の約一万行を含む）が完成した形で、それにサルティコフを扱う第二巻と三巻への資料（第一巻は一九三〇年に『連邦』出版所から出版済み）があります」

この申請への返事を待っている間、一か月は、まさに一年に等しかった。これもすべて当たり前のことだ。

この時（一九三六年秋）国立文学館――館長V・D・ボンチ＝ブルエーヴィチ[43]――はアンドレイ・ベールイがアレクサンドル・ブロークに宛てた手紙をL・D・ブローク［ブロークの妻］から入手して、出版しようとしていた。[*]私は、アンドレイ・ベールイが私に宛てた手紙（一九一三年から一九三三年までの期間の二〇〇通、印刷全紙で約四〇枚[44]）を出版する準備をする、と文学館に提案した。文学館は私の提案を採用しジェーツコエ・セローへの出張を二度認めた（一九三六年一二月、一九三七年一月。各一か月間）。これで三年の休暇の後、私は一日一六時間、仕事に専念した。契約では一九三七年七月一日までに印刷全紙五〇枚を完成することになっていた。本文は四〇枚、註が一〇枚だった。一日も違えず七月一日に私は、七か月間絶え間なく取り組んだこの仕事をすっかり文学館に渡した。この仕事がいつ日の目を見るか――それは別な問題だ。無階級の（それに無検閲の？）社会の訪れを待とう。

＊後日の註：一九四一年刊行

アンドレイ・ベールイの生涯は私にとり何と多くを意味したことか。一九三四年にサラトフで予期せぬ彼の死を知っていかにショックだったか――こうしたことは全部、彼に捧げた回想記の章で語るので、ここではくり返さない。こうして私は一九三七年七月からまた、自分の生活と文学的回想の続きに取り組めることになった。執筆の進み具合は遅かった。なぜなら必要な資料は全部旧ツァールスコ

40　I・K・ルーポル（一八九六～一九四〇年）マルクス主義哲学者、文芸学者、歴史家。
41　P・I・レーベジェフ＝ポリャンスキー（本名レーベジェフ）（一八八一～一九四八年）評論家、文芸学者。一九二一～一九三〇年に検閲総局（グラヴリト）長。
42　N・N・ナコリャコフ（一八八一～一九七〇年）革命運動参加者、ボリシェヴィキ。一九三〇～一九三七年に国立文学出版所長。
43　V・D・ボンチ＝ブルエーヴィチ（一八七三～一九五五年）政治家、歴史家、作家、モスクワの国立文学館長。［革命後レーニンの個人秘書。他のボリシェヴィキと異なり資料収集・保存の意義を理解し、かつイヴァーノフ＝ラズームニクの文学面での力量を認めて仕事の場を提供した。M・D・ボンチ＝ブルエーヴィチの弟（第Ⅱ章の註28参照）］。
44　［ペレストロイカのさなかのイヴァーノフ＝ラズームニクの名誉回復と、ソ連邦解体の後に刊行された。アンドレイ・ベールイとイヴァーノフ＝ラズームニク『往復書簡集』サンクト・ペテルブルク、一九九八年、全七三三ページ］。

エ・セローから次に旧ジェーツコエ・セロー、今はプーシキン市に置いてあるからだ。私が自分の記念日の遍歴を終えて帰宅できる日はいつなのか？　そのためにはTsＩＫ［中央執行委員会］特別委員会の「前科の抹消」を受けねばならない（私は裁かれたのだから！　欠席で判決を受けたのだから！）。そのためには今度はこの委員会に特別申告をしなければならず、その申告では過去を悔い、将来の忠誠を約束しなければならないのだ。しかし「ナロードニキ主義の思想的中心」だったことを一体どのように悔いることができようか?!　これは私に旧友で故人となったＤ・Ｐ・ノソーヴィチ[45]の話を思いおこさせる。彼は一九一九年にチェスメンスキー養護施設の「強制収容所」に収容されたが、容疑は彼の兄弟がデニーキン[46]政府の大臣だというものだった。強制収容所入所期間は関連書に短くかつ明快に、「悔い改めるまで」と示されていた。出口なき状態だ！　自分の兄弟が大臣だということを、どのように悔いられるだろうか？

しかし私は出口を見出そうと試みて、一九三七年三月末に上記の委員会に（政治赤十字を通して）以下のような申請を送った。

「私に残されたあまり多くない年月に（私は間もなく六〇歳です）、私は生涯における以下の二つの主要な仕事を完成したいと思います。一．サルティコフ＝シチェドリンに関する研究書全三巻（これについては一九三〇年に「連盟」出版所で作業）。二．ほぼ印刷の準備が済んだＡ・Ａ・ブロークの詩の下書きの研究（印刷全紙五〇枚で一巻）。私は詩人の死（一九二一年）の日以来、この研究に従事しています。

この仕事は私のサラトフ流刑で中断しましたが、流刑は一年前（一九三六年二月）に終了しました。仕事は、Ａ・Ａ・ブロークの文書庫とレニングラードのＩＲＬＩ［ロシア文学研究所］（旧プーシキン館）手稿部での作業という条件下でのみ、完成できます。しかし私はレニングラードの身分証明書を入手できず、それらの資料に手が届きません。

全ロシア中央執行委員会前科抹消特別委員会にお願いいたします。私の事件を審査し、私にレニングラードの身分証明書発行を許可してください。それによって本を完成する可能性を与えてください。それらは（私見抜きで申しますが）文学評論の分野における少なからぬ新知見を含んでおり、それによって私は三〇年以上にわたる文学活動を完成させたいと考えております」

四月末に私は赤十字（公式名称は「政治犯援助」）から通知を受けとった。「我々は、あなたの申請を中央執行委員会私的恩赦問題特別委員会へ送付しました。回答は直接になされます」

もう一か月すれば、私が申請に対する回答をちょうど半年待つことになるはずだった。これはみんな当たり前なことだ。

だが回答は考えたよりもはるかに早く、以上の行を執筆している時に届いた。しかもまったく違う側面から届いたのだった。

一九三四年〜一九三七年

45　D・P・ノソーヴィチ（生没年不詳）国有地財産局官吏、四等文官。
46　A・I・デニーキン（一八七二〜一九四七年）ロシア帝国陸軍中将、ソビエト政権に敵対する白軍の司令官。［赤軍に敗れて一九二〇年に国外亡命］。

第V章

復習*

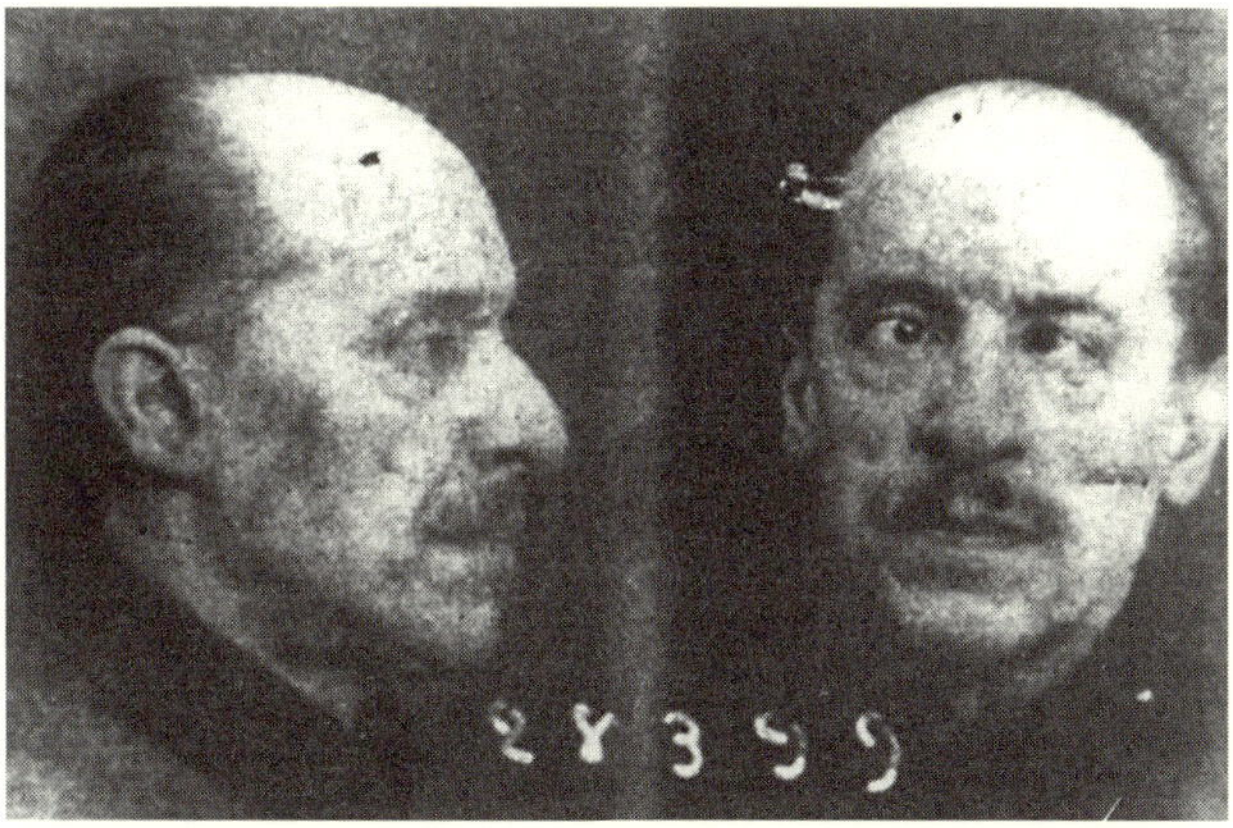

イヴァーノフ＝ラズームニク　1939年の尋問調書より

*本章の第一節は一九三九年から一九四〇年にプーシキンで、その他は一九四四年にプロイセンの小都市コーニッツで執筆。

〈反復は学習の母〉
・・・ラテン語諺

●1　一九三七年、三度目の逮捕、モスクワへ

私は一九三七年九月にカシーラで、［前章の］最後の数行を書いた。ちょうど二年後の一九三九年九月の今、プーシキン市、つまり元のジェーツコエ・セロー、その前はツァールスコエ・セローで続きを書いている。この二年間に私の祝賀会は格別に際だった色彩を帯びた。したがってその物語を続けよう。

一九三七年九月二九日、私はカシーラの立方体の部屋で静かに座り、回想記に取り組んでいた。すでに印刷全紙一五枚分まで執筆がすんだ。だが何の障害もなくこの仕事に取り組めるか、というとそれは望みうすだった。この年の初めから逮捕の波が、四年まえの私の「事件」にまき込まれた全員を呑みこんだ。D・M・ピネスは、ヴェルフネウラリスクの隔離所に二年間入った後に、今年一月にアルハンゲリスク流刑期間を終えた。しかしその期間終了のまさにその日、彼は逮捕され、アルハンゲリスク監獄に収監され、その後彼の痕跡は永久に消えてしまった。四月には彼の妻R・Ia・ピネス[1]が逮捕された。同じ時にコトリャローフがチムケントで逮捕され、シベリアの一ラーゲリへ送られて、一年後にそこで死んだ。さらに、さらに、さらにだ。だからペテルブルクの知り合いの一女性は、私が四月に自宅にいた時に、あまり賢明ではないが真摯に尋ねた「なぜあなたは逮捕されないのでしょう？」私は古い慣用句で彼女を安心させた。脇へやられても捨てられてはいない、と。しかし数か月たっても、私は煩わされることはなかった。もしかするとこのままか？　九月二九日の昼間に、私はV・N宛てに長い手紙を書き、その最後にダーリ[2]の素晴らしい寓話を引いた。それは文学に取り組むロシア系ドイツ人が書いたかのようだった（記憶により引用する）。

「若いヤギが散歩に出かけた。巡査がヤギに近づいてきて尋ねた。『若いヤギさん、何をしているのかね？』若いヤギは答えた『何もしていません。ただ散歩しているのです』すると巡査はヤギをほったらかして自分の仕事に戻った。教訓：何とこのロシア人は寛大なのだろう！」

この寓話を引用して、私はV・Nに、年寄のヤギが煩わされずにいるのは幸運だ、寛大な巡査は自分の役目を果たすだろう、そんな巡査は少なくない！　と書いた。現代の巡査が寛大かどうかは、大いに疑問だ。なにしろ我々はダーリの時代からずいぶん遠くへ来てしまっているから。

このように一九三九年九月二九日の夜九時、私が立方体の自室で静かに仕事をしていると、表のドアがノックされた。家主のエヴゲーニー・ペトローヴィチ・ブィコフ（今日ではめったにいないような、きわめてしっかりした人物だった）がドアを開けに行った。一分後には私の部屋のドアが勢いよく開けられた。

その後のことは――語るに値するだろうか？　過去の反復だ！

もちろんのこと、反復は学習の母だ。したがってソビエト権力は、もう一つの、同様に名誉あるラテン語の諺〈同じ罪で二度罰せられない〉、の方を無視した。同じことを二度くり返すな、同一の問題で同一人物を二度入獄させるな、二度も以前と同じ容疑をかけるな。まったく馬鹿げた容疑だとしてもその人物はすでに二度も、不当な罰を経験しているのだ。だがこうも言える。〝おばちゃん〟の息子たちが、新たな容疑の数々を考え出すのを、いったい誰がとめられようか？　と。

カシーラのＮＫＶＤ取調べ官は捜索と逮捕のまえにモスクワの指令書を示した。彼につき従った下級職員は、まず私のポケットのなかの武器の捜索から始めた。その後、九時から一二時まで、部屋中が捜索され、トランクの中身がぶちまけられ、マットレスはひっくり返され、枕が手さぐりで調べられ、手紙や原稿が取りあげられた。この時私の「回想記」、二冊の分厚い布張りノートが失われた――書き手の働きはむだになった！　一九〇〇年代初めの学生運動関係資料のファイルもすっかり消滅した。こんにゃく版刷りの宣言、詩、一九〇一～一九〇二年の学生代表者会議の議事録――そして思い出せない数多くのものなどだ。ほぼ一年半後に、私は自分の「一件」書類のなかに、捜索時に押収されたが「審理に無関係」として焼却、と書かれた文書を読んだ。だが知識が不十分な、寛大な巡査にいったい何を求められようか！「記念日」のノートは奇跡的に残された。隠し方がうまくて、〝おばちゃん〟の息子たちも見つけられなかったのだ！

夜中の一二時に私は自動車でカシーラへ送り届けられた（町は、私が住んでいる鉄道駅とその周辺の集落から三露

1　Ｒ・Ia・ピネス（一八八二～一九三七年）医師、Ｄ・Ｍ・ピネスの妻。

2　Ｖ・Ｉ・ダーリ（一八〇一～一八七二年）作家、辞書編纂者、民俗学者。主著『ロシア俚諺集』（一八六一～八六二年）、『現用大ロシア語詳解辞典』（一八六三～一八六八年）。科学アカデミー名誉会員。イヴァーノフ＝ラズームニクの引用は原文通りではない。

里離れて位置していた）。前日は暑く、私がモスクワから帰った九月二八日にはまだ夏のコートを着ていた。だが今回は経験から学んで、私は道中シューバと耳当て付き帽子を身につけた。取調べ官はこんな用心深さを冷たく見ていた。こいつは初心者でないぞ！

カシーラＮＫＶＤとカシーラＤＰＺ監獄は同じ部屋で、眠れぬ夜だった（猛り狂った虫どものせいで）。朝一〇時に自動車が来た。二人の取調べ官（一人は平服で、捜査の際に没収した書類入りの小トランク持参）がモスクワ行きのローカル列車の一般車両で私を連行した。蒸し暑い。乗客が私のシューバと耳当て付き帽子を驚いて眺めていた。どういうことだ？　一時にモスクワ到着。タクシーでルビャンカ一四番地、モスクワ州ＮＫＶＤへ。私はすでに一九一九年にここの招待客だった。だが庭付きの二階建て小家屋だった場所に、今や何階もある巨大な建物が立っていた。〝おばちゃん〟の仕事は大きく拡がったのだ！

私は六階の当直室へ連れて行かれた。そこにはお決まりの当直が一人、退屈してデスクに座っていて、私は彼と黙って〈二人きり〉にされた。彼は私に、私は彼に五時間まったく注意を払わず、私は当直室のソファで過ごした。その間に二つだけ、ちょっとした気晴らしがあった。

三時頃に廊下で興奮した声が響くと、若くきちんと着込んだ男が分厚い本を手にして部屋に押し込まれてきた。彼は大変興奮しており、明らかにドイツ風のアクセントで叫びつづけた「どんな理由で私は拘束されたのですか？　何てことだ！　私をすぐに解放しなさい！」彼を同行した諜報員は、オホートヌイ・リャードの電車停留所で、群集のなかでの煽動行為をしたので拘束した、と説明した。事情は次のようなことだった。すなわち、日曜日で天気が良いので、彼は知り合いの所へ客に出かけようとした。その知り合いにはもうずっと前から、自分がもっているギュスターヴ・ドレ[3]の挿絵入りの聖書を持って行って見せる約束をしていた。彼は出かけ、聖書のページをめくって挿絵を眺め始めた。すぐに彼の周りに好奇心一杯の人々が集まり、彼はいろいろ挿絵を見せて説明し始めた。彼が周りをうかがうより早く、二人の私服「寛大な巡査」がやって来て、自分はただ「散歩している」だけだといくら言っても聞きいれず、彼をここ、ルビャンカへと連行した。当直は彼の手から本を奪い取り、デスクの後の床にぞんざいに投げた。

「どうして私に本を返してくれないんですか？」若い男は抗議した。

「そいつは証拠物件だからだ」

「何の証拠です？」

「お前が日曜日に公衆のまえで、宗教的プロパガンダをやらかした証拠だ……」　それから当直は電話して、誰かに言った。

「ペーチャ、おまえの専門にぴったりの奴がここにいる。宗教的アジテーションの件だ。そいつを今、おまえの所に送るぞ」

　そうしてすっかり当惑した若い男は連れ去られ、その後ろに下級職員が「証拠物件」を手にして続いた。日曜日に「散歩に出て」こんな失敗をしたこの不注意な若い男は、何年の監獄、流刑やラーゲリをくらうのだろう？　世界一自由な「スターリン憲法」下以外に、これに似たことがいったいどこの裁判権の下で可能なのだろうか？

　こうしたことが起こっている間ずっと、隣の部屋で声が聞こえていた。間もなくドアが開けられ、当直室に一団の人々が入って来た。三〇人位の若者で、ある者は制服を、ある者は私服を着ており、全員が書類カバンを手に持っていた。グループのリーダーは年配で、背が高くがっしりした男で、年齢は五〇歳くらい、髭をさっぱりと剃り、「黄色に装った誰か」だった。というのは、彼は頭のてっぺんからつま先まで黄色い革づくめで、黄色い皮ゲートル、黄色いズボン、黄色い軍人風皮ジャケットに何かの勲章をつけていたのだ。立ち止ると「黄色に装った誰か」は言った。

「さて、今日のところは十分だ。君たちはザコフスキー[4]同志のパンフレットを十分にマスターしてほしい。次回は、日曜に訓練の続きだ」

　私は何のことかが分かった。若者たちは「エジョーフ募集」で採用された取調べ官で、彼らを上の世代の〝おばちゃん〟の息子が教え込んでいるのだった。この黄色い男と私は一か月後に、きわめて特殊で忘れられない状況下で出会い、短いが教訓に満ちた会話を交わした。その際にわかったのだが、この男はモスクワ州ＮＫＶＤ秘密政治部長官レーデンス[5]同志だった。だがこれについは後で話そう。

　夕方六時頃に下級職員がやって来て、私を六階から地下

3　ギュスターヴ・ドレ（一八三二～一八八三年）フランスの線描画家。
4　Ｌ・Ｍ・ザコフスキー（一八九四～一九三八年、本名Ｇ・Ｅ・シトゥービス）。レニングラード州ＮＫＶＤ管理局長官、一九三八年一月～四月にソ連邦内務人民委員次官およびモスクワ州ＮＫＶＤ管理局長官。一九三八年四月逮捕、八月銃殺。
5　Ｓ・Ｆ・レーデンス（一八九二～一九四〇年）モスクワ州ＮＫＶＤ長官（一九三七年）。ポーランドのスパイグループ員として一九三八年逮捕前はカザフ共和国内務大臣。［一九四〇年銃殺。一九六一年名誉回復。妻はスターリンの二番目の妻Ｎ・アリルーエヴァの姉妹］。

室へ、「配送所」へ連れて行った。復習：私物検査、小トランク、マフラー、時計のような危険物の没収。ズボンから金属製ボタンのような危険な武器の撤去。調査書。調査書記入時に、当直と笑える会話があった。彼は私に尋ねた。

「姓は？」——「イヴァーノフ」——「イヴァノーフだな？」——「イヴァーノフです」——「どうしてイヴァーノフだ？　イヴァノーフだろ？」——「ステパーン——ステパーノフ、デミヤーン——デミヤーノフ、イヴァーン——イヴァーノフ。どうしてイヴァノーフですか？」

こんな議論が当直には思いがけなかったので、彼はもう議論しなかった。私の語源学的論証が彼を納得させたようだ。少なくとも夜遅く、「黒カラス」に乗るよう呼ぶ際に、彼は大声で呼んだ「イヴァーノフ！」

調査書記入の部屋から私は（文字通り）配送所へ押し入れられた。それは同じ階のぎっしりと詰め込まれた待機部屋だった。もう夜になった。配送所は新たに逮捕されて到着した男女でますます混んでいった。そのうちの一人でうら若く薄い服装の女性は、うらやましそうに私に言った「あなたは何て運が良いんでしょう、シューバも所持品ももって……私は勤務先から連行されて、こんな身なりで……」彼らは勤務先から、街頭から、自宅から、捜索なしだったり、捜索を受けてだったり、さまざまに連行されてきた。ひどく驚いた顔つき、恐怖に満ちた眼差し……忘れられない場面だ。

このようなことがいつ起こったかを思いおこさねばならない。一九三七年、明らかに普通でなく、明らかに煽動的なエジョーフがNKVDの長官になった時のことだ。その時、全ロシアの大地で何千、何万でなく、何十万、何百万が逮捕された。中央でも地方でも全監獄はこれ以上無理なまでに詰め込まれ、新たな逮捕者の群を収容する新たなバラックが急ぎ建設された（チェリャビンスクやスヴェルドロフスクの例を知っている）。これ以上卑劣で恐るべき「妨害行為」は想像もできない。どのような国家的理由をもちだしても、まったく何の罪もない何百万もの人々の運命を正当化できない。明らかな変質者エジョーフを恐怖からでなく良心から補佐したのは、明らかな卑劣漢ザコフスキーだ。彼は一九三七年にスパイに関するまったく異様なパンフレットを書いて悪名高かったが、一九三八年には自身がスパイとして逮捕（そして銃殺）された……。いつの日にか歴史が、この二年間（一九三七年～一九三八年）に犯されたこれらの信じられないような醜悪な行為の真相を暴くのか、それとも責任者たちがうまく痕跡を消して下っ端に罪を押しつけるのか、私は関心がある。

いずれにせよ私は九月大量逮捕の波にさらわれ、今や私の逮捕は「重大で長期的」だとはっきり意識した。その通りになって、私は二一か月間入獄した。

夜遅くに「黒カラス」は、これ以上無理なまでに逮捕者の群を抱えこんでブティルカ監獄へと運んだ。ご機嫌よう、一九三三年に旧知のブティルカの「駅」！　一人だけの待機室！　以前の作法通りの身体検査、「素っ裸になれ！　立て！　後ろ向け！　しゃがめ！」その他。一つだけ改善された（至る所で進歩！）「両手でけつの穴を拡げろ！」その後は風呂場、その後点呼——そして二〇人ほどのグループはいろいろな出入口や渡り廊下を通って定住地四五号房へ連れて行かれた。そこは二階で風呂場のま上だ（一年前に各監房番号が変わった）。私はそこに半年間住んだ。

四年まえに六五号房が、二四人分のベッドに七二人がいて人口過剰だと見えたとすれば、一四〇人が押しこまれた私の現在の新しい住まいは何というべきか？　日中、我々は肩を寄せ合って座っていた。夜間は寝棚の下にもぐりこみ（これは今「地下鉄」と呼ばれる）、寝棚の間にわたした板の上で（これは「飛行機」と呼ばれた）、脇腹をくっつけて横になった。獄内の階層は以前と変わらなかった。新参者は「地下鉄」に乗り、在獄期間が長くなると「飛行機」に乗り、時とともに寝棚に達し、少しずつ「用便桶」から遠い窓側へと移動する。この移動は非常にゆっくりで、私は二か月間「地下鉄」で寝て、やっと半年後に待ちに待った窓際の寝棚へ達した。もう私は「アカデミー会員プラトーノフ」を思いおこすこともなくなった。彼どころではなかった。寝棚の下には人民委員クルィレンコ[6]も、多くの人民委員代理も、重要なソ連の将軍も、「四菱徽章」のインガウニス[7]（ブリュッヘル[8]麾下の全極東空軍司令官）も、

6　N・V・クルィレンコ（一八八五〜一九三八年）ソ連の司法人民委員、ロシア社会主義連邦ソビエト共和国検事、［一九三八年に逮捕され獄死。一九五五年に名誉回復］。
7　F・A・インガウニス（一八九四〜一九三八年）軍事指導者。［一九三七年逮捕、翌年銃殺。一九五六年名誉回復］。
8　V・K・ブリュッヘル（一八九〇〜一九三八年）軍事指導者、ソ連邦最初の元帥の一人（一九三五年）。［一九三八年逮捕、獄死。一九五六年名誉回復］。

飛行機「ANT」の有名な設計者A・N・トゥーポレフ[9]（ツポレフ）も、数多くの共産党重鎮もいた。荷馬車の御者も、アカデミー会員も、運転手も、教授も、元大臣の友人ジュンコフスキー将軍[10]も横たわっていた。さらにコミンテルンのメンバーも、一六歳の少年も、八〇歳ほどの老人も（帝政期の弁護士チービソフや、モスクワの第一ラビ）、さまざまな党派の社会主義者も、「KR」（反革命派）も、私腹を肥やしたソビエトの小役人もいた。飛行士も、大学生も……全部はとても挙げられない！　完全な民主主義的「平準化」だ。獄中での出会い、面識、印象を全部書き始めても終わりがないだろう。二一カ月間に一〇〇〇人以上に出会ったのだから。だが誰か、何かについて語ろう。まずは監獄での生活、それから人々との出会い、その後に私の「事件」についてだ。

●2　ブティルカの「日常生活」

　朝六時、当直の呼び声が廊下に響く「起きろ！」時々すぐに別の、もっと好ましい声「身なりを整える準備！」なぜなら我々は起きだすとしばしば、いつトイレに行けるか、と期待するからだ。だが監獄は満員で、我々は起床直後にトイレにまっさきに行けることも、後で、昼食前に最後に行くこともあった。同じように夜も、時には寝入るまえの九時頃、時には真夜中にトイレに起こされることもあった。我々一四〇人はトイレに入りきれず、そこで二グループに別れねばならなかった。牢名主が叫ぶ「急ぐのは誰だ？」部屋から出る際に当直が一人ずつに小さな紙切れを渡した――新聞紙や、そもそも印刷された紙ではない。我々はこの紙切れを節約して使った。特に通信用に必要なためだが、これについては後で書く。床に開けられた七つの穴と足型が描かれたトイレの前で、我々は列をつくり、ピョートル大帝の命令に違反して国章の鷲を公然と侮辱する行為が行なわれた。隣の部屋には手洗い用の蛇口があり、その前でも行列ができた。

　六時半にドアの小窓で叫び声「点呼の準備！」我々は寝棚のうえに三列に整列し、もう一列が床に立つ。ドアが開かれ、上級当直が入室し、牢名主が報告した「一四〇人が入室、うち一二人が取調べ中で、五人が医務室、一二三人が在室です」上級当直は狭い通路を通り（さらに通路の真中に長い机があって邪魔していた）、黙って我々の人数を数え、時に数え間違って最初から確認し始めた。同じことが夜の八時半、眠りに就くまえにくり返された。何のためにこのような毎日の手続きが始まったか、わからない。囚人がいったいどこへ蒸発できるだろう？　おそらく自殺して、死体が寝棚の下に横たわるしかなかろう。自殺についてはこれから語る。

点呼の直後に小窓が開き、選出された我らが獄房の牢名主は何フントものパンの塊と鉢に入った角砂糖を受けとり、一人当たり二切れ半に分ける。これが一日分の配給量だ。砂糖とパンの分配が始まると、始終頼み込む声が響く「俺にミミをくれ！　ミミをくれ！」パンのミミは栄養価が高く、割が良いと考えられていた。だがミミは少なく、受けとれるのは行列の順次第だった。次に干したニンジンかリンゴの皮の黄色っぽいエキスが入った二つの巨大な金属製やかんの登場だ。一人一人に柄付きコップが配られ、牢名主がこの「茶」を注ぎわけた。

正午に昼食が出された。スープかボルシチが入った桶が運び込まれた。各人が皿一・五杯分の容量の金属製の鉢と木のスプーンをもち、牢名主がよそった。一九一九年（それに一九三三年さえ）と比べると、大きな進歩があると認めねばならない。分量が十分で、スープやボルシチはまったく悪くなく、バラエティすらあった。メニューは毎日変わった。月曜はいつも、赤かぶとキャベツの濃いボルシチに、ごく小さい肉のかけらが入っていた。木曜日はいつも、タラの濃いスープだった。それ以外の日は、これまた濃いいろいろなスープだったが、いつも何か普通でない臭いがしていた。それは大量のソーダのせいだと後でわかった。何のためにソーダが入れられるのかを、寝棚で隣り合わせたドクターが説明してくれた。こんな奇妙な調味料を使う理由は、しかるべき所で記そう。夕方六時頃に、大きなカーシャの桶で夕食が出された。カーシャは毎日違うが、これまた厳密に予定表通りだ。毎月曜はそば粥だ。毎火曜はキビのカーシャ、それ以後はオオムギ、ひき割オオムギ、そしてその他だった。カーシャには悪質な綿実油か麻油がたらしてあり、監獄規則で一人当たり二〇〇グラムと決められていた。我々が満腹したとは言わないが、飢えて死ぬ

9　A・N・トゥーポレフ（一八八八〜一九七二年）航空機設計技師。［一九三七年に逮捕（サボタージュ、スパイ、ロシア・ファシスト党援助容疑のため）、学術研究獄《シャラーシカ》で航空機設計。一九五五年名誉回復］。

10　V・F・ジュンコフスキー（一八六五〜一九三八年）政治家、軍人。セルゲイ・アレクサンドロヴィチ大公の副官（一八九一〜一九〇五年）、モスクワ州副知事・知事（一九〇五〜一九〇八年・一九〇八〜一九一三年）、内務次官および独立憲兵隊指揮官（一九一三〜一九一五年）。銃殺。

ことはあり得なかった。だが特に入獄一年、二年、三年(も入ったままの者もいた)となると壊血病にかかった。しかも壊血病は、「売店」で食品を補うことができるにもかかわらずだ。「売店」については後ほど話す。夕食後は朝と同じ「茶」が出た。

日中いろいろな時間に、あるいは夜にも、散歩があった。我々は二〇分間、散歩用に決められた監獄の中庭をばらばらに押し合って歩いた。時には夜中の二時に叫び声で起こされた「散歩に行きたい者はいるか!」我々は半ば服を着たまま寝ているので、身支度に長くはかからず、散歩希望者はいつもたくさんいた。

一九三八年春から監獄規則がいろいろと厳格になり、散歩も厳しく規制されるようになった。二人一組で黙って、円を描きながら歩くべし。ドブジンスキーの絵の通りだ。円の中ほどにはマスクをしたクモの代りに散歩当番が立ち、歩いている囚人を監視した。ほどなくもう一つ規則が導入された。歩くときは両手をうしろで組め、というのだ。私はクモの絵のような姿をするのは気に入らなかったので、すっかり散歩をやめ、一九三八年春から一九三九年夏までいろいろな監房から出ずに通した。散歩の権利を失うというのは、さまざまな過失に対し監獄側が科す罰の一つだった。過失には当直と口げんかする、トイレに長逗留して監房に戻らない、散歩の時に何かをかがんで拾い上げる、トイレの壁に何か記号をなぐり書きする、やその他にもたくさんあった。散歩のために監房を空け、名簿を手にした上級当直が何人かの名前を呼んでつけ加えた「散歩なし!」こうして私は自発的に一年間、罰を受け――「誰にも苦しめられず、自らを苦しめた」――このことを少しも悔いることがなかった。マスクしたクモの怒鳴り声に従ってイヌのようにぐるぐる歩き回るのは、あまりにもいやだった。「手を後ろに! しゃべるな! しゃがむな!」蒸し暑くて臭いのこもる部屋に一年間入ったままで――とくに一九三八年の焼けつくような夏は――動かず、外気も吸わずというのは、本当のところ、生やさしいことではなかった。そこで私は出獄したとき、「見る影もなくやつれていた」その代り一日に一回、広くなった監房に一人でいて、あるいは監房中を歩くか、あるいは順番で罰を受けた二人か三人だけの仲間と黙って寝棚に横になるかというのは、どんなに心地よいことか! 静穏、沈黙、平安……まさに本当だ――

女帝とこの世の王国に喜びとこの上なく愛すべき静穏を![11]

何か月も何年も騒がしい部屋に押し込められ、ほんの一瞬といえども一人になる可能性を奪われ、群集のなかで過ごした者だけが静穏を十分に評価できるだろう。私は室内を歩き回るか寝棚に横たわって、自由な身で最良のオーケストラによるお気に入りの交響曲を楽しむよりももっと、静穏の交響曲を楽しんだ。部屋の住人が散歩から戻った――愛する平和よ、次の散歩までさようなら！

夜の一〇時頃、ドアの小窓で叫び声「点呼の準備！」そしてまた、朝と同じ手続きのくり返しだ。牢名主の報告、通路での沈黙裡の勘定。そしてすぐに「就寝！」の命令。昼間が終わり、夜が始まる。

我々はむき出しの板の上で、どのようにひしめき合って眠ったか？　人間は何にでも、堅い板のせいでできる脇腹のあざにでも慣れるものだ。夜は苦痛の時だ。横向きになり、所持品入りの袋を枕にして、シューバにくるまり左右の隣人の間に体を押しこみ寝入るのだ。仰向けで寝ることはできない。そのためのスペースがない。半時間か一時間すると骨が痛くなって目が覚め、脇がしびれた。起き上がり一八〇度向きを変えて、眠っている二人の隣人の間にまた体を押しこむ。シューバを脇の下に敷いてみるが、そうすると掛けるものがなくて寒い。また起き上がり、また向きを変え、また体を押しこんで眠り始める。だが右隣が同じような動作をし始めて、そのため起される。少し眠りかけると、左隣も同じことを始める。半時間経つと自分がまた同じことを初めからやる。どうしたら夢なんかが見られようか！　それに一分ごとに寝棚の住人が一人、また一人と起きて寝棚に沿って、密集して眠っている仲間の足を越え、「用便桶」へと進んでいく。目を覚まされた者の寝ぼけた罵り声が響く。時々行進中につまずき、ひしめき合って寝ている人々の上に倒れた（私も一度やらかした）。そうすると何が起こるか想像できるだろう！　この点では「地下鉄」の住人は幸せだ。少なくとも彼らの体に沿って誰も夜間に通らない。どうしたら夢なんかが見られようか！　こうして夜が過ぎ去る。とうとう「起床！」の合図だ。有難いことに夜が過ぎた。起き上がるが、眠りで少しもリフレッシュせず、すっかり打ちのめされ、頭はもうろうとして霧がかかったようだ。さてその先には、うんざりするような無為の長い一日、落ち着かずに、同じように眠そうな隣人たちと身を寄せ合ってベンチの端で過ごす一日がある。こんなことが一日一日、一晩一晩、そして何週、

11　M・V・ロモノーソフがエリザヴェータ女帝即位（一七四一年）の日に捧げた頌歌の冒頭。「ロモノーソフ（一七一一～一七六五年）は万能の学者で詩人。ロシア人で最初のロシア科学アカデミー会員。モスクワ大学創設者・学長（一七五五年）」。

何か月、何年と続くと、考えてごらんなさい。

いささか先回りして言うと、このように入獄者の密集状態が続いたのは新年までだった。一九三七年の九月から一二月が大量逮捕のピークで、すぐに逮捕者の大量選別が始まった。今や取調べは夜だけでなく昼もあり、逮捕者は次から次へと連れて行かれた。週に一度、土曜日の夜ごとに上級当直が名簿を手にして現われ、名前を呼び上げた「所持品をまとめろ！」ふつうこの集団は二〇人ほどから成り、遠方のラーゲリ送りの運命だった。彼らはあちこちの部屋から大きな「護送部屋」へ集められた。その部屋は中庭の真中にある元は教会の牢で、そこからすでに数百人の大群がラーゲリへ護送列車で送られた。彼らの九九・九パーセントはまったく無実だということは、言うまでもない。彼らは二、三の尋問後、慌ただしい不公平な裁判で判決を受けた。一番多いのは反革命的会話で［刑法］五八条一〇項による例だ。共同住宅の隣人が他人の部屋をうらやんで密告することで十分だった。悪意による匿名の手紙で人を逮捕するに十分だった。その後で調べよう！　そして直ちに片づけた。誰も自由にならず、おそらく一〇〇〇人に一人くらいで、残りの人々は護送隊の一団として、エジプトの奴隷の人数を補うため遠方のラーゲリへ送られた。

毎日新たな逮捕者が流入したが、流出が上回り、一九三七年最後の三か月には我らの四五号房の人口はだんだんと減っていった。一〇月一日には一四〇人だったが、一か月後には一一〇人になり、翌一九三八年には安定した。より重大な容疑で残ったのは八〇人で、容疑は「スパイ」、「妨害行為」、「トロツキズム」、「テロリズム」、「組織」……などだった。この人数の変動は、あるいは新たな逮捕者の到着で、あるいは古い者の退出で、ごくわずかだった。こうして私が四五号房に逗留した一九三八年四月まで、この状態がずっと続いた。

一四〇人のうちの八〇人――それは約束の地のようだ！　貧しい町のユダヤ人をめぐるとても古いアネクドートがある。彼は妻と六人の子どもたちと狭いあばら家に住んでいた。彼は生活が苦しく大変だとラビに苦情を言った。知恵に富むラビは命じた「あばら家にヤギを飼って、一週間経ったら来なさい」と。ユダヤ人はヤギを飼い、一週間後にラビの許へ行って、まえよりも辛い苦情を言った。ラビは命じた「あばら家にウシも飼いなさい」と。牛を飼い、一週間後にまったく絶望してやって来た。生活がまったく成り立たなくなった！　するとラビは言った「ヤギを手放しなさい」と。手放したら、少しましになった。さらに一週間後ラビは命じた「ウシも手放しなさい」と。手放して、喜びに顔を輝かせてラビの許へやって来た。以前からの狭いあばら家で、私と家族で何と広々と心地よく暮らせることでしょう。まさに約束の地に着きました！

一九三三年に私は、監獄の共同房に短期間入った。七二人の不幸な人間がぎっしりと入っていた。その時慣れない私には、ここはダンテの地獄界の一つかと思えた。その時私は、部屋の定員より二倍以上多い人間が住むことが何を意味するのか、まだ経験していなかった。我々八〇人くらいだけ（だけ！）が残った今（これはふつう二四人用の部屋なのに！）、何と広く快適になったことか！　本当は従来通り体を押しこませ、一八〇度向きを変えねばならなかったが（なぜなら主に「地下鉄」の住人を寝棚に上げたため）、だが以前とは比べものにならない！「同志諸君、生活はより良くなり、より楽しくなった」――この頃、同志スターリンは全ソ連の聴衆にこう宣言した［一九三五年一一月一七日、第一回全連邦スタハーノフ運動者会議での演説］。さらに、新年までに監獄当局は我々に、予想外のプレゼントを贈った。ある素晴らしい夜、部屋のドアが開け放たれ、廊下にいる当直が我々に、マットレスを次々と投げ入れはじめたのだ！　我々の喜びは書き表せないほどだった。与えられたのは亜麻製カバーの付いた靭皮繊維製マットレスが三人に二枚の割で、それに一人ずつに毛布だった。我々はマットレスを寝棚に敷きつめた。眠るには依然として狭かったが、脇腹はもう痛くなかった。

一般に監獄当局は妥当な行動をとった、と言うべきで、エジョーフの息子たちがもたらす困難な課題――監獄での生活を組織するという課題に立派に対処した。昔なら収容者は二〇〇人から三〇〇人を超えなかったが、今は二万人から三万人を一時に収容している。配置、給餌、清潔の問題は監獄当局者の頭上に雪のように降りかかり、当局者はそれらの課題に立派に対処した。地方の監獄から我々の獄房へやって来た者たちが、あちらでは何が起こっているかを語っている。シラミ、ナンキンムシ、ごみ溜め、過剰収容などの悪夢のような話を思い出したくない。彼らにとり我々の人口過剰なブティルカは、まさしくユダヤ人にとってのヤギとウシのアネクドートと思われたのだった。

清潔について。このような多人数のなかで清潔に保つことは容易い課題ではない。だがこれは完璧に解決された。我々の所にシラミはいなかった。ナンキンムシとはたゆまぬ闘いが遂行された。我々は一〇日に一度風呂場へ連れて行かれ、監房内は二時間空になった。その間に消毒が行なわれ、何か臭いのする溶液が板の間、監房内の隅々、ベンチや腰掛、それに食卓にまで至る所にふりかけられた。実を言うと、その翌日はずっと、我々みなが不快な液体の臭いで頭痛がしたが、その代わりナンキンムシはいなくなり、一週間の間に少しずつ現われたが、また次回の入浴の折にいなくなった。

風呂場！　これは我々にとりいつであれ――朝、昼、あるいは夜でも、大きなお祭りだった。我々は下の階に連れて行かれ、一五〇人くらい収容できる熱い脱衣室へ入った。我々は衣服を脱ぎタイル製のベンチに置いた。一人ずつに金属製のハンガーが渡され、上着、コート、シューバ、毛布、マットレス用カバーなど、肌着以外は全部それに吊るした。そして行列をつくって消毒室へとつながる広い窓のまえへ立つと、そこでは口ひげを蓄えた老人（我々は彼を「風呂場爺さん」と呼んでいた）と何人かの下級職員が我々からハンガーを受けとり、巨大な金属製棚のなかのフックに吊るした。棚は密閉され、乾いたガスが入れられて消毒され、内部の温度は一〇〇度まで上がる――そして入浴が終わると我々は自分の所持品（数多くの他人の所持品のなかから自分のを見つけるのは、何と難しいことか！）と消毒済みの熱いコートを受けとった。肌着は浴室内へ持ちこんだ。

それは風呂場でなく天国だ。そこは広く、照明で明るい部屋で、真中に四本の石柱が、壁のまわりにはタイル製のベンチがあった。柱には温水と冷水の対になった水道栓が埋め込まれている。我々は風呂場に入ると、一人ずつ金属製手桶と石鹸のかけらを受けとった。体を洗うだけでなく、肌着の洗濯もしなければならなかったのだ。我々の大多数は、着替えの肌着は持っていなかった。我々は手桶のなかで洗濯し――三〇分が認められた――、それがすむと特製で背が高く、輪の付いた移動式ハンガーに吊るすと、風呂場爺さんがそれを乾燥室へと運んで行った。

洗濯は経験のない男性には一筋縄ではいかない作業だ。私は最初の経験時に、肌着を熱湯に入れ、後でこれほど入念に洗ったのになぜきれいになっていないのか？　と驚いた。次回には、モスクワの洗濯屋で働いていた若い中国人が私を助けてくれた。彼は、当惑しながらくり返していた「洗濯男だったのにスパイになった！」この「洗濯男スパイ」（我々は彼をそう呼んだ）その人が、私に上手な洗濯の仕方をすっかり教えてくれ、お蔭で私の肌着はまれに見るほど清潔になった。だが時とともに私の肌着は惨めなぼろきれに変わり始めた……。

我々は洗濯に三〇分与えられるが、肌着が乾くまでもう三〇分、洗濯やその他の風呂場での気晴らしと満足の時間があった。と言うのは、脱衣室に裸の床屋（囚人仲間）が現われたのだ。彼は散髪用のバリカンをもち、希望者は散髪と髭剃りができた。だが「髭剃り」というのは限定つきの言い方だ。カミソリはないようで、毛髪と顎髭はおなじバリカンで刈るのだ。そこでは爪を切ることもできた。脱衣室のタイル張りのベンチにいくつものニッパーが並び――はさみなんてめっそうもない――、それで爪を切るのでなく、まるでかじるようだった。このニッパーの使い方を身につけるのは容易くなかったが、「反復は学習の母」だ。我々はついにこの奇妙な道具の使い方をマスターした。

こうしたことが全部進んで、我々の衣服は消毒され、肌着が乾く間、我々は時間をむだにはしなかった。風呂場は監獄全体の郵便局だった。通信は男子房、女子房を問わず監獄全体で行なわれていた。そして監獄当局がいかに監視に努めようとも、囚人はつねに監視を出し抜いた。監房内で鉛筆所持は厳しく禁じられていて、検査の際に容赦なく取り上げられ持ち主は懲罰房入りになったが、事態は変わらなかった。各監房に鉛筆が、しばしば石墨のかけらがあり、靴底とかコートやシューバの縫目に注意深く隠されていた。そして風呂場の壁のあちこちに、人間の背丈の倍の高さの所にまで、多くの書きこみが、しばしば書き換えられて見られた。例えば「ドーラ・ニキーフォロヴナは強制収容所一〇年」、「作家ピリニャーク[12]に銃殺の判決」、「シュレノク、返事しろ、今どこだ?」、「ヴァーリャが手紙を待っている」、そして似たような書きこみが多数あった。

だがこのような壁にかかれた文学の他に、本ものの文通もあり、従ってヴァーリャは空しく手紙を待つわけでもなかった。脱衣室と風呂場に行くと、我々は大急ぎでこっそりとタイル張りのベンチの下の床を探し、大きさはいろいろだがパンを丸めた小片を見つけるのだった。パンの柔らかい部分をさらにかんでやわらかくした中にメモが、時には手紙がまるまる入っていた。パンは丸められて乾き、脱衣所やふろ場のタイル張りベンチの下で偶然に委ねられた。手紙の第一発見者が「開封し」、もしもアドレスが同監房内であれば、手紙は直ちに名宛人にまで届いた。そうでない場合は、手紙は新たに同様のやり方で「再封印され」ベンチの下に残されて運命を待つのだった。ある監房の次に別な監房が、さらに第三の監房がというふうにすぐ入浴するので、手紙はたいてい名宛人まで届かないことはなかった。我々は風呂場を「第二号郵便局」と呼んだ。第一号はトイレで、そこへは一昼夜に二度訪れるので、文通はこのようにしてより早く、より集中的に行われた。だがその代

12　B・A・ピリニャーク（本名ヴォガウ）（一八九四～一九三八年）同伴者作家。［代表作『裸の年』（一九二一年）『機械と狼』（一九二五年）。反ソ的と見られ、一九三七年「日本のスパイ」として逮捕、翌年銃殺。一九五六年名誉回復］。

わり監獄全体でなく、同じ通路の各獄房間での文通だった。

　こうして洗濯、体洗い、散髪と爪切り、通信業務などが全部終り、風呂場爺さんが脱衣場で熱く乾いた肌着を掛けたハンガーを転がしてきた。それから我々は衣類を返却する窓のまえに群がって自分の物を受けとるが、それも熱く、強い消毒の臭いがした。二人ずつ並び、気分も新たに気晴らしもして、自分の監房へ「帰宅」した。

　ついでに風呂場爺さんについて一言。私の在獄期間がもう一年過ぎて、隣の棟の三階の七九号房にいたが、ある時ドアが突然開いて風呂場爺さんその人が現われた！　我々は驚いて尋ねはじめた――どんな運命のめぐり合わせでお前さん、俺たちの仲間になったんだい？　こういうことだとわかった。つまり彼は消毒室の助手たちと話していて、不注意にももらした。「レーニンの時にはこんなことはなかった……」と。古くからの共産主義者である彼が目の前で日々見たのは、取調べの際のゴム棒で背中を打たれてできたみみずばれ、げんこつで殴られてできた青あざや、全般的にエジョーフの法制度下での肉体的拷問がもたらす目に見える諸結果だった。下級職員の中の一人（あるいは一人ではないかも）が密告のためじっと粘っていた「雌鶏」だった。そして風呂場爺さんは我らの監房仲間となったのだ。彼の運命はすぐに決まった。二か月ほど経ち、強制収容所五年という判決だった。

　我々は風呂場爺さんに、自分たちが知らない監獄当局の決まりについて詳しいことを興味津々で尋ね、知って驚いたことに、女性房の入浴時に彼が風呂場でいつもの仕事を続けていて、若い下級職員たちだけが女囚と交代するのだ。女性たちは彼がいて恥ずかしがらないか？　という問いに彼は答えた「誰がおれを恥ずかしがるもんか。こんな年寄を」。殴られた女性がたくさんいたか？　と尋ねられ、彼は短く答えた「いたさ！」彼自身が恥ずかしくなかったか？　と問われて、彼は手を振って言った「裸の女一人なら確かに気づまりだろうけど、一〇〇人もいれば何も感じないさ！……」

●3　申請と「売店」

　入浴はお祭りで休息、気晴らしだ。だが我々の気晴らしは他にもあった。例えば毎金曜日、申請と苦情受理のための副監獄長による各監房の巡回だ。朝早くに上級当直が牢名主に、申請書を書く者の数を知らせるように、と告げた。希望者はいつも大変多く、各監房の四分の三以上だった。人数がわかると当直は人数分だけの四つ折り版の紙と三、四個のインク瓶、一〇本のペン軸とペン先を配った（我々に尖った武器を渡すとは、何という驚きだろう。最初の検査で衣服から金属のボタンすら取りはずすというのに！）。昼食までずっと、監房内は比較的静かになった。ペン先がきしり、会話は小声になり、ペン先が回ってくる順番を待ちながら、黙って予定の申請文が熟考されていた。何についても、誰に対してでも書けるのだ。自分の取調べ官に、部署の責任者に、監獄長に、政治局に、ＮＫＶＤの検事に、共和国検事に、諸人民委員に、「スターリン本人に」でも書けるのだ（ただ妻にだけは、手紙を書いて自分の存在を知らせてはいけないのだが……）。そして書いて、書いて、書いた。取調べの方法について苦情を言った。病気の妻との面会を訴えた（むだな訴え！）。自分の完全無実を、中傷を指摘した。以前の強制的自白を否定した……。監房内に潜む「雌鶏」はこの機会を利用して密告し、監房内での会話を報告し、何人もの名前を挙げた。「雌鶏」の一人が摘発された。隣で書いていた遠目の利く男が、密告文の一部を読んだのだ。騒ぎが起こり、「雌鶏」はひどく打たれ、当局は即座にこの「雌鶏」を別の監房に移したが、我々は彼の名前を第一号と第二号の郵便局を通じ監獄中に至急通知した。

　しかし、申請書は書かれ、昼食の時が来た。二時頃「起きろ！」と言う叫び声が響いた。監房内に上級当直と一緒に副監獄長が入って来て、列に沿って歩きながら黙って申請書を受けとった。その数は先に渡された四つ折り版紙とぴったり同じでなくてはならなかった。この巡回時に口頭での申請もできた。例えば監獄図書室から受け取る本の冊数が足らないとか、食事の質が悪いとか、散歩時間が足らないとか（当直が散歩の際にしばしば我々の「散歩割当」を減らす）、そしてそのような細々とした監獄の慣習についてだ。苦情を聴き、書面での申請を受けとって副監獄長は監房を後にした。インクとペン先は回収された。そして我々の作家熱は次週の金曜まで消えた。いずれにせよ、やはりこれは気晴らしだった。

　私は一度も申請書を書いたことはない。それが決して何にもならないと分かっていたからだ。書いた者の大部分も、申請書が取調べ官の机、あるいはより正確に言うと紙くず籠よりも遠くには行かないことをよくよくわかっていた、と思う。次のような例があった。モスクワの教育学者である囚人が共和国検事宛てに、自分の取調べ官の行動についてあからさまに苦情を書いた。彼は取調べ官に呼ばれ、何発かびんたを喰らい、申請書は細かく破られ、直ちに彼の目のまえで捨てられた。誰もがこのことを知っていたにもかかわらずやはり書いて、書いて、また書いた。恐らくロシア的な「ひょっとしたら《アヴォーシ》」に期待したのか、または何も期待せず、ただ気晴らしのために書いたのかもしれない。唯一すぐに結果をもたらす類の申請がある。それは取調べ官による身体的拷問を強いられた以前の自白を否認する、との申請だ。そうすると叛乱を起こした監獄の奴隷は、すぐに取調べ官に呼び出され、尋問手順がまた一から始まるのだった。これは気晴しとして良いとは言えなかった。

ここで気晴らしでなく、一か月間に三度あった出来事について書く。「売店」だ。

個人への差し入れはいっさい許されていなかったし、既成の条件下では不可能だった。一九三三年のように監獄に三〇〇〇人が収容されている時なら、食品や肌着の差し入れを手配することはまだ出来た。だが現在のように、同じ監獄に三万人がひしめき合っていれば、差し入れの可能性を考えることも無理で、代わりに現金を受け取ることが許された。各囚人は家族（まだ自由でいるとしてだが）から月に五〇ルーブリ受けとることを認められた。現金受け取りは一度でなく、何度かに分けることができた。このような状況は、外部からの情報も受けとる機会となった。例えば、囚人の一人が「所持品」をもって監房から出て行くとする。どこへ行くのか？　別の監房へか、ラーゲリへか、それとも釈放か？　もし釈放なら、彼は監房内に残る仲間の誰かに、一か月分として三ルーブリを発送する、と約束する。残った方の仲間は、自分の妻は逮捕されたか、それともまだ自由か、と悩む。仮定しよう、もし彼女が自由の身なら、彼女は夫に三ルーブリでなく七ルーブリを送るだろう、もし長男も自由の身なら、八ルーブリを送るだろう、等々、条件はさまざまだった。だが一九三八年中頃までに監獄長は、自らが放った「雌鶏」を通じてこのような電信による策略のことを知り、現金差し入れの条件を次のように限定した。つまり、一度に五〇ルーブリか、それとも月に二度、二五ルーブリずつか、と。これで電信による通信の可能性は狭められたが、なくなりはしなかった。なぜなら新たに、もし合計金額が一度に渡されたらこうこう、もし二度受けとれば、それはこうこう、などと取り決められたからだ。

送られてきた現金は囚人に直接渡されず、監獄の金庫に入れられた。囚人が受けとるのは、彼の「現在高」を示す受取証だけだった。彼は監獄「売店」で一〇日間に一六から一七ルーブリ以下の買い物で金を遣うことが許された。「売店」で買い物をすると、支出額と残額が受取証に記された。

「売店」の日は大騒ぎの日だった。朝に牢名主が上級当直から監獄売店の値段表を受けとって、我々に大声で伝えた。

値段表は食糧品と繊維製品の二つに分かれていた。売店に今回ある品物とその値段が大声で伝えられた。いくつかについて覚えている。白い棒パンは一ルーブリ四〇コペイカ、マーガリンは一キロが一二ルーブリ、菓子は一キロが五ルーブリ、角砂糖一キロが一〇ルーブリ、秋になるとリンゴ一キロが六〇コペイカだった。黒パン、輪型パン、乾パンが買えた。時々、ニシン、塩漬けのトマトかキュウリ、玉ねぎが買えた。いつでもあったのはマホルカ、マッチに、いろいろな種類の紙巻きタバコ二五本が三五コペイカから二ルーブリまでだった。黒パンのやわらかい部分で特上の喫煙用パイプが巧みに作りだされ、「売店」での購入後には毎回、監房内に煙の柱がたった。

値段表の繊維製品の方にもいろいろな品があった。ルバーシカ一〇ルーブリ、ズボン下一二ルーブリ、ソックス四ルーブリ、綿入れジャンパー一六ルーブリ、オーバーシューズ一〇ルーブリ、短靴四五ルーブリ。このように高価な品を買うには金を貯め、食費を節約しなければならなかった。例えば、短靴を買うには、「売店」を二回やり過ごして、少なくとも三回目でその費用を支出できた。

各人は自分が望むものを一六から一七ルーブリの限度内で買える。白い丸パン一二個でも、菓子三キロでも、一番安い紙巻きタバコ五〇箱でも買える。まったく自由に選択でき、一七ルーブリ分買うことも、一ルーブリ分だけ買うこともできる。だが、一つ「義務的品目」の抱き合わせという条件がある。各人は自分がほしいだけ買うが、ニンニク二〇〇グラムを必ず買わなければならない。監房内にどれほどニンニクの臭いが漂うか、想像できるだろうか？だが我々はその臭いを感じなかった。各人がニンニクを食べれば、他人の口から発する臭いは感じないものだ。

この義務的品目という代物の存在理由は、ニンニクに壊血病を防ぐ性質があるからだ。けれど私の隣の寝棚にいた医師は、ニンニクには我々が摂るスープにあれほど多く添加されるソーダの性質を消してしまう別な性質がある、と指摘した。ニンニクは壊血病には有効だが、ただ性的機能を強める性質がある。ソーダは大量摂取するとこの機能を抑える性質がある。こうしてソーダ対ニンニクの闘いの実験が進行中だった。

値段表が読み上げられる。牢名主は渡された表に一人ずつの名前を呼んで注文を書きこむ。それから五、六人の一番たくましい仲間が牢名主を先頭に、監獄警備兵に導かれて一階の監獄売店へ向かう。そして袋の重さで身を屈めながら戻ってくる。この時のために寝棚の上に場所が用意され、そこに全購入品が置かれる。牢名主は名前のリストに従って分配する。大宴会が始まる……。

このようなことすべてでゆうに一日の半分をとり、本当の祝日と言える。何かの過失を監房で犯すと、一番重い罰の一つとして「売店」が剝奪された。我々の医者が計算したところでは、日々の配給食糧プラス売店で買う「食べ物」で、一人一日一六〇〇キロカロリーになる。これは我々が過ごしているような、座ってばかりで何もしない生活なら十分な量だ。ただしこの計算には、取調べの際に費やす精神的エネルギーは含まれない……。

しかしながら全囚人が金を受けとれたわけではない。金を受けとれない「貧民」もいた。その理由は、あるいは誰も送ってくれる人がいない（例えば、家族全員が逮捕されている）か、または取調べ官が自分の判断で囚人が受けとる権利を剝奪したかだ。私は後者に属していた。取調べ機関が、私がどこにいるかV・Nに伝えることを絶対的に拒否し、彼女はほぼ一年半も私の運命について何もわからず、つまり私に金を送れなかったのだ。さまざまな理由で「貧民」あるいは「市民権喪失者」[13]は、ふつう監房内に一〇パーセントほどいた。そこで監房は彼らを援助するために いわゆる「貧委」（貧民委員会）を組織した。自発的な同意により、「売店」で費やす金額の一〇パーセントを「貧委」のために除けておくことが決まりとされた。計算は大体次のように進められた。我々の監房に八〇人がいると、そのうち八人は「貧民」だ。金持ちは各々「売店」で一六〜一七ルーブリ分を買う。ということは全員分を合計すると一一〇〇〜一二〇〇ルーブリになる。したがって「貧委」の分け前は一一〇〜一二〇ルーブリになる。すると「市民権喪失者」の分け前は一人当たり一四〜一五ルーブリだ。いい直せば、我々「貧民」は毎回、金持ちの仲間とほとんど同じ額の買い物ができた。「市民権喪失者」の数が増えていくとなると、一人当たりの分け前は減っていった。反対に、もし貧しい者の数が減っていき、このようなシステムだと彼らの分け前が一七ルーブリ以上になると、控除率が七パーセント、さらには五パーセントに下げられた。概して組織はよく考えられていた。

牢名主は毎回「売店」での購入総額を伝え、「貧委」の分け前を計算して我々の注文を受けつけた。このような仲間同士の助け合いに何の疑念も覚えることがなかった、と言わねばならない。なぜならそれが普通純粋な感情からなされたからだ。入獄していた間に一例だけ記憶があるが、我々の監房に入って来た共産主義者ゾロトゥーヒンが、個人に対する慈善にはすべて反対、と言って「貧委」のために控除することを拒絶した。それから間もなく、彼が取調べ官に打たれて監房へと戻され、寝棚の隣人に水を頼んだ時、その隣人は、おれも個人に対する慈善にはすべて反対、と厳しく答えた。その後ゾロトゥーヒンは「貧委」で控除を始めたが、「市民権喪失者」全員が彼の控除を受けとることを拒絶した。

付け加えると、毎月五〇ルーブリの差し入れが唯一の収入源ではなかったということだ。多くの監房の「富豪たち」が監獄口座預金にある者は数百ルーブリ、数千ルーブリをもち、ある億万長者は一万七〇〇〇ルーブリの全資本さえ持っていた、というようなことが時にあった。この高額な金は、彼らが逮捕時に持っていたか、あるいは監獄へ意図的に身につけてきたものだ。入獄時の検査で金は没収され、彼らの名義で監獄口座に入れられたが、所有者は自分が金持ちだと見なしている。それは夢の中であるかのようだ。なぜなら、どっちみち彼以外の豊かでない仲間と同じく、一月に「売店」で一五ルーブリ以上使えないのだから。

●4「新聞」、「文化啓蒙サークル」、抜き打ち検査

風呂と「売店」は注目すべき出来事だった。我々の希望なき監獄生活で、その他にどんな気晴らしがあったか？「新聞」だ！

我々が実際に新聞を手にしたとだけは思わないでほしい。監獄では何であれニュースが入り込まないよう、しっかりと閉じられていた。誰にも面会は許されず、どんな新聞もなかった。我々は自分たちの監房への新入者を「新聞」と呼んでいたのだ。新入者は時々なぜか他の監房から移動して来るか、あるいは他の監獄からやって来ることが多かった。そのような時我々は、隣の監房か、あるいは監獄界全般のニュースを知った。時々「シャバ」からやって来ることがもっと多かったが、そのような時我々は、自由な世界のニュースを知った。どんなに貪るように我々が「新聞」に飛びつき、この世で起こっていることなら何でも尋ねたか、想像できるだろうか！「新聞」の到来は一九三七年末と一九三八年前半にきわめて頻繁だったが、その後どんどん少なくなり、私が知る限り一九三八年一一月六日にはある特別な事例のため、まったく止まった。これについては然るべき個所で話そう。

「新聞」の代わりに本があった。月に二度ほど監獄図書室員が本の山を運んで来て、我々が選んだ「司書」が「在獄期間によって」――三人に一冊の割合で――本を割り当てた。在獄期間が誰よりも長い者がまず自分の読みたい本を

13　［本来の意味は一九三六年のスターリン憲法発布以前に、搾取階級出身のため選挙権その他の公民権を奪われた者のこと］

選び、彼に続いて残る者も同じように選んだ。一九三八年末までに私は古株になっていたので、最初の一〇人のうちの一人として本を選んだ。もっとも私のまえにもう三年から四年入っている人々がいた（全員がまだ「予審」を待っていた）。図書室の蔵書は翻訳文学の分野が主で、次いでロシアの古典、数学や技術分野のものがいくらかあったが、外国の本や言語の自習書は決してなかった。ある時、「アカデミア」出版所で私が編纂して註釈をつけたアポロン・グリゴーリエフ[14]の回想記［一九三〇年刊］がたまたまあった。これは司書の見落としに違いない！　この本は監房内で特別な注目の的となった。皆が同房者の本を読みたがったのだ。

本以外に時間をつぶすのに役立ったのは、数多くの「独学サークル」だった。このような監房内サークルは普通いくつかあった。フランス語・ドイツ語・英語研究サークル、初級と上級の数学サークル、天文学サークル（私が担当）、自動車工学サークルに簿記サークルまであった。一番人を集めたのは最後の二サークルだった。紙も鉛筆もないのに諸サークルはどのように運営できたか――これは謎だが、何週間も続いた。私の「天文学サークル」は毎日昼食と夕食の間の二時間ほど、六週間で終わった。諸言語のサークルはもっと続いた。もちろんそれらは「音声システム」で運営され、全員が耳で聞いて覚えた。自動車サークルの主催者だけが黒パンのやわらかい部分で自動車の細部をかたどったが、最初の監房内検査で没収された（この検査については特に述べる）。とにもかくにも時間は過ぎていった。

その他に補足的な気晴らしがあって、我々の勉強を妨げた。毎日昼食と夕食の間に准医師が、台車に薬を積んで通路に現われた。台車のきしる音が予め聞こえると、病人たちはドアの小窓のまえに並んだ。准医師は診察もせず、ただ各人の頼みにこたえて、何かごくありふれた薬を渡すだけだった。例えばアスピリンとかザロールの錠剤、歯痛用の点滴剤（少量の綿に浸みこませた）、少量のカミツレなどだ。切り傷にはヨードを塗った（どこから手に入れたのだ！）。大事なことは、メモ帳に誰が何の専門の医者を頼んだかを書き記すことだった。私が入獄中には重い伝染病の発生はなかった。ただ一九三八年初めに我々全員が感冒にかかったが、過密状態で病気の一「新聞」から感染しなかったはずはない。

さらに毎日の気晴らしといえば、窓台へ何十羽と飛んでくるハトに餌をやることだった。我々はカーシャの残りとパンのかけらをハトの餌とした。エサやりは厳しく禁じられ罰せられたが、それでも行なわれた。監獄伝説として流布しているが、いくつかの隔離房でハトを飼いならし、ハト通信で連絡し合ったという。事実だったかどうかにかかわらず、監獄当局は我々がハトに餌をやることを禁じ、我々はやはりやり続けた。そのため一度ならず散歩ができなくされ、一度は「売店」の利用ができなくされた。

　その他には何かあったか？　我々は順番に写真を撮られた。それから——新規！——指紋鑑定室にも連れていかれ、自分の指紋を残した。何百万もの犯罪者がいるとなるとこれはまったく無意味だが、子どもが喜ぶだろう。

　最後に、これで気晴らしとしては終りだが、ヤギやウシが連れ去られて監房が少し空き我々八〇人ほどの常習犯が残ると、希望者は朝の起床後と夜の就寝前に集団体操をした。朝と夜のトレーニングだ。寝棚の上に一列に並び、「体育教師」に倣って「駆け足足踏み」に至るまでいろいろな動きをくり返した。そのため寝棚で強烈な音が響いた。当局は初めのうち何も止めなかったが、間もなくさまざまな厳格な体制が動き始めると、囚人の精神的抵抗を打ち破るため、集団的でも個人的でもおよそ体操というものは極めて厳しく禁止された。

　こんなに多様な我々の仕事と気晴らし（取調べは除外して）があり、我々の監獄での一日は十分に忙しかった。しかしそこで秋と冬の長い夜になった。読書は無理だった。暗くて弱い光の電球が一つだけ天井からぶら下がり、ぼんやりと光っていた。するとこれは監房選出の「文化啓蒙活動係」の活動期なのだ。その任務は、夕食と就寝の間の時間を埋める文化・啓蒙的娯楽——講義、報告や文学の夕べなどを組織することだった。監獄当局は最初大目に見るだけでなく、奨励さえした。廊下の当直とミスター（というより同志）上級当直とが一度ならず、ドアの小窓を開けて舞台で進行中のことに聞き耳をたてた。舞台などはもちろんなくて、ただ寝棚に置かれた腰掛に演者、講師、朗読者などが陣取っただけだ。毎日夕食と就寝時間の間に、監房はその日の出演を待ちきれない思いで待った。演目は大層多彩だった。科学上の報告もあった。例えばあるタバコ研究者がタバコ栽培と生産方法に関して我々、喫煙者にとって大層おもしろい講義をした（獄内では外界では喫っていなかった者まで、全員が喫煙した）。別の回では製造技師が飛行機製造とその歴史について、我々に知識を与えてくれた。彼は講義を「一〇〇万キロメートル」と呼ばれた飛行士（それほど飛行したのだ）の話で補足した。私はロシア文学史を一般向けに話した。

14　A・A・グリゴーリエフ（一八二二～一八六四年）文学批評家、詩人。

まじめな報告と「軽いジャンル」の発表とが交互に行なわれた。モスクワのさる二級の劇場の俳優グレーコフがさまざまな寸劇やアネクドートを十分に生き生きと語った。「極東人」というあだ名のオペレッタ俳優が、全オペレッタの登場人物役を歌い、演じた。素人の朗読者が出てきて、覚えている詩を、時に物語詩全編を朗読した。一人の名の知れたGPU活動家が(残念なことに、彼の苗字を忘れた)、コミンテルンの任務で三年にわたる世界一周の旅から一変して我々の許へ直行して来て、自分の旅の印象を魅力的に語った[15]。だが一番成功したのは、動物園の副園長であるセルゲイ・ヤコヴレヴィチ・カルマンソン[16]の生き生きとした連続講義で、動物の生活が語られた。これは一般向けの動物学講義で、素晴らしく、皆がこの講義日を興味津々で待った。ある同房者は運転手だが、まさにこのように言った「俺は本なんかにゃ縁がなくて、バカのままで死ぬんだと思ってたぜ! ありがとよ、スターリンとNKVDが面倒見てくれて俺を監獄に入れてくれたんだ!」

ある時、「文化啓蒙活動係」がおもしろい文学の夕べ——「世界の全言語での」詩の朗読を企画した。我々の監房には、世界のすべての言語とは言わないが二二の言語での朗読会を催せるくらいの種族や方言の話し手がいた。どの言語が一番明るくて響きが良いかを多数決で決めよう、ということになった。まずギリシャ語やラテン語などの「死語」から始め、私が『オデュッセイア』の最初の一〇行や記念碑に関するホラティウスの頌歌を諳んじた。それから生きている言語へと進んだ——ロシア語・ウクライナ語・ポーランド語・チェコ語・セルビア語・ブルガリア語・ルーマニア語・フィン語・エストニア語・ラトヴィア語・ハンガリー語・フランス語・英語・ドイツ語・イタリア語・ペルシア語・トルコ語・アラビア語・中国語・古代ユダヤ語(もっとも「死語」でもある。ある囚人が古代ユダヤ語で有名な「デボラの唄」[17]を暗誦した)などだ。我々の監房では何とさまざまな言語が入り混じっていたことか! GPU、コミンテルンの任務で世界周航の旅をした人物はとびぬけていた。いったい何か国語を彼は知っていただろう! 彼はアラビア語詩の朗読で勝利の栄冠を授与された。我々は希望のもてない入獄の日々をこのように満たした……。

このような平穏無事な暮らしは、一九三八年春のある日までに、はっきりと終わった。さまざまな厳格な措置が導入され、いっさいの報告や講義は絶対禁止された。牢名主の選出制度は廃止され、今や上から、監獄当局による任命制に変わった。体操は禁止された。「貧委」は禁止された。しかし我々はこの禁止をたやすくかいくぐった。講義禁止も同じくかいくぐったが、今は注意深くやらねばならなかった。そこで講演者は寝棚に横たわり、隣人たちが何でも見通す眼──「監視の眼」から彼を隠し、報告は小声で行なわれた。しかし、このように注意を払っても当局は主な講演者の名前を──もちろん「雌鶏」から──探り出し、講演者を幾度となくいやな目にあわせた。どのようにしてかは、後に自身の経験によって語ろう。独学サークルの根絶はうまくいかなかった。人々が腰を下して互いに話し合う──それをどうして妨げられようか？

入浴、「売店」、散歩、読書、独学サークル、講義──これらはみな、我々の監獄生活の花だった。だが、周知のように、とげのないバラはない。確かに、本もののとげが取調べ室で我々を待っていた。しかし監獄生活では、時々我々一人一人の体に突き刺さる特に鋭いとげがあった。思いがけなく一か月に二度もあった忌まわしく、侮辱的な検査のことを語ろう。

それはこういうことだった。真夜中に、ふつう一時から三時の間に、小窓が開けられて我々は叩き起こされた「全員所持品持参！」眠いのに起き上がって自分の所持品をまとめ廊下に出て、二列に並んだ。そして中庭を通って「駅」へ連れて行かれた。そこで我々は広いタイル張りの部屋へ追いたてられ、そこから八人ずつが明るく照らされ、真中に机がある隣の部屋へと入れられた。我々は机の上へ所持品を全部ぶちまけ、着衣を全部脱いだ（室内はしばしば非常に寒かった）。そして我々の目のまえで、八人の下級職員の一人が一人の所持品──衣類、下着、食糧を全部検査した。検査は巧みだった。あてずっぽうに衣服やシューバの縫目が切り開かれ、短靴の敷皮がむしり取られ、ジャケットやコートの裏地があちこち引きはがされ、帽子や服は針で刺され、オーバーシューズは調べられ、踵は検査された。こうした手続きは、調べ手の熱心さのせいで一人当たり一五分から三〇分かかった。その間我々は裸で、

15　おそらくD・A・ブィストロリョートフ（一九〇一～一九七五年）のこと。パリ大学法学博士、チューリヒ大学医学博士。一九二五年にOGPUに採用され、特別任務（情報収集と人員募集）でアジア、アフリカ、アメリカ、ヨーロッパ各国を歴訪。［一九三八年逮捕後、各地の監獄、収容所で過ごす。一九五六年名誉回復］。

16　S・Ia・カルマンソン　動物学者。逮捕までモスクワ動物園学術研究部副部長。父親はナロードニキで政治亡命者。

17　デボラは『旧約聖書』「士師記」に登場する女預言者。

寒さに震えながら立って見ていた。それから屈辱的な「身体検査」が古い儀式に従って始まった「口を開けろ！　舌を出せ！　後ろ向け！　しゃがめ！　両手でけつの穴を拡げろ！」それからアリストファネスの……に至るまでだ。四年まえに私はこのような監獄での〝おばちゃん〟の洗礼を、ほぼ九か月に九回数えた——そんなのはまるで数に入らない！　一九三七年から一九三九年の監獄トレーニングの復習コースで、私はこの儀式に少なくとも一五回くらい与《あずか》らねばならなかった。

儀式が終り、検査も終った。我々は服を着ることを許され、破壊された所持品を集めると第三の部屋へ連れて行かれ、次の八人組が新たな検査のために通された。我々囚人が一監房で八〇人くらいになると、この手続きは全体で三時間から四時間かかった。それから眠く、不機嫌で屈辱感を覚えた我々は、中庭を通って自分たちの監房へ戻らされた。もう夜が明け始めた。

我々が「駅」で検査を受けている間に、誰もいない監房では破壊的な検査が行なわれていた。廊下ごとにいる当直が室内をすっかりひっくり返した。寝棚は持上げられ、机と椅子はひっくり返され、縫い目という縫い目がみな調べられ、我々は監房内で「まさしくママイ汗が略奪した」かのような完全な破壊の跡を見出した[18]。それ故、検査全体が「ママイの猛襲」の名で呼ばれた。監房全体を以前のようにきちんとしなければならず、朝から廊下で番をする当直に針と糸を頼んで、切られた縫い目と、引きはがされた裏地を順に縫い直さねばならなかった。針一本、時には二本が牢名主の責任において貸し出され、夕食までに返さねばならなかった。縫い目を縫い直し、裏地を縫い付けて一日が過ぎた。それも古い歴史が新しい検査でくり返されるためだった。検査は一週間後か、二週間後か、あるいは一か月後に実施が可能だった（もう必ず）。だが前回の検査から二、三日後に実施されることも何度かあった。一度は翌日の夜ということもあった。ぶつぶつ言いながら我々は夜中に起きだし、例の愚弄を受けた。このように急速に検査がくり返されるわけは、〝おばちゃん〟の息子たちが我々を突然捕まえるか、あるいは「雌鶏」が急ぎ密告したかのどちらかだった。

彼らは何をこんなに丹念に、そして空しく探しまわったのか？　空しくと言う理由は、私が入獄中に行なわれた何十回という検査で我々の所持品と衣類のなかに禁止された物は一度たりとも見つからなかったからだ。しかも多くの囚人が禁止された物を何か持っているにもかかわらず、そうなのだ。探されていたのは主に四つの物品、すなわち鉛筆、紙、針とカミソリの刃だった。それらは探されたが、決して見つからなかった。「口を開けろ」、「舌を上げろ」、「両手でけつの穴を拡げろ」といくら命令してもだめだった。そこに突然ちびた鉛筆とか紙切れに包んだ針が見つかるだろうか？　しかしいつもの検査の儀式を知っているから、誰もそこへ隠さないし、それでも隠したい物は隠した。第一に、これらの宝物を持つ者は、検査の際に最後の「八人組」の一人に当たるようにと努めた。そうしたら彼の検査を行なう下級職員が三時間の仕事に疲れて、注意力が落ちているだろう。しかしながら当局はこのような策略をすぐに知り（もちろん、「雌鶏」を通じて）、検査を苗字のアルファベット順に実施するよう指示した。けれどこれも役に立たなかった。実際、鉛筆そのものも、短い鉛筆の芯や薄い紙切れも衣服の縫目に縫い込まれることはなかったし、縫い目が全部ほどかれるわけでもなく、縫い目のあちこちから一センチメートルの鉛筆の芯を見つけだす可能性はほぼなく、千に一つくらいだった。カミソリの刃と針は黒パンの皮の下に巧みに隠され、それに気づくことはほとんど不可能だった。しかし私にはそのような策を弄する必要はなかった。鉛筆も、紙も、カミソリも、針も持たず、それらは必要なかったのだ。私が何か月も寝棚で隣りあったクルトグリャス博士[19]はそれらの宝物を全部持っているうえにまだ多くを、例えばロシア語・ドイツ語小辞典まで持っていたが、きわめて単純な方法でそれらをうまく隠した。彼は一・五アルシンほどの長さの黒い糸を窓枠にくくりつけ、貴重品を入れた包みを窓の外に垂らして静かに検査に出かけた。愚劣な検査から戻ると、その包みを無事吊り上げた。だが監獄生活におけるこれらの棘は、この時期にブティルカとルビャンカの取調べ室で成長した茨に比べればまだ何でもなかった。話題をそちらへと変える時だ。

●5　拷問(1)

一九三七年一〇月末のことだ。私はまだ「新参者」で「地下鉄」――寝棚の下――に寝ていた（正確に言うと、寝ておらず、あえいでいた。なぜならそこの空気に慣れておらず、堪え難かったのだ）。まだ在獄一か月だった。我々

18　ママイ汗（?～一三八〇年）キプチャク汗国（金帳汗国）の支配者で、モスクワに何度も遠征して恐れられた「クリコーヴォの戦い（一三八〇年）でモスクワ公国のドミトリー・ドンスコイに敗れ、自国内で権力の座を追われた」。

19　軍医。

は眠るため横になる支度をしていた。戸外はかなり暖かで、窓の上部の明り取り窓は開けられていた。突然室内が死んだように静かになり、全員が耳をそばだてた。どこからか開いた窓から、押し殺したような叫び声が聞こえてきた。「同志諸君、同志諸君、助けてくれ！　冷血漢め、何をする！　同志諸君、助けてくれ、殺される！」

その後に短い沈黙――はっきり聞き取れない叫び声、「アーアーアーアーア！」

それからまた短い死の沈黙――またすさまじい叫び声、「助けてくれ！　助けてくれ！　同志諸君！」

これらの叫び声と悲鳴はとぎれとぎれに五分間続き、我々には永遠と思えた。

我々の牢名主カルマンソン教授はまっ先に我に返って寝床を離れ、腰掛をつかんで金属のドアを激しくたたき始めた。室内の全員が大声で叫びつづけた。各廊下から当直が走って来て、上級当直も走って来た。隣りあう監房も同様に荒れ狂った。叫び声は精神を病んだ者たちの部屋からのものだ、と我々にむかって太鼓判が押された。静寂が始まり、叫び声は止んだ。我々は黙って眠るため横になったが、この夜多くの者がほとんど眠れなかった……。

我々はよくよく理解していた。精神病者はここには無関係なこと、我々は〈眼ではなく耳で〉取調べ官の尋問の証人となったことを。付け加えねばならないのは、このような例は最初で最後だった、ということだ。取調べ官はおそらく、尋問のやり方が未熟だとして大目玉を喰らっただろう（明り取り窓を閉め忘れるとは、とんでもない！）。さらにそのために監房で叛乱を引き起こしたことでも。この時以来、取調べ室での殴打は窓を閉めて行なわれることになった。

監獄では殴っている、ということは我々が自由の身であった時にうわさを聞いていたし、監獄では拷問している、ということも確かなことだと聞いていた。だが初めてここで、拷問されている人間の叫び声を自分の耳で聞いた。取調べ室は我々の監房の上の三階にあり、そのうちの一室の明り取り窓が開いていて、我々のところまで叫び声が届いたのだった。

拷問は以前にGPUで疑いもなく用いられたが、悪名高い大衆的「蒸し風呂」を除けば、例外的現象だった。それは二〇年代中頃、「ブルジューイ［ブルジョワ］」が金やドルを差し出すまで蒸し風呂に閉じ込めたのだった。だがその時代に詩人ニコライ・クリューエフは三日間ペテルブルクGPUの「コルク監房」［毛穴から血がふき出るほど加熱した空気を注入］に入れられ、後にそこでの滞在のことを恐怖をもって語った。その監房が何かのため、誰かのために造られたことは、神話ではなく正真正銘の真実だ。さまざまな拷問の形態について――例えば「コンベヤ式」尋問システムについて語られたが、それはみな話に過ぎなかった。今や我々は証人となる運命にあり、多くの者はあからさまに行なわれる拷問で苦しめられることとなった。「エジョーフ募集」の取調べ官たちは、上からの命令に従い、拷問によって有名だった。

しかしながらただちに言っておかねばならない。文字通りの意味での――中世的意味での――拷問はなかった。あったのは主として「単純な殴打」だった。

とはいえ、「単なる殴打」と拷問をどこで区別するべきか？　もし人が何時間も（何度も中断しつつ）ゴム棒で殴られた後、死んだようになって監房に運ばれてきたとしたら、これは拷問なのか違うのか？　もしその後一週間ずっと、彼が尿の代りに血を流していたとしたら、彼は拷問を受けたのか受けなかったのか？　もし肋骨を何本も折られた人が取調べ室からまっすぐに診療所に運ばれたら、彼は拷問を受けたのか？　もしそのような尋問で彼が両足を折られ、後に診療所から松葉杖で監房に戻ってきたら、彼は拷問されたのかそうでないのか？　もし殴打の結果、脊椎損傷で人が歩けなくなったら、それは拷問と言えるのか？　これはすべて「単なる殴打」の結果にすぎないのではないか！　もし人が「コンベヤ式」で尋問され、七昼夜連続で眠らされないとすれば（自分自身の毒素で中毒して）、誰も指一本すら触れないこの「拷問」とは一体いかなるものか？　あるいはもっと洗練された例を挙げると、一種の「精神的作用」だ。人が床に押し倒され、頭を汚い痰つぼに押しこまれる――これのどこが拷問なのか？　そうでなければ、取調べ官が取調べの対象者に口を開けろと命じ、その口が痰つぼであるかのように楽しそうに痰を吐く。これは拷問ではなく、単なる殴打でもない！　あるいは、取調べ官が対象者を跪かせ、その頭に放尿し始める――これも拷問なのか？

私は自分の目で見た事例だけを話している。しかし、言葉について論じはしない――これは複雑な中世的な道具を伴う拷問ではなく、そのような拷問はなかった、と認めよう。ゆえに拷問でなく、虐待について話そう。この虐待という言葉は「単なる殴打」も、不眠強制も、肋骨骨折も、口への痰吐きも、両足の骨折も、頭への放尿も、等しく包摂する。私は証言するが、拷問道具はルビャンカでもブティルカでも見たことも、聞いたこともない（いろいろ聞くところでは、レフォルトヴォ監獄にあるとのこと）。しかしこのことについて同時に宣言する。私が幾度となく自分の目で見たこれらの肉体的、精神的虐待の事例は、拷問と目的が同じで、罪を犯していないという意識を「取調べ官に」むりに抱かせるのだ。中世の「魔女」は内側に釘を植え込み熱せられた「スペイン靴」をはかされて自白し、焼き殺された。現代の「スパイ」あるいは「妨害分子」はゴム棒で打たれ、口に痰を吐かれ、一週間眠らされず、すべて「自白し」、銃殺されるか、あるいはラーゲリ送りになる。違いがどれほど大きいだろうか？　すべての道はローマに通じるのだ！

くり返そう。私が挙げた事例はすべて何人もの口からの聞いた話ではなく、目撃者の印象だ。何十もの事例からもっとも典型的な数例を選んで引用する。これだけは言っておこう。虐待を受けた人々の苗字を全部は覚えていない。しばしば、監房内で知られていた彼らの呼び名を覚えているのだが、問題は少しも変わらない。

一九三八年の蒸し暑い夏、我々の監房七九号房のドアが勢いよく開かれ、当直が新しい囚人を入れた。中年の、軍服型ジャケットを着て松葉杖をついた男だった。彼は自己紹介した。

「同志の皆さん、お見知りおきを。ハルモニストです！」

驚いたことを覚えている。顔はまったく典型的なロシア人で、姓はまったく典型的なユダヤ人だ！　だが私の間違いだった。ハルモニストは姓ではなくて職業だったのだ。彼は有名なモスクワ赤軍歌舞団のバヤン［大型アコーディオン］奏者だった。我々は新しい「新聞」に飛びついた。彼は「シャバ」からでなく、いろいろな監獄をめぐる護送の旅を経て我々の所へやって来たので、彼から政治的なニュースは聞けなかった。それでも我々は彼の遍歴譚を大層興味深く聞き、ハルモニストが監獄での彼の呼び名となった。

彼は有名なバヤンの名手で、赤軍歌舞団の六人の奏者中ナンバーワンだった。この歌舞団は最近、一九三七年夏にパリの世界博覧会[20]で大成功をおさめた。帰国すると歌舞団の一部はシベリア巡業に出かけた。ハバロフスクでハルモニストは運悪く、歌舞団につけられたNKVDのお偉方で「地方委員会」代表とひどいけんかをした。事態は双方が侮辱し合うまでに進んだ。翌日ハルモニストは逮捕され、ハバロフスクの牢獄で半年間取調べられた。彼をなんとか有罪判決に処さねばならず、この点でチェキストの息子たちは何の苦労もなかった。監獄での言いならわしに「人間がいさえすれば、条文は見つかる」と言う。ハルモニストは悪名高い刑法五八条の一項目、つまり「個人的テロ」容疑で「告訴された」彼が語るところでは、モスクワでは彼は数年続けて夜のパーティーでスターリンの許へ、より頻繁にはヴォロシーロフの許へと呼び出された。クレムリンの美学的好みは、まさしく名バヤン奏者の演奏を喜ぶくらいのレベルだった。逮捕までの二、三年にハルモニストは、クレムリンの主人たちに六〇回以上は招かれた、と言うことだ。「毎夕か、でなければ真夜中に迎えの車が来た。クリム（ヴォロシーロフ）へ、あるいはスターリン自身の所へ、ホームパーティーへ連れて行かれた。彼らのために演奏し、その後彼らや来客たちと同じテーブルで夕食を摂った……」ハバロフスクのNKVDはこのパーティーに関して、ハルモニストにテロをたくらんだ容疑をかけた。すなわち、彼はヴォロシーロフやスターリンの許へ毎回ピストルをポケットにしのばせて通った。テロ行為を実行しなかったのは――全部で六〇回連続して、単に勇気が足らなかったからだ、と。彼が「たくらんだが未遂の犯罪」を自白させるために、ゴム棒という形のいつもの論拠が彼に向けられたが、彼はかたくなに自白しようとしなかった。彼は容赦なく扱われた。拷問はなく、ただ殴打された。ある取調べの際には両足の膝から下を骨折して、気絶して診療所に運ばれた。彼はそこから松葉杖をついて出てきた。そして何も自白しないまま、護送隊形でモスクワへ送られた。彼は我々の監房で毎金曜日に弛むことなく、ヴォロシーロフ宛てに申告を書き、「クリムは裏切らず、救い出すだろう」と揺るがぬ望みを抱いていた。彼ならば月に宛てても手紙を書き、同様に成功したことだろう。もちろん取調べ官は彼の申告をくず籠にほうりこんだだけだった。三か月ほど経って私はこの監房から移動させられたので、ハルモニストのその後の運命はわからない。

これらの「尋問」は遠くハバロフスクで行なわれたのだが、我々はそんなに遠くまで行く必要はなかった。そのような法的手法は我々の眼のまえにあった。一九三八年四月、私はブティルカの四五号房から出て、尋問のためルビャンカへ連れて行かれ、そこで一週間、満杯の「犬舎」で過ごした。私の隣にむき出しの石の床に同房者が横たわっていた。彼は年配のロシア系ドイツ人で共産主義者、トラスト「綿毛と羽毛」の「赤色長」だった（私は彼を、クジマー・プルトコーフ[21]に倣い［ドイツ語で］〈綿毛と羽毛〉と呼んだ）。彼の容疑は五八条六項で、スパイ行為と妨害行為だった。彼は毎日、「犬舎」から取調べ室での取調べに連れ出され

20　K・E・ヴォロシーロフ（一八八一～一九六一年）政治家、軍人、ソ連邦最初の元帥の一人（一九三五年）。

21　［クジマー（コジマー）・プルトコーフは、A・K・トルストイ（第II章の註40参照）と三人の従兄弟ジェムチュージニコフ兄弟によるペンネーム。一八五〇年代前半から約一〇年間、さまざまな風刺文を著して人気を博した。「綿毛と羽毛」はその作品名］。

た。そこから時に自分で歩いて、時に担架に乗せられて戻ってきた。拷問はされず、ただ殴られた。「犬舎」は猛烈に蒸し暑く、狭かった。我々はルバーシカだけを着て横になり、私は不幸な〈綿毛と羽毛〉と背中合わせだった。私のルバーシカが体にへばりつくのは汗のせいだと思ったが、彼の裂けた背中から多量にしたたる血のせいだと分かった。私と彼は一緒に「黒カラス」でブティルカへ「帰宅」して新しく七九号房に居住し、彼はすぐに診療所へ送られた。二、三週間後に彼はまた監房に現われたが、以前の彼の影のようで、歩くのがやっと、血を吐き、折れた肋骨はまだついていなかった。彼はまた診療所で寝ていなければならず、もはやそこから出てくることはなかった。二か月ほど後に、我々は風呂場郵便局で、彼が死んだと知った。

　NKVD警備軍少佐でヴォルガドイツ人のサベリフェリト[22]はこの時期に七九号監房にいたが、まさしくブティルカですでに同じような「取調べ」を受けていた――どうしてこれほど遠くへ連れて行くのか！　ついこの間まで彼自身が、少々違ってはいるが、厳しく殴りつけていたのに、今では身をもってそれを知らねばならなかった。彼の容疑はドイツを利するスパイ行為だった。彼は打たれて「取調べ」から戻ってきて、概して稀なことなのだが、顔に法的手法の取調べの痕跡があった。取調べ官は体の目につきにくい個所に働きかけるものだが、サベリフェリトは幾度となく顔をはらし、眼の下に青あざをつくり、頬をかき傷だらけにして取調べ室から戻ってきた。彼は永らく耐え、自白しなかったが、ついに絶望して絶食を宣言することを決心した。一〇日ほど絶食し（周りで皆が食べる共同房では大変難しいことだ）、取調べ官の許へ呼び出された。「きさまはハンガーストライキで我々を脅そうと考えたか！　馬鹿め、そうはいくもんか！　飢えてくたばれ！　だが口を開けろ！」

　そしてサベリフェリトの口に痰がたっぷり吐かれた。

「これがきさまの栄養だ！」

　監房に戻ってサベリフェリトは自殺して果てようと決心した。房内の全員が散歩に出て、私と二人で例の「散歩なし」の罰で残っていた時、彼は私に近寄って、「自殺をはかった」と小声で言った。彼は散歩の時間に中庭で誰にも気づかれずに拾ったガラスの破片を、たった今呑みこんだのだった。返事に私は彼に次のような例を話した。何年かまえに私のよき友である作家が、チフリス［グルジア（現ジョージア）の首都トビリシの旧名］の牢獄で自殺を試み、電球を割って噛み砕いて呑みこみ、口を血だらけに、食道と腸を傷だらけにしたが死ななかった、と（この驚くべき歴史を、私は別の本で語っている）。私はサベリフェリトに、自殺など考えないよう、また、ハンガーストライキをやめるよう助言し、彼はそうした。間もなく彼は「所持品持参」で連れて行かれ、我々の視界から消えさった。なぜだかわからないが、彼はレフォルトヴォへ移された、と考えられた。

ついでに自殺について書こう。我々の監房でサベリフェリトの事件以外に、もう二件、ともに失敗に終わった企てを知っている。一九三八年になったその日、四五号房で夜のお茶の時間で比較的静かななか、我々は「地下鉄」から聞こえる何か変なうめき声にびっくりした。我々は急いで寝棚の下を見て、そこから半分死にかけた簿記サークル長を引きずり出した。彼もまた「取調べ」によって絶望へ追いやられ、次のようなやり方で自殺を思いついたのだった。つまりハンカチをねじって作ったひもで首を縛り、首の後でハンカチと首の間に木のスプーンを入れて回し強く締めつけたのだ。もし我々が彼のうめき声を聞かなかったなら、彼はおそらく自分の企てを完遂しただろう。

もう一つの事例は、半年後に七九号房で起こった。八月、私は取調べに呼び出されたが、その際に私のエスコートの仕方に大層驚いた。普通は当直が取調べ室の廊下からやって来て、名前を大声で呼んで来いと言い、自分は後からついて行くのだった。それが今は私のために三人の天使が現われ、二人は両側から私の両手をしっかり捕まえ、三人目はしんがりを努めた。取調べが終って監房に戻ると、私は驚く仲間にこのことを話した。だがこの日から全員がこのような式次第で取調べに連れ出されるようになった。さらにもう一つの出来事が同じ日に起こった。陸軍大佐リャーミン[23]はもうずっと前から取調べで疲れ果て、拷問されていたが、取調べから戻って来なかった。我々はもはや彼を見なくなったが、風呂場郵便局でどうなったかを知った。こういうことだった。当直がリャーミンを取調べに連れて行くとき、下の階まで階段で降りていかねばならなかった。ブティルカの階段は他の監獄と同じく、間に身を投げようという誘惑を避けるために金網が張ってある。だがリャーミン陸軍大佐は違う方法を採った。彼は階段を下へ突進し、踊り場にある中央暖房のラジエーターに額を打ち付けた（この少し前に、彼は我々の許でマクシム・ゴーリキーの

22　V・K・サベリフェリト（一八九七〜?年）少佐、［コミ・ソビエト社会主義自治共和国］ウスチヴィムラクNKVD文化教育部長。
23　N・N・リャーミン（一八九四〜一九三八年）陸軍大佐、レニングラード軍管区第八司令部部長。

『三人』を朗読した）。打撃はあまり強くなくて、彼は頭を割ることはなかった。それでもリャミーンは意識を失って診療所に運ばれ、恢復すると他所の監獄へ移された。これ以後、三人の天使による新しい式次第が導入されたのだった。

●6　拷問⑵

だが虐待に話を戻そう。「単なる殴打」に関しては十分に語ったので、これからそれ以外の、もっと洗練された拷問の方法へと話を移す。

四五号房の「地下鉄」と寝棚で私の隣にいたのは、軍医クルトグリャスだった。彼の苗字のことは確かではないが、一九三七年のモスクワの電話案内書で確かめられるだろう。近年クルトグリャス博士はモスクワ軍管区の上級衛生医師の任務に就いていた。彼の容疑は有名なトゥハチェフスキー[24]の陰謀への関与だった。拷問を伴った取調べ、愚弄、侮辱の繰りかえしも効果がなく、博士は頑強に「自白」を拒んだ。肉体的にも精神的にも疲れ果てて取調べから獄房に戻ると、彼はしばしば私に話した「ドストエフスキーなんか迫害者を知ってるどころか！　フョードル・ミハイロヴィチ［ドストエフスキーの名と父称］はガキで青二才さ！」間もなく彼は、現にドストエフスキーの「ペンに価する主題[25]」となるようなことを経験する運命にあった。

一九三七年一二月三日の早朝、起床合図の直後に彼は尋問に連れて行かれた。尋問は六時間続き、彼は壁際で（「もたれるな！」）ずっと黙りとおして終わった。その間、取調べ官は机に向かって座り、書類を拡げ、記録に目を通し、ただ時たま「さあ悪党め、自白したくないか？　ならば壁際に立ってろ！　待ってやる、じきに吐くさ！」とだけしゃべった。正午に当直が博士を我々のいる監房へ昼食に連れ戻して、一五分で準備しろと命令し、ずっと「監視の眼」から見張っていた。博士はそそくさと昼食をとり、また尋問に連れて行かれた。夕方六時頃に夕食に戻り、「尋問」は以前と同じく壁際に立った状態で行なわれ、取調べ官だけが交代した、と我々に告げた。これは「コンベヤ式」尋問システムと呼ばれ、取調べ官は昼夜を問わず六時間ごとに交代して、犠牲者が受け渡されるのだった。

慌ただしい夕食後、博士はまた取調べ室へ連れて行かれ、そこで一晩中、一二月四日火曜日の朝まで一二時間連続で立ち続けた。そこでまた監房へ一五分だけ戻されて、茶を飲んだ。眠らずに幾晩も壁際に立ち続けて疲れ切り、博士は寝棚に横になろうとしたその時、「監視の眼」を通して彼を見張る特別当直の叫び声がたちまちとぶ「横になるな！」その後すぐに彼はコンベヤによる拷問を継続するため尋問室へ連れ戻された。

このようにして月曜が過ぎ、火曜も、水曜も――一分も眠れない状態が続いた。消耗した博士が思わず立ったままよろけ始めると（壁にもたれることは禁止）、取調べ官は跳びあがって彼のあごひげを引っ張って意識を戻させ、罵りや脅しの言葉を浴びせた。金曜の朝、不眠の四昼夜を立ち続けた博士は、いつものように一五分だけ我々の監房へ戻された。彼は私に言った「私の妻はなんてすばらしいんだ！　だってブティルカへ潜入して、取調べ官に見つからないように私のポケットに四パイプ分のタバコをそっと入れるなんて！　けど、このタバコをどこにしまい込んだのかな？」このような幻覚がコンベヤの五日目の金曜中くり返され、その後止んだ。医者として彼は、不眠で弱らされた力をたとえ少しでも支える手段を見出した。彼はポケットに我々がたくさん渡した砂糖のかけらを詰め、取調べ官に気づかれないように一かけらずつ口に入れることで、やっと力を保った。

一二月八日土曜日と九日日曜日は何の変りもなく過ぎ、博士は頑強に拷問を耐え（ここでは事実「頑強に」という言葉が当てはまる）、何も「自白」することを望まなかった。このような拷問を、さらにどれくらい長く続けられるのだろうか？　一二月一〇日月曜日朝六時、クルトグリャス博士はいつものように、「一五分間」連れ戻された。どのようにして彼が動き、歩き、話せたのか、わからない。一五分が経ち、三〇分、一時間が過ぎた。誰も彼を呼び出さなかった。誰も「監視の眼」をのぞいていなかった。我々はわかった。ちょうど一週間続いた拷問が終った、コンベヤが動きを止めた、と。我々は博士を寝棚に寝かせ、シューバで包み、手づくりの枕を頭の下においたが、彼は眠れなかった。ほんの少しずつ、日毎に彼は自分を取り戻し、いつもくり返し言った「フョードル・ミハイロヴィチはガキで青二才！」

我々は監獄生活の経験豊かな古参から聞いて、眠らさな

24　M・N・トゥハチェフスキー（一八九三～一九三七年）ソ連邦最初の元帥の一人。赤軍の近代化に努めたが、赤軍「陰謀」事件で銃殺。一九六一年に名誉回復。

25　チェーホフ『ワーニャおじさん』第四幕のテレーギンの台詞の言い換え。［神西清訳「ヴァーニャ伯父さん」『ロシア・ソビエト文学全集』二二、平凡社、一九六四年、二六三ページ参照］。

い拷問はＮＫＶＤ検察官の許可で一週間以上は継続されないと知った。これが規則なのだ（規則!!）。この拷問に耐えられる者は少ない。クルトグリャス博士は耐えたのだ。一か月後彼は「所持品持参」で連れて行かれ、後に我々が知ったところではモスクワ中で一番恐ろしい監獄――レフォルトヴォへ移送された。

いろいろな話から判断すると、レフォルトヴォでは本ものの拷問具が用いられている（鉄の馬櫛、爪挟みや多くの類似用具）。だがそれらについて私が目撃者から、もっと正確にはそれらの受難者の口から聞いたわけではないので、語るのはやめておく。ただ伝えておくが、一年後、私が一一三号房に入っていた時、同房で我々の近くに有名な航空機設計者「ＡＮＴ」――Ａ・Ｎ・トゥーポレフがいた。彼は自分のことを次のように話した。彼は逮捕され、レフォルトヴォへ連れて行かれ、有名な軍事および党の大物ムクレヴィチ[26]と独房で同居した。彼はレフォルトヴォで一週間「尋問」されてすでに全部「自白した」。ムクレヴィチはトゥーポレフに最初の尋問ですぐ「自白する」よう説得し、頑なに拒んだ場合に予想できる光景をすべてトゥーポレフに描いてみせた。その光景は、多分、非常に説得的だったので（その内容を彼は語らなかった）、不幸なＡＮＴはムクレヴィチの助言に従い、ムクレヴィチがすでに味わったことを個人的に経験しないようにと決めた。そしてトゥーポレフは最初の尋問で取調べ官に都合のよいことを全部認めた。彼は拷問を免れ、ブティルカへ移されて、そこで自分の運命が決定されるのを待っていた。

さらに思い出すのは、一九三七年一一月にルビャンカの「犬舎」で、あるあごひげを生やした技師につかの間だが出会ったことだ。彼は尋問から戻ったところで、子どものように声をあげて泣いていた。彼は、もし自白しないのなら、即刻レフォルトヴォに送る、そうなるのは身から出た錆だ、と言われたのだ。数時間後、実際に彼は「犬舎」から連れて行かれた。

クルトグリャス博士はこの恐ろしいレフォルトヴォに送られた。そこで彼に何があったかは知らない。だが一年後にルビャンカからブティルカの我々の所へ移された人から聞いたが、博士はルビャンカの共同房に入っていて、「全部自白した」、そして銃殺か、あるいは隔離房でなくても強制収容所送りを待つ身だ、と。

この凄惨なギャラリーの絵からもう一点、学生反革命組織に加わった容疑の大学生（苗字は覚えていない）を挙げる。彼は急性扁桃炎を患って四〇度の熱をだし、診療所で休む必要がある、と上級当直に申請した。半時間後に彼は連れて行かれたが、そこは診療所でなく取調べ室だった。

着席させられ、ペンを持たされて、完全に「自白」したという尋問調書にサインするよう言われた。彼がペンを床に投げつけると、大きな文鎮を頭に投げつけられ（額に紫色のこぶをつくって監房に戻ってきた）、椅子から落ちて気を失った。我に返るとまた机に向かってペンを手に、調書を前にしていた。こういったことが三度までくり返され、彼はついに半ば意識を失って我々の監房へ戻ってきた。やっと夕方までに彼は診療所へ連れて行かれ、二週間ほどして戻って来た時、まったく記憶がなく、自分はつまるところ呪うべき調書にサインしたか、それともしなかったのか？　と疑って悩んでいた。

我々の同房者（七九号房）の一人はかわいらしい通称「ヴァシリョーク」――本名ヴァシーリエフ――といい、大層感じのいい軍人だった。一般に言えることは、我々のなかに軍人は非常に多かったが、彼らは皆、普通「トゥハチェフスキー事件」絡みで嫌疑をかけられていた。ヴァシリョークはその通称にふさわしく、穏やかで心の広い三〇歳くらいの人物だった。すばらしい仲間で話が面白かった。彼は「高地登山」の専門家で、パミールの何峰かに登ったが、我々はその話を何度も聞いた。彼は人を信じ、人の暗い面にも明るい面を見るよう努めた。彼は迫害する取調べ官を、不幸せな、歪められた人々！　と見なして憐れみ、さらに、皆が皆、獣ではない！　と言った。ある時、顔から出血さえして尋問から戻ったが、我々に話し始めたのは虐待のことでなく、「ロシア人は何と寛大であることか！」ということだった……。それはヴァシーリカ［ヴァシリョークの愛称形］が血を流して尋問から監房へ連れ戻された時のことだ。当直が彼を憐れみ、監房へすぐに入れる代わりに便所のドアを開き、彼が洗面台の蛇口で血を洗い流せるようにしたのだった。ヴァシリョークは頭を蛇口の下に入れ、痛みのためよりも味わった侮辱と愚弄のため号泣した。当直は傍に立ち、女のように掌を頬にあてながら彼を見ていた。そして突然、

「おい、同志、そんなに悲しむなよ！　誰も楽に生きちゃいない、我慢だ。あいつはあんたをさんざん打ったけど、気にするな。あいつの黒い心は今、あんたの白い体より多分、ずっと悪いのかもしれん。あんたは今、その血を洗い流してるけど、あいつはどんな水で自分の黒い血を洗い清

26　R・A・ムクレヴィチ（一八九〇～一九三八年）ソ連の海軍司令官、政治家。［一九三七年五月逮捕、翌年二月処刑。一九五七年名誉回復］。

められるのか?……」

我々は驚いた。さんざん打たれたヴァシリョークは平静になり、ほとんど朗らかにさえなって入室した。当直の予期せぬ独り言が、このように彼を慰め、喜ばせた。

ヴァシリョークは尋問で殴打と拷問をしばしば受けながら、何も自白しなかた。しかしある朝、夜間の尋問からきわめて暗い顔つきで戻り、昼食まで黙ったまま、頭まで引きかぶって寝棚に横になっていた。それから少し落ち着きを取り戻して、我々に告げた。すっかり「自白した」——取調べ官が必要とする調書にサインした、と。彼は何回も殴られたことは耐えたが、ほんのちょっとしたことに耐えられなかった。取調べ官は彼を床に押し倒し、髪の毛をつかんで床を引きずり、縁まで一杯になった痰つぼに顔を突っ込んで言った「喰らえ、喰らえ、豚野郎!」この「ほんのちょっとしたこと」で我慢の緒が切れ、ヴァシリョークは言った「もう沢山だ! 調書にサインします!」

このような「精神的作用」の例が、もう一人の同房者の意志をくじいた。我々と同じ監房に入っていた炎のような義者の息子だった。グルジア人[V・V・]ロムタチッゼは、有名な社会民主主の社会民主主義フラクション裁判で徒刑の判決を受けたが、七年の入獄に変更された。父親は革命を見ることなく、サ

ラトフの移送監獄で死に、孤児となった息子の面倒をレーニンがみて、言った「党がおまえの父親代りになるだろう……」しかしながら彼[息子]には母親もいた。母親は何もより良いものを見出せず、革命の初期にあまりにも有名なGPU検察官カタニャーン[28]に嫁いだ。新しい父親は継子の息子を養子にしたので、息子は現在ロムタチッゼという清らかな名の代りに、カタニャーンという汚らわしい名を名乗った。このように高い引き立てで若者の地位は上昇して、ヤゴーダ・カタニャーン一味の破滅の瞬間までに軽工業人民委員[29]の個人秘書という地位に就いた。だがエジョーフ期にその人民委員はレフォルトヴォ行きとなり、そこですっかり「自白した」。その秘書であるカタニャーン=ロムタチッゼはブティルカ入りしたが、そこで何も自白していない。彼は勇気をもって尋問をすべて耐え——純粋にグルジア的な感情をむき出しにして叫んだ。自分が耐えられない拷問なんかない、殺すなら殺せ、だが偽りの自白は得られないぞ! と(彼の容疑はスパイ行為だった)。しかし、ヴァシリョークと同じく、彼も大きな山でなく、一本のわらによって打ち負かされた。彼は「自白」後我々のいる監房へ戻ると、ヒステリックな発作のため長く落ち着けなかったが、その後に語った。いつものように愚弄し殴った後で、取調べ官は跪けと命じ、自分は立って彼の頭に放尿し始め

た……東方的知恵の持ち主は話した。一本のわらが荷を積み過ぎたラクダの背中をへし折ることができる、と……。

時には文字通り背中をへし折られる者もいた。我々と同室の「一〇〇万キロメートル」と呼ばれた飛行士は、プガチョーフ塔で拷問でなく単なる殴打を長く耐えた。最後の「尋問」で彼は意識を失って診療所へ運ばれるほど脊椎を破損され、そこで何か月も過ごした後に我々の監房にやって来た。彼は歩くのも難しく、腰を曲げていたが、まだ腰掛けられるからもう一度飛行機を操縦できる、といって自らを慰めていた。ついでに言えば、彼はあらゆる拷問にもかかわらず何も「自白しなかった」数少ない者の中の一人だった。私のまえを通り過ぎて行った何千人もの囚人中、私は全部で一二人を数えあげたに過ぎない……。

こんな悪夢はもう十分ではないか？　私はこんな酷いギャラリーの絵にまだ何十というポートレートを加えることもできるのだが、結びとしてハバロフスクから始まりアシハバート［トゥルケスタン］とバクー［アゼルバイジャン］で終わる二例だけにしぼり、この恐ろしい年々にソ連の大地の誰に対しても、同じような犯罪がなされたことを示そう。

一九三八年の晩夏、我々がいるブティルカの七九号房に陸軍大尉ジマントが、「尋問」を耐えてアシハバートから特別護送されてきた。彼の容疑はスパイ行為で、それを「自白した」彼はアフガニスタン国境に数多くある要塞の一つの司令官で、自分の一〇年にわたる軍人生活中の精彩に富み興味深い多くの物語を、我々に語った（アフガンの「徒党」との戦闘。時に数千人に達し、終わりがない）。それらの話を全部書きとめれば、興味深い本が出せるだろう。一九三八年春、ジマント大尉は勤務の件でアシハバートへ召喚された。彼は二〇〇ヴェルスタを騎馬で旅し、上官の許へ姿を見せた。上官はジマントを見て頭を振った。

「老軍司令官、ピストルがちゃんとなってない、ほこりだ

27　V・B・ロムタチッゼ（?～一九一五年）社会民主主義者、メンシェヴィキ、第二国会議員。著者はロムタチッゼをロルトキパニッゼと誤記し、またロムタチッゼの裁判（一九〇七年）と、五人の第四国会ボリシェヴィキ議員裁判（一九一五年）とを混同しており、原書編集者註により訂正した。

28　R・P・カタニャーン（一八八一～一九六九年）ロシア共和国検察局次官（一九二三年）、翌年からOGPU捜査・取調べ組織下部局長。

29　軽工業人民委員はI・E・リュビーモフ（一八八二～一九三七年）。一九三七年九月逮捕、銃殺。［一九五六年名誉回復］。

らけで、錆びている。見せてみろよ!」

驚いたジマントはピカピカのブローニングを上官に渡した——その瞬間、彼は背後からとびかかられ、両手をつかまえられて、アシハバートの監獄送りとなり、その日のうちに尋問に呼び出された。取調べ官は彼にイギリスを利するスパイ行為の容疑をかけた。憤慨したジマントがこの容疑を激しく否定すると、取調べ官はゴム棒をもった四人の筋骨たくましい職員を呼び、彼らの先頭に立ってエジョーフ時代の厳しい尋問方法に着手した。ジマントは激怒した。取調べ方にとり不幸なことに、彼は柔術のエキスパートだった。「尋問」の結果打ちのめされたのは彼でなく、取調べ官と四人の助手たち、死刑執行人の方だった。一人はのどに平手打ちを受け意識を失って倒れた。二人目は鼠径部に足による強烈な一撃を受け、床で身もだえして痛みでうめいた。三人目はあごへの拳の一撃で「ノックアウト」され長々とのびた。四人目は痛さでわめいていたが、ジマントは戦いの真っ最中に相手の上腕部の肉片を歯で嚙み切った後に、拳で腹を一撃し、床に倒した。すっかり終わった後で(「三〇秒で片付いた」)、取調べ官をゴム棒で意識がなくなるまで打ち、「鼻づらを血だらけのビフテキにしてやった」

騒ぎで加勢が駆けつけてジマントを制圧し、押し倒して縛った。部局の上級職が到着し、事件の報告を作成した。その後、縛られたジマントがどうなったかは想像できよう。彼は意識を失って、柔術システムの犠牲となった五人とともに診療所へ運ばれた。少し恢復すると「尋問」が続けられたが、毎回彼を縛るという、注意深い措置が予め採られた。拷問は行なわれず、単に殴打しただけだった。しかしながら一一回目の尋問で、彼はゴム棒で性器を殴られ始めると、耐えられずに「自白」した。その後数か月、彼は腎臓を殴られたため血尿を流し、診療所で寝ていた。恢復するとモスクワへ送られ、我々の監房で自らの運命が決められるのを待っていた。

一九三八年一〇月末、新しい風とでもいうべきものが吹き始めた。我々は殴打されることがますます稀になっていると気づき、取調べが虐待なしに行なわれ始めた。一一月の初め、ジマントがモスクワで初めて尋問に呼び出された(約三か月間、彼は尋問も受けずに我々の許で過ごした)。白髪のNKVD大佐が質問を始めた。

「同志ジマント(同志! 囚人はこんな言葉を取調べ官からついぞ聞いたことがなかった)、あなたはどうしてスパイ行為を自白したのですか?」

「私は一一回目の取調べで自白しました。あえて言いますが、もしも私があなたに対してあのような尋問方法を採ったなら、おそらくあなたは尋問初日に何でも自白したことでしょう」と彼は答えた。

大佐は彼に「一件資料」を見せ、そこで彼は自分が今ブティルカに入っていること、アシハバートへは彼の件を審理するためNKVDの軍事取調べ官が派遣されたこと、アシハバートNKVDの長の許可なしに殴打を認めた（！）当地の上級官は処分を受けたこと（ということは、許可があれば可能なのか?）、概してこの件をめぐって軍内部で騒ぎが起こっていることを知ったのだった。我々はジマントのために大いに喜んだ。彼は運が良かった。しかしジマントよりもさらに何の罪もないその他何千（何百万！）もの者たちはどうなのだ？　彼らは今でも、隔離所や強制収容所に入れられているのだ。

「あなたは無論、トゥルケスタンにはもう戻れません」結論として大佐は言った（なぜ、全面的な復権とともに戻れないのか?）。「あなたを極東に配置します」

これがほぼ二年間の監獄生活で私が知るかぎり、「自白」が銃殺、隔離所あるいは強制収容所でなくおそらく解放につながった唯一の例だ。とはいえ私はその数日後に七九号房を後にしたので、結末を知らない。


その頃、一〇月末か一一月初めに、これもスパイ行為（ただしトルコのための）容疑でバクーから連行され、我々の監房に入れられたのは、古い革命家で、その後はアゼルバイジャンTsIK［中央執行委員］のカラーエフ[30]だった。私は彼と共同房で一週間足らずしか過ごさなかったので彼の話の続きを聞けなかったが、それでも聞けたことは十分だった。彼はモスクワ、ハバロフスク、アシハバートでの拷問を知っており、皮肉な笑みを浮かべて言った。

「ふん、それだけか！　バクーで入獄したらわかるさ！」

彼もろっ骨を折られ、ゴム棒で殴られ、血尿を漏らしたが、そんなものは「子どものいたずら」だと見なした。

「足の爪をはがれ、取調べ官の重い靴の踵で血だらけの指を踏みつけられたら、泣きわめくぜ！　なぐさみものどころじゃないぞ！」

それでも彼は「自白」せず、診療所で永らく寝た後、モスクワへ送られた。

もう十分だ、十分すぎる！　悪夢のようなページを閉じながら付け加えたい。尋問を受けた者が全員拷問を経験したのではなく、そのうちの選ばれた少数者だけだったようだ。大多数の者にとっては取調べ官が一度脅してびんたを

30　A・K・カラーエフ（一八九六〜一九三八年）アゼルバイジャン・ソビエト社会主義共和国およびソ連邦の党活動家。

喰らわせば、それに重要なのは隣の取調べ室から聞こえる叫び声やうめき声、また苦しむ仲間が目のまえで話せば、それだけで十分だった。それらの怯えた大多数の人々は、A・N・トゥーポレフのように簡単に「自白した」つまり、何が何でも拷問だけはなしでありたい、だ。しかし、我々がすでに知っているように、拷問はなかった。あったのは「単なる虐待」だけだった。

●7　わが「仕事と日々」

私は監獄での日々について多くのことを、人々の事情について十分に語ってきた。今は自分自身について、自分自身の「仕事と日々」へと話を移す時だ。

逮捕と四五号房居住後、私は暗い気分だった。エジョーフの捕囚が「じっくり腰を据えて」だと知っていただけでなく、一般に信じられていたからだ。つまり、私のことは今回、どっちみちけりを付けると決められている、と疑わなかったのだ。銃殺かそうでないか、隔離所行き、それとも「一〇年、通信の権利なし」の強制収容所入りなのか。たとえそれらに何の法的根拠がなくても、それがどうした、不法な根拠は捏造できる。人間さえいれば条文は見つかるさ！

私は経験で〝おばちゃん〟の息子たちの裁判権の行使の仕方をよく知っていて、自分の審理の結果がそのようになることを疑わなかった。それ故、今回は三年の流刑で、自由の身になることは将来もない、と確信した。もしもそうなら、最初から、一回目の尋問から問題を単刀直入に言って、インチキ裁判を急速に結審させるよう要求しよう、と決めた。この裁判が今は急ぎ進められていることを、私が入獄した最初の月である一〇月ひと月の間に自分で見てきた。数多くの囚人が二度か三度のぞんざいな尋問の後に監房から去り、強制収容所へ護送された。入れ替わりに別な囚人が多くやって来て、同じように急ぎ去った。私の場合もエジョーフ的なテンポで終わるだろう、どうして長引くことがあるだろうか？　と私は考えた。

この点で私は間違っていた。私の場合、尋問は少しも急がれなかった。法律によれば（法律！）、逮捕されたらその日から二週間以内に容疑が提示されねばならない。だがもう一〇月半ば、私が逮捕されてから二週間が過ぎたが、私は尋問に呼び出されることがなかった。私の目のまえをとりどりの万華鏡のように、数多くの人々が次々と尋問に呼び出され、強制収容所へ送られていく。新たに多くの人々が、同じ運命を経験するために到着する。尋問に際してまだゴム棒に頼ることはなく、五八条一〇項！　というような細かいことに力を費やす意味がなくなる。これはすべてエジョーフの「雑魚《ざこ》」で、強力な手段を用いることなく取調べ官に篩《ふるい》で直ちにこし分けられる。何百万というまったく罪のない人々が無数の強制収容所に収容されようと、大したことではない！

しかし何十（何百！）人もが入れ替わる万華鏡に、監房内で少しも移動しない核のようなものがいるとわかって来た。人々は影のようにやって来ては去るが、核はその場を動かない。何百人もが通り過ぎたが、我々何十人かは残った。我々は少しずつ互いを知り合い、なぜ我々の審理が遅らされているのか、といぶかった。そして明らかに我々動かされない者はずっと厳しく扱われるべき常習犯だ、という結論を得た。そして事実、ごたまぜの人間は全員が、ここブティルカ監獄での尋問でもって急速にこし分けられた。一〇月後半から我々中核的犯罪者の各人が、ルビャンカでの尋問に連れ出されることがわかった。「所持品なし」で尋問に呼び出されると、その者は二日から四日ほど姿を消す。戻って来てルビャンカについて十分に恐ろしい状況、「犬舎」、尋問などの話をする。監房の全員が「ブティルカ組」と「ルビャンカ組」に別れ、後者が前者から羨ましく思われた。少なくとも後者の審理は単純で早くに結審となったが、結果はどっちみち同じ――ラーゲリだった。

我々のなかには銃殺刑の候補者は見つからず、自らの素朴さを確信したのはもっと後のことだった。

とにもかくにも私は呼び出されず、「合法的な」二週間が過ぎたが、誰にも、どこへも私は呼び出されず、非合法的な一か月が過ぎた。そしてその仲間は私を「ルビャンカ組」と呼んで祝った。そしてその通りに、さらに数日が過ぎたところで、私がルビャンカへピクニックに行く番になった。それは一九三七年一一月二日のことだった。その日付が強く記憶に残るのは、一一月二日から三日にかけての夜は、私の監獄での祝賀会の一つのクライマックスだったからだ。

一一月二日の早朝、私は「所持品なしで」呼び出された。中庭を通って「駅」へ連れて行かれ、タイル張りのパイプに入れられ、三時間ほど待機した。それから復習だ。下級職員が現われ、「素っ裸」になれと命じ、衣服と下着を綿密に検査し、なじみの監獄における連禱［ロシア正教会で連続して唱える一連の短い祈禱］の儀式を遂行した「立て！口を開けろ！　舌を出せ！」……そして去って行った。さらに一時間待って、中庭で「黒カラス」に乗せられた。カラスは満員らしかった。鉄製の筒状独房はすでに全部ふさがり、入口からすぐの小部屋だけドアが開いていたが、そこへ私は入れられた。「カラス」は鳴いて出発した。

到着。「黒カラス」のドアが開き、我々はルビャンカの

「内部監獄」の中庭にいた。私は石の階段をどこかどんどん下へ深く、だが照明が明るい地下室へ降りて行かされる。ここは一度も来たことがないが、有名な「犬舎」で、ここへ来たことがある同部屋の仲間の話に聞いていた所だ。入口のまっすぐ向いが警備司令部室で、私はそこで「犬舎」リストに記入される。短い調査書（姓名、父称、出生年と場所、直前の入獄先）に記入し、大ざっぱで表面だけの検査が行われ、メガネのような無害な所持品がなぜか没収される。それから通路を通り私に割り当てられている「犬舎」へ導かれる。通路は短く、行き止まりになっている。左側には「犬舎」が四室、右側には手洗い所と大きな取調べ室がある。

さぁ、これが「犬舎」だ。地下室で、広さは奥行き八歩、幅五歩、高さ約二サージェン［四メートル余］だ。石の獄室で、電燈で照らされている。天井につくぐらいの高さに小さな窓があるが、昼光は入らない。窓は三重枠で、ガラスは白亜で塗りこめられていて光はほとんど射さない。窓は大ルビャンカ通りに向いていて、昼間太陽光線が窓に当たり、夜間に街路で街灯が窓に光る時には、白亜の壁に絶え間なく動く影が見える――歩道を歩く自由な人々の足の影だ。石の床、むき出しの壁、寝棚なし、机なし、ベンチなし。隅に悪臭を放つ蓋のない用便桶があるだけ。むき出しで何もない監房だ――これが「犬舎」だ。

私は地下四号房に行き着いた。そこは便所と取調べ室のちょうど筋向いに位置していた。地下室はほぼ満員だった。私は一八番目だった。半年後に経験からわかったのは、この地下室は三倍の囚人を収容できるということだった。壁際に場所を見つけ、床に座って隣人たちと知り合いになった。

ブティルカでは便所と風呂場が郵便局一号と二号だったが、ルビャンカの「犬舎」は「電信局」という名前で呼ばれた。ここでモスクワの諸監獄の住人が出会い、情報、ニュースや感想を取り交わした。ここでは半数がブティルカの諸房から、半数がタガンカからやって来た。何人かはここに二、三日ほど、別な何人かは三、四日ほど入っていた。一人だけがもう五日もいて、毎日尋問を受けていた。「犬舎」の住人は一時的で、どんどん入れ替わった。私が入居したその夜に、囚人の半分がそれぞれここの前にいた監獄にまた戻され、三、四人の新参者が到着した。それで私はここに一二人ほどがいた時に「犬舎」を去ったわけだ。

囚人のなかで二人だけが私の注意を引いた。ある技術高等学校の教授と、髭面で年配の技師だ。技師は私がいる間に尋問に呼び出され、すぐに戻ってきて、子どものように号泣した。彼は妨害行為を「自白する」ことを拒絶したため、レフォルトヴォへ送られた。我々は皆、モスクワ中の監獄で一番恐ろしいこの監獄のことを、うわさで知っていた。

教授は「犬舎」に入ってもう三日になり、毎日尋問に呼び出され、今のところまだ強力な手段を適用されていないが、適用するぞという脅しを数多く受けていた。彼は、一九一九年に教えていたイルクーツクで「コルチャーク的方針」を抱き、「白軍」新聞に協力したことを「自白」するべきだった。だがちょっと待て、抱いたとしても？　協力したとしても？　その時からもう二〇年が経っているではないか！　だが〝おばちゃん〟の裁判にとり、この世での時間的経過は存在しないのだ。

我々の「犬舎」のその他の囚人は、皆同じようなものだった。すなわち「スパイ」と「妨害分子」（大多数）、「トロツキスト」と「テロリスト」（まったく無罪の大学生二人）だ。興味深いのは、「犬舎」でもブティルカの獄室でも、私がかつての政党――エスエル――エスデー［SD。ロシア社会民主労働党の略称］、のメンバーとほとんど会わなかったことだ。彼らは皆、もっと以前の年々に片づけられていた。

私が「犬舎」に入れられてすぐに、昼食の時間になった。つまり、正午だ。ドアが開けられ、スープとカーシャの入った樽をのせた手押し車が続いた。ルビャンカでは昼食は二品だった。監獄の料理人は次々と鉢を満たして、我々に手渡した。時に彼の親指がスープに浸かるとすぐに指をなめるが、また新しい鉢に浸かった。彼が一八個の鉢にスープをよそって手渡す間に、最初の鉢はもう空になっていて、彼はカーシャを同じようによそった。食事が終わると、鉢とスプーンは回収され、ドアはバタンと閉じられた。昼食の手順にかかった時間は全部で三〇分だった。昼食が終わると我々は床に横になり、帽子を枕にして休憩した。狭かったが、スペースは全員に足りた。人の背中の上にでも横になれただろう。それがブティルカの獄房で我々が空しく夢見たことだった。

私は長くは休めなかった。間もなくドアが開いて（「犬舎」のドアに小窓はなかった）、当直が私の苗字を呼んだ「尋問だ」遠くへ行くまでもなく、この「犬舎」の尋問室は筋向いだった。部屋は大きく、「家具調度はきちんとしていた」ソファ、数脚の椅子、書類棚、電燈付きのデスクがあった。デスクの傍に書類ファイルを手にして、三〇歳くらいで背が高く、髪をきちんと分けた軍服姿の男が立っていた。彼は言った「お前の取調べ官、シェプターロフ中尉だ」そして私に向かい合って座った。

いつもの調査書に記入すると（姓名、父称、住所、職業、家族状況）、彼はあからさまに皮肉をこめて尋ねた。

「もちろん、容疑者全員と同じように、お前もなぜ逮捕されたか知らないな？」

そして私が「知っています」と答えると、彼は大層驚いた。

「なんと！　それなら事は大層簡単になる！　なぜだ？」

「私がマルクス主義者でないからです」

彼はじっと私を見つめて、嘲笑った。

「こいつは、おい、やめろ！　我々はイデロギーで罰することはない。違う、お前にはもっと真面目な理由があって、答を求められるのだ。直接に、正直に、卒直に自白しようと思わんか？」

「私は書面であなたとあなたの上司に申請したく思います」と私は答えた。

彼はまた私を見つめ、何か思いを巡らしながら少し黙った。それから書類ファイルから紙を取り出し、ペンとインク瓶を私の方へ押しやり、短く言った。

「書け！」

そこで私は、私の審理を担当するNKVDの上級取調べ機関に宛てて申請文を書き始めた。その内容は以下の通りだった。

「一九三三年、私は『ナロードニキ主義の思想的・組織的センター』の容疑――私はカテゴリカルに否定――でGPU機関に逮捕され、私がもっぱら携わってきた文学に関わる仕事から切り離され、ほぼ一〇か月間一人でレニングラードDPZで過ごし、その後三年間、ノヴォシビルスクとサラトフで流刑生活を送った。流刑期間終了後カシーラに住んでまったく孤立した生活を送り、国立文学博物館の提案を受けて重要な文学的事業に従事した。いかなる政治的活動にも関わらず、モスクワで二、三人の文学者を除き誰にも会っていない。したがって現在、私を新たに逮捕するためのいかなる新たな根拠もあり得ない。にもかかわらず、今年の九月二九日に私は逮捕され、法律によれば起訴内容は逮捕後二週間以内に提示されるべきであるにもかかわらず、すでに一か月以上も提示を待っている。この逮捕が誤解によるもので、起訴内容の提示がないのは法を侵害していると見なし、私はここに申請する。取調べ諸機関は、あるいは自らが犯した過ちを認め直ちに私を釈放するか、あるいは直ちに起訴条項を提示して、私の新たな逮捕に当局の観点からして説得力あり確信を抱く理由を、私に示すべきである。私にはその理由を反駁することは難しくない。もしも私の申請に対し直ちに回答が得られなければ、上記二要求中一つが実行されるまでハンガーストを宣言する」

ご覧の通り、私は「牛の角をつかむ［勇敢に難局に当たる、の意味］」ことに決めたのだ。もちろんのこと、チェキストという動物より強くなる望みはまったくなかった。しかし失うものは何もない。牛の角はもう私の胸に押し当てられていた。私は、自分の生命でなくても、はかない「カシーラの」自由に終りがきた、と確信した。もちろん私は、この動物が私を放さないこと、いずれにせよ私にけりをつけることが決まっていることを知っていた。そのような申請を提出しても、私の状態は悪くはならず、ただし良くもならないだろう。多分、不可避のことを早めはしても。とは言え、この申請が私にとり、私の幸運にとり先を急がさないという点で影響があるかもしれない、などと誰にも分らない。いずれにせよ私は暗い気分で、どこにも幸運など少しも期待していなかった。

取調べ官シェプタ－ロフ中尉は私の申請を取りあげ、何の意見もはさまず読んだ。ただ一度だけ、取調べ諸機関は犯した過ちを認めねばならない、と声に出して読んだ後で強調した。

「ＮＫＶＤは決して過ちを犯さない！」

いったい何回この馬鹿げた文句を取調べ官の口から聞いたことだろう。またいったい何千回、何一〇万回、他のまったく罪のない人々が自分の取調べ官からそれを聞いたことだろう！「エヌカーヴェーデー」はヤーヴェ［ユダヤ教の神］の一属性を、主なる神の一本性を、さらに誤らず、すべてを知り、遍在する、全能の……のようないくつかの特性すら自らのものとした。ただこの怒り狂う野獣を「喜ばしい」とは、どう考えても呼べないだろう。

申請を読み終わると、シェプタ－ロフ中尉はちょっと黙って考えてからぶっきらぼうに言った。

「よかろう。報告しておこう。行ってよし。呼び出しがあるだろう」

私はこの取調べ官が気に入った。口数が少なく、はっきりしていて、ドライだ。だが尋問の際に彼はどんなだろうか？「犬舎」に戻ると私は質問ぜめにあった。「どうだった？　打たれなかったか？」――そして取調べ官がきわめて礼儀正しかったと知ると、皆が驚いた。教授だけが悲観的なことを言った。

「なに、そいつはこれから本性を表すさ！　あいつらはみんなバカで画一的だから」

その日は以後何事もなく過ぎた。何人かが尋問に連れ出され、尋問から戻り、無事で手を触れられることもなかった者がいたり、ゴム棒でなく取調べ官自身の拳で殴られた者がいた。夕方六時頃に夕食が出されたが、私は手をつけなかった。一〇時頃、便所と洗面所へ「排便に」行かされた。タオルも石鹸もないが、できるだけきれいにしろということだ。「寝ろ！」の号令もなかった。「犬舎」で一人一人がむき出しの石の床で、いつでも、いつまででも眠れた。
だがその晩、私は眠ることにならなかった。

●8　センセーション

私の申請が取調べの上級機関に混乱をもたらした、と考えたら無邪気すぎよう。しかし、それは稀であったので何らかのセンセーションをまき起こしたことを、その夜の出来事が示していた。

私は、隣人たちの間に割り込まなくてよいことにすっかり満足して、石の床で熟睡した。ドアが開く音で目が覚めると、自分の名前が呼ばれた「尋問へ！」

私は時間がわからず、もう真夜中だと思った。起き上り、取調べ室へ行くため通路を筋向いへ歩くのだと考えた。だが私は地下室から中庭へ連れ出され、それから玄関口の隣のたいへん汚い階段で四階へ上がった。そこでいくつもの通路や、チェキストの制服や民間人の服を着た人で一杯の部屋をいくつも通り抜けて、大層広く、豪華な部屋（部長の部屋だ、と後に知った）へ連れて行かれた。そこにシェプターロフ中尉がいた。

部屋にはカーペットが敷きつめられ、壁には指導者たちの肖像画、大きな時計がかかっていて、ちょうど一一時を打ったところだった。事務机の上には電話機が二台あった。幅の広いトルコ風長椅子と二本の書類棚の間に椅子が一脚だけ置かれていた。

取調べ官シェプターロフは部屋の隅に斜めに置かれた事務机を前にして、入り口ドアに背中を向けて座っていた。振り向いて私を見ると、彼は私にふつうに椅子に座るよう勧めたのではなく、事務机から六歩ほど離れて書類棚にはさまれた椅子を指さした。私はそのことに驚いた。また反対側の壁に一〇脚ほどの椅子が並べてあることにも驚いた。

私に背中を向けて事務机のまえに座ったまま、シェプターロフ中尉は電話の受話器を取り、短く「到着！」と話した。その後彼は私に何の注意も払わず、書類のチェックを続けた。私は座って待った。シューバと毛皮帽のなかが蒸れてきた。

一〇分ほど経った。勲功を示す襟章をつけたチェキストの制服を着た男が、急ぎ足で入室した。彼は背は高くなく、ずんぐりして三五歳くらい、髭をきれいに剃っていた。これが彼らに典型的なタイプだ。口髭を生やした取調べ官は見たことがない。彼が入室するとシェプターロフ中尉は立ちあがって私を指さし、また我々に背中を向けて座り、自分の書類にすっかり没頭しているふりをした。

新来者は私を指さして尋ねた。

「これが本人か？」

それから彼は近付いてきて二歩のところで止まり、片手はポケットに入れたまま、もう一方の手は腰に当てて私を一分間観察した。それからなんとも言い表せない軽蔑の調子で言った。

「さぁーっか［作家］か？　イヴァーノフ＝ラズームニクか？」

私は黙ったまま彼を見ていた。すると彼は、初めは低い声で、徐々に興奮して声を高めて長口舌をふるった。

「さぁーっか！　イヴァーノフ＝ラズームニク！　お前が今日わしら宛てに申請書をお書きあそばしたのか？　お前がわしらに要求をお出し下さったのか？　お前が法の遵守をわしらに要求なされたのか、作家様？　きさま知らんのか、きさまにとっちゃわしらが法だ、ってことを。間抜け！　この食わせ者め、きさまなんか法と一緒に叩きのめしてやる、きさまのおっ母を……！［文字にできない卑猥な罵り言葉］今はきさまたちの仲間に気兼ねしてた一九三三年とは違うぞ！　これから若い者をここへ呼んで、きさまと法とをひどい目にあわせるぞ、きさまのおっ母を……！　くだらん犬畜生め、きさまはわしらの前で震えあがって、すっかり自白するんだ、ハンストなんかで脅したりさせんぞ！　驚いたか、よく考えろ、きさまのおっ母を……！　厚かましい要求なんかよくも提出しおって、きさまのおっ母を……！」──そしてだんだんと粗野な叫び声になり、わめいた。──「わしが話す時は立て！」

私は座ったままで、外見は落ち着いたふりをしていたが、内面ではこのような汚らわしい侮辱のどしゃ降りにすっかり震えつつ、紙の上にかがみこんでいる背中に向かって問いかけた。

「市民取調べ官シェプターロフ、作家に対しこんな下劣な愚弄があなたのいる場で、あなたの許可の下に行なわれるのですか？」

背中が答えた（振り向かずに）。

「私には介入する権限がない。お前に話しているのは部長だ」

部長はすっかり逆上して、拳を振りながら叫び続けた。

「立て、立たんときさまの横っ面を張りとばすぞ！　立て、立たんときさまを椅子と一緒にこの部屋からたたき出すぞ！　立て、きさまのおっ母を……、きさま、聞いてんのか！」

私はまた背中に向かい、また自分の声が震えないよう（これはうまくいかなかった、と思う）努めながら言った。

「シェプターロフ取調べ官、こんな最悪の振舞いに対して断固抗議します。彼は私の言うことに少しも耳を貸さないことを、あなたの上司に伝えてください」

「きさま、おれと話す気がないのか、食わせ者め！　きさまはまだおれの前で立とうとせんのか！　そうか、それならよし！　お前の件でおれの手を汚すのはごめんだ！　今、守衛長を呼ぶぞ。見ておれ、きさまが椅子ごと吹っ飛ぶから！　さぁーっか、イヴァーノフ＝ラズームニク、きさまのおっ母を……！」

そして踵をそろえて振り向き、彼は部屋から急ぎ出て行った。私はもう彼を見ることはなかった。その時取調べ官シェプターロフに、〝おばちゃん〟の息子にふさわしい男の姓を尋ねなかったことを、今は後悔している。彼の姓をこの文章のなかで公表できれば気持ちよいだろうに。

これからすさまじい制裁が始まることを確信して、私は取調べ官シェプターロフの背中に語りかけた。

「もう一度、こんな低劣な行為、脅しや強要に対し断固たる抗議を表明します。あなたは明らかにそれらの事に注意を向けようとせず、背中を向けておられた。あなたはここで起こったことの沈黙の証人になれますが、今後私はあなたに一言も話しません。私に何が残されているかは、自分で分かります」

背中が答えた。

「ここでは何も起こっていない」

事実、何も起こらなかった。何分かが過ぎたが、守衛長は現われなかった。後に私は理解したのだが、私の申請書が「上部で」検討され、作家に暴力をふるわず脅迫するよう決定され、そのことで部長が全権を託されたのだ、と。脅迫は失敗した。ならば通常の尋問の手法に移らねばならないが、棒方式を用いずにか？　なぜか？　なぜなら、作家は将来、証言を印刷するからか？（実際、今まさにそれが起こっているではないか！）。どちらかは分からないが、この部長の最初で最後のデビュー以降一年半の尋問で、取調べ諸機関は私に対してまったく礼儀正しかった。半年後に私の件で一証人を尋問しつつ（この件については然るべき個所で話す）、取調べ官シェプターロフは、私に対しては「十分に尊敬の念をもって」接している、と述べた。それは私を脅そうと部長が試みた時の、私の行動が原因だったのだろうか？

このような事をすべて理解したのは後になってからで、当時はチェキストの用心棒がやって来るのを待ちながら、あらゆる事態に予め備えていた。私が取調べ官に「私に何が残されているかは、自分で分かります」と言った時には、さらなる行動プランをイメージしていた。それはこの数日前、尋問で拷問され助けを求めるすさまじい叫び声が明りとり窓を通して伝わってきた瞬間に決められた。もしも事態がここまで進めば、愚弄と虐待に応じて命を終えよう。だが言うは易く、監獄内の環境の下で行なうは難しい。だが難しくてもできなくはない、と私には思われた。私に渡されるお茶用の薄いブリキのマグカップの柄を壊す必要がある。風呂場に行くときに検査はないので、この壊した鋭い柄を持って行くのはたやすい。そうしたらそこで湯をくむ手桶があり、人に気づかれずに静脈を切れる。風呂場の蒸気がたち込めるなかで、誰も私に注意を向けないのではないか？

必要な場合、このプランを実行に移す決断力が私にあることを願う。もちろん、実行しても成功するかどうかはわからない。二か月ほど経って風呂場での通信で知ったのだが、文学上の問題でヤゴーダの協力者として有名だった人物の妻であるアグラーノヴァ[31]が、我々と同じ棟の女性用共同房に入っていたが、夫が銃殺されたことを知って風呂場で静脈を切ったが見つかって診療所へ送られ、片手が麻痺した状態で退所したという。私は運命によってそのような試練を免れたが、守衛長の出現とその後に続くはずの諸々の事態を今か今かと待っていた時は、そんな事情は知らなかった。しかし何分も経ったが、守衛長は現われなかった。彼の代りに別な人物が次々と舞台に登場し、その数は一〇人ほどになった。

部長の野蛮な咆哮があらゆる階、あらゆる取調べ室に響き渡ったからか、取調べ官たちがこのような場面を予想していて、尋常でない申請などというものを提出した逮捕者を自分の目で直に見たかったからかはわからない。しかし部長が出て行ってから数分も経たずに、部長室に制服や私服の若者が一人、また一人と入って来た。彼らは取調べ官と、秘密政治部の候補生で、次々と私と向き合って椅子に腰を下した。椅子はそのため特に私の向い側の壁際に並べられていた。彼らは明らかに幕の続きを期待しながら、好奇心一杯で私を見つめていた。幕はすぐに上るのだが、その前にちょっとした合間があった。

取調べ官たちは笑いながら私を見て、何かを期待していた。そのうちの赤毛で私服を着た若い一人が、嘲るような、卑劣そうな様子で私に近づいた。

31　V・A・アグラーノヴァ（一九〇〇〜一九三八年）Ia・S・アグラーノフの二番目の妻。夫Ia・S・アグラーノフ（一八九三〜一九三八年）は元エスエル、後にボリシェヴィキ。OGPU秘密政治部長、一九三三年からOGPU副議長、一九三四〜一九三七年にソ連邦内務人民委員。［一九三七年妻とともに逮捕、翌年銃殺。妻は一九五七年名誉回復。夫は二〇一三年一旦名誉回復後、取消し］。

「おたくは作家さまと称されますか？」

私は黙っていた。

「作家さま、どうしてお答えにならんので？」

私はやはり黙っていた。

「作家さま、どうしてずっと帽子をかぶったままお座りで？」

「おたくらがずっとここで制帽をかぶったままお座りですから」

「あー！　お話になられた！　しかし作家さま、お分かりでしょう。おたくと我々の間では大きな違いがありますよ。我々はおたくの前で制帽をかぶれますが、おたくは我々の前で帽子を脱がねばなりません……」

そして彼は、私の毛皮帽を指二本で注意深くつまみあげ、同じく注意深くそれを床に置いた。彼は下劣な顔つきをしていた。きっと彼は尋問時にサディストで虐待者として振舞ったに違いない。

床から帽子を拾い上げて頭にかぶった後、私はもう一度、中尉の背中に語りかけた。

「シェプターロフ取調べ官、あなたの仲間の愚弄から私を守るようお願いします。あなたは今は、彼らが自分の上司だ、という言い逃れはできません」

この場面がどう終わるのかわからないが、まさにその時、新しい登場人物が入室すると全員が敬意を表して立ち上がり、シェプターロフも直立不動の姿勢をとった。私は入室した「黄色に装った男」がすぐにわかった！　彼は一か月まえ、ルビャンカ一四号の当直室で見た時も同じ服装だった。黄色い皮ゲートル、黄色い皮ズボン、黄色い軍服風の皮ジャケット、そのジャケットには勲功章、頭には黄色いコーティングクロス張りの軍帽だ。この夜私は、この黄色ずくめの彼が誰なのか、シェプターロフから聞いて知った。彼は全モスクワ地区秘密政治部長官で、ラトヴィア人のレーデンスだ。彼はシェプターロフに近寄ると、二人で声をひそめ、私まで聞こえない声で何かやりとりした。話題は私のことに違いなかった。なぜなら彼ら二人は私の方をちらと見たからだ。取調べ官が、部長の発言が成功したかどうかを報告した可能性がある。取調べ官との会話を終えてレーデンスは、椅子に腰を下したままの私に近づいた。皆が期待した——何が起こるのだろうか？　だが私を初めとして誰一人、「黄色に装った男」が何を話すのか、見当がつかなかった。

彼は尋ねた。「で、我々はサルティコフをうまく出版しているかね？」

すっかり驚いて私は答えた「最初の計画通りには行っていませんが、悪くありません。そしてこのことが私には大きな満足です」

「お前にだと？　はぁ！　我々のサルティコフ出版にお前が何の関係がある？」

私は答えた。「大いに関係があります。あなた方のサルティコフは、私のプランによって国立出版所から出たからです」

レーデンスは黙ったまま、しばらく私を上から下まで見まわした後に、敬意を表して立っている取調べ官たちの方へ向き直って言った。

「さて、注目したまえ。諸君の目のまえに反革命的インテリゲンツィヤの代表の一人がいる。我々は残念ながら、そいつらをまだ全員は駆除できていない。マルクス主義の猛り狂った敵だ。自分たちの反革命的な思想を、合法的な文学的形態でもって包み隠しおって、我が検閲もそいつらとの闘いでしばしば無力さを露呈しておる。だが、警戒を怠らぬＮＫＶＤの革命的眼は、こいつら秘密の反革命家どもを暴き出すためにこそ存在するのだ。やつらは資本主義の復活を夢見たり、農民から土地を取りあげて地主に返そうとし、玉座に誰か血まみれの暴君を復位させられたならば喜び、その政府で大臣になろうと目論んでおる。我々に敵対するエスエル・インテリゲンツィヤの代表はこんなやつなのだ。我々は今、我が共産主義の地平からそいつらを、毒草のように一掃する必要があるのだ」

取調べ官たちは敬意をもって傾聴し、賛同の意を示した。

言っておかねばならないことは、レーデンスの発言の前半については、何も反駁するべきことはないということ、しかし後半のいくつかのほのめかしは理解できず、二か月後に、通常のある尋問の後でやっとわかったということだ。

レーデンスが発言を終えると、私は言った。

「もしあなたがそんなことを自分たちの取調べ官講座で吹き込んでも、私はあなたの受講者を憐れむだけです。エスエルは専制の復活、資本主義と地主の復活など夢見たことはなく、私は何かの大臣ポストなど目指したこともありません。私に関してそんなことは、全部たわ言です」

レーデンスは私に返事もせずに、またシェプターロフと数語交わして部屋を出て行った。彼に続いて取調べ官とその卵たち、ＮＫＶＤの巣のひなども、黄色服の人物の教え子どもが一列になって歩いて行き、私と取調べ官シェプターロフの二人が残った。時計はほぼ真夜中を指していたが、私がここで何時間過ごすのかは神のみぞ知る、と思われた。

半年後、私がブティルカ監獄の七九号房に入っていた時、我々の通常の郵便、無線電信と「新聞」によって知ったのは、レーデンスがレフォルトヴォから連行されて隣の監房に入っている、彼はラトヴィアのためにスパイ行為を働いたことをレフォルトヴォで「全部自白した」ということだった……。私は彼と同じ監房にならなかったことを大層残念に思った――彼を今、新たな特徴の下で見れば面白いことだろう！　と言わねばならない。その後我々は、彼がまたレフォルトヴォへ連行されたと知った。最後に、レーデンスについての最新のニュースは、一九三八年夏［実際は一九四〇年二月］に銃殺された、だった……。

ＮＫＶＤの拷問室では、ファンタスティックな出来事が発生していた！

●9　ファンタスティックな告発、記念日祝賀会のクライマックス

我々二人だけになると、シェプターロフは向き合って座るようにと私に勧めた。彼の前には青色のカバーの分厚いファイル、私の「一件書類」が置かれていた。私は、この分厚い関係書類におさまるほどの罪を、もう二度と犯せられないのではないか、と思えた。

取調べ官が話し始めた「お前の申請では、二点の要求が挙げられていた。もっと正確に言うと、二点の願望が述べられていた。第一の要求は即時釈放だが、お前自身わかっているように、お前の状況では全く不可能な冗談だ。第二の起訴内容を即時提示せよとの要求を、今まさに遂行しよう。ここにあるのはお前の起訴状の詳しい草案と、お前が回答するべき全項目だ。その他にまだ起訴される項目があるが、それについては取調べの進行中に提示する。差し当たっては、聞いて、全項目に書面で答えろ」

そして彼はぼう大な調書を読み始めたが、その内容はあまりにファンタスティックなので、もしも私がこんなでたらめな書式の文書作成法をよく知らなかったならば、驚きのあまり目を丸くしたことだろう。私の全人生、革命の始まりからここ二〇年にわたる私の全仕事が、一年ごとに警戒を怠らないチェキストの灯台によって照らされ、この照明はただ一つの反駁不可能な結論、すなわち社会防衛という最高の手段！　へと導いたのであった。

それは以下のように始まっている。まず、文学的活動の第一歩からほぼ二〇年にわたり、私はマルクス主義の非妥協的な敵対者であり、革命後はボリシェヴィズムの非妥協的な敵対者となった。こうして私は一九一八年四月、モスクワでの第二回ソヴィエト協議会で反ボリシェヴィキ的な演説を行ない、憤慨した共産主義者の一人に演壇から足をつかんで引きずり降ろされた。この元共産主義者は現在、「トロツキズム」という理由でルビャンカに入獄しており、

もし私がしらを切るようなことをすれば、対審で私のことを暴くだろう……。

さらに続く。一九一八年七月の左派エスエルのモスクワ蜂起計画を知っていた。しかしペトログラード居住だったので、蜂起に直接参加せず、うまく罪を逃れた。だが壊滅させられた左派エスエルの残党がテロ行動を準備した一九二一年には、私は彼らの一人のためにベルダン銃を買入れた。そのこともまた、目撃者たちの反駁不可能な証言で立証されている……。

まだまだ続く。一九一九年初め、左派エスエルの新たな陰謀準備に加わったため、ＣｈＫ諸機関により逮捕された。当時ＣｈＫの手腕が未熟だったせいで、私はまた罰を免れた。だが今はＮＫＶＤの手許に当時の資料が収集されてこの事件を再調査すると、私の罪に対してまったく異なる結論に至っている。

さらにさらに続く。一九一九年から一九二四年まで、私は「自由哲学協会《ヴォリフィラ》」のリーダーを務めた。これは合法的ではあるが反革命的な組織で、その本質は、ソビエト大百科事典の項目「ヴォリフィラ」［第一三巻、一九二九年刊］からうかがえる。同時期に、エスエルのヴィーチャゼフ＝セデーンコを長とするペトログラードのナロードニキ主義の出版社「麦の穂《コーロス》」から、私の本が何点か刊行された。それらは全部好ましくない傾向を示しており、Ｖｌａｄ・ホルムスキーのペンネームで出版されたアリストファネスの『プルートス［富］』の翻訳［一九二四年］もその中に含まれる。一九二二年に「ヴォリフィラ」は論集『アレクサンドル・ブロークの想い出』も出版したが、その中に含まれる私の発言は、多くの個所で反ボリシェヴィキ的である。

さらに、さらに。一九二六年から一九二七年に、サルティコフ＝シチェドリン著作選集六巻を編纂し、註釈をつけた。その註釈で私は、ソビエト体制をあからさまに揶揄した。その証拠は、この調書の付録として添付された「ある都市の歴史」への註釈である。

（カッコに入れて付け加える。一九三三年にＧＰＵの取調べ官たちが自らの黒書で恥ずかし気に隠したことを、一九三七年にＮＫＶＤの取調べ官たちは、さほど恥ずかしがりもせずに調書に書きこんだ！　これが次の点に関係する。）

私はこれを一九三〇年にも小著『未刊のシチェドリン』でも一層あからさまにやらかした。私はその小著に「有害な（あるいはくそまじめな）長官のお話」を入れたが、これは明らかに現代をあてこすったもので、そのことは出版所が削除し、数部が保存されている序文の語句にはっきりと見てとれる。

ついにＧＰＵの堪忍袋の緒が切れた。一九三三年に私は共謀者たち全員とともに逮捕され、ナロードニキ主義の思想的・組織的センター長として摘発された。ノヴォシビルスクでの三年間の流刑は、すぐにサラトフ流刑に変えられたが、私はその地でも反革命的活動をやめなかった。サラトフではその地へ流されたエスエルのテロ組織に加わった。一九三五年春、我々は地下宣言をその地で発したが、宣言の執筆者は私以外にありえなかったということを、現在は逮捕中のサラトフのエスエル・テロリストたちが確証している。同じく一九三五年の夏、七月一〇日から一七日まで続いたエスエル・グループの地下の協議会に参加するため、私は非合法的にモスクワへ往復した。この小グループのメンバー（姓を列挙）中五人が、私がその協議会に皆出席した、と確認した。

三年の流刑期間を終えて新たに収監されるべきところ、不当に自由を得た私は、一九三六年九月から移住したカシーラでも落ち着かず、ある未解明の反革命的悪だくみ——NKVDが依然解明中——を進め、九月に逮捕される前日まで継続していた。

このようにして一九一八年から一九三八年のまる二〇年間、私の人生は一連の反革命的・反ソビエト的行為の連鎖だった。その後もさらに厳しい告発が取り調べの過程で提起されるだろう。まさに今、私は上記の諸点すべてにわたって文書で供述し、自らの永年にわたる犯罪を率直に自白するよう求められている。そうすることだけが、私の罪をわずかでも軽減することになろう。

この大部の調書を読み終わると、取調べ官シェプターロフは、供述に対しすぐに文書で答えるよう、私に求めた。その際、おまえが免れ得ない公正で厳しい罰を軽くできるのは率直な懺悔だけだ、と念を押した。

私は黙ってペンを執り、紙一枚ごとに書き始めた。言うまでもなく、ここでとてつもなくファンタスティックな一連の起訴内容に答えることはせず、主に私の言葉に対する取調べ官シェプターロフの反論の特徴を考慮しつつ、いくつかの項目を引用しよう。

私は以下のように指摘した。一九一八年四月の第二回ソヴィエト協議会において、私はいかなる——反革命的であれ、革命的であれ——発言もできなかった、その理由は簡単で、その会議にまったく出席していなかったからだ。そのことは協議会の参加資格委員会の報告書のメンバー表で、さらに演説の速記録でたやすく確認できるから。したがって、私の足をつかんで演壇から引きずりおろしたという信頼できるニセ証人とぜひとも対審したい、と。ついでながら私は取調べ官シェプターロフに、ちょうど一九一八年四月に刊行された自著『革命の年』に目を通すようにと勧めた。その本の内容が、その時点で私がどんな「反革命的演説」もできなかったことを示しうるからだ。取調べ官シェプターロフは私の勧めにたいして、この上ない自信と軽蔑の念を示しながら答えた。

「我々におよそ反革命的たわ言など読む時間があると思ってるのか！」

私は、残念ながらこれはあなたの勤務上の義務なのだ、と彼に指摘した。しかし、以後の彼との会話で確信したのは、彼は概して私の著書は一冊も読んでいなかったということ、さらに調書に引用されているのは、疑いもなく、彼よりもずっと知識のある誰かが書いたものだということだ。明らかに過去のＧＰＵ取調べ官の世代が、現在のＮＫＶＤ取調べ官レーデンスの学校の無学な鷲どもに残した遺産なのだ。

ベルダン銃購入の件では以下のように指摘した。私は生涯一度もベルダン銃も、あるいはおよそ武器というものも買ったことがないだけでなく、そもそもベルダン銃とは何か、それと例えばライフル銃との違いは何かということすら知らない、と。

「だけどお前はベルダン銃を買ったのだ」取調べ官シェプターロフは私に答えた「お前に銃を売った人物が、いろいろな問題で今やはり入獄しているから、対審で自分の供述を確認するだろう。けれどベルダン銃では戦車と戦えないということを、お前はどうして分からんのだ！……」

サルティコフに関する諸項目は事実に対応していた。だがここは検閲を通った私の論文を引用することで簡単に斥けることができた。それでも取調べ官シェプターロフはその引用のことでもっともな答え方をした。

「ＮＫＶＤは検閲よりも上級の機関だ。検閲が見逃しても、我々は見逃さない……」

それは十分に正しい。しかし私が、サルティコフ自身に答を求めるのが一番公平だろう、と言うと、驚いたことに次のようないぶかしげで率直な問いが聞こえた。

「で、彼は生きているのか？」

こう答えたいほどだった。

「もちろんです！　彼のアドレスを教えられますよ。レニングラード、ヴォルコヴォ墓地、トゥルゲーネフの家のすぐ隣です！」［サルティコフの墓は、同墓地のトゥルゲーネフの墓の隣にある］。

こんなに無学な取調べ官に、文学に関わる問題の処理が任されていたのだ！

サラトフにおけるテロ組織とその宣言発布の項目、またエスエルのモスクワ協議会と最近までのカシーラにおける悪だくみについては、私はそんなファンタスティックな告発のすべてに対し、手短だが断固とした抗議でもって応え、信頼のおけるというニセ証人との対審を要求した。私がニセ証人の誰とも対審をしなかったことは、言うまでもない。

私は長時間、多くのことを書いた。私がペンを置き、取調べ官シェプターロフに書いたものを渡したのは、もう二時を過ぎてからだった。彼は注意深く通読し、紙をきちんと折って冷静に破り、次のように言いながらくず篭に投げ込んだ。

「あまりに嘘だらけで馬鹿げた供述は受けいれ拒否だ。調書を読み直し、読んだということと、いっさい自白する気がないということを、そこに書け。だが前もって言っとくが、お前は自分が選んだ行動路線をすぐに後悔することになるぞ」

私は二度目に調書を読み返し始めると、初めて読んだときは見過ごした公式の序文の最初の数行（誰の件、取調べ官の姓、日付）に、偽造があると気づいた。私は少しも驚かなかった。調書の日付は、法律により私が告訴されるべき一九三七年一〇月一〇日という日付になっていた……。私は調書の末尾に次のように書いた。

「調書が私に提示されたのは、取調べ官シェプターロフが受けいれない――一九三七年一一月二日から三日にかけての夜」その後にサインした。

シェプターロフ中尉はこれを読み、私が黙って彼の偽造を見つけたように、彼は黙って私が彼の偽造を発見したことを受けいれた。だが、彼はこう述べた。

「お前は大変不注意にも、自分に対し抑圧的手段が採られるように仕向けている。その上回答で、素直な自白と懺悔の代りに、自分の悪意あり救い難い心を露呈している。これもお前の罰を重くすることになるぞ」

それから彼は私に、机の傍の椅子から二連の棚の間の椅子に座り直すように勧め、私はこの多くの記憶に残る夜の初めをそこで過ごした。彼自身はまた私に背を向け、書類に没入した。こうして一時間が経った。さらに一時間。壁掛け時計が四時を打ち、五時を、六時を打った。突然私の方を向くと、シェプターロフは訊ねた。

「眠りたいか？」

「別に」――私は答えた。

「眠れなくなるさ！」――意味ありげに彼は言い、当直に電話して、私を「犬舎」に連れ戻せ、と命じた。

一か月経ってやっと、私は「眠れなくなるさ！」という脅しの意味がわかった。それは一週間眠らさないというクルトグリャス博士の拷問が目のまえで行なわれた時のことだ。少しも疑えないのは、私の二回目の尋問――ちょうど一か月後の一二月初めに行なわれた――までの間に、ＮＫＶＤ秘密政治部の最高レベルで、私をどう扱うか？　という問題が決定されたのだ。眠らさずにコンベヤにのせるか？　ゴム棒に頼るか？　それとも、さしあたって不眠もゴム棒も用いずに、尋問を続けるのか？

三番目の手段をとる、と決まったことがわかった。なぜか？――もう一度自問してみよう。なぜなら私が「作家」で、いつの日にか体験を語るかもしれないからか？　わからないが、それでも私、「作家」に対して他の数多くの同房者――教授、技師、教育学者、将軍、飛行士やその他のカッコつきの、あるいはカッコなしの「インテリゲンツィヤ」に対するよりも丁重にふるまったことは事実だ（ただし、部長のエピソードを除いて）。私はしばしば同房者たちをまえにして恥ずかしいことがあった。彼らはしばしば厳しい尋問から戻って来るが、それに対して私は何か月も静かに放置され、尋問はつねに形式的には丁重に行われたからだ。尋問の回数に関しては、私が一年半ブティルカ監獄に入っている間に、全部併せて五回だけだった。八月に一回、最初の回を除けばいつも昼間に行なわれ、短時間で終わり――二、三時間より短かった――くり返すが、形式的には丁寧に行われた。実のところ、半年後の四月に私は尋問前に一週間の拷問を受けたが、これについては特別に話そう。

だが私は先走りすぎている。今は「犬舎」に戻る時だ。私は不眠の夜よりもそれ以前の経験のためにすっかり打ちのめされて、そこへ朝六時に戻った。一九三七年一一月二日から三日にかけての夜は、まったく私の記念日祝賀会のクライマックスだった。それは、部長が私の頭上に降らせた厭うべき悪口雑言と愚弄の豪雨のことだ。半年後、私は第二の「クライマックス」を経験せねばならなかった。さらに半年経って三回目があったが、その二回はもはや精神的ではなく肉体的で、この二回よりも最初の尋問の方が、疑いなくより辛かった。とはいえ、それらは先述のような肉体的、精神的に苦難を経験した本ものの殉教者たちに比べれば、まったくとるに足らない。

「犬舎」の冷たい床に横になったが、もちろんのこと、眠れなかった。私の隣人たちもまだ眠っていなかった。教授は再度、思いやりある言葉で尋ねた「どうだった、打たれなかったか？」――そして打たれなかったが、汚い罵詈雑言を山ほど浴びせられたと知ると、驚いてゆっくり言った「それだけか？」

朝の時間、「排便」、昼食が私にはぼんやりと過ぎた。昼食後、私は「じっくり腰を据えて」眠る準備をしたら、突然、警備司令部へ呼ばれ、そこで短く調査書をチェックされ、メガネを返され、中庭へ連れて行かれ、「黒カラス」に乗せられた。そこには男女がぎっしりと詰め込まれていて、あちこちの監獄へと運ばれた。今回乗せられた「黒カラス」は構造が違っていて、内部は個室に別れておらず共同の空間だった。これは「郵便局第三号」と称され、短い移送時間にいろいろな監獄のニュースを知ったり、伝えたりできる場だった。

ついに到着。またブティルカの「駅」で、また復習、またタイル張りの筒、また「素っ裸」の脱衣、また「立て！口を開けろ！　舌を出せ！」やさらに続く例の装飾音《フィオリトゥーラ》。それ立った、口を開けた、舌を出した、しゃがんだ等々。それから中庭を通って四五号房へ「帰宅」……。

人間はなんと奇妙な存在なのだろう！　私は現に自分の住み慣れた片隅へ、知り合いの、一か月の仲間の許へ「帰宅」したと感じたのだから。握手し、挨拶し、私自身の件と、電信局や郵便局第三号について尋ねられた。私はニュースをすべて話し、「地下鉄」に横になった。夕食は断って夜の点呼まで眠り、その後も朝まで眠った。

●10　さらなる尋問

一か月が過ぎたが、誰にも、どこからも私は呼び出されなかった。明らかに私の「一件」は上級レベルで検討されていた。ついに一二月五日、クルトグリャス博士の不眠のコンベヤ第三夜に、私は夕食後「所持品なしで」呼び出された。ということは、また「黒カラス」、またルビャンカ、また「犬舎」ということだろう。しかしそうではなかった。私は「駅」ではなく、別の棟の一階へ連れて行かれた。そこにも何室もの取調べ室があるとわかった。

ついでだが、監獄の中庭での行進のしかたに注意を向けるのはおもしろい。中庭のあちこちに、ちょうど人間一人が入れるほどの木造の見張り小屋があった。もしも私を護送する獄吏が、我々の方に向かって護送されて来る別の囚人を遠くから認めたとすれば、獄吏は直ちに一番近くの見張り小屋の扉を開けて私を押しこみ、扉を閉めて、誰が通り過ぎるかを私が見ないようにする。時々護送兵が出会うと、自分が監視する囚人にそのような作業をし、その時我々は囚人が入っている見張り小屋を通り過ぎるのだ。行進中に振り向くことは厳禁で、各監獄で定められた懲罰でもって脅される。

私は取調べ室へ入れられた。シェプターロフ中尉は親切で、自ら尋問のためにブティルカへやって来て、私をルビャンカの「犬舎」から免れさせてくれた。私は気分が滅入っていた。というのはクルトグリャス博士に加えられていたコンベヤ式拷問の印象があり、取調べ官シェプターロフから同じようなことが行なわれうると予想したからだ。しかし私の危惧はあたらなかった。シェプターロフ中尉は私に腰掛けるようにと勧めて言った。

「今日は最後の方から始め、お前のサラトフで一九三五年早春の犯罪から確認しよう。ここにサラトフとカシーラで出された宣言がある。複数の証人がいて、サラトフのエスエルだが、お前が書いた、と証言している。自分が書いたと認めるか？」

そして彼は、「キーロフは殺された、次はスターリンの番だ！」という題目のこんにゃく版ビラを私に差しだした。もしこの宣言がNKVDの内部で準備されたとすると、そのことはほぼ疑いないのだが、NKVDはなんと無学な訓練中の者にこんな文学的作品を注文したのだろう、と驚かざるを得ない。もしこのビラをサラトフのエスエルが書いたとしても、そのことはほぼ不可能だが、彼らの名誉には——文法的に——ならない。ビラはこういう文句で始まる「人民の迫害者だった者が殺される！」中ほどに「社会的意見を怒る」（「呼びおこす」の意味で）という呼びかけがあり、そのような類のお粗末の極みがたくさんある。取調べ官シェプターロフに小学校生にふさわしいこれらの間違いを指摘した後、私は、自分をこんな教養のない駄作の執筆者から除けるよう、求めた。

「しかし証人はお前が執筆者だと強調している」と取調べ官シェプターロフはくり返した。

私は答えた「あなたは私にこの証人と対審させないと思う。それは証人にとりいたたまれないでしょう。その上、申し上げますが、私はサラトフでの三年の生活で、エスエルとは一人も知り合いになりませんでしたよ」

「だがサラトフでお前の家主だった靴屋のイリナルホフは尋問で、お前の所に私の知らない人々がしばしば来ていた、と証言したぞ。そいつらのなかに逮捕されたサラトフのエスエルがいる、と彼は今じゃ確認したんだ」

私は言った「もしそうなら、彼が大層痛ましい。それは彼が偽りの証言を強制された、ということです」

後で知ったのだが、引用されたイリナルホフの証言は嘘だった。彼はいくら尋問されても、要求されたような嘘の証言は一度もしなかった。私は誠実な家主に恵まれた——サラトフのイリナルホフとカシーラのブィコフだ。

取調べ官シェプターロフは同意した。「よかろう、宣言の執筆者問題はさしあたり脇に置いておこう。我々は別なことに関心がある。このビラに対するお前の関係で、問題は文法でなく本質にある。お前はテロへの呼びかけに同意するか？」

「いいえ、同意しません。現在の国家が置かれた状況下で、テロは無用で、有害、破滅的です」

「サラトフのエスエルは、お前が自分たちのテロの基本方針に完全に同意した、と断言したぞ」

「もう一度くり返すと、サラトフ流刑の三年間に、エスエルの誰にも会っていないし、それにあなたが私に彼らと対審させるのかどうか疑います」

「もちろんさせる！」

そして取調べ官シェプターロフは紙に何かメモした。対審はいっさいないということ、それに証人の証言というのも、多分、取調べ官のでっち上げだったことも自明のことだ。

「お前は一九三五年七月七日から一〇日に、モスクワ・エスエルの会議に出席したことも否定するのか？」

「断固否定します」

「だがこの会議出席者中五人が断言している」ここで取調べ官シェプターロフは、私がまったく知らず、すぐに忘れてしまった五人の苗字をくり返した「彼らはお前が一週間ずっと、活発に加わっていた、と断言している」

「あなたが挙げた苗字のどれもまったく知りません。問題はそこでなく、以下のことにあります。つまり、私は一九三五年にまる一週間モスクワになどいられませんでした。なぜならこの時期サラトフ流刑の身で、五日に一度ＧＰＵに登録に行かねばなりませんでした。その事実をあなたは明らかに知らないか、それとも見落としている」

「登録は月に三度だろう」取調べ官シェプターロフはいぶかしげに言った。

「私は五日に一度でした。このことはサラトフＮＫＶＤに問い合わせられるでしょう」

「それでも四日でサラトフとモスクワを往復できる」

「できますよ。けれど第一に、私がどこでいつ、このでたらめな会議にまる一週間出席したのか。第二に、これが重要なのだが、流刑の三年間、私は一度もサラトフから出たことはない。このことは私の家主イリナルホフがあなたに確言できます」

「問い合わせよう！」

私は「サラトフ関係項目」に関してこれ以上一度も、何も聞くことはなかった。例のでたらめな書式の駄作は、たとえこれ以上ないほどばかばかしい告発内容だとしても、できる限りたくさん詰め込んである。その大部分は取調べの過程で消えるとしても、それでもおそらく何とか残るだろう。もしも尋問の際の肉体に訴える論証の方法を視野に入れるなら、チェキストのテロに苦しめられた犠牲者が、もっとも馬鹿げていてありそうにない罪状を「自白した」

ことは少しも驚くことはない。

「さて、カシーラの件に移ろう」と取調べ官シェプターロフは続けた「お前は市民ブィコフの部屋を借りて、その地に一年間住んだ。彼の証言では、お前のところにモスクワから怪しげな者どもがしばしばやって来て、お前は彼らと自分の部屋に閉じこもり、きわめて反革命的な会話をしていたのだ」

「彼は逮捕されたということですか？」

「誰が？　ブィコフがか？　それはお前に関係ないことだ」

「なぜ関係ないのですか？　もし私が彼らと犯罪的なことを会話したというなら、彼も私とそうしたことになるのでは？」

「誰を逮捕し、誰をしないかは我々の権限だ！」

「結構でしょう、彼に私と対審でその証言を確認してもらいましょう！」

私は、これはまったくの作り話だと確信し、後にそうだとわかった。後にとは、ブィコフが私の逮捕後、幾度となくカシーラのＮＫＶＤでの尋問で彼らに必要とされる証言をするよう要求され、悩まされた、と私が知った時のことだ。彼は度重なる尋問を揺るがずに耐える勇気をもち、嘘の証言をしなかった。


「これが」と取調べ官シェプターロフは私に書類を差し出した「お前のカシーラでの隣人たちの調書だ。目を通せ」

私は「目を通した」私が知らないカシーラのある隣人(彼とは時々通りで出会ったことをぼんやり思い出した)は、当地のＮＫＶＤでの尋問でこう証言している。幾度かカシーラのイヴァーノフ＝ラズームニクの所へ怪しい人々がやって来たのを見た。その後イヴァーノフ＝ラズームニクは時々、彼らをモスクワへ送って行った。この隣人は鉄道員で、ある時イヴァーノフ＝ラズームニクたちと車両で隣りあい、彼らの反革命的会話を立ち聞きした、と。恐らくこの隣人にはブィコフのように嘘の証言をしないための勇気がなかった。あるいは彼は、誰が知ろう、ＮＫＶＤの「秘密協力者《セクソット》」だったかもしれない。

取調べ官シェプターロフに調書をかえして、私は言った「まあいいでしょう。これで結構だが、私たち三人の対審の場を設けてもらいましょう。そして市民ブィコフと献身的な鉄道員に、幾度となく私を訪ねてきた者たちの特徴を説明してもらいましょう。私がカシーラに住んでいた間中、生きた人間は一人として私に会いに来なかった、と主張します」

取調べ官シェプターロフは書類を折りたたみながら言った「お前は重要なものも小さなものも関係なく、事実を同じように否定し続けるのだな。それはお前にとり一層悪いことになるぞ。よし、お前に全部対審させてやる。そうしなくても、お前にとって事態は明白だからな。お前はソビエト政権に敵対的であることは否定できまい。何と言ってもお前は、共産主義者はみな挑発者だと考えているのだから」

最後の一句は説明が必要だろう。一一月に我々は自分たちの監房で三人の「雌鶏」を摘発した（彼らは時に「卵を抱いた雌鶏」とも呼ばれた）。何件かけんか騒ぎが起き、一件では殴り合いにまでなった。――「雌鶏」は打ちのめされた――そのせいで監房全体が「売店」を利用できなくなった。だがともかく「雌鶏」はすぐに別の監房へ移された。我々の牢名主、カルマンソン教授は三羽の「雌鶏」追放後に私に言った。

「あいつら三羽とも共産主義者だなんて驚きだよ！」

私は反論した「何も驚くことはないですよ。だって共産主義者は皆、その党員としての義務で密告者ですから」

明らかに我々の会話は第四の、まだ正体がばれていなかった「雌鶏」に〈立ち聞き〉されていた。そして取調べ官シェプターロフは私の言葉を報告で聞いていた。

私は言った「私は現実にそのようなことを考えています。ただしあなたのような言語表現とは全然違いますが。しかし、私が何を考えたかは重要ではありません！　国家は行動を罰し、思想を罰するのではありません！　すでにローマ法でも、〈思想を罰するな〉、と言っています」

「つまり、どういう意味だ？」

「つまり、思想は罰せられない、ということです。ローマの法律家たちが二〇〇〇年も前にこの原則を打ちたてたのです」

「なんと間抜けな！」取調べ官シェプターロフは心から驚いた。

尋問はこれで終わった。取調べ官はどこかへ急いでいるようで、いつも時計を見ていた。私を「帰宅」させるため当直を呼ぶと、取調べ官シェプターロフは別れ際に私に言った。

「次回、お前に近年のことで、もう一つの告訴が提示されるだろう。もっと先のことを後ほど議論するのだ。だが、お前に最後の警告だが、頑固に否認することはやめろ。それはお前に何も良いことをもたらさん。真摯で率直な供述をしろ」

「私はそうしました」当直がもう取調べ室から私を連れ戻す途中、歩きながら私は答えた。

●11「密会」容疑

次の尋問までまたほぼ一月待たねばならなかった。私の審理はゆっくりと進んだが、そのことが私には救いだった。なぜなら私はエジョーフがＮＫＶＤ長官職にある間、入獄したままだったからだ。私の審理が早いテンポで進んでいたら、一九三八年初めまでにどこかの隔離所か強制収容所行きだったことは疑いない。周知の通り、

地獄へ至る道は容易いが、
戻る道はあり得ない。

伝説は我々に語っている——
この世の支配者は抜け目なく、
誰をも自らの支配下へ入れ、
誰をも解き放ちはしない。[32]

一旦この強制収容所の地下王国に入ってしまえば、背後ですべての道は閉じられる。二一か月間共同房に入ったままでいることは容易くなかったが、〝おばちゃん〟の息子たちには、私の裁判を引き延ばし、遅らせたことに大いに感謝だ。

32　ウェルギリウス『アエネーイス』第六歌の一部の自由な改作。〔岡道雄・高橋宏幸訳、西洋古典叢書、京都大学学術出版会、二〇〇〇年、二四九ページ参照〕。

一二月三一日の昼間に私はこれまで通りに尋問に呼ばれ、取調べ室へ連れて行かれた。取調べ官シェプターロフは私にデスクの傍の椅子でなく、彼が書類をまとめる間、やや離れたところの椅子を勧めた。書類整理を終えると、彼は立ち上り部屋の中を行ったり来たりし、紙巻タバコを喫いはじめ、私にも勧めたが私は断った。彼は黙って歩きまわり、喫い続けた。突然私のまえで立ち止まると彼は叫んだ。

「お前は何てすばらしい、新しいオーバーシューズを履いてるんだ！」

このことで少し脇道へ逸れねばならない。そして再度「雌鶏」の話題に戻ろう。

カシーラの自分の部屋で、監獄巡りに出発するまえに私はもちろん自分の衣服のなかから一番悪く、着古したのを選んだ。ブーツも一番古く、履きつぶしたロングブーツを履き、新しいショートブーツは部屋に残した。この選択は間違いだった。ブーツはすぐに役に立たなくなり、二か月もすると踵が取れてしまった。そしてどんなにひもで縛っても、一二月の中頃には、私がまだボイコットしていな

かった散歩を断念しなければならなかった。一二月二〇日は定例の「売店」の日だったが、私、すなわち「貧農」は突然、予想外のプレゼントを受けとった。我らが牢名主カルマンソン教授、若い大学生で「トロツキスト」のゼイフェルトと、恥ずかしいことに名前を忘れてしまったもう二人の仲間が、私に黙って金を出し合い、オーバーシューズを買ってくれたのだ。私は彼らの配慮とプレゼントに深く感動した。監房内でこのことを知っていたのは、彼ら四人と私の計五人だった。だが我々は六人目を――いつもの立ち聞き屋の「雌鶏」を忘れていた。富裕な仲間が金を出し合って「市民権喪失者」にオーバーシューズを買うという何でもないことが、どんな関心の的となりうるのか？と思うだろう。だがそうではない。このまったく何でもないことも取調べ官に報告されていた！　このことは我々全員が監房内で、どのように注意深い「内部調査」の下で暮らしているかを示している。

取調べ官の叫び声にいささか驚いて私は、オーバーシューズは確かに新品だ、と答えた。彼は部屋のなかを歩きまわり、タバコを喫い続け、数回立ち止まってくり返した「すばらしい、まったく新しいオーバーシューズだ！」それゆえ私はここですぐに、この件は「雌鶏」なしではすまない、と気づいた。取調べ官はなおも続けた。

「すばらしいオーバーシューズだ！　お前はカシーラからそいつを持ってきたのか？」

「多分、カシーラから」

「驚きだ！　どうして私はもっとまえに、お前がそれを履いているのに気付かなかったのだろう？」

「以前は履いていませんでした」

「なんと、袋に入れて持ってたのか？」

「多分、そうです」

「お前がそれを獄内で買った、という方が正しくないのか？」

「多分、獄内で買いました」

「一体いくらだった？」

「一〇ルーブリです」

「しかしお前は、金銭の差し入れは受け取っていないのではないか？」

「受け取っていません。それはあなたご自身の指令によってです」

「金はどこから出たのだ？」

「逮捕の時に持ってきました」

「すばらしいオーバーシューズだ！」

私はこんな皮肉にうんざりして言った

「市民取調べ官シェプターロフ、このオーバーシューズと私の告訴状とはどういう関係があるのか、分かりません！」

「極めて近い関係がある。こういうことだ。お前はまじめな告訴の問題に、オーバーシューズの問題と同様に誠実に答えているか？」

「まじめな問題にはまじめに答えています。オーバーシューズの話はあなたには、明らかに全部詳細にわかっている。けれど私はそれについて話すつもりはありません」

「我々は全部わかっている」取調べ官シェプターロフはデスクに座りなおしながら強調した「さて、少しまじめに話し合うとしよう」

まじめなことは、新しい告訴の項目にあった。それは一一月二日から三日にかけての大部の調書には書かれていなかったことだ。以下の会話が行なわれた。

「お前の個人秘書でナロードニキ主義の思想的・組織的センターでの共謀者D・M・ピネスが、今年の一月に流刑地のアルハンゲリスクで再逮捕されたことを知っているだろう？」

「知っています」

「彼の妻は医者で、今年の四月にレニングラードで逮捕された。このことも知っているな？」

「これも知っています」

「彼女がなぜ逮捕されたと思う？」

「多分、彼女が自分の夫の妻だったからでしょう」

「その答えは、オーバーシューズに関するお前の答と同じくらい正しい。お前は彼女の逮捕理由をよく知っているだろう？」

「いいえ、知りません」

「いや、知っている」

「いいえ、知りません」

「ちなみに、彼女は一九三六年四月に、第四ソビエト通り八号館一一番地の自分のフラットを、お前とアカデミー会員タルレ[33]との反革命的陰謀を目指す秘密会合のために提供した」

GPUとNKVDの内部で何が起こっても、もう驚かなくなる頃だったろう。しかし私はこのような情報に仰天した。アカデミー会員タルレはクレムリンのボスたちの下では〈もっとも好ましいとされる人物〉で、安泰で成功しており、ボリシェヴィキに「へつらわず献身しており」、科

33　E・V・タルレ（一八七四〜一九五五年）非マルクス主義の歴史家、ソ連邦科学アカデミー会員。［一九三〇年に逮捕され、翌年から二年間アルマ‐アタへ流刑。以後、政治的要請に応じて自著を書きかえた。スターリン賞受賞］。

学アカデミー崩壊[34]後に特別に引き立てられ、「スターリン自身に」近づくことができ、くり返しクレムリンに招かれた人物だ。それが突如、反革命的陰謀のかどで告訴とは！　呆気にとられる！　しかもこの私がなぜ関わりがあるのか？

　私は言った「あなたは何でもご存じだ。それならこの会合でのアカデミー会員タルレと私との会話の内容もわかっているでしょう？」

　彼は言った「わかっている。市民タルレは、お前が民主的政府の国民教育相のポストを引き受けるかどうかを探ったのだ。その政府は起こり得る戦争でソビエト政権が崩壊すれば事前につくられるはずなのだ」

「それで、私はどう答えたか、このこともわかっているでしょう？」

「もちろんだ。お前の答は、民主的政府という理念に完全に共感するが、その政府の構成と組織的活動のことをもっと知りたい、ということだった」

「この会合には第三者はいなかったのですね？」

「その通り」

「ということは、今の話は全部、アカデミー会員タルレ自身の供述で分かったのですね？」

「どこからかは言えん！」

「この千一夜物語にも一つだけ正確な点があります……」

「さあ、認めるか！　一つだけだが、そうだ、あるんだ！　どんなのだ？」

「一九三六年二月から五月まで、私は確かにレニングラードに行ってました。サラトフを発ってプーシキンへ、妻が重病だったので」

「わかった！　つまりこの時にお前は、アカデミー会員タルレと会談できただろう？」

「できたでしょう。それ以外に私は、次シーズンの演目の仕上げのために、芸術劇場の俳優たちの会議に出られただろうし、イサーク聖堂の回廊に登れただろうし、オペラ『カルメン』を見られたかもしれません。そうしたかもしれないけれど、そうしなかったのです。アカデミー会員タルレとの会談については、あなたにお知らせします。彼とは今まで会ったことがなく、彼の写真さえ見たことがなく、あごひげがあるのか、剃っているのかも、髪の毛が多いか少ないかも知りません。民主的政府の組織や、私への要請など、失礼ながら、誰にも信じられない、笑いだすような冗談です」

「だが、これは事実だ。それはともかく、お前は一九三六年四月にレニングラードへ行ったと認めたな？」

「行きました」

「そして第四ソビエト通り八号館一一番地の女医ピネスのフラットを訪ねたな？」

「フラットでなく、私の親しい知り合いで、友人の妻のR・Ia・ピネスを訪ねたのです」

「つまり訪ねたんだ。そのように記録しよう。だから『昨一九三六年四月にレニングラードへ行って、市民ピネスのフラットを訪れたこと……を自白する』と書け」

「そんな調書に私はサインしません」

「どうしてだ？　お前はこの事実をすでに認めたじゃないか？」

「『自白』も『承認』もせず、明らかにしただけです」

「全然違いはないぞ」

「大きな違いがあります。『自白した』なら、何かで有罪ということです。『自白しなかった』なら、実際にあった事実を確認するだけです。私は何も自白しません。この話はまったくのファンタジーです」

「お前はこれらの動詞を細かに区別している。そんな動詞のことは放っておこう。お前に次の調書の第一項目に率直に署名するよう勧めよう。『一九三六年四月、一時的にレニングラードに滞在し、女医である市民ピネス（アドレスが続く）の秘密のフラットでアカデミー会員E・V・タルレと会い、ソビエト権力転覆後に私が加わる大臣職の件で会談した……』」

「あなたは私をからかっているのですね？　そんな事実は決してなかったし、あり得なかったのです」

「つまりお前は、頑強に否定するんだな？」

「つまり私は、正しい証言にこだわるのです」

　私がこの対話を詳しく引用したのは、およそ起訴状がどのように不必要でくだらない愚かさと苦痛によって作りあげられているかを、たとえ一度でも示すためなのだ。この尋問は、「私は……を認めることを拒絶する」という言葉で始まり、その後取調べ官の要約が続く調書に、私が署名して終わった。

　ところで、ついでに言うと二か月まえ、私には理解できない謎だったレーデンスの言葉の答は、私が何とか大臣のポストを狙っている！　ということだった。……それにし

34［一九二九〜一九三一年、ＯＧＰＵによる科学アカデミーの「粛清」。アカデミー会員に共産党員学者を選出する問題に始まり、反革命の疑いをかけられた多くの学者や司書が逮捕、流刑、処刑された。とりわけ歴史家Ｓ・Ｆ・プラトーノフが率いるアカデミーの図書館とプーシキン館が打撃をこうむった］。

ても何というばかばかしい冗談だろう！

　今回の尋問と次回の予定を総括して、取調べ官シェプターロフは言った。

「さて、お前は何も自白しようとしない。綿密に確かめられた諸事実が、お前の主張とまったく反対のことを示しているにもかかわらずだ。そのことでお前は自分自身を窮地に陥れている。このこと全体を何度でも、じっくり考えろ。もしお前が我々にあわせるなら、お前の運命はより楽になるだろう。お前はまだそれほど年齢がいっていないし、我々はお前がまだ一〇年や一五年は実りある仕事ができるチャンスを与えられるだろう。だが、もし我々にあわせる気がないなら、身から出た錆だ。我々はお前を不要になったぼろ布のように、歴史のくず篭に投げ捨てるぞ。そうしたら誰もお前の名前など決して思い出さんだろう」

「ロシア文学史が私の名を思い出すかどうかはわかりません。しかしそのことは全然、あなたに左右されることではありません」と私は答えた。

　これで我々は最終的に別れた。というのは、私はもはや取調べ官シェプターロフを見ることがなかったのだ。彼は引き続き私の件を担当したが、次回の尋問で私を呼び出したのは、彼から委任された助手だった。とはいえ、直近の尋問はやっと三か月後に行なわれた。〈ゆっくり急げ！〉

　私を監房へ連れ戻すため当直を呼んだ後に、取調べ官シェプターロフは皮肉っぽく祝いの言葉を述べた。

「新年おめでとう！」

　監房に戻ると私は小声で（「雌鶏」に注意！）カルマンソン教授と、二、三人の仲間にセンセーショナルなニュースを伝えた。ペテルブルクでアカデミー会員タルレが逮捕されたことは間違いない！　と。いくらか監獄を経験したにもかかわらず私は取調べ官のペテンにひっかかり、神秘的な陰謀を口実にした尊敬すべきアカデミー会員逮捕の可能性を信じ込んだ（何といっても、奴らは大物でさえ逮捕してきた！）。人間さえいれば条文はみつかるさ！

　一年後に私は、このような事件をどう「でっちあげる」かを、自分の目で見たのだった。

　ちょうど一年後の一九三八年一二月に、ブティルカ監獄の一一三号房に囚人はあまり多く入っていなかったが、そのうちに一人の水兵がいた。彼は一年以上パリの全権代表部通商部門に勤務していた。当時の全権代表（大使）は「ポチョムキン同志[35]」で、後に外務人民委員部でモロトフ[36]の次官になった人物だった。ところで、この水兵はある夜、大層打ちひしがれ、顔には取調べ官による力尽くの論証のしるしをはっきりととどめて、尋問から戻ってきた（付け加えると、このような扱いは一九三八年末までに稀になった)。しかし彼が打ちひしがれたのは力尽くの論証というこ事実のせいではなく、彼自身の「自発的自白」のせいだった。その自白は、一九三七年にパリで、全権代表ポチョムキンは全権代表部と通商代表部のメンバーのなかで戦闘的「トロツキスト」組織をつくり、この水兵も参加した……、ということだった。

言うまでもなく、これはファンタスティックだ。どこがかというと、NKVDの諸機関は人物、まずまさにこの時の大使、次に外務コミッサールに関するニセ調書を作成したことだ。さらにファンタスティックなのは、この調書が使われないことだ。ニセ調書はいざという時のためにNKVDのファイルに眠っている。ひょっとすると役に立つかもしれない。ひょっとすると同志ポチョムキンを逮捕することになるかもしれない。だから告訴状はすでに前もって準備され、信用できるニセ調書も、ニセ証人もそろっている。人間が見つかれば、裁判もできるさ……

この件はこのようにでっち上げられた。こう想像してみたまえ。私がアカデミー会員タルレと秘かに会談したことを「自白した」と。そうすると、もし尊敬に値するアカデミー会員を排除する必要が生じれば、NKVDの手中にはこの事例で告訴状が準備されるだろう。私はといえば、当時ナイーヴにも次のように考えた。つまり、彼のような重大犯罪で告訴された人物は多分、逮捕済みだろう……と。

そんなことはまったく起こっていなかった！　後の一九四〇年に彼の元妻で年配の女性作家[37]に出会った時、私は彼女から、市民タルレはNKVDが彼の周囲に網を張っていたにもかかわらず、少しも疑われたことがない、と聞いた。誰も彼に手を触れることなく、彼は安泰であったし、今日までも安泰であり続けている……。

私をアカデミー会員タルレの犯罪と結びつけた告訴状は忘れさられ、その後は私に対して引っぱり出されることはなかった。しかし、NKVDの勇ましいひよっこどもが、私に対しこれほど確かな根拠のある告訴の大砲を新たに持ち出すことを、いったい誰が妨げられるだろうか？　コジマー・

35　V・P・ポチョムキン（一八七四〜一九四六年）政治家、フランス大使。一九三七〜一九四〇年に外務人民委員第一副委員、一九四〇年からロシア共和国教育人民委員。抑圧されることなく、クレムリンの壁に葬られた。
36　V・M・モロトフ（一八九〇〜一九八六年）党活動家、政治家、一九三〇〜一九四一年に人民委員会議議長（首相）、後に外相。
37　O・G・タルレ（一八七四〜一九五五年）作家。歴史家E・V・タルレの妻。夫タルレが少しも疑われなかったというのは正しくない。

プルトコーフは、アフォリズムの一つで正しくも言った「お前が防水性の火薬を考え出すことを、誰が妨げようか？」

だが私はこの防水性火薬［まったくバカげていて根拠の無い告発］をさらに三か月半、次の尋問まで待たねばならなかった。

●12　一九三八年、ルビヤンカの「犬舎」へ

一九三八年の新年を四五号房は陰欝な気分で迎えた。殴打を伴う尋問が増え、ゴム棒が使われだした。

三月末で私の「予備尋問中」での入獄期間は半年になった。

ソ連の「法律」では、このような予備的逮捕は二か月しか続かないはずだ。その期間が過ぎると、検察が新たにもう二か月継続を許可することになっていた。これ以上簡単なことはない。取調べ官がＮＫＶＤの検察庁に囚人のリストを提示し、取調べが終っていないので囚人の逮捕は延長されるべきだと言うと、機械的にスタンプが押される。「延長」、「延長」、「延長」で事件の本質を見直すこともない。さらに二か月間、同じような話の繰りかえしで、囚人は「起訴前の取調べの状態で」何年も入獄のままだが、「法律」は守られているのだ。

人々はやって来ては去り、我々の監房の古顔はますます少なくなった。ついに私の番が来て、永らく住み慣れた四五号房と永久に別れることになった。そこでは「地下鉄」から「飛行機」を経て寝棚までの全層を経験し、すでに最良の場所――ほとんど窓のすぐ傍の寝棚に陣取っていた。

四月六日、朝の茶の後に私は呼び出された。今回は「所持品持参」だった！　このような呼び出しはつねにセンセーションだった。ブティルカからどこへ移されるのか？他の監獄へか？　護送室へか？　釈放され「自由に」なることは誰も想像もせず、そんな例は当面、起こったことがなかった。所持品を集めて、仲間たちに別れを告げた。彼らのうちの何人かとは大層親しくなった。さらば、四五号房！

復習だ。「駅」、例のタイル張りの筒、例の所持品検査、例の耳をつんざくような叫び声「素っ裸になれ！　立て！口を開けろ！　舌を出せ！」――その他、もう何度も聞いた監獄での連禱の終わりまで。だがいくらか新しいこともある。官給品――毛布、鉢、スプーン、コップの返却。それから調査票の部屋へ連れて行かれ、記入した調査票のチェック。そしてブティルカ監獄のリストからの抹消。さらば、ブティルカ！

「黒カラス」よ、私をどこへ運んでいくのか？　到着し、

連れ出された――既知の場所だ！ ルビャンカ監獄の中庭と、地下の「犬舎」へ通じる下り坂だ。警備司令部、詳細な検査、またメガネの没収。そして私は所持品をもって地下の一室へ送られる。御機嫌よう、「犬舎」！ ほぼ半年前に一昼夜過ごしたあの四号房に入ったのは、偶然だが好都合だった。

我々はここに、私の祝賀会の第二「クライマックス」（最初のそれは一一月二日から三日にかけての夜）に達したので、それについていささか詳しく検討しよう。しかし、「私は色彩と言葉を見つけられるか？」これを自分の眼で見なかった人、自ら経験しなかった人には、すべての記述は精彩を欠き、説得力を欠いて見えるだろう。ここでは芸術家の眼と手が必要とされる。これは本当にドストエフスキーの「ペンに価する主題」だ！ しかし、私が尋問までの一週間を過ごした「犬舎」の生活を単純に、記録として記述してみよう。

私が一一月にこの「犬舎」の四号地下室で一昼夜過ごした時、一八人が入っていて、四〇平方アルシン［約二〇平方メートル］のむき出しの石の床に十分自由に寝ていられた。私が入室した今は……「入った」とは言えなかった。なぜならまったく通路がなく、この「犬舎」に入れなかったからだ。四〇平方アルシンが、ぎっしりと詰め込まれて座る裸の人間でいっぱいだった。全員シャツを脱ぎ、ズボン下姿だった。私は六〇人目の入房者で、一ヴェルショーク［四・五センチメートル弱］も空いた場所はないように思えた。私はドアの傍に立っていた――「犬舎」は抗議の唸り声で私を迎えたが、それは私にではなく、こんな「樽詰めニシン」のような拷問を手配した人間どもに向けられていた。だがドアは私の背後で閉まり、なんとかして割り込んで所持品入りの袋を、密着している裸の二人の間の床に押しこまねばならなかった。ここではさらにシューバ、ジャケット、ベストを、さらにすぐにズボンとシャツも脱いで全部所持品に重ねて置き、その上に座らねばならなかった。こういったことをいかにうまくやるかなど、これまでは考えられなかった。何といっても足の踏み場もまったくなかったからだ。私は一日後にやはり「所持品持参で」この部屋へ入れられ同房者となった〈綿毛と羽毛〉のために、自分と並んで場所をつくるのに大いに苦労した。

私は「犬舎」で五分もしないうちにあえぎ始めた。換気扇というようなものはなく、入口のドアに狭いすき間があるだけだった。空気と気温は想像もつかないほどだった。私の近くに座っていた何とか医が、地下室の温度は四〇度から四五度以下ではない、と断言し、さらに少し考えて「列氏で……」と付け加えた［摂氏では五〇度から五六度余］。

温度計が何度を指していたかはわからないが、私は脱げる物は全部脱ぎ、シャツなし、ズボン下姿で座って絶え間なく汗をかいていた。このように一週間、所持品の上に座っていると、全部に自分や他人の汗がしみ込んで、まるで水の中にあったようだった。床に水が細く流れているが、それは我々の汗とも、隅に置かれた用便桶からしみ出たものともわからなかった。すべてが我々の体や所持品の下を流れていた。だが、所持品持参で到着した者は少なく、大多数はあちこちの監獄から尋問のために所持品なしで連れて来られ、「自宅」へ戻る時を熱望していた。ブティルカかタガンカの監房は囚人であふれていたが、ここの「犬舎」に比べれば約束の地と思われた。

我々はひしめき合って座り、我々のむき出しの腕や背中は互いに接し、汗はまじりあった。そして翌日には例外なく全員に隣人からひどい湿疹がうつり、直るまで長くかかった。こんなことはみな耐えがたいが、主な苦痛に比べればとるに足らなかった。我々は息をはずませ、水から引上げられた魚のように口を開けて呼吸した。このようにして一日でなく、二日でもなく、ひょっとすると一週間、でなければもっと長く過ごさねばならなかったのだ。一週間経って私がこの拷問部屋を去った時、囚人の一人に朝鮮人（「スパイ」！）が残っていたが、彼は私が入って来るよりも一〇日も前からこのすし詰めの犬の地下室にいた。一七日もの拷問だ！

温度と蒸し暑さは耐え難かった。その結果、我々は呼吸することで恒常的な炭酸ガス中毒に苦しんだ。顔には赤い斑点、頻脈（医者は「一分間二〇〇回」まで、と言う）、頭ががんがんし、耳鳴り、吐き気、とまらないめまい、息切れ、耐えがたい動悸——すべてが炭酸ガス中毒の明らかな徴候だった。ドアが開けられて外気が入ってくると、犬の洞窟の空気が新しくなって一瞬だけ楽になったが、その後また、元の苦痛が始まった。

心臓病を患っている者には特に大変で、彼ら受難者がどうして死ななかったのか、驚くべきだ！　我々の地下室で一週間のうちに、「致命的」例が一つあった。陸軍大佐ルジト（ラトヴィア人、すなわち「スパイ」の意味！）が、厳しい尋問の後に「犬舎」へ戻り、息をはずませ、あえぎ始めた。ほとんど意識もなくして彼は「空気！　空気！」とくり返した。我々が他の囚人の足越しに、うつ伏せの彼をドアの方へ寝かせると、彼はドアのすき間に口を寄せて、少し息を吹き返した。用便桶が満杯になってあふれだし、彼の体の下をちょろちょろ流れているのも大したことではなかった！　だがすぐに発作が再発し、彼は意識を失って倒れた。ドアの傍にいた者が拳でドアをたたき始め、地下室全体が「医者！医者！」と叫び出した。白衣を羽織った年配の医者が現われたが、来ない方が良かっただろう。ぞんざいに病人の脈を探り、我々全員がここで中毒状態だ、呼吸ができない、これは拷問だ、という我々の怒りの声に答えて、医者はすげなく言った「自白しろ！」そして去った。この答えが彼の処方で、病人に対し彼が提供する助けはこれですべてだった。こんなのは医者でなく、医者を装う〝おばちゃん〟の息子のなかのろくでなしだと考えたい。彼の処方は役に立たなかった。

ルジトの発作は治まり（ドアは少しの間開けられた）、翌日もう一度、最後の尋問に呼び出された——最後というのは、翌日の夜に彼は我々の「犬舎」で、新たな喘息の発作で亡くなったからだ。遺体は運びだされた。

汗を流しながら、我々は朝から夜まで、夜から朝まで、我慢できないほどのどが渇いた。コップ一杯の水は王国の半分に価する！　だが水はもらえず、暑さ、狭さ、湿疹による拷問に窒息と中毒にもう一つのより辛い拷問、すなわちのどの渇きというのが加わった。だが我々が死に瀕したルジト大佐のために水を頼んでもらえなかったのに、我々自身に何を期待できようか！

そうなのだ、監獄で拷問はなかった。あったのは「単なる殴打」だけだった。さらに犬の洞窟があったが、そこからは非常に簡単に出られた。「自白」しさえすれば……。

我々は昼間に四回の幸せな三〇分を楽しんだ。昼と夕の食事で二回、朝夕の「用足し」で二回だ。昼食または夕食の間、ドアは広く開けられる。廊下からの冷たい空気の流れが、裸で、頭のてっぺんから足まで汗まみれの我々を包みこむ。コックと三人の当直が仕事に当たり、昼食と夕食の配給はさっさと進む。それでも我々は半時間、魚のようにではなく人間らしく、胸いっぱいに呼吸する。この時間に冷たい空気の流れが我々の汗まみれの体を乾かす。このような「犬舎」での換気の後、一時間かそこいらは呼吸が楽になる。しかしその後はまた気温が上がり（ラジエーターは熱い）、我々はまた息をはずませて中毒し、以前のような苦しみを味わうのだ。

「用足し」の半時間はもっと幸せだった。便所は小さく、我々は朝夕に四人一組で順番に連れて行かれた。そこでは蛇口からほとんど氷水のような水が出て、我々は汗びっしょりの体を、腰まで洗い、蛇口の下に頭を突っ込んで——飲んで飲んで飲んだ……。こうして生き返った我々は、次の順番の組に場所を譲って犬の洞窟へと戻った。だが残念なことに、この間「犬舎」は換気されておらず、我々はすぐに以前の拷問に等しい空気と温度のなかに戻っていった。だが、そのお蔭でか、我々の誰もが汗だらけの体に氷水シャワーを浴びた後に、肺炎にかかることがなかった。

夜は一番いやな時間だった。窓際に場を占めた者は幸せだ。壁にもたれて座って眠れる。その他の者は座るだけで、体を支えられない。二日ほどして一五人ほどが出て行き、新入りは五人だけで寝返りできるようになった。その時我々は夜間のために次のように工夫した。「犬」全員が四列になり、両端の二列が壁際に座って眠り、真中の二列は床に寝て、壁際に座っている仲間の足に頭をのせた。自分の足は上か、あるいは下かに交互に置いた。その際、「下になった足」はすぐにしびれるので、各人は自分の足が上になるよう努めた。シャツを着て寝たが、それは湿疹がひどくなって、くっつき合って寝ている裸の人の背中がたまらないからだった。シャツはぬれてしぼれたが、それは汗のせいか、新しくできた背中のかき傷から出る血のせいというケースもあった……。半年前には、一四〇人が詰め込まれた四五号房以上に悪夢のような夜はない、と私には思えたのだが、当時はこのような「犬舎」で過ごすたった一夜に匹敵するものはないとは知らなかった。

しかし昼間が夜より良いわけでもなく、暑さと不足する空気への渇望という絶えることのない拷問がつきまとった。だが、それらは何かで満たされるべきだった。尋問に関わることは話されることが少なく、むしろ気分を重くさせた。我々は互いに、「軽いジャンル」のさまざまな話を語り始めた。ここは科学的な講義の場ではなかった！　私は呼吸が困難になると中断しながら、ほぼ三日連続でデュマの『モンテクリスト』を詳しく語った。年配の中国人（「スパイ」！）はロシア語に堪能で、我々を中国の民話で楽しませた。何かで、何とかして時間をつぶし、ともかく尋問のことを考えないようにしなければならなかった。

その時、我々の頭に予期せぬ不快事がふりかかったが、それはすぐにこれまた予期せぬ喜びのもととなった。私が「犬舎」に入って二日目に、我々の許へ直接「シャバ」から鉄道の転轍手がやって来た。彼は「妨害分子」だった（誤ってポイントを動かして列車事故を起こし、銃殺が予想された）。彼は風呂場を経て来たのだが、入浴後にも彼の頭や皮膚に寄生虫がたかっていた。虫が我々全員を征服したスピードは、信じられない。三日しないうちに我々は全員この招かれざる客にやられ、虫は次々に隣へと這って行った。「犬舎」の責任者がすぐに呼ばれ、彼が一任された犬用洞窟の清潔遵守が示された。私がすでに、監獄当局は清潔に大いに気を配る、と語っていたとおりだ。責任者は即時命令を下し、我々全員を浴場へ向かわせ、所持品を消毒に回し、監房も消毒した。転轍手は入浴後、独房へ移された。

我々は、中庭の狭い通路や渡り廊下を通って、浴場へ連れて行かれた。ある場所で、熱く燃えている二つの溶雪炉にはさまれた狭い通路で、我々は立ち止まらされた。火夫は雪や薪の代りに本や書類を滅多やたらに炉に投げ込んでいた。それは禁書類と、取調べ官が使用済みとしたがNKVDの文書庫に残る名誉に価しない書類の火刑だった。私の文学と生活に関する分厚いノートも、このように火刑に処せられたのだ！　メガネがないので私は、世界一自由な国の〈禁書リスト〉に入って焼却されている本の背文字を読めなかった。だが隣にいた眼の良い男はなんとか読んで、私はそのタイトルに驚いた。ランゲ[38]の『唯物論史』で、その新カント派的傾向のためだろう……。

浴場――これは喜びだった！　手桶も蛇口もなく、シャワーだけだが、我々の衣服と下着が消毒されている間、我々に石鹸が渡され、たっぷり一時間、自分の体と虫を、「犬舎」入獄中にこびりついた汗と汚れを洗い流せた。ここでシャワーの下に立ち、私は仲間たちの直ったかき傷、背中、わき腹、そして時には腹部の新しいみみずばれを見た……。もしもブティルカの浴場で囚人一〇〇人中の一〇人にこのような「尋問」の跡が見られたとしたら、ここでは反対に、五〇人中おそらく一〇人が、自分の体に取調べ官の熱意の印をつけていなかっただろう。哀れな〈綿毛と羽毛〉は体についた血を洗って吐息をついた。石鹸が新しい傷を刺激して痛んだのだ。

そしてこんなことが二〇世紀に、モスクワで、「世界一自由な国」の真中で起こっていたのだ……。

我々は転轍手に対して、一時の不快さと、それに続く予期せぬ満足に感謝して「犬舎」に戻った。体を洗い終えて元気を回復し、新しい力で犬舎の苦痛を続けられたのだ。とはいえ、私にとって苦痛はその最後に近付きつつあった。

●13　尋問、告発事項の追加

四月一二日の昼食後、私はやっと尋問に呼び出され、以前と同じ通路を通って四階へ連れて行かれた。だが今回は思い出深い部長の部屋でなく、普通の取調べ室だった。二人の取調べ官が机を前にして座り、私に椅子を勧めた。近眼のため、メガネなしでは私は彼らの顔を識別できなかったが、声で一人はシェプターロフだと思った。

「お前は作家イヴァーノフ＝ラズームニクだな？」彼は突然私に尋ねた。

38　F・A・ランゲ（一八二八～一八七五年）ドイツの哲学者、主著『唯物論史』一八六六年刊。

「そうです」驚いて私は答えた。「あなたは取調べ官シェプターロフですね？」

「違う。お前はそんなに目が悪いのか？」

「メガネがないとよく見えません」

「メガネはどこだ？」

「『犬舎』の警備司令部です」

取調べ官は驚いた。そのような犬舎のきまりを知らなかったのか、知らないふりをした。

「メガネなしで調書をどのように読んだり、署名したりできる？」

「問題ありません。近眼だとごく近くはよく見えます」

「いや、それはいかん。待っとれ、今ちゃんとするから」

彼は行った。私は自分のメガネと鼻メガネが持ってこられるものと考えた。彼はすぐにメガネが一杯載った盆をもって戻ってきたが、その数は恐らくゆうに一〇〇はあり、山積みになっていた。彼は、さしあたり取調べの間かけるのに適当なのを選ぶように、と言った。私はすぐに適当なメガネを見つけ出した。いったいＮＫＶＤの奥深くのどこから、こんな奇妙なコレクションが出て来たのか、私はずっと後になってやっとわかった。これは疑いもなく、銃殺された人たちのメガネで、ここ何か月かの間に集められたものだ。もしその時にわかっていたなら、受難者たちのこのような思い出の品を使うことは絶対に拒絶したのだが。

取調べ官は、自分はシェプターロフ中尉から委ねられて取調べを行なう、中尉は別な場所でお前の件に携わる、と告げた。彼の苗字はスパス＝クコツキーと言った。もう一人はものを言わない助手で、多分、まだ研修中だったのだろう。

新しい取調べ官は言った。「同志シェプターロフの依頼によって、お前に新しい告発事項を提示する。古い事項はもちろん全部有効だ。審理を早めるため、元（彼はここを強調した）囚人の一人の尋問調書を読み通すことをお前に勧める。その調書にはお前の名前がしばしば出てきて、お前に対する告訴内容がすぐにわかるだろう」

そして彼は私に、フェラポント・イヴァノヴィチ・セデーンコ（ペンネームはＰ・ヴィーチャゼフ）[39]の調書をとじた青いファイルを渡した。ヴィーチャゼフ＝セデーンコは古いエスエルで、彼の時代、すなわち第一革命以前にはエスエル戦闘組織のメンバーだった。一九〇五年後にヴォログダへ流刑となり、その地に流されていたレーニンの妹、Ｍ・Ｉ・ウリヤーノヴァ[40]と親しくなった。この高度な面識が一九三〇年まで、その他の有名なエスエルたちが受けた圧迫から彼を救った。一九一七年革命後、彼は全面的に文学と出版活動に専念し、Ｐ・Ｌ・ラヴローフの文学的遺産の疲れを知らぬ研究者となり、ラヴローフの著作集を刊行し、未知の資料を発見し、彼の生涯と著作に関する二万枚のカードを作成した。一九一八年から一九二六年にヴィーチャゼフ＝セデーンコは共同組合方式の出版社「麦の穂《コーロス》」の経営者となり、私の著作何点かは同社から出版された。この出版の仕事で私は彼に「麦の穂」でしばしば会うことになった。だが我々は「自宅では」付き合うことなく、彼はツァールスコエ・セローのわが家に一度も来たことがなかった。一九三〇年に彼は、高度な保護にもかかわらず、周知の科学アカデミー解体の際に「君主主義者の陰謀」に巻きこまれて（彼はエスエルなのに！）逮捕された。彼の全生涯の仕事であるカードは破壊され、彼自身はカレリアのいくつかのラーゲリへ三年間送られた。高度なコネのお蔭で彼は期限前に解放され、ニージニー・ノヴゴロドに住み、間もなくモスクワへ移りさえした。しかしエジョーフの着任で彼は一九三七年初めにまた逮捕され、ルビャンカ監獄に入れられ、尋問された。その際、強力に作用する手段を適用されたことは明らかだ。このような事を彼がサインした調書（彼のサインはすぐにわかった。ただし偽造されていなければだが）によって、私は判断する。その調書を取調べ官スパス＝クコツキーは私に対する告発の材料として提示したのだった。

調書に目を通して、私は恐ろしくなった。自分のためでなく、不幸なヴィーチャゼフ＝セデーンコのために。調書はきわめてぼう大なもので、例えば次のように始まっていた。

「今やＮＫＶＤの取調べ諸機関にはすべてが知られていることを確信するので、私はこれ以上否認することは無意味と考え、率直に供述する準備がある……」

さらに何ページにもわたって、死を免れない反ボリシェヴィキ的罪状が七点、何十人もの共謀者の名前と、地下活動とテロ集団の組織の驚くような自白が続いた。それだけでなく、さらにファンタスティックな性格のものだった。これが全面的にあり得ないものであったことを、私は全面的に確信する。なぜならば何十か所も言及される私の名前が、決して起こったことのない事件と結びつけられていた

39　Ｐ・ヴィーチャゼフ（本名Ｆ・Ｉ・セデーンコ）（一八八六〜一九三八年）歴史家、書誌学者、出版者。［一九三八年逮捕・銃殺、一九五六年名誉回復］。

40　Ｍ・Ｉ・ウリヤーノヴァ（一八七八〜一九三七年）党活動家、全連邦共産党（ボリシェヴィキ）中央統制委員。

からだ。私は以下のようなことを知って仰天した。私がヴィーチャゼフ＝セデーンコのグループと在外者との接触をまとめたとか、私がヨーロッパで出版された反ソ的書物をセデーンコに手渡したとか、彼が誰々と（ともに故人となったエスエルのE・E・コーロソフ、人民の意志派のA・V・プリブィーレフの名が挙げられていた）ジェーツコエ・セローのわが家を訪問して、我々が反革命的会話を交わし、ソビエト政権打倒の可能性を論じたとかいうことだ。

このような自殺に等しい供述を得るためには、この不屈で勇敢な人物を尋問でどのように傷めつけねばならなかったことだろう！　ヴィーチャゼフ＝セデーンコはエネルギッシュで鍛えられた人物、古い闘士、彼の時代すなわち帝政期には牢獄も、流刑も、逃亡も、新たな逮捕も知っていた。そして今は……。

「さて、何か言うことは？」私が読んだことすべてにショックを受け、このあり得ない調書を返すと、スパス＝クコツキーは私に尋ねた。

「あなた方は私を逮捕するのに長い時間をかけたのですね。セデーンコの最初の調書は一九三七年六月一四日の署名がある。このように私を告発する供述を得たのに、なぜ私の逮捕を九月末まで遅らせたのですか？」

「それは我々が決めることで、お前に知らせるのはまったく余計なことだ。ところで供述自体については何か言うことがあるか？」

「供述で私に関わることは全部、乱暴なたわごとです。セデーンコはジェーツコエ・セローの拙宅に一人でも、誰かと一緒にも、一度も来たことはありません。外国の本を一度といえども彼に渡したことはありません。その理由は簡単で、私がそんな本を一冊も持ったことがなく、見たことすらないからです。在外者との接触を彼のためにとりまとめたこともありません。なぜなら私自身、そんな接触をもったことが一度もないからです。セデーンコとの対審をぜひとも要求します」

「残念だが、それは絶対できない」スパス＝クコツキーは新たに強調した。このことと、先の彼の強調から、私は、おそらくセデーンコはもう銃殺されている、と推測できた。あるいは、どこか希望のない場所へ「文通の権利なしで一〇年」送られているのかもしれない。

「それなら私はもう、私に関わる供述を全部、絶対的に否定する以外に、何も言うことはありません。それらは全部ファンタスティックで、まったく確認できません」

「お前は危険な遊びをしている」スパス＝クコツキーは言った。「頑強に否認していると良い結果にならんぞ。お前が市民セデーンコと同じ運命に陥ることにならんか、見ておれ！」

　このような脅しは私にはなんの印象も生まなかった。「犬舎」での一週間の拷問と通読した不快な調書は、自由と生命のために闘おうという願望を少しも鈍らせることはなかった。

「あなた方は何でもって私を怖がらせられるのでしょうか？」私は強く興奮して答えた。「銃殺ですか？　私はもうすぐ六〇歳になります。あなた方は私を仕事から引き離しました。私の人生は終りです。私は妻からもう半年も差し入れを受けとっていませんが、彼女もおそらく逮捕されたのでしょう。いったいなぜあなた方は私を引き留めるのです？　なぜ私を一週間『犬舎』で苦しめるのです？　私の意志を挫くためですか？　そうはいきません。自分に対し偽りの供述などしません。さっさと終わらせましょう。それがあなた方にできる一番良いことです……」

「興奮するな、興奮するな」スパス＝クコツキーは静かに言った「ほら、水を一杯飲むがいい」（私は大層のどが渇いていたが、彼に勧められた水を断った）

「誰もお前をどんな意味でも片付けようとはしていない。お前の妻には誰も干渉していない。お前が妻から差し入れを受けとっていないのは、我々の考えによるのだ。今は、お前が自分に対する告訴を認めない、と書かれた今日の尋問調書を読んでサインしろ」

　私は短い調書を読み、サインした。私の手は強く震えていた。私はすっかり疲れ果て、打ちひしがれた。一週間の犬の洞窟での拷問が作用して、読んだ調書は私をすっかり参らせた。

「お前はひどく興奮している」スパス＝クコツキーはくり返した「今日の尋問は終りだ。行ってよし。お前は今日もう一度ここへ来なくちゃならん。明日お前をここから他所へ送り出すが、どこへかは我々がこれから検討する」

　そして私は「犬舎」へ連れ戻された。おお、

　　ほこりっぽい雑草のなかに寝ころび、永久の眠りに我を忘れ……[41]

だが希望通りには行かなかった。犬の洞窟で息をはずませていた……。だが私は、今日の尋問がすめば、事態はもっと早く進むだろう、と考えた。審理を直ちに終わらせるため、まだどんな証拠が必要なのだろうか？　私は間違っていた。私はさらに一年以上入獄し、次回の尋問への

41　ブロークの詩「友人たちへ」（一九〇八年）の不正確な引用。

呼び出しを四か月待たねばならなかったのだ。

私は後に知ったのだが、まさにこの時、ＮＫＶＤの奥深くでは私に関する情報が各方面から集められていた。私が知った例を挙げよう。一九三八年二月にモスクワで、私の古い知り合いの作家エヴゲーニー・ゲルマノヴィチ・ルンドベルク[42]が逮捕され、五月までタガンカ監獄に入っていた。三か月タガンカにいる間、彼は四月一二日に一度尋問されただけだった。それは私がルビャンカで尋問されていたのと同日・同時刻のことだった。彼を尋問したのは取調べ官シェプターロフだった。ルンドベルクは何の告訴もされず、ただ私について知っていることをこれ以上ないほど詳しく証言するように、と言われた。驚いたルンドベルクは言われたことを実行し、自分がいったいどのように告訴されるのかを空しく予想しながら、何枚も証言を書いた。だが期待通りにはならなかった。取調べ官シェプターロフは私のことをルンドベルクにこう話した「我々は完全な尊敬をもって彼に対している……」と。これは私が尋問の際に打たれていないということを意味したのか？　それから、また「尊敬」のことだが、一九三三年のように「深い」ものではなかったが、ただ「完全」だった。そのことに感謝する。この完全な尊敬を完全に示すためには、私を一週間、犬の洞窟で拷問のような条件下に拘留しなければならなかったのだ、と言える。

だが一番驚くべきことに、その後Ｅ・Ｇ・ルンドベルクは再び尋問されることなく、何ら起訴もされず一か月後に監獄から釈放された。彼は三か月間タガンカに入って、私について知っていることで報告を三時間書いただけだった。彼をこのために三時間、自宅から取調べ官の許へ呼び出す方が、三か月間監獄に止めるよりもはるかに簡単だったのではないか？　それにどのような「法」に基づいて、「世界一自由な国」で彼は逮捕されたのだろう？

取調べ官スパス＝クコツキーは、約束を守った。私が「犬舎」で苦しむのは一晩だけだ、と。四月一三日朝、私は「所持品持参で」呼びだされ、すべての手続きをすませ、疲れ果てた〈綿毛と羽毛〉と一緒に「黒カラス」に乗せられて、どこへ行く？　スパス＝クコツキーは別れ際に「どこへかは我々がこれから検討する」と私に言った。彼らは検討したのだ。いったいどこへ？　レフォルトヴォか？　あるいはそうかもしれない！

「黒カラス」から出て、ブティルカの中庭にいると知った時の驚きの大きさといったらない。そして私はいつも騒々しい「駅」へ連れて行かれた。こんなことのために「所持品持参で」出発するに値するのか！「どこから去ろうと、ここへ着く！」またまた、ブティルカよ、ご機嫌よう！

復習：また調査書の記入、また私をブティルカ監獄の名簿に記入、またタイル張りの筒、また所持品、衣服、下着の入念な検査、また「立て！ 口を開けろ！ 舌を出せ！」、また浴場。そして一〇人ほどのグループに分けて、我々はおなじみのドアを通って監房へ――今回は三階の七九号房だ。私は半年以上ここに滞在することになった。

●14 「犬舎」の人々

さてと、ここらでひと息入れるとするか。
やめにしとこか、「倍賭け張ろか」か、ど
ちらにしよう？[43]

私が「倍賭け張る」のはやっと半年後だった。その時に私の審理は第三のクライマックスに達するのだが、当面は自分のことを語るのはやめて、他の人々のことを語って、この点で少し休もう。何人かについてはもう陰鬱な物語を、「たんなる殴打」、愚弄、虐待、コンベヤのことをすでに記した。今は急ぎ、私が入ったすべての監房で覚えている人々の記憶へと移ろう。順序もなく記述するが、たとえ少しでも秩序づけるために、一番人数の多い「スパイ」グループのことから始めよう。

スパイマニアは一〇月革命以来ソビエト権力の、とくにChK、GPU諸機関に例外ない病気だが、それが頂点に達したのはエジョーフが権力を握り、スパイ行為に関するザコフスキーのパンフレットが登場して以後のことだった。明らかに外国風の姓を名乗っているだけで、スパイ行為の嫌疑をかけられるに十分だった。学術的な、あるいは政治的な目的でヨーロッパへ出張命令を受けただけで、帰国後スパイの嫌疑をかけられるに十分だった。外国にいる親戚や友人と文通しただけで、スパイ容疑者となるに十分だった。嫌疑をかけられれば、告発されるまでほんの一歩だった。監房に新参の逮捕者が現われると、我々はさまざまな徴候から判断して、新しい犠牲者は五八条六項の犠牲者だ、

42 E・G・ルンドベルク（一八八七～一九六五年）文学評論家、社会批評家、左派エスエルの出版所「革命的社会主義」（モスクワ）と「スキタイ人」（ベルリン）の責任者。［「ヴォリフィラ」創設メンバーの一人］。

43 プーシキンの詩「コロームナの家」第六連から引用。［木村彰一訳『プーシキン全集』二、河出書房新社、一九七二年、五七二ページ参照］。

と推定できた。

ドアが開けられ、「新入り」が現われた。彼は取り囲まれた。

「どうして逮捕された？」

「自分で知りたいさ！　なぜだ、なぜだ？」

「苗字は？」

「クヴィリンク」[44]

「おー、クヴィリンクか！　ラトヴィア人だな！　それなら分かる、スパイだ！」

有名な党員活動家のクヴィリンクはまったく途方に暮れた。

「つまり、何だ、『スパイ』って何なのだ？　何とバカな！　いや、違う、本当に、なぜ逮捕だ、なぜだ？」

「今にわかるさ！」

この日クヴィリンクはすっかりショックを受けて尋問から戻ってきた。

「本当に『スパイ』と言われた！　こんなことが信じられるか！　何と恐ろしい！　何と恐ろしい！」

新入りが誰でもくり返す叫び声のレパートリーは極端なまでに単調なので、我々は叫び声の順序を覚えて「レコード」と名付けていた。自由な世界から監房にやって来た者がショックを受けてまず、もっとも頻繁に叫ぶのは「なぜだ？　なぜだ？」だ。

これは「レコード第一盤」と名付けられた。彼に対し監房内で次のような叫び声があがる。

「レコードを替えろ！」

彼は仰天した後で、自分の「なぜだ？」を捨て、茫然自失してくり返す。

「何と恐ろしい！　何と恐ろしい！」

これが「レコード第二盤」と呼ばれた。彼に対してまた「レコードを替える」ようにと声がかかる。「こんなことは決して信じられない！」という叫び声が、最初の二声に続き、「レコード第三盤」と呼ばれた。このような「レコード」は第七盤まで数えられた。新入りがレコードを全部披露すると、彼は監房仲間の応答（「レコードを替えろ！」）に落ち着く。それは、自分の経験が自分だけのものではなく、仲間と同様に運命に従うことが不可避だ、と分かるからだ。

私が入獄してから数日後に、四五号房にS・Ia・カルマンソン教授［本章註16参照］が現われた。彼も「なぜだ？　なぜだ？」（レコード第一盤）とくり返し疑問を口にした。二、三の質問をして我々は、「スパイ容疑」だ！　と確信した。事実そうだった。彼はブルガリア生まれだった（彼の父親は有名な人民の意志派の亡命者で、自分たちの息子の名を、友人ステプニャク＝クラフチンスキー[45]の名に敬意を表してセルゲイとつけた)。彼はソフィアで中等教育を受け、高等教育はドイツの大学で受けた。ドイツ女性と結婚した。一九三〇年に妻とともにソ連に来て、いくつかの高等教育機関の動物学担当教授と、マンテイフェリ動物園の副園長になった。妻と彼は、ドイツやブルガリアの親戚や友人と文通を交わした。当然「スパイ」であることに、何の疑いもない!

彼は最初の尋問から勝ち誇って監房へ戻り、我々に告げた。

「『スパイ』じゃなかった! ただの『妨害分子』だった!」

動物園では学術園長であるマンテイフェリ教授[46]の他に、さらに必ず配置される「赤色園長」[共産党から派遣され上位権をもつ園長]で、無作法で厚かましい共産主義者の[L・B・]オストロフスキーがいて、あらゆる混乱を生み出していた。カルマンソン教授は赤色園長の行動を、一九三七年九月一日付の『イズヴェスチヤ』紙にのった大部の論文で暴露した。[47] 一一月四日に逮捕されたのは予想されたオストロフスキーでなく、カルマンソンその人だった。赤色園長にはNKVDに強力な後ろ盾があったのだった。最初の尋問では、カルマンソンに対し「妨害行為」だけで告発がなされた。すなわち、彼は動物園の動物の飼料割り当てに署名したが、過去一年間にサル一六匹が死んだことがわかった、と。カルマンソン教授は次の二点を指摘した。サルが死んだのは餌不足という妨害行為ではなく、気候のせいであること、ロンドン動物園の統計によれば、同じ一年間に二二パーセントのサルが結核で死んだこと。この指摘に対し取調べ官は最初口をすべらせた「つまり、イギリ

44　I(E?)・I・クヴィリンク(一八八八〜一九三七年)政治家、ロシア共和国ゴスプラン第一副議長。[一九三七年逮捕・銃殺、一九五六年名誉回復]。

45　S・M・ステプニャク＝クラフチンスキー(本名クラフチンスキー)(一八五一〜一八九五年)ナロードニキの革命家、評論家。[亡命先でロシアの革命運動を広く紹介]。

46　P・A・マンテイフェリ(一八八二〜一九六〇年)動物学・狩猟学者、教授。

47　カルマンソン教授の論文の署名は「モスクワ動物園労働者グループ」。なお、著者は赤色園長名と論文掲載日付を間違っており、原書編集者註により訂正した。

スにも妨害行為があるってことだ！」だがその後、気がついて急に言った。「イギリスは我々の手本にならん！」（とんでもない！　チェーホフが先に、もっと良いことを言っているではないか「お前さん、ここはイギリスじゃないよ！」、と）。カルマンソン教授は朗らかに監房へ戻り、愚かな告発を嘲り、我々同房者が「スパイ行為」と判断したことを笑いものにした。しかし二回目の尋問から、彼は我々の先見の明に感嘆しながら戻ってきた。

「意外なことに、本当に『スパイ行為』だったよ！」最初の尋問で「妨害行為」を調書に記録した後、取調べ官は今度はこう言った「さて、こんなのは全部大したことじゃない。さあ、主要な問題に移ろう――お前がドイツのためにやったスパイ行為だ……」

カルマンソン教授のその後の運命について、私は知らない。三か月ほど後に彼はルビヤンカへ移された。一年後にもたらされた噂によると、彼はどこか遠くの畜産ラーゲリへ送られた。

ドイツの「スパイ」の例をもう一件挙げよう。

ある時、我々の四五号房のドアが開けられ、これ以上ないほどに途方に暮れた様子の「新入り」が入って来た。彼の見かけは普通でなかった――新しい服を着ており、それは我々半ば乞食のソ連市民が長い間見たこともないほどスマートだった。疑いもなくヨーロッパ人だ。我々は正しかった。新入りはパリから到着したところで、鉄道駅からまっすぐに監獄入りとなったのだ。彼はロシア語を一言も理解せず、自分は一体どこに来たのか、と恐るおそる我々に尋ねた。彼はドイツ系ユダヤ人で共産主義者、コミンテルンのメンバー、四年前にドイツから亡命し、パリの反ファシスト共産主義組織の議長だ。彼は自らのセクションから、党務で即刻モスクワへ行くよう指令を受けた。彼は親切に鉄道駅で迎えられ、自動車に乗せられてルビヤンカの配送所へ直行し、そこから「黒カラス」で我々の許へ、ブティルカへ来たのだ。驚いて目をまん丸にしながら、まったくショック状態で彼はすぐにレコード第一盤をかけた〈なぜだ？　何のためだ？〉。我々は彼に説明した――あんたはドイツ人ファシストのスパイなんだよ、と。これは最初の尋問で確認されたようだ。彼が上等なヨーロッパ風のスーツで用便桶の傍の汚い「地下鉄」に横たわる様を想像できるだろう。誰に対しても監房では例外が設けられることがなかった。二週間ほど彼は狂人のように獄内を歩き回ったが、その後少しずつ住み慣れ、ボロボロになり、立派な外見を我々全員と同じように失った。間もなく彼はルビヤンカかレフォルトヴォかへ連れて行かれ、その後の彼の運命はわからない。だが、一つだけ確信をもって言えるのは、彼はもはやヨーロッパに戻ることはない、ということだ。

モスクワ航空機工場長の技師である人物は、アメリカ合衆国のいろいろな工場で四年間働いてソ連に帰国し、航空機工場で輝かしい成功をおさめた。逮捕の一週間前には最高の勲章――レーニン勲章を授与された。逮捕理由は「アメリカを利するスパイ」だった。

一九三七年のパリ万国博覧会におけるロシア・パヴィリオンの組織者がいた。彼の上司は共産主義者メジラウク[48]（ラトヴィア人！）だったが、「スパイ」として尋問中にエジョーフ自身の手で銃殺された。メジラウクの兄[49]も同じように著名な古いボリシェヴィキだったが、これも殺された。その後、パヴィリオンの組織者はパリからモスクワへ召喚され、「フランスを利するスパイ」の容疑で逮捕された。

レニングラードのある金属工場長は、熟練労働者あがりの古い共産党員だった。彼が誇りとするのは、革命初期の年々に働いていてＲＶＳ（革命軍事会議）のメンバーであったタガンローク［ロストフ州の都市］の街路に、彼の名前が付けられていることだった。彼がさらに誇りとするのは、ドイツ軍がタガンロークを攻撃したときに、その地で入獄中の悲しくも有名なレンネンカンプフ将軍[50]を射殺したことだった。彼は不幸にも、三〇年代初めに「資質向上のため」ロンドンに派遣されてそこで三年間過ごし、帰国して工場長になった。「イギリスを利する」スパイとして逮捕された。

ルーマニアの戦闘機操縦士は非常に変わった性格の人物で、知的に少しおかしくなっていた。彼は二〇年代中頃に祖国で何かに腹をたてて、戦闘機でルーマニアからソ連邦へ飛んできて、そこでトゥルケスタンの民間航空で働いていた。自分の戦闘経験から突拍子もないことを我々に語った。例えば、かつてルーマニアとブルガリアの戦争時に、爆弾でなくてスイカの在庫を飛行機に積んでブルガリア人を爆撃し、彼らにパニックを引き起こした……。一九三七年初めに祖国に帰ろうと思い立ち、自分の恩赦と帰還のために奔走し始めた。間もなく彼は、「ルーマニアを利する

48　Ｂ・Ｉ・メジラウク（一八九三～一九三八年）党活動家、政治家、ソ連邦ゴスプラン議長（一九三四～一九三七年）。一九三七年逮捕。
49　Ｉ・Ｉ・メジラウク（一八九一～一九三八年）党活動家、全連邦高等教育問題委員会議長。一九三七年逮捕。
50　［Ｐ・フォン・レンネンカンプフ将軍（一八五四～九一八年）帝政ロシアの将軍、バルト・ドイツ人。第一次大戦での責任を問われて臨時政府下で投獄。一〇月革命後出獄してタガンロークに潜伏。ボリシェヴィキに見つかり、赤軍勤務の提示を拒否して処刑」。

スパイ」として逮捕された。

全監房でとくに愛された中国人「洗濯男‐スパイ」は、言うまでもなく、「中国を利するスパイ」だった……。

ヨーロッパやアジアの大小の国々で、その国のスパイが監房内を歩きまわっていない国はなかった！　作家ピリニャークは日本のスパイと分かった。作家アナトーリー・ギダシ[51]はハンガリーのスパイだった。フィンランド、スウェーデン、ノルウェー、エストニア、ラトヴィア、リトアニア、トルコ（アゼルバイジャン中央執行委員会メンバーのカラーエフ）、ギリシャ、ブルガリア（有名な「国会炎上！」裁判におけるジミトロフ[52]の二人の盟友）、イタリア、スペインのスパイ、メキシコやブラジルのスパイまでもがうろついていた。いなかったのはモナコ大公国のスパイくらいのものだ。

別のグループで同じく数が多いのは「妨害分子」だ。ヨーロッパで名を知られたフジャコーフ教授は、もっとも優れた——挑発者ラムジーン[53]に次いで——熱工学の代表的学者だ。彼は不幸なことにパリへ出張し、「スパイ」としてラムジーン裁判に召喚され、判決でシベリアの一ラーゲリへ送られた。彼はそこで極度に生産的な仕事——ラーゲリの汲み取り便所を設計するという仕事に従事した。だが間もなく彼はクズバスの工場設立に協力するため、ノヴォシビルスクへ召喚され、その地で何年もたゆみなく働いて勲章を授与され、前科を抹消され、モスクワの住いへ戻る許可も得た。しかし——彼にとり新たな悲運で——モスクワ帰還はちょうどエジョーフの支配と一致した。フジャコーフ教授はモスクワになじむ間もなく逮捕され、今回はシベリアで仕事した時代の「妨害行為」のかどで告訴された。病気で疲れ果てた人間が、罵倒と愚弄を伴ったきわめて乱暴な尋問にさらされた。彼は極度に苦しい腕の神経節の炎症を患い、腕はほとんど動かせなかった。私より一〇歳若いのに、少なくとも一〇歳年上に見えた。希望が見えない気分で、私の励ましに応えてしばしば言っていた「我々の運命は決まっていて、ここから出られないことを、君はわからないのかい？」彼は出て行かなかったようだ。ある時失神して診療所へ運ばれた。ひどい壊血病だとわかった。すでに黒斑が両足に出ていて、我々が最近そのことを浴場で指摘したが、彼は頑張った。この後間もなく私は、彼とともに居た七九号房から連れ去られたので、このヨーロッパに名を知られた学者で、物静かで控えめな人物の運命について、その後何も知ることができなかった。恐らく彼は、予知していたように監獄で死んだのだろう。

地図作成者でこれまた教授のツベトコーフ[54]は「妨害行為」のかどで告訴された。ルーマニアが占領したベッサラビアを違う色で塗り、悪意ある妨害の目的でモンゴル国境を間違って示した、というのだ。判決は五年間のラーゲリ送りだった。

モスクワ軍管区の上級獣医の場合。自分の実験場での作業で、上司からの妨害的指図で馬に注射する有毒トキシンを準備し、二万五〇〇〇頭の軍馬を殺した。この妨害行為で、銃殺の判決を受けた。

ついでに指摘する。このような驚くべき数字に驚くべきではない。NKVDの取調べ官は数字を自由に操作し、ゼロを余計に付け足すなどは、数字自体をでっち上げることと同じく、彼らには何でもないことだ。我々のある同房者は穏やかな会計係だったが、ゴム棒をたくさん使った尋問の後で次のように「自白した」自分はテロ組織の一員で、組織の命令である時ブローニング拳銃二〇〇丁入りの箱を受けとり、ベラルーシ駅からパトリアルシイ池（たいへん遠いモスクワの一画）の自宅まで、自分の手で運んだ、と。

翌日取調べ官は彼をまた尋問に呼び出し、悪口雑言を浴びせかけた。

「ろくでなしめ、お前はよくもソビエト当局をだませることだ！　畜生め、どうしてブローニング二〇〇丁入りの、数プード［五〇キログラム以上］の重さのある箱を駅から自宅まで運べたんだ？　我々を愚弄しようと考えたな！　新しい調書にサインしろ！　ブローニング二〇丁と書け！」

「会計係のテロリスト」は、二〇〇という数字はどの「事件」でも同じだが、取調べ官自身が考え出したのであって、箱などはそもそもなかったことを言いかけたがやめた。そして彼は文句を言うなという言葉と、また尋問でゴム棒を振うぞ、という脅しを受けいれた。彼は言われたことを聞きいれて、新しい調書にサインした。そこでは二〇〇という数字からゼロが一つ落ちていた。

「ブローニング二〇丁なら、どこへ行くにしろ可能な数だ。

51　A・ギダシ（一八九九〜一九八〇年）ハンガリーの作家、ハンガリー共産党員。一九二五年からソ連居住。［本章註61前後も参照］。

52　G・ジミトロフ（一八八二〜一九四九年）ブルガリアおよび国際共産主義運動の活動家、コミンテルン執行委員会総書記。

53　L・K・ラムジーン（一八八七〜一九四八年）熱工学専門家。「産業党事件」（一九三〇年）で銃殺の判決を禁固一〇年に減じられ、学術研究獄《シャラーシカ》で働く。後にスターリン賞受賞。

54　K・A・ツベトコーフ（一八七四〜一九五四年）測量研究所教授、天文学者。

これで何の問題もない」取調べ官は満足して言った。そして穏やかなテロリストは我々の監房へ、こうした教訓的な物語をもって戻ってきた。

「スパイ」と「妨害分子」とならんで監房内で目につくグループは「トゥハチェフスキー事件」の余波で逮捕された軍人たち「トゥハチェヴェツたち」――よく知られた軍人たちだった。このグループには大物軍人と、位の低い軍人がいた。

私が今入っている七九号房の牢名主は、「四菱形章」をつけたインガウニス赤軍将軍[55]だった。彼は、間もなく銃殺されるブリュッヘル指揮下の全極東空軍司令官だった。インガウニス（リトアニア人！）は言うまでもなく、「スパイ行為」のかどで告訴され、レフォルトヴォで尋問を受け、すっかり「自白した」そして事件解決までブティルカ監獄へ「休暇で」移された。レフォルトヴォでの尋問に関し何も語らず、沈黙を守っていた。我々の監房仲間が「たんなる殴打」を受けて泣き言をならべるのを聞くと、薄笑いするだけだった。彼の話によると、「勤務上の件で」ウラジオストークから召喚され、モスクワで即時逮捕されてルビャンカへ護送された。彼はこの「誤解」はすぐに明らかになる、と確信していた。だがルビャンカの配送所での検査の時に、監査を行なう下級職員が、昨日までは将軍のまえで直立不動の姿勢をとっていたのに、彼の軍服から多数の功績章を取り外しながら言った「反革命のげすによくもこんなに勲章を授与したもんだ！」この時インガウニスはやっと、自分の件を軽く見るべきでない、と理解した。

インガウニスは間もなく我々の許から連れ去られた。どこへかは不明だ。彼自身は、銃殺と確信していた。彼が勤めた牢名主役に監獄当局はやはり「トゥハチェヴェツ」で、帝政期以来の大佐バラーシェフ[56]を指名した。大佐は全力で当局に取り入るよう努め、監房内に「軍隊的秩序」を導入しようと試みたが、「監獄内監獄」設立という志向が反撃を受けると、すぐに監房全体におもねり始めた。もう一人の「トゥハチェヴェツ」で地位が低い戦争作家スコピンは、元は熱心な白軍で亡命者だったが、その後非常に熱心なボリシェヴィキになった男で、監房内の全員一致した反感を買っていた。

比較的数が多いのは「カエロフ」――反革命派で、きわめて多様な問題と理由で告訴されていた。そのうちの一人は、賄賂のようなある「日常的な」問題で逮捕されたのだが、直ちに「カエロフ」の部類に移された。なぜなら検査で彼の持ちものの中に「反革命的」な詩が見つかったからだ。それはちょうどソ連を訪問したアンドレ・ジード[57]がパリで印象記を出版し、その本に対しソ連の出版界全体が上からの命令で憤怒の声を浴びせかけた時のことだった。毒をもって毒を制するため、ドイツから作家フォイヒトヴァンガー[58]が招聘された。彼はモスクワで大層人気があり、彼には結構な額の金が渡され、ジードへの対抗手段としてソ連について本を書くよう委ねられた（そして彼は書いた）。この件に関し、モスクワで次のような四行詩が流行った。

　レオン・フォイヒトヴァンガーはモスクワで
　友に囲まれ満足気。
　心配だよ、このユダヤ人も
　ジードにならないか、って。

この罪のない冗談が収賄者の書類の中に見つかったことで、彼はカザフスタンのラーゲリで三年を喰らった。

私は別の「カエロフ」と三日間、隣り合わせたことを喜んでいる。彼は「君主主義者の陰謀」のかどで告訴され、すぐに我々の許からどこへとも知れず移された。彼の名はV・F・ジュンコフスキーで、かつてモスクワ県知事で将軍、その後内務大臣補佐で、その間ラスプーチン[59]一派と執拗に闘い、有名な挑発者で国会議員だったマリノフスキー[60]の正体を暴いた人物だ。これらすべてのため、ボリシェヴィキですらジュンコフスキーには尊敬の念をもって接し、彼には手を出さず、個人年金の支給すら決定した。しかしエジョーフの登場とともに、即刻君主主義者の陰謀がでっ

55　F・A・インガウニス（一八九四～一九三八年）軍司令官。［一九三七年逮捕、翌年銃殺、一九五六年名誉回復］。
56　F・M・バラーシェフ（一八九四～一九三八年）第二六航空旅団長補佐。
57　アンドレ・ジード（ジッドとも。一八六九～一九五一年）フランスの作家。［ノーベル文学賞受賞者。『ソビエト旅行記』（一九三六年）でスターリン体制を批判し、非難に応えて翌年さらに『ソビエト旅行記修正』を出版した。なお彼の姓は、ユダヤ人に対するロシア語の蔑称ジード（zhid）を想起させる］。
58　L・フォイヒトヴァンガー（一八八四～一九五八年）ドイツの作家。［『モスクワ一九三七年』で、スターリン下のソ連の生活と見世物裁判を肯定した］。
59　G・E・ラスプーチン（一八六九～一九一六年）ニコライ二世とアレクサンドラ皇后の寵愛を得た宗教者。皇帝・皇后の助言者として大きな影響力をもったが、敵対する右翼政治家と大貴族たちに暗殺された。
60　R・V・マリノフスキー（一八七六～一九一八年）社会民主主義者、一九一〇年から帝政政府保安部のエージェントとなったが、［レーニンの信頼厚く、第三・四国会議員。エージェントと暴露されて議員辞任。一〇月革命後処刑］。

ち上げられ、V・F・ジュンコフスキー将軍もそこに付け足された。彼は魅力的な老人で七〇歳にもかかわらず生気に満ちかくしゃくとしており、ブティルカで自分が置かれた状況にも皮肉な態度をとっていた。彼と隣り合わせた三日間に、過ぎ去った日々に関する興味深いことをいろいろ私に話してくれたが、それは一冊の本になるほどだった。大層残念なことに彼は連れて行かれ、行く先は我々には見当がつかない。

監房には、「人民委員次官」(旧身分でいえば「大臣補佐」)も含めて、反対陣営の主要人物がやって来ることがあった。一度など法務人民委員クルィレンコが入って来た。この極め付きのろくでなしは、我々の隣の監房に逮捕直後でレフォルトヴォへ移送される前に、「傲慢さを叩きつぶす」ため一時入れられていた。彼は自分の見習い期間を用便桶の傍の「地下鉄」から始め、それから監獄でのその他あらゆる満足を経験しなければならなかった。彼は両手で頭をかかえて、「こんなことを考えもしなかった!」(「レコード第三盤」のヴァリエーション)とわめいていた。数日経って彼はレフォルトヴォへ送られたが、その後銃殺されたかどうかは、NKVDのみぞ知るだ。

諸政党の代表者、元メンシェヴィキやエスエルはほとんどいなかった。何千人という人間万華鏡のなかで私の前を通り過ぎたのは二人だけだった。その他はずっと以前にすでに全員「絶滅」させられた。その代り「トロツキスト」が多く、彼らは概して厳しい処分を受けた。そのうちの一人のミハイロフは、カルマンソン教授に代って四五号監房の牢名主となったが、均整の取れた容姿の人物だった。元は海軍士官候補生だがその後共産主義者となり、何かの学校で弁証法的唯物論を教えていた。彼はつい最近党を「除名され」、今は「トロツキズム」のかどで告訴されているが、何も「自白」しようとしなかった。しかし取調べ官はここで彼に主要な起訴内容を提示した。それによると、ミハイロフは一九三四年一二月一日、キーロフ暗殺の前夜にモスクワからレニングラードに到着した。これが意味するのは……。これはもはや「トロツキズム」でなく、「テロリズム」に関わることだった。私は間もなくルビャンカの「犬舎」へ連れて行かれ、ミハイロフの件がどのような結末となったのかを知らない。もし銃殺されていなければ幸運だ。

「世界の全言語での」詩作コンテストで一等賞を得たGPU・コミンテルンの優れたエージェント[本章註15参照]も、「トロツキズム」のかどで告訴された。NKVD誕生以前のGPU時代に、彼は任務を与えられた——何らかの秘密の使命をもって世界の全五大陸の国々を歴訪すること。彼の旅は三年かかった。モスクワへ戻るとすぐに汽船から宴会へと行き着いた。――ルビャンカの配送所で、そこから――我々のいるブティルカの監房へだ。彼の起訴理由は、旅先でGPUには隠してトロツキーを訪問したことだった。そんなことはしていない、と彼は誓ったが、GPU員の誓いはもちろんのこと、信頼されなかった。彼は激しく泣いた――どうしてソ連に戻ったのか。なにしろ彼の手許には帰国時に、前渡し金がまだ七五〇〇ドルもあったのだ！（コミンテルンの秘密支出金はぼう大だ！）。「この金をもってどこか遠い国で新生活を始められたのに」と彼は嘆いた。「俺はまだ若いし、言葉も分かるし、GPUのやり方や秘密は分かってる。決して見つかったりなんかしないのに！」

ある尋問の後で彼は懲罰房《カルツエル》送りとなった。それは取調べ官に対する彼の乱暴な答え方のせいであるかのように言われたが、実は彼の意志を挫いて「自白」を余儀なくさせるためだった。懲罰房というのも拷問の一手段だった。懲罰房入りは二〇日間というのが、「法によって」許される最長期間だった！　そこは奥行四歩ほど、幅三歩ほどの小部屋だ。三枚の木の板がつながれてベッド代わりになっている。朝六時にはベッドは持上げて鍵で壁に固定され、夜の一二時に懲罰房の囚人が六時間眠るために下される。それ以外の時間に囚人は床に固定された鉄製の腰掛に座れる。夜にはその腰掛の上に木のベッドが下ろされる。天井からは二〇〇ワットの電燈が二四時間光っていて、この明るい電燈の光が囚人にとって苦しみの源泉になる。壁の穴からは床に向けて強力な換気扇が冷たい横風を室内に吹き込み、その音は人の声が聞きとれないくらいやかましい。懲罰房に閉じ込められる時は服を脱ぎ、シャツ、ズボン下とソックスだけだ。もしもそれが冬なら、光と騒音による拷問に、さらに換気扇からの絶え間ない冷風の拷問が加わる。懲罰房は暖房されない。温まるために房内を歩き回り、走り回るにしても、一二平方アルシン［約六平方メートル］では思う存分とはいかない。朝にパン二〇〇グラムとコップ一杯の湯――これが一日分の供給だ。隅には例の用便桶があり、そこで大小の用を果たす。房からはどこへも出られない。体を洗うことは許されない。

懲罰房に入れられるのはもっとも重い監獄あるいは尋問での罪に対する罰だが、二、三日と、きわめて稀には五日と決められていた。「GPU‐コミンテルン」（我々が彼につけたあだ名）はそんな懲罰房に二〇日間入っていた。我々の監房に戻り、しばらく寝て休み、温まると彼は言った「人間があれほど我慢できるなんて、考えもしなかった……」このことがあってから間もなく、彼はレフォルトヴォへ送られ、そこから生きて出られたとはまず思えない。NKVDは自分の元エージェントを特に厳しく罰したのだった。

私は七九号房の「トロツキスト」の中で、かなり有名なハンガリー人の作家で詩人のギダシ［本章註51参照］に出会った。彼はそれまでルビャンカに入獄していて、「トロツキズム」もスパイ行為も「自白した」今はブティルカで自分の運命が決定されるのを待っていた。だが彼が入獄している本当の原因は、「トロツキズム」でも「スパイ行為」でもなく、彼の結婚相手が有名なハンガリーの、後にはクリミヤの死刑執行人であるベラ・クン[61]の娘だという事情だった。しばらくは義父の力と栄光で娘婿も羽振りが良かった。だがエジョーフ時代になると、ハンガリーの死刑執行人自身がスパイ行為のかどでレフォルトヴォの拷問室入りとなり、「すべて自白した」。アナトーリー・ギダシも運が悪くなった。彼の義父はレフォルトヴォでの尋問で弱り、ブティルカ監獄の隣の監房にいて、時々診療所へ行って女婿と文通を交わした（診療所は我々の中では「郵便局」第四号」と呼ばれていた）。義父は銃殺、女婿は強制収容所と予想されていた。

私は四五号房でもう一人の作家、「トロツキスト」、悪気のないマルクス主義者の批評家A・レジニョフ[62]にちらと出会った（『プラウダ』の協力者I・レジニョフ[63]——おべっか使いで、利益のためにボリシェヴィキに寝返り、ご機嫌をとっている——と混同しないこと）。A・レジニョフは「なぜ？　なぜ？」（「レコード第一盤」）とむなしく推量をくりかえし、自分のまったく精彩のない書き物のいったいどこが「トロツキズム」だったのか、どうしても想いだせなかった。彼はまもなく我々の許からルビャンカへ移された。

もうこれ以上続けるのはやめよう。さもないと話が際限なく広がってしまう。まだ何十人でも書くことができるのだから。そこには地区執行委員会議長も、駅長も、財務監督官（収賄！）も、絶大な権力を持つウクライナの独裁者ペトロフスキー[64]（彼はすでに落ち目だった）の息子も、ある職場委員会の「情報提供者」も、コミッサールの次官も、運転手も、弁護士会員も、農学者も、スターリンの護衛官の一人も、労働者も、教育学者も、モスクワ地区検察官も、高齢のラビも、一六歳のフーリガンもいたことだろう。我々とおなじ廊下にある「浮浪児」監房の驚くべき物語に、まるごと一章を宛てられただろう。一二歳から一五歳の子どもたちが互いに鉄の規律と指導者《スターロスタ》の支配力によって結びつき、その命令は異議なく遂行された。彼らの監房は獄監当局全体をパニック状態にさせっぱなしで、どうしても言うことを聞かせられなかった。

最後に我々の同房者であるペニコフスキー技師のことを話そう。彼は監獄当局にパニックを起こさせはしなかったものの、大いに厄介をかけ、不愉快にさせた。当局はどんなに苦労しても、彼のことをいかんともし難かった。

ペニコフスキー技師は悲喜劇的な人物だ。疑いもなく彼は、「精神的に少し変わっている」人だ。精神を病んでいるというのではなく、精神的に完全に健全なのではないのだ。「技師」としての能力はあやしい。労働者予科（ラブファク）を終えただけで、その後どこかの技術学校で「ガラス生産技師」の資格を得た（ソ連には「ミルク生産技師」だっているのだ）。年齢は三五歳くらい、知的ではない。逮捕前はモスクワ郊外のクリン［モスクワ州の小都市］のガラス工場長だった。我々の七九号監房に到着すると、彼はなぜか私が気に入り、私に何時間も、自分の経歴も含めていろいろと話した。それを聞くのはおもしろく、そして痛ましかった。例えば彼は、人生で失意の道をどのように一歩一歩たどったか、というようなことを語った。

「私は労働者予科で学んだんです。広いレーニン大通りの共同住宅に住んでました。お分かりですか？　レーーニーーン大通りです。それは訳あってのことです！　技術学校に入りました。狭いろくでなし《ガーヴリク》小路に部屋を借りました。お分かりですか？　ろくでーなし、ろくでーなーし小路です。それは訳あってのことです！　苦しい生活が始まりました。技術学校を終えると、クリンへ追いやられました。お分かりでしょう！　クリンです！　それは訳あって

61　ベラ・クン（一八八六～一九三九年）ハンガリー共産党の指導者、一九二一年からコミンテルン執行委員。［一九三七年逮捕、一九三九年銃殺、一九五六年名誉回復］。
62　A・レジニョフ（一八九三～一九三八年）批評家、文芸学者。［一九三七年逮捕、翌年銃殺、一九五六年名誉回復］。
63　I・レジニョフ（一八九一～一九五五年）文芸学者、批評家。「道標転換派」の雑誌『新ロシア』（一九二二～一九二六年）を編集。その雑誌が「反ソ陰謀」と見なされ、一九二六年追放。一九三三年にボリシェヴィキ党に入党し、帰国を許される。
64　G・I・ペトロフスキー（一八七八～一九五八年）ウクライナ人ボリシェヴィキ、内務人民委員（一九一七～一九一九年）としてChKを監督、赤色テロを指揮。ソ連中央執行委員会議長（一九二二～一九三八年）。［「人民の敵」と批判されたが、死後クレムリンの壁に葬られた］。なお、著者はペトロフスキーの息子［一九三七年逮捕、一九四一年銃殺］を兄弟と誤っており、原書編集者註によって訂正した。

のことです！　クリン、クリン、ご覧の通り、今は私は監獄へ追いやられた……それは訳あってのことです！」

彼は「妨害行為」のかどで告訴された。ガラスを熱し足らなかったのでも、熱し過ぎたのでもなかった……。

彼は、まったくありそうもない出会いや会話についてくり返し語った。疑いの余地なく、彼は被害妄想症で苦しんだ。そして同時に監獄当局（おそらく取調べ官も）にとって数えきれないほどの煩わしいトラブルをひきおこした。彼は自分に「無意味」と思えた監獄の規則や要求に従うことを絶対的に拒絶した。彼は何をされようと、懲罰房に何度入れられようと（監獄当局は決して殴打はせず、殴ったのは取調べ官だった）何の役にも立たず、当局はあきらめた。

彼が初めて我々の監房へ移送された日に——金曜日だった——副監獄長が我々の申請を受けとるため巡回した。巡回をすませて彼は、あまりにもよく知っている「技師」から申請を受けとるため、立ち止った。

「さて、市民ペニコフスキー、新しい監房でどのように時間を過ごしているかね？」

「あなたと同じで無意味です。私はここに無意味に座っていて、あなたは無意味に我々を巡回している」

副監獄長は経験から、この囚人とは関わらない方が良い、と分かりあきらめて行ってしまった。申請の代りに技師ペニコフスキーは、毎週金曜日に決まって自分の妻に手紙を書いた……。

管理者にとりペニコフスキーは、頻繁に実施される夜間の検査の時、とくに厄介だった。

「素っ裸になれ！」

「いやだ！」

「お前に、素っ裸になれ、と言ってるんだ！」

「いやだ！　風呂には行かん」

「すぐに脱げ！」

「脱ぎたくない！　必要ならお前らが脱がせろ！」

そこで、この囚人は何ともし難いと経験で知っている下級職員は、二人がかりで彼の衣類を脱がせ始めた。彼は逆らいも、協力もしなかった。

「口を開けろ！」

「開けたくない！　歯医者に行ったんじゃない！」

「舌を出せ！」

「出したくない！　俺はお前の犬じゃない、口から舌なんか出さん！」

検査は最後までこのような調子で続いた。やっと彼自身が服を着ることになった。この間、我々各人は一五分で、多くて三〇分で検査が済んだが、ペニコフスキーの場合は下級職員二人がかりで一時間以上も大騒ぎした。

彼はこのように監獄生活のあらゆる細部にまで、管理者に底なしの気苦労を提供しながら行動した。私にはこう思われる。もし我々の監房全体、監獄全体が突如ペニコフスキーのような者ばかりになったならどうか？　と。そうなったら監獄当局は足もとから混乱して、懲罰房は足らなくなるだろう！　そうだ、そうなったら監獄そのものが存在できなくなるだろう……。

●15「文化啓蒙活動」と懲罰房

私が今たままいる七九号監房には、以前にいた四五号監房と比べてプラス面もマイナス面もあった。四五号監房ではアスファルトの床がいつも汚れていて、監房が混みすぎているので掃除できなかった。一〇日に一度、我々の入浴の時だけ掃除と消毒がされた。七九号監房では、タイル張りの床はきれいに光っていた。毎朝床ブラシ二本とほこり取り用の雑巾が渡され、毎日交代で当番の囚人二人が申し分なく清潔にしなければならなかった。四五号監房は北に、監獄の中庭に面していた。中庭の中ほどには元は教会で今は「宿泊所」があり、いつも暗く、陰気だった。七九号室は南向きで、朝から晩まで日光が降り注いだ。このプラス面はすぐに大きなマイナス面になった。というのは、一九三八年夏は稀に見るほど暑く、焼けつくようで、我々はタイル張りのフライパンのうえで太陽に焼かれ、ズボン下一枚になり、窓は昼夜を問わず開け放したが、それでも渇きに苦しんだ。その代りこの監房の窓からは、監獄の陰鬱な中庭でなく、モスクワが見えた。寝棚の上に立つと、窓を半分ふさいでいる鉄板の上部に、格子越しに家々の屋根と煙突が見え、遠くには毎夜窓に灯りがともる数階建て家屋が見えた。窓のむこうでは正常な人間の生活が営まれていた。眼のいい仲間はその窓のむこうで、お茶のテーブルを囲む家族を、友との夕べのささやかな宴を、台所での「家政婦」の骨折りを見た。まだ人々が生きており、皆が監獄の格子の向う側にいるのではない、ということだ……。この異質な「自由な」生活の光景は喜ばしくもあり、監獄での傷を刺激もした。各人が自分の家族を心に思い描いた……。

そのかわり七九号監房で我々は、四五号監房では広く利用できた可能性を失った。そこではもし窓台によりかかったなら、壁と鉄製目隠し板の下部とのすき間から、監獄の中庭で起こっていることを全部見られたのだった。窓台によりかかろうとすれば厳しく罰せられた。だが囚人たちは窓のまえに集まって立ち、すべてを見渡す目――監視の眼から、すき間をのぞき見ている仲間が見えないようにさえぎった。それで何が見えたか？　例えば、我々の監房から「所持品なしで」呼び出されるとする。どこへ連れて行かれるのか？　もしまっすぐ中庭を通って「駅」へ行くなら、行き先はルビャンカ、「犬舎」だ。もし左の隅へ向かえば、地方「ブティルカ」での尋問へ行く。もし右なら、写真と指紋鑑定室だ。あるいは「所持品持参で」呼び出されたら、どこへ連れて行かれるのか？　もし「駅」へまっすぐなら別の監獄で、もし右の旧教会の建物へなら、護送室へ行くのだろう。その他にもある。毎日何十人もの囚人が中庭を通って他の監房から連れて来られる。その中には、逮捕されたことを誰も知らない知人や友人が時に見つかることがある。特別なセンセーションを呼びおこすのは、窓から外を見張る者が――この志願者は朝から夜までで交代――突然大声で「女が連れて行かれる！」と叫ぶ時だ。女囚監房の廊下はちょうど我々の監房の真下に位置した。そんな時に、自分の妻も逮捕されてブティルカに入獄中だと考える理由があるか、時には多分そうだと知っている男たちが窓に駆けよった。夫が妻を偶然見たことは一度だけではない。妻の方も女性監房から、同じようにして自分の夫を見つけていたのだった。これはよくない慰めで、喜びの代りに時に悲痛な瞬間をもたらした……。

七九号監房の生活はありきたりな監獄での道に沿って進み、これまで述べたこととまったく同じだった。「起床！」、点呼、「排便」、パン、砂糖、茶、散歩（私は除く）、夕食、たまの入浴と「売店」、検査、尋問、金曜ごとの申請、郵便局一号、二号での通信、「新聞」、本、独学、薬をのせた准医師の台車、ハトの餌やり、夜の「身づくろい」、夜の点呼、「就寝！」――これで監獄の一日が終わる。この監房で新たに導入されたことは、夜の点呼後に牢名主がメガネ使用者全員からメガネを回収し、夜間警備員に渡さねばならないことだった。朝になるとメガネは各所有者に返された。こういうことをするのは、夜間に誰かがガラスの破片で静脈を切ったり、サベリフェリトの例のように飲みこんだりするようなことを考えださないためだ……、と考えるべきだ。監獄当局は我々の命を大層大事にしているのだ！

「文化的娯楽」にしぼっていうと事態は悪化した。けれど我々は、すべてが見える窓から隠れてそれらを設定し続けた。七九号監房でとくに頻繁に報告者となったのは私（あらゆる種類のテーマで）と、ある共産主義者の「同志アブラモーヴィチ」だった。彼は元は北極のある駅の長だった。彼は遠い北の生活や習慣、毛皮業、トナカイやイヌのつなぎ方、アザラシの戦い、白クマ狩り、少数民族のチュクチやカムチャダール、氷の道、氷山や氷原のことをいつ終わるともなく、我々に語った。焼けつくような熱い夏に、このような話を聞くのはとくに気持ちよかった……。だが「雌鶏」は眠っておらず、我々を密告した。それで私と「同志アブラモーヴィチ」は当然、「文化的娯楽活動」のために重い罰を受けた。

私はこの監房でマリャントヴィチの弁護士団員と何時間もチェスをして過ごした。ついでながら、彼の罪は、彼が臨時政府の大臣マリャントヴィチ[65]の甥であることにあった……。

半年を監獄で過ごしたお蔭で、私は七九号監房でたちまち「かなりの地位」――寝棚を得て、半年後には寝棚で一番窓よりを占めた。しかし何日も、何週間も、何か月も過ぎたが私の審理は進まなかった。それはあたかも私が完全に忘れ去られたかのようだった（私にとっては幸いなことだが）。

やっと八月中頃のある日、私の姓が呼ばれた「所持品なし！」で。廊下へ出て、両脇を天使たちに抱えられ（このことは先に述べた）、同じ階の取調べ室へと連れて行かれた。そこでは若い取調べ官が私を待っていた。明らかにシェプターロフの助手の一人だ。彼は私に座れと言った。

「私は、お前の審理は終了し、正式手続きがなされたことを伝えるよう、託された。ごく近い未来に決定がなされるだろう。今は刑法二一五条に基づき、お前には起訴状と審理の全資料を知る権利がある。もし望むなら、補足説明ができる」

そして彼は私の「一件資料」のぼう大な青いファイルを私の方へ押しやった。ついでに付け加えると、私はおそらく、彼が口にした条番号を正確に覚えられなかったが、いずれにせよ二〇〇番台だった。

「補足説明は一切ありません。起訴状と審理資料を知りたくありません」と私は答えた。

「なぜだ？」取調べ官は驚いた。

「なぜなら、もう取調べ官シェプターロフ中尉に述べたように、すべての記録は虚構で、証人の証言は捏造されたか強制的に言わされたものだと見なすからです。いったいどうしてそんなもの全部を知らねばならないのですか？」

「好きにしろ」取調べ官は言った。「それならここに書け『補足説明はありません。起訴状と資料を知るようにという申し出は拒絶します』と。それからサインして日付けを書け。お前の審理は終了だ。もう長く待たずに、この監獄

65　P・N・マリャントヴィチ（一八六九～一九四〇年）弁護士、政治家。［臨時政府最後の法務大臣。銃殺。一九五九年名誉回復］。

をすぐ出られるぞ」

「長い時間でした」私は言った「私がここへ入ってもう間もなく一年、ずっと『目下取調べ中』でした」

「もっと長い奴らもいる！」別れ際に取調べ官が私を慰めると、天使たちは従来どおりの儀式で私を監房へ送り返した。

私はもう〝おばちゃん〟の息子たちが言う「間もなく」が、大層延びる概念であることに慣れた。だが、今回「間もなく」がさらに一年近く続くなどとは考えもしなかった！「この監獄をすぐ出られるぞ」というのは、強制収容所へ行くためか？　隔離所へか？　これは一年前、私の逮捕前にすでに決まっていた、と疑わなかった。だが私にとって幸いなことに、今回〝おばちゃん〟の息子たちはゆっくりと急いだ。

さし当り私の静かで、平穏で、尋問もない監房での生活が続いた。それはまさしく、不当な拷問者の尋問がピークに達し、人々が週に数回そのような尋問に呼び出され、何時間も続く尋問に苦しめられた苦難の時のことだった。このような尋問が時に「コンベヤ」式で二、三昼夜続いた。尋問に呼び出された後で歪んだ顔の仲間を見るのは辛かった。彼らは殴打、虐待を、最良の場合でも愚弄と悪態を予想して出頭した。疲れ果てて尋問から戻って来る彼らの目に、お前自身は何か月も平静に入獄している、と見てとると恥ずかしかった。彼らのまえで何か悪いことをしたように感じた。

この尋問での悪夢のような拷問の波は一九三八年中頃にピークに達し、その後徐々に引いて行った。同年末までに殴打だけでなく侮辱も稀になり、特殊な場合だけになった。だがすぐに私の番が来た——多くの人々が耐えた愚弄の大きな総計のなかではごく小さかったが。一一月の悪口雑言と四月の「犬舎」での拷問に続き、監獄における私の第三の祝賀会の日が近づいてきた。今や私の物語は「倍・賭・け・張・る」ことさえ可能だ……。

一九三八年九月二九日、私の入獄一年となり、獄内での私の地位はすでに尊敬に価するところとなった。だがその代わり私の外見はまったく尊敬に価しなくなった。この一年間で私の服はすっかり着古されてすり切れた。シャツとズボン下は洗濯の度にますます極端なぼろ布になっていったのは言うまでもないが、そのためシャツとズボン下がどこで区別されるのか分からないほどだった。ズボンの方はというと、ある金曜の巡回時に副所長が私のはしたない服装に注目した。彼は、私が差し入れを受けとっておらず、売店でズボンを買えないことを知っており、官給品の「乗馬ズボン」を与えるよう命令したほどだった。その乗馬ズボンには継ぎが当たっていたが、彼によれば、ずっと「礼儀正しい」のだ。その代りジャケットの袖のひじには、まったく礼儀知らずの大穴が開いていた。

一〇月が過ぎ、一一月七日の勝利の日、一〇月革命記念日が近づいた。言っておかねばならないのは、五月一日と一一月七日のプロレタリアの祝日は、監獄では特別な厳しさで有名だった（サルティコフの天才的予見[66]によると、春の祝日は将来の災厄に前もって備える祝日、秋の祝日は体験した災厄を思い返す祝日なのだ）。両祝日には通路の見張りが強化され、食事の質が低下し、監房全体で散歩が中止された。

一一月六日の夕食後に、すべてを見る眼――「監視の眼」を閉めて、私はパリの心理学者ジロ教授[67]の「テクトプラズマ」（物質化）のすぐれた実験について、監房の全員に話していた。小窓が開けられ、通路の当直が私の姓を大声で呼んだ――見つかったか？……だが違った。彼は「同志アブラモーヴィチ」も呼び、付け加えた「二人とも所持品持参！」所持品持参――これはもはやセンセーションだ！　我々が所持品をまとめる間、種々の申し出がなされ、監房は興奮で沸き立った。我々が祝日のプレゼントで釈放になるのだ、との考えまでも出て来た。……我々は実際プレゼントを期待した。だがいささか違う種類のプレゼントだった。

さらば、七九号監房！　私はお前の許に半年以上滞在した。さて、これからどこへ行くのか？

「駅」へ連れて行かれ、二人ともタイル張りの筒に入れられた――ということは、別の監獄へ移動ということだ。だが、いったいなぜ、耐えぬいた災厄を思い返す祝日の前夜にか？　いや、誰も必ず受ける検査を受けていない。ドアの背後では騒音、奔走、「懲罰房はもう一杯だ！……」と言う声。別の監獄への移送はない。自由（馬鹿げた考え！）はなおさらない。祝日の懲罰房なんて！　我々は、これは「雌鶏」の問題で、我々がやった「文化啓蒙活動」への罰だ、と理解した。

我々は最後に連行されて来て、懲罰房はもう満員だった。別の監房から先に来た仲間たちが、先述のような通常の懲罰房で満足を覚え、一監房に二人ずつ入れられた。我々お

66　サルティコフ『ある都市の歴史』の最終章「悔い改めのあかし。結び」から。〔西尾章二・西本昭治訳『ある都市の歴史・堕落の子』シチェドリン選集六、未来社、一九八六年、二二三ページ参照〕。

67　F・ジロはフランス磁気学会賞受賞者。イヴァーノフ＝ラズームニクが話したのは、ジロの著書『実験磁気学』のことと思われる。

よび我々と同様にたまたま選ばれて懲罰房にやって来た少数は、どうするべきか分からなかった。我々は良いことは期待しなかった。〈遅れてきた者には骨が与えられる〉。我々は懲罰房の宴会でどんな骨を振舞われるのだろうか？我々はタイル張りの筒に長い間座ったまま、運命が決まるのを待った。ドアの向うで走りまわる音、話し、叫ぶ声がした。やっとドアが開けられ、我々は連れだされた。

我々はまた教会の中庭へ連れて行かれ、それから半ば暗闇の中を、通り抜けできる中庭と建物の間の狭い通路と渡り廊下を歩いた。監獄の壁際まで来て、そこで深い地下室の暗闇へと降りて行った。我々は手さぐりしながら降り、照明が明るく光り、冷たく乾いた部屋へ着いた。そこは天井が低く、何かの雑嚢があふれていた。我々は三、四人の下級職員と、彼らを指揮する地下室の上官に迎えられた。彼は我々に、所持品を床に置き、衣類を脱いでシャツ、ズボン下とソックスだけになれ、と命令した。その他の衣類は全部、我々がこの地下室に置いた所持品と一緒にされた。私を見て、結構な年齢で寒さで震えている――地下室は一一月の気温だった――のを見てとると、指揮官は（明らかに特別なお慈悲で）私にベストを着る許可を出した。それから我々は短く行き止まりで、右側にドアが二つある廊下へ連れ出された。一番目のドアが開けられ、真っ暗闇の中へ入れ、と言われた。我々は暗闇の中へ、泥の中へ入った。ドアが背後で閉められた。

「気をつけろ！　ここには何人もいるんだ！」と暗闇のなかから声が聞こえた。ここには我々と同様に普通の懲罰房には場所がなかった「懲罰房組」が入れられていた。一一月七日の祝日に際して、懲罰房を満員にするための動員が、「全監獄的規模で」行なわれたのだ。

手さぐりして「床」に座っている人々に突き当りながら、我々はどこかへ潜入し始めた。暗闇のなかで別の声がした「壁際に空いた場所がある！」そして我々はその声を頼りに動いた。確かに水が漏れて湿っている壁のあたりに、私と相棒の二人分の場所が見つかった。だが我々が床に腰を下そうとして手で触ると、両手が二ヴェルショーク［九センチメートル弱］ほど、濃くべたついて冷たい泥のなかに沈んだ。だが、どうすることもできない。一昼夜立っていられないし、ここにどれほど長くいなければならないのか？　それに我々よりも先着の同房者たちがすでに、我々が見習うべき例を示しながら、泥のなかで腰を下している。あれこれ考えることはない。私はベストを脱ぐと四つにたたんで尻に敷き、冷たくべたつく泥に沈んだ。我々と一緒にこの懲罰房に入っていた仲間のうち二人が、この冷泥浴のせいで、長く坐骨神経痛に悩まされた。我々はこのように異常な条件下で、秋のプロレタリアの祝日、一〇月革命記念日を、この二〇年間耐えぬいた災厄の記念日をどれほど長く祝わねばならなかっただろうか？

地下室は窓もなく、閉ざされていた。明らかに以前は野菜倉庫として使われていた。寒さは秋並みで、湿気が身にしみるようだった。歯の根が合わなかった。半年前は「犬舎」で暑さによる拷問を体験しなければならなかったが、ここでは正反対の極端さにさらされた。だが我々は少しずつ、地下室を自分たちの呼吸と体の熱で温めた。一日経つと、温度はほぼ我慢できるくらいに近付きはじめ、我々の地下室滞在が終りに近づくまでには我慢できるようになった。我々は炭酸ガスで苦しまなかった。地下の野菜倉庫ならどこにでもある通気筒が明らかにあった。しかし、一寸先は闇の状態ではどこにあるのか分からなかった。

我々が落ち着き、泥のなかでうごめいている間に、ドアの外で女性の声が響いた。隣の部屋に我々と同様な罰を受ける女性が連れて来られたのは明らかだ。彼女らは暗闇と寒さと泥のなかに入れられることを恐れた（彼女らもシャツだけしか着てないのだ）、と考えるべきだった。なぜなら、泣き声、叫び声に、「私はだめ！　だめ！　私は病気です！　こんなのは侮辱です！　医者を呼んで！」という声が聞こえてきたからだ。騒音が聞こえ、騒ぎが続き、さらに叫び声、発作とうめき声がして、その後はまったく静まった。明らかに女性たちが押しこまれ、その背後でドアが閉まったのだ。侮辱か？　もちろん侮辱だが、我々は何でもって彼女らを手助けできようか？　我々自身も運命では彼女らと同類だった。「生活はより良くなった、同志諸君、生活はより楽しくなった」と同志スターリンは全ソビエト人民に宣言した……。

すべて静まり、我々も静まった。夜がきた——とは言え、この地下室ではいつも夜だった。我々は眠った——もしもこれが眠りだと言えるならばだが。強烈な寒さで震えながら、絶え間なく目を覚まし、壁に背中をもたせかけながらうとうとした。その壁から細い水流が、我々のシャツの襟口へ流れ込んだ。シャツの背中全体がすぐにぐしょ濡れになり、ズボン下には我々が沈んでいる冷たい泥から出る水がしみ込んだ。寒気が骨までしみ、ぬれた下着が体にくっついた。

我々は時間を数えられなくなった。終わりのない夜が続く間に、我々はすでに何昼夜も過ぎ去ったように思えた。だが、朝六時には熱湯とパンが運ばれる、と我々は知っていて、これが一昼夜をはかる唯一の物差しだった。我々は柄付きコップ一杯の熱湯を、なにかあり得ないほど大きな恵みであるかのように夢見た——温まるぞ、温まるぞ！

そしてついに廊下で声が聞こえ、足音が響き、ドアの小窓が開き、懲罰房の当直が挿し込んだ懐中電灯の明るい光線で我々の目がくらんだ。当直が我々を数え直して「一五人！」と唱えると、小窓が閉まって我々はまた闇のなかに沈んだ。だが眼が見えないとはいえ短いが明るい時間に、我々は地下室も、互いをも見てとることができた。神よ、何と我々は言葉では表現できない外見だったろう！　我々は隅に樽——用便桶があるのがわかった。真っ暗闇の中で用便桶を使うのがどれほど不便か、そして時にどんな結果が生じるか……は想像に難くない。我々は「用足し」には連れ出されなかった。懲罰房組には用便桶で十分なのだ。幸いなことに用便桶の使用は稀だった。我々には昼食も夕食もなく、熱湯は一日にコップ一杯しか供給されなかったからだ。

すぐにまた、小窓ががたついて、我々はまた光で目がくらんだ。一人二〇〇グラムの配給分のパンが、隣人の手から手へと渡され始めた。だがパンは、我々の手の粘土や泥がくっついた分だけ重かった。それから同じ順序で我々は、手をやけどしながら熱湯のコップを手渡していった。そして小窓は閉められた。寒さに震えながら、我々は真っ暗闇のなか、熱湯で楽しみだした。半分は泥にまみれたパンを噛むと、口のなかでザリザリと音がした。これが我々の茶、朝食、昼食と夕食で、翌朝までの分すべてだった。小窓がまた開き、当直が我々の許からコップを回収した。何人かが二杯目をほしいと言うと、「一杯と決まってる」と短い答えがあって小窓は閉じられた。我々はまた丸一日、真っ暗闇のなかに留まった。

熱い湯が我々を温め、元気づけた。気温もいくぶんかは上昇した。我々は翌日には頭のてっぺんからつま先まで湿布をした状態でも、もはや寒さで震えることはなかった。我々は互いを知り合い、話し始めた。「レコード第一盤」の「なぜ？」、「なぜ？」が鳴った。話し合って分かったのは、我々は皆、同じ一つの理由でここにいるということだった。それは自監房で行なった、不適切で禁じられた「文化啓蒙活動」だった。我々はすぐに今いる地下室と自分自身を「文化啓蒙クラブ」と名付け、次のことを決めた。すなわち、一旦当局がこれほど質の高い監獄講師のパワーをここに集めたからには、この泥だらけの地下室で面目を保ち、各人が順番に、途切れることなく自分の専門の講義、講演、物語で時間を埋めよう、と。各人が自分のテーマを挙げ、その中から多数決で選んだ。暗闇のなかにいて、他にすることがあっただろうか？　我々は収監されても監獄当局が望んだほどには疲れないということがわかった。我々はツィオルコフスキーの弟子で「ロケット問題」専門家である技師の講演を、大層興味深く聞いた。パリ万博でのロシア展示館主催者だった彼は、この展示館や万博全体のことを、大層生き生きと語った。「軽演劇俳優」は舞台や寸劇で我々を魅了した。ついでに言えば、彼は自身が監獄でどのようなアネクドートを経験したかを、典型的なアネクドートの形で我々に語った。彼自身がユダヤ人だが、彼は反ユダヤ主義という理由でステージからブティルカへ直行で入れられた。その理由は以下のような、舞台で話されたユダヤ人とロシア人のたわいのない対話だった。

「お前に背中に泥が付いている！」

「『お前に』でなく、『お前の』でしょう」

「おれに?!」

「『おれに』でなく、『おれの』です」

「おれは『お前に』とゆった！」

対話はこんなふうに続き、ユダヤ人がロシア人にChKとTsKという周知の略称の意味を教えていた。「ChKは中央《チェントラーリヌイ》委員会で、TsKは非常《ツレズヴィチャーイヌイ》委員会……」[68]。この反ユダヤ主義的アジテーションと、ついでに「非常《チレズヴィチャーイヌイ》委員会」に対する嘲弄のために、かわいそうな「軽演劇俳優」はもう三か月もブティルカに入獄していた。そして彼を担当した女性取調べ官は、この件は「極めて重大」だと見て、「反革命的アジテーション」条項に加えて他の項目も彼に「なすりつけた」

確かに彼の件は女性取調べ官が担当したのだが、私がその事実に出くわしたのは、尋問に関して無数に会話したなかでこれが最初だった。「女性取調べ官」という革命の目覚ましい成果は、NKVDがGPUやChKから遺産として受け継いだものだ。ChKの活動初期から、女性取調べ官にしてサディストのデニセーヴィチは名高く、ChKの上層部には政治的苦役から脱走して後に左派エスエルとなった女性ビツェンコ[69]が鎮座していた。少し後には、テロリストで元左派エスエルのブリュームキン（ミルバハ暗殺者）[70]がそ

68 「中央《ツェントラーリヌイ》委員会と非常《チレズヴィチャーイヌイ》委員会の略称と、両委員会の最初のアルファベットとを取り違えている」。

69 A・A・ビツェンコ（一八七五～一九三八年）革命家、エスエル党員、一九一八年に革命的共産主義党の一組織者、同年一一月からボリシェヴィキ党員。［一九三八年逮捕・銃殺。一九六一年名誉回復］。

70 Ia・G・ブリュームキン（一八九八～一九二九年）一九一七～一九一九年に左派エスエル党員、一九一八年七月にドイツ大使ミルバハ（一八七一～一九一八年）を暗殺。VChK、OGPU協力者。

の後ChＫ員となったが、自分の若い妻によって銃殺刑に処せられた。その妻というのは、彼の許に送られたチェキストの取調べ官だということがわかった。私はこのような変わり種の女性に一瞬でも出会ったことは二度しかない。一度目は一九三三年五月、ＧＰＵの取調べ官たちによって夜間にブティルカからルビャンカへ移された時で、彼らのなかに若いチェキストの取調べ官がいた。二度目は、何か月か後にノヴォシビルスクＧＰＵの警備司令部で、同じような若い女性取調べ官に出会った。どちらの場合も、スマートな若い女性で、マニキュアをし、服装も素晴らしく、髪は流行色に染め替えられていた。「軽演劇俳優」はこのようなタイプと出会い、まさに彼が「パキャン[71]のモデル」と名付けたスマートな若い女性が彼の件を扱ったのだ。最初の尋問でこのスマートで洗練された「パキャンのモデル」の口から、下品で選りすぐりの罵り言葉が飛び出してきて、彼はすっかりどぎまぎさせられた。それは彼ほどに経験豊富な俳優でも、複雑な言い回しで知られ、印刷できないような悪態を巧みに駆使する船乗りの口からさえ聞いたことがないようなものだった。そのような悪態を彼に浴びせた後、「パキャンのモデル」は威嚇でもって締めくくった。

「待ってろ、女なんか一〇年も見ることのないようなラーゲリへお前を追いやってやるから！」

その際に彼女は「女」という言葉の代りに、文学作品のテキストでは〈全体に代る部分〉を呼ぶレトリックの形を用いた。軽演劇俳優は彼女に言った「取調べ官さん、敬服します。あなたはある意味で女優ですよ……」

　これら変わり種の女性には家族がいるのか？　子どもは？　母は？　彼女たち自身は母親なのか？　それとも「母」という言葉を、彼女らは口汚い悪口雑言としてだけ使うのか？

　だが私は、我々の「文化啓蒙クラブ」とその順番に行なわれる報告や物語の話から脇へ逸れてしまった。私の番がくると、クラブの大多数の希望に沿って、それに士気を保つために、私はベンベヌート・チェリーニがローマのサンタンジェロ塔から脱走した話と、カサノヴァがヴェネツィアのピオンビ監獄から脱走したもっとファンタスティックな話を詳しく述べた。ブティルカあるいはルビャンカからの脱走をやらかしたなら、もちろんのこと、はるかにファンタスティックだろうが……。

　講演や物語の後で、時折、誰かの声が響いた。

「クラブ員の皆さん、もう寝る時間じゃありませんか？　だってもう夜だと考えられますが！」

　すると別の声が反論した。

「なんの、なんの！　まだ夜にはなってないようですよ！」

我々は時間が全然わからなかった。昼間だと思いながら眠り、夜間に話し合った。一一月八日の朝に小窓ががたついた時、我々は大層驚いた。我々はちょうどその時、「横になって眠」ろうとしていたからだ。ついでに言うと、横になって寝るための場所は足りていただろうが、全身をべたつく泥に沈めるという決意は、誰にもなかった。

このようにして最初の一日が過ぎた。そして二日目の一一月九日の朝、我々に一日分のパンと熱湯が配られた。奇妙なことだが、そんなに食べたくはなかった。私は二〇年前の、五昼夜にわたる列車での飢餓を思いだし、「GPU-コミンテルン」が正しいことがわかった。二〇日間でもこんな条件下で耐えられるのだ、だって彼は耐えたではないか！　いったいどれほど我々は耐えねばならないのか？　もう二昼夜半、我々は地下室で泥風呂につかっていた！

我々はいまの地下室での罰と、きれいだが明るすぎる本ものの懲罰房に入れられた仲間たちの状態とを比べて、我々は運が良かった、と結論した。我々は泥のなかにいるのは確かだが、目の痛みもなく、至福の静けさの裡にいる。どろどろの溶液のなかにいるが、換気扇の容赦ない騒音もない。どろどろの溶液のなかにいるが、体が温まれば比較的温かく、浸みるような換気扇の冷風もない。暗闇と泥のなかにいるが大いなる同僚たち、全「文化啓蒙クラブ員」がいて、時を過ごすのがおもしろい。そして本ものの「懲罰房組」は我々を羨んだ。このようにこの世ではすべてが相対的だ！

一一月九日朝、我々がパンと熱湯の朝食を終えたその時、ドアが開き、外へ出て服を着、所持品を持て、と命令があった。我々は二日半、泥風呂に入っていた――そしてこんな外見でそこを出たのだ！　泥でぬれた体と下着のうえに我々は服を着たが、一プードもの粘土がソックスに張り付いていて長靴は履けなかった。手も顔も煤でなく泥のせいで、煙突掃除人のように黒かった。我々は中庭で朝日のため目がくらんだ。三日間、我々は暗闇のなかにいたのだ。我々は二人ずつ並んで歩かされた――顔から足まで泥だらけの我々をどこへ連れて行くのか？　風呂場へ直行だった。

風呂が我々にどれほどの喜びだったか、表現する言葉が見つからない！　ちょうど半年前、犬の洞窟の拷問の後の風呂と同じだ。二つ分の石鹸が渡され――一つでは洗い終わらなかっただろう――衣類と体を洗うために二倍の時間を認める、と告げられた。一五〇人収容の広々として明る

71　I・パキャン（一八六九～一九三六年）フランスのファッションデザイナー。

く、熱い風呂場では、頭のてっぺんからつま先まで汚れた我々一五人はてんでばらばらになった。我々の喜びは計り知れず、いつまでも体を洗い、一〇回水を替えて下着を洗った。それでも完全にはきれいにならなかった。洗濯の後で、元からぼろぼろだった私の下着は、もはやまったくの雑巾になった。

風呂場での儀式を全部終えると、我々は二人一組で出発した――どこへ？ 各自が元の監房へ戻るのか？ いや違った。当局は文化啓蒙の病原菌を隔離することを決定し、懲罰房組を全員、個々の監房から移動させた。我々はまったく誰もいない三階の一一三号監房へと連れて行かれた。我々はそこで最も良い場所を占め、旦那様のように（けれど見習い期間中）そこを占領した。我々の後に他の懲罰房組も到着しだした。我々と同じ地下室から来た者は風呂場を経由して、個別の懲罰房に二人一組で入れられていた者は、風呂なしでだった。我々は徐々に増えて六〇人になった。全員が監獄での「文化啓蒙活動家」で、この時から我々は他の全監房から隔離された。私はその後ブティルカにさらに五か月ほど滞在したが、その間、我々の一一三号監房に一人の新入りも、一人の「新聞」も、一人の他監房入居者も入って来ず、我々の人数は減りに減って、私がブティルカを去る日までに我々「懲罰房組」（我々は獄内でそのように呼ばれた）には、たった一八人の「常習犯」だけが残った。

私は一九三八年一一月七日から八日にかけての日々を、体験した災厄を想起する秋の祝日を、以上のように祝った。私の三回目の祝賀会はそのようにクライマックスに達した。そしてこれも、取調べ官シェプターロフ中尉が私に対し抱いた「深甚なる敬意」を考慮すれば……。その敬意は理解できる。「たとえお前が仮のブリューロフだとしても、私はそれでもお前の取調べ官で、当然私が望むことをお前にしてやる……」だがシェプターロフ中尉はここでは無関係だった。このように私を祝ってくれたのは監獄当局だった。

●16　一九三九年、検察による尋問、V・Nとの連絡

「文化啓蒙クラブ」――我々は一一三号監房をこう呼び始めた――は正常な監獄生活を始めた。クラブでの報告者や講演者があまりにも多くて、時間が早く過ぎて行った。講義、物語、報告は「コンベヤ式で」続いた。我々は今はもう、すべてを見通す眼――「監視の眼」を恐れなかった。我々「懲罰房組」をどうすることができただろうか？ それに我々は、自分たちのなかにもはや「雌鶏」はいない、と確信した。

一九三八年末の月々には、もう一点違うところがあった。手許に資料がないので、いつ銃殺されたかあるいは精神病院に収容されたエジョーフの運勢がいつ尽きたのか、正確には言えないが、多分、一九三八年秋のことだ。監獄はこのことを一つの徴候から感じ始めた。尋問でのゴム棒使用は中止され、肉体的論証はまず稀になり、さらに極度に稀になって、一九三九年初めからは中止された。尋問に行く人々は顔をしかめなくなり、元気に戻ってきた。このことは以前のような「自白」の強要に対する拒絶が流行るという形で、即時に表れた。金曜ごとに数多くの申請書が提出され、何らかの虐待の結果強要され末尾に署名された「自白」が、今や自分の「自白」を撤回し、尋問のやり直しを要求したり、取調べ官自身の行為が検察に通知されたりした。申請書はもちろんのこと、同じ取調べ官自身の手に入ったのだが、彼らが今は申請を取りあげて新たな取調べを始めることを余儀なくされ、その場合には普通、事件は新しい取調べ官の手に移された。監房は少し朗らかになり、元気付いた。その上にまた「モスクワの風景で」も明るく、うれしそうで、朗らかになった。

一一月が過ぎ一二月半ば近くになった。我々は人数が減っていった。「文化啓蒙クラブ」に残っているのは四〇人ほどだった。一年前には一四〇人だったのに！　ある日、ドアの小窓が開いて、当直が私の姓を呼んだ。「所持品をもって」か、「所持品なしで」か？　どちらでもなかった。彼は小窓越しにある文書を説明した。それは取調べがすんだので私の件は法廷へ回され、私は今後NKVDでなく、モスクワ検察庁のリストにのせられる、というものだった。「審理終了のため、何某はリストに数え入れられない」私は文書を通読し、サインした。それは一二月一五日に私に申し渡された。そして私は検察庁が私にいつ、どのような態度を示すか、を待つこととなった。

一か月以上待たねばならなかった。この間に我々は新しい年、一九三九年を無事に迎えた。呪われた記憶の年、一九三八年を迎えた時とは気分が全然違った。新年までに「文化啓蒙クラブ」には三〇人ほどが残った。そして我々は新年を十分朗らかに迎えた。「寝ろ！」という号令後横になり、軽演劇俳優が夜半まで、寸劇や物語で我々を楽しませてくれた。ドアの小窓から怒鳴られても何の効き目もなく、我々の監房の規律ははっきりと低下した。ひょっとすると監獄当局は「懲罰房組」には寛大に対処したのかもしれない。

一二月二五日の夕食後、私はとうとう「検察へ！」と呼び出された！　いつもの順序で（「天使」は年末に廃止された）一階のなじみの取調べ室へ連行された。事務机をまえにして私服の年輩の人物が座っていた。年齢は五〇歳くらいで、外見はすっかり「知識人」で、疲れた顔つきをしており、しっかりと視線を据えて、私を驚いたように見ていた。こんなぼろを着た浮浪者を作家と認めるのは難しかったのだ。

「お前がイヴァーノフ゠ラズームニクだな？」彼は私に尋ね、私の肯定の返事を促した。「私は同志モスクワ地区検察次官だ（自分の姓を名乗ったが、今思い出せない）。お前を法廷へ送るまえに尋問することは、私に一任されている。お前は起訴状と自分の一件資料に目を通したな？」

私の「一件資料」、紙で膨れあがった青い表紙のファイルが、事務机の私のまえに置かれた。

「いいえ、眼を通していません」私は答えた。

「どうしてなのだ？」検察官は驚いた「ＮＫＶＤの取調べ官は取調べ終了前に、全資料をお前に提示しなくてはならないはずだ」

「取調べ官は無関係です」と私は言った『『一件資料』のなかで、おそらくあなたは最後の一枚に、私が一見書類を見ることを拒否した、とあることに注目されていないのです」

検察官は「一件書類」を拡げて、そのページを見つけた。

「お前は今も『一件書類』に目を通す権利がある」

「今も目を通したくありません」

「その理由は？」

「理由はこうです。私はこの件の書類は全部、最初から最後まで偽造で、私に不利な証人たちの証言は、あなたがもちろんよくご存じのように、ＮＫＶＤの取調べ官の殴打を用いた尋問の手法で強制されています」

「お前は何も自白したくなかったのだな？」

「自白することは何もありませんでした。私に対する各証言を、私は十分に確かな論証をもって反駁しました。けれど取調べ官シェプターロフ中尉はそれらを調書に記入することは望みませんでした」

「彼には、お前の反証を調書に記入しない権利はない。例を挙げられるか？」

「お望みならいくつでも」

そして私は反証を一つずつ挙げ始め、検察官は私の「反証」を全部、丹念に書きとめ始めた。私は、一九一八年四月のソヴィエト協議会に出席しなかったこと、その件で偽の証言者との対審を要求したが実現しなかったことを指摘した。私がその協議会で反革命的発言をした可能性という件への反駁としては、それは同時期に出版された私の本『革命の年』に書かれているが、取調べ官はその本に目を通そうとしなかった、と強調した。「反革命的目的を抱いて」アカデミー会員タルレと秘かに会見した、という馬鹿げた告発に関しても、対審は実現していない、と答えた。その件と同様に、ベルダン銃購入という告発も馬鹿げている。一九三五年夏にモスクワでエスエル・グループのでたらめな会議に参加したという告発は、サラトフGPUにも、私のサラトフでの家主にも照会されることはなかった。彼らなら、私がサラトフ居住の三年間に一日たりともその都市を離れなかった、と確認できたのに。さらに、さらに……。

検察官は一点ずつ詳しく書きとめた。それから書きとめたことを通読し、「一件書類」を走り読みすると何か結論を書き始めた。書き終えると、彼は言った。

「検察庁はこんな形でNKVDから書類を受けとれない。この件は補充取調べへ差し向けねばならない」

「どこへ差し向けるのですか？」

「NKVDへ戻す」

「感謝します！　私はNKVDの『予審』リストに載って一年と三か月入獄していました。あなたは今、またこの件をNKVDが白い子牛のお話［堂々巡り］を始めるようにそこへ移すのです。これは『彼の王国に終りなし』[72]じゃないですか！」

検察官は答えた「私には何とも出来ん。こんな状態での審理は引き受けられん。今度は新しい取調べがさっさと進むことを期待する。何か申請することがあるか？」

「申請はありませんが、お願いがあります。あなたはご自身で、私がどんな格好をしているかご覧になっているでしょう。私はもう一年と三か月も金銭の受け渡し権を奪われています。私の妻に、私がどこにいるか知らせて、私が金銭を受けとることを許してもらえるよう、お願いします」

「アドレス、名前と父称は？」検察官は尋ねて書きとめた。「お前の妻は通知を受け、お前は金銭を受けとれるだろう。このことは約束するが、残念だが私がお前のためにできることはそれだけだ」

「それで十分すぎるほどです。あなたに感謝させてください」私は検察官にそう答え、我々の会見は終わった。私が監房へ連れ戻されると、仲間たちがまるで貪るように私の周りに集まった。私はNKVDから検察庁へ飛んでいった

72［本来の宗教的意味から、世俗的な意味で用いられている。用例として「ボリシェヴィキの王国」（一七八ページ）や、V・A・スレプツォフ（和久利誓一訳）『困難な時代』岩波文庫、一九五三年、二〇一ページ参照。同書の場合「彼」とは、農奴解放前ロシアの地主を指す］。

最初のツバメ［さきがけ］だった。そして残念ながら、また舞い戻ったのだった。

私は仲間たちを失望させたが、私自身も失望した。NKVDの支配下への逆戻りはまったく気に入らなかった。だが多分、この最善の世界のなかで最善となるだろう……[73]。

一週間後の一月末に、上級当直がまた以前のやり方で、小窓から新しい文書を説明した。それによると、私の一件は取調べのために検察庁から差し戻され、私はまたNKVDのリスト入りしたのだった。私は文書を通読し、署名した。こんな不快事のなかで唯一、取調べ官シェプターロフが私のせいでいささか面目を失った、と考えると少し気が晴れた。というのは、彼が担当した取調べが（柔らかな表現で）不満足なものだった、と検察庁が認めたのだ。それにもかかわらず、彼のNKVDでの勤務経歴上このことはまったく影響を及ぼさなかった、と私は確信している。

検察官は言ったことを守った。一か月と少し後に、私は本当に五〇ルーブリを初めて受け取り、そのことで大変喜ばしいことに、取調べ官スパス゠クコツキーが嘘をつかず、私の妻には実際「誰も干渉しなかった」ことがわかった。確かにV・Nはこの一年半の間、私に対しても監獄のなかの「誰もが干渉しなかった」ことを始めて知ったのだった。しかしこの事情を語るためには、一年半前に戻らねばならない。

V・Nは私の逮捕を知って三か月後の一九三七年一二月末に、ツァールスコエ・セローからモスクワへ旅し、私のことを問い合わせようとした。逮捕から三か月たたないと、誰もが被逮捕者についての情報は得られなかった。彼女は一二月の逮捕のまさしくピークの日にモスクワに着いた。その前夜には何百人もが逮捕され、V・Nもルビャンカで最初に見たのは、茫然自失して泣いている五〇〇人もの女性だった。彼女たちの夫や息子、あるいは兄弟たちがその夜逮捕されたのだった。もちろん彼女たちは何の情報も得られなかった。V・Nもルビャンカで情報を得ようとしなかった。様々な監獄――特にブティルカを回って私を長く探しまわっても無駄だったのだが、彼女は最後に私の情報をNKVD検察庁で得られることをつかんだ。彼女はそこの受付へ行って行列に並んで待ち、三か月前に逮捕され、モスクワで行方不明になった夫を探すという自分の用件を説明した。検察官は「一件書類」を探し、表紙に赤鉛筆で私の名前がはっきりと書かれた青いファイルを取り出した。検察官はちらと見て短く言った。

「彼は流刑された。ラーゲリから彼の手紙を受けとれ」

何の罪で流されたのか、どこへ、期間は等、尋ねても無駄だった。「通信の権利をもって」流された、と分かったことを良しとしよう［「通信の権利なし」は、しばしば死を意味］。だが私はといえばその時、熱心な検察官によってどこかへ流刑済みなどと想像もせず、モスクワに、ブティルカにいたのだった。

検察官が意図的に嘘をついたのかどうかは分からない。煩わしいことを避けるためだったのか、あるいは、私の強制収容所送りがすでに決定済みで、ただ事態を先どりしたのかもしれない。しかし、くり返すが幸いなことに、この時〝おばちゃん〟の息子どもは私の件でゆっくりと急いだのだった。

彼女は忍耐で身を守り、「流刑の瞬間から」手紙を待たねばならなかった。だが一年が過ぎ、一年半が過ぎても手紙は届かなかった。一九三九年三月一日、V・Nはまたモスクワへ旅し、到着するや否や後を追ってツァールスコエ・セローからの電報を受けとった。その文面は彼女宛てに、夫がブティルカ監獄にいる、というモスクワ検察庁からの知らせが届いた、というものだった。私が半年間ずっとブティルカに入っていて、その間V・Nは、シベリアのどこかの強制収容所から届く私の手紙を待っていた！　と分かった。彼女はすぐにブティルカに向い、事務室は彼女から何も言わず五〇ルーブリを私の「〝おばちゃん〟口座」に入金するため受けとった。金を受けとった職員は、カード型名簿で私の名前と簡略調査書を見つけると、ぶつぶつと言った。

「あんた、いったいどうして半年もぐずぐずと金を渡さなかったんだね？」

彼女がこの職員に、まさにここブティルカで夫についての照会に対し一年も前に、そのような囚人の名前は当監獄リストにない（これは明らかに取調べ官の命令だ）との回答を受けた、などと説明する値打ちもなかった。そこでV・Nが職員への答として今、一年半にわたる犯罪的な放置と忘却を償うために五〇ルーブリ以上手渡すことを許可してほしい、と頼みこむと、職員は断固拒絶した。月五〇ルーブリ以上は禁じられている、と。

このように一年半経って、私とV・Nは互いの様子を知ったのだった。私は、彼女に実際「誰も干渉していない」ことを、彼女は、さし当りモスクワで私に「誰も干渉していない」ことを。

とは言えすぐに「干渉された」――モスクワからでなくても、ブティルカから出ることに。私のブティルカ入獄は

73　ヴォルテールの小説『カンディード』の主人公の家庭教師で楽天主義者のパングロスのテーゼ。

さらに半月足らず続いた。この最後の月は、例外的な条件下で過ごした。我々同房者の数は減り続けた。もっとも誰も釈放されて「自由」になったとはいえず、外へ出ることはきわめて稀で、過去一年半と状況は同じだった。監房から出て行った先は、主として二方向に別れた。一つは別の監獄への移送、もう一つは「出廷」だった。

　別の監獄への移送は、先に述べた一九三八年末の伝染病——全員が先に強要された「自白」を否定したことと関連していた。そのような場合、取調べ官は申請書提出者を呼び出し、申請書を撤回するよう説得と威嚇を試みた。だが説得にもはやゴム棒による論証が伴わないため、成功しなかった。するとその件は新しい取調べ官に委ねられた。取調べ官はいろいろな監獄——ブティルカ、タガンカ、ルビャンカやその他に属しており、囚人の方は新たな取調べのために取調べ官が属する監獄へ移送された。

　その他の者は「法廷へ」送られた——検察官がＮＫＶＤからの書類受けいれに同意すれば。その場合、ある日我々の同房者は「所持品持参」で連れて行かれ、そこでその後の彼の運命は我々にはわからなくなった。だがまさにその日に、被告人が「所持品持参」でまた我々の監房に戻ってくることがあった。審理の延期か、あるいは取調べのため逆送されたかだ。出戻りは法廷について生き生きと語ったが、その話は私のテーマから外れている。

　とにもかくにも、事実は事実として残った。我々の監房はますます人数が減っていった。「文化啓蒙クラブ」に残っていたのは、たった一八人だけだった！　そして我々は自房を「常習犯クラブ」と呼び始めた。

　ある実際にすばらしい好天の日に、我々は予想しない命令を受けた「全員所持品持参！」いつものような狡猾な検査なのか？　違うだろう、こんな検査があったのは真夜中だけだ！　いや、検査じゃない！　我々は反対側の廊下に連れて行かれ、目のまえで隣の一監房のドアが開けられた。神さま、何という豪華さだ！　寝棚の代りに、鉄製枠に折りたたみ式で、革命前の規準のベッドが二四床、我々が一人ずつ寝てもまだ六床余る。我々はすぐにベッドを壁際に折りたたんで、房内前方に「散歩ホール」をつくった。我々は従来の在獄期間にしたがって陣取った。古参囚人となっていた私は、窓際で「モスクワの景色付き」の一番良いベッドを占めた。我々は子どものように新しい玩具、自分一人のベッドを喜んだ。そして自分たちの生活のこのように豪華な変転に喜び、慣れるまでに長くかかった。しかし入獄者の心理は子どものようで、ちょっとした事で落ち込んだり喜んだりする。すでにドストエフスキーがそのことを記している。[74]

言うまでもなく、それ以外の点では我々の生活は何も変わらず、「文化的活動」が難しくなっただけだった。残った者が少数になり、我々は互いに知っていることを全部繰り返し話した、と思われる。三月末には、「文化啓蒙クラブ」を「お先真っ暗クラブ」に改名しようという動議が提起された。だがこの動議は多数の声で斥けられ、我々は従来のクラブ名を保持するために「最後の力をふり絞る」ことを決定した。各人が新しいテーマを見つけるか、あるいは思い出すよう努めたが、私はフランス語の諺で言えば、〈ラテン語の知識をすっかり使い果たした〉。このように困難な状況下で私は、自分が「書いた」（頭のなかで六年前に、ペテルブルクのDPZで、一人で）冒険小説『ポルトラツキーの生涯』を、私が読んだ外国の出版社から出た小説ということにして同房者に詳しく語ろう、と決めた。この小説は長くて、数夜がかりだった。三月末のある日までに私はその小説の一番ドラマティックな部分まで話し、同房者はこの「心をとらえる小説」の結末を聞くため、夜になるのを待ちきれなかった……。だがその夜、予想もしなかったが夕食後にドアの小窓が開き、廊下の当直が私の姓を大声で呼び、付け加えた「所持品持参！」

いつものように、これはセンセーションで、監房中に興奮を呼んだ。どこへ行くのか？　だが今回は私が所持品をまとめる間、仲間たちが私を取り囲みいつもと違うことを言い出した。つまり、せめて一言でも「小説」の結末を話してほしい、と頼み始めたのだった……。著者である私の自己愛は気をよくしたが、「小説」を最後まで語ることはできなかった。当直がドアの所に立ち、出発を急がせた。仲間たちと急いで別れの言葉を交わし、快適な監房に最後の一べつを投げかけねばならなかった（実際、人間はどこまで変われるのだろうか！）。——そして自分の護送者の後から未知へと歩み始めた。どこへ行くのかは神のみぞ知る！　だがどんな場合でも自由になるのではない。

●17　タガンカ監獄

復習。官給品の引き渡し。「駅」タイル張りの筒。所持品検査。身体検査。「立て！　口を開けろ！　舌を出せ！」調査書記入室。ブティルカ監獄のリストからの削除。「黒

74　ドストエフスキー『死の家の記録』第一章第三節。〔原卓也訳『決定版　ドストエフスキー全集』五、新潮社、一九七九年、四五ページ〕。

カラス」。さて、今回はこれで終了――さらば、ブティルカ！　私はおまえの許で、きっかり一年半を過ごした……。

どこへ運ばれるのか？　十中八九、ルビャンカだろう。検察官との対談とＮＫＶＤの庇護下への私の引き渡しからもう二か月が経った。この間に呼び出しも尋問も一度もなく、またもや私は忘れられた。だが、今思い出されて、尋問が一から始まるのだ――白い子牛のお話だ。

どこかへ到着し、「黒カラス」から連れ出された。ここはルビャンカではない。どこか知らない監獄の中庭だ。復習、すなわち事務室、詳しい調査書、財産目録と監獄リストへの記入（何監獄か？　尋ねても答えナシ！）、所持品検査、身体検査――「素っ裸になれ！」（何回目？）、風呂場、官給品支給――毛布、柄付きコップ、鉢、スプーン――、そして私はいくつもの通路を歩かされ、何階建てもの監獄の一階へ行った。ある廊下のドアが開けられ、六二号監房へ。

ブティルカで最後に豪華な部屋にいたので、明るく広々とした領主様の部屋から、まるで暗く汚く、おまけに定員以上に詰め込まれた召使部屋に来たかと思えた。私は取り囲まれ、尋ねられた――どこから来た？　私はルビャンカからと答え、私がいるのは一体どこか尋ねた。答えは「タガンカだよ！」

モスクワの反対側の端に位置するタガンカ監獄は、ブティルカ監獄に比べあらゆる点で第二級の監獄だった。監房は汚れて暗く、その上一階のアスファルトの床はでこぼこで、壁ははがれていた。収容者は狭い監房にぎっしり詰め込まれ――私はそこでは七一番目だった――、我々の「常習犯クラブ」に比べこれまた第二級だった。というのは「スパイ」はほとんどおらず、ほぼ全員がさまざまな部類やランクの「妨害者」だったのだ。彼らの在獄期間も第二級で、半年以上の者は一人もなく、したがって一年半の経歴がある私は、寝棚の上の良い場所を得られた。隣合せたのは初老の、立派な風采の人物だった。私の名前を知ると、彼は言った「我らのラズームニク監房へようこそ、ようこそ」それに対し彼の苗字を知った私は、ズドラヴォムィスロフ博士[75]の隣人となって、あなたに劣らず私も嬉しい、と答えた。［ラズームニクは理性、ズドラヴォムィスロフは常識という意味の単語を踏まえた姓］。ズドラヴォムィスロフ博士はモスクワで有名な同種療法医《ホメオパート》だが、さるクレムリンの大物の妻の治療に失敗したため、「妨害者」として入獄となった。私が当監獄にいる間に、彼は強制収容所三年の判決を受けて、タガンカから「どこかわからない方向へ」出発した。もう一人の隣人はこれまた有名なモスクワの眼科医ネヴゾーロフ博士で、彼のいくつもの学問的業績はドイツの医学雑誌にも掲載された。つまりドイツと手紙をやりとりしたのだ。彼はこの監房では数少ない「スパイ」だった。

この監房ではさらに二人の聖職者を思い出す。不思議なことに、ブティルカでの一年半に及ぶ多数の万華鏡で、私は聖職者には一人も出会ったことがない。二人のうちの一人は「教会再生派」の聖職者で、栄養十分で太っていて明るく、くよくよしない人物だった。自分が逮捕されたのは「誤解」のせいだと考えており、尋問や自分にかけられた嫌疑のことは何も話さなかった。もう一人はチーホン派の聖職者で、口数少なく思慮深く、熱心な古老だった。この世のあらゆる災厄を前にして、キリスト教徒の義務としての忍耐を説いたが受け容れられなかった。ボリシェヴィキは彼の言う「この世の災厄」は自分たちのことを当てこすったと見なし、聖職者を反革命的アジテーションの咎で逮捕した。[76]

それ以外の入居者は皆、小さな「妨害者」だった。私腹を肥やした執行委員、収賄失敗者やさまざまな「反革命」連中だった。モスクワのさる劇場の消防隊長は観客席のわずかな電流のショートを見落として、起こった火事はすぐに消し止めはしたが「妨害者」とされた。彼は「審理の停止」のため、間もなく釈放された。工場食堂のコックは質の悪い煮こごりで何十人もの労働者を中毒させ、食材は上司の衛生検査で合格していたのに嫌がらせで投獄され、「見せしめ裁判」が控えていた。モスクワ郊外の村で酔っ払った若者は愚かにも、共産主義者で村執行委員会議長の頭を瓶で殴り、ボリシェヴィキ権力の代表者殺害未遂で入獄した。さらに、さらに、このような例が私の目前に展開した。

タガンカ監獄の生活は、ブティルカの監房での生活と本

75 V・I・ズドラヴォムィスロフ、一九三〇年代にモスクワ第一医学研究所長、婦人科医。

76 「教会再生派」は、ペトログラード長司祭A・I・ヴヴェジェンスキー（自称大主教）を支持する一派。「共産主義的キリスト教」とソビエト政府への忠誠、教会での祈禱の刷新、正教会の保守的な儀式等の否定を主張し、一九二〇年代前半に教会分裂を主導する一派となった。「チーホン派」は、一九一七年、ほぼ二〇〇年ぶりに総主教制を復活させて就任したチーホン総主教を奉じるロシア正教会の多数派。［チーホン（一八六五〜一九二五年）はソビエト政府を破門したが、逮捕・裁判の末に死亡。後継者セルギー府主教（一八六一〜一九四四年）は一九二七年、ソビエト政府に「忠誠宣言」を発し無神論国家での正教会生き残りを図ったが、弾圧と教会分裂は続いた］。

質的に何も変わらなかった。ただ、ここでは何もかも第二級だった。昼食も夕食も、「売店」も、汚れたトイレも、風呂場も全部だ。いや、風呂場は第二級ですらなく、もっと悪かった。入浴はブティルカではお祭りだったが、タガンカでは罰だった。我々の監房はなぜか、決まって真夜中に風呂場へ連れて行かれた。自分の所持品を全部、毛布にくるんでまとめ、さらに二人に一つ割当のわら布団を引きずって行かねばならなかった。わら布団と所持品の包みは、風呂場で消毒のため引き渡され、我々は狭く、窮屈で寒い脱衣室へ追いやられた。そこは無理をすれば四〇人が入れる広さだが、我々七〇人全員が詰め込まれた。我々は暗くてよくわからないなかで脱衣し、服と下着も消毒へ引き渡されて、ここの風呂場では洗濯できなかった。手桶と水の蛇口はなく、シャワーが一五ほどあり、シャワー一つの下で五人ほどが同時に体を洗った。それから後は、服と下着を受けとる苦労、とてつもない混雑のなかで服を着る苦労、ほどかれた毛布と所持品を選別する苦労があった。こんなことに疲れ果てて、我々は明け方近くに自監房へもどった。

入浴後に一度、我々をもう一つの「楽しみ」が待ち受けていた。我々は服を着ることを許されず、裸のまま寒い脱衣室で待たされて、名簿順に名前を読み上げられ、一人ずつ隣のさらに広く寒い部屋へ入れられた。その部屋ではいささか当惑気味の若い女医が、我々に注射——発疹チフスの血清を接種した。接種後数時間すると、我々は全員激しい悪寒で震えがきて、すぐに体温が四〇度まで上がった。次の入浴時に同じ注射がもう一度あった。楽しさは平均を下回った。

もう一つお決まりの頭痛の種は下着の洗濯だ。月に二度、監房に番号付きの金属の引き換え証《ジェトーン》が配られた。各囚人は自分の汚れた下着をまとめた包みに自分の引き換え証をひもで結びつけ、包みを洗濯に渡した。引き換え証の番号と所有者の姓とが記録された。数日後に我々は洗濯できた下着を受けとった。だが神さま、何というありさまだ！　洗濯前よりずっと汚くて、消毒用塩素溶液で黄色くなり、しわくちゃでぼろぼろだ！　引き換え証はごちゃごちゃになり、所有者は自分の下着を見つけられず、それはしばしば隣の監房へ届いたりしたものだった。

幸いなことに、私はこのようなタガンカでの楽しみを、わずか二か月半しか享受できなかった。模範的なブティルカ監獄を経験した後では、私はどこかロシアの果ての辺境の監獄に来たのだと思えた。

しかし、地方の監獄から我々のいるタガンカへ来た囚人は、我々の生活をほめちぎった——食物、清潔さ、秩序、広いスペース、管理者による礼儀正しい振舞いのどれをとっても。地方では、そのようなことがこちらで実現している、と想像できるのかもしれない。ブティルカ監獄は彼らにとって、地上における約束の地と見えるのだろう。

このタガンカ監獄六二号監房が私の住んだ最後の監獄だったので、今はまず、エピローグと自分自身の運命のまえに、監房での生活ではなく全監獄の万華鏡に共通する印象に移ろう。第一は、若者も年輩者も少ないことで、大多数は元気あふれる中年だ。次は、我々四人一〇〇人が「ブティルカの」四五号監房にいた時、牢名主のカルマンソン教授が試算した統計のまったく予想しなかった結果だが、そのうち共産主義者とユダヤ人が各々三〇パーセントいた。もしも共産主義者も、ユダヤ人もそれぞれがソ連邦全体で全住民の二〜三パーセント以下だということを考えると、彼らが監獄内でとびぬけて多いことに驚かざるを得ない。その上にもちろん、獄中の各共産主義者がユダヤ人ではなく、各ユダヤ人が共産主義者なのでもない。けれど、四五号監房の統計は偶然で例外的だったともいえる。

少数の年配者は全体として好印象をもたらした。彼らは革命のるつぼをくぐり抜け、世の辛酸をなめ尽しており、そのうちの多くはすでに監獄も、流刑も、ラーゲリも経験済みだが、それでも彼らの大多数は若々しい精神を失っていなかった。フジャコーフ教授の場合は静かで望みなき絶望に陥っていたが、それは規則からはずれた例外で、多くは彼の重い病からきていたのだったろう。

若者たち、少なくともその半分はまったく違う印象を生みだした。だが直ちに断らねばならない。そもそも若者たちは大層少なく、我々の四五号房にはたまたま、高位の軍人や文官の共産主義者の息子がいたのだった。この社会層で彼らは、幼い時から気楽で満ち足りた生活を送り、自らの父親が何の罰も受けないという意識をもって育った。これらの青年は一七〜一八歳くらいだが、自らの両親を「密告しなかった」疑いで入獄していた。彼らは尋問から朗らかな顔で戻り、取調べ官たちがお茶やピロシキでもてなしてくれた様子や、そのお礼に取調べ官が指図した、父親についてのあらゆる誣告にサインした、としゃべった。監房全体が彼らに対して一様に軽蔑の念を示した。青年たちはよりにもよって滅多にないほど馬鹿で、誰一人として何かの「独学サークル」に入らなかった。彼らは仲間内でただフットボールその他のスポーツのことや、下品なアネクドートを互いに話すだけだった。彼らのうちの一人の父はモスクワ軍管区司令部長官、二人目の父はモスクワ市警察長官、三人目の父は人民委員代理だった。彼らに間もなく四人目が、監房内で一番若く（一六歳）一番の金持ちが加わった。監獄金庫には彼の一万七〇〇〇ルーブリが入っていた。党の要人である彼の父親が逮捕されると、妻と息子は所持品と家具などを売り払った。二週間後に彼ら二人も逮捕された。「ぼくはママに六〇〇ルーブリを渡し、自分には一万七〇〇〇ルーブリ取った。ママに何の必要がある？　ママはもう良い生活をしてきたけど、ぼくはこれからだ……」彼は、父と母を破滅させることになったのだが、尋問では取調べ官が予め命じたことをもれなく証言した、と説明した。「彼らは自分たちの分を人生から手に入れた。ぼくは自分の分を考えなくちゃ……」この四人の青年はどうにもならない卑劣漢で、共産主義の教育にふさわしい成果だ。彼らと一線を画して、例外的に好感をもたせたのは、モスクワ軍管区司令官代理で、「トゥハチェフスキー事件」ですでに銃殺されたゴルバチョフ[77]の息子だった。かれは思慮深い青年で、多くのことに関心があった。自堕落な同房者たちのことは軽蔑していた。

　だがこれは堕落した党上層部の子どもたちで、この観察を一般化することはできなかった。彼らと並び監房内には別な青年たち（数はこれまた少なく、三、四人）もいた。例えば、何か月も私と隣り合わせた「トロツキスト」の学生で二〇歳くらいのゼイフェルトだ。彼らは「党のろくでなしども」（彼らによる表現）を軽蔑していて、科学、芸術、文学、哲学に関心を抱き、ソ連の高等教育界では禁断の木の実であったことに関して貪欲に訊ねた。尋問ではしっかりと振舞い、殴打や愚弄に耐えて戻ってきた――すでに然るべき個所［本章6節］で話した扁桃炎を患った学生のように。彼らは「非自白者」の一部であり、その数は一般に監房内でごく少数だった。

　私はすでに、私の在獄期間にもっとも厳しくゴム棒を振う尋問まで受けたが「自白しない」勇気を備えていたのは一二人だけだった、と指摘した。もしも殴打による論証が用いられなかったらその成果［自白］は少なかった、とは言わない。だが、尋問後に時折死んだようになって診療所へ運ばれることになれば、問題はまったく別だ、とは言わない。そのような勇気を持つ人は、私の前を通り過ぎた一〇〇〇人中わずか一二人だった。「すべてを自白した」圧倒的大多数は、この少数の人々に対して、おそらく秘かに敬意を抱きつつも、あからさまな敵意を抱いていた。だが敵意の方が勝った。君は拷問されそれでも自白しようとせず、私は耐えられずに「自白した」つまり君は、私より良い人間でいようと望んだのか？　レオニード・アンドレーエフの忘れられた短編『闇』［一九〇七年］に、このような心理が簡潔に書かれている――革命家に向かって売春婦が言う言葉で、「私が悪い人間なのに、あなたはどうして良い人間でいられるのですか？」と。しかしこう言わねばならない。このような敵意は粗野な形では決して表われなかったが、聞いたところによると、別の監獄では信じ難いほどの極限にまで達した、と。

一九三八年中頃、我々のいる七九号監房に、チェリャビンスクとスヴェルドロフスクで三か月ずつ入獄していた「妨害者」が連れて来られた。彼は我々のブティルカの生活の「天国のような諸条件」に有頂天になった。彼は両都市の地方監獄のぞっとするような生活についての事実を語った。そこでは新しい監獄バラックが急いで建てられたが、それは「既自白者」のためのものだった。「未自白者」は監獄内において、地方的な感化の手法──バクーからブティルカへ送られてきたアゼルバイジャンTsIKメンバーのカラーエフ〔本章の註30参照〕が我々に話したような手法が彼らに適用された。もしも感化の手法が望んだような結果をもたらさないと、強情者はこう告げられた「それならよかろう、きさまを明日、バラック一号に移してやる」それは「既自白者」バラックで、監獄中にその名が知れわたっていた。そこの牢名主は獣のようなさるグルジア人で、アンドレーエフの売春婦が言った定式を完全に会得していた。強情者はこのバラックに送られ、こう告げられた「こいつは自白しようとせんのだ！」お前が自白しようとせんのか、俺が自白したのに？　お前は俺より良い人間になりたいのか？　俺が悪い人間なのに、お前はよくも良い人間でいられるな？　さあ、待っておれ！　そこで拷問が始まった。それを前にしてはどんな監獄の虐待も真っ青だ。グルジア人はまず強情者をありったけの力で用便桶へ首まで入れ、そのまま一昼夜出られなくした。もしもこの手段が役立たなければ、思い出したくもない拷問が始まった……。バラック一号の栄光は極めて偉大で、ために多くの強情者が獄内でバラック送りだと一言脅されると、たちまち「自白」を選んだ……。このグルジア人は獣で持て余し者だった。だがバラック全体が、何百人もがただ見ていた。何人かはおそらく手助けし、おそらく他人の不幸を喜んだ……。凶暴化したソビエト権力は、どこまで人々を凶暴にしたことだろう！

こういうふうに問うことができるだろう。このような条件下で人々はどのようにして、発狂せずに自らの理性を保持できるか、と。それにさらに驚くことに、概して精神を

77　B・S・ゴルバチョフ（一八九二〜一九三七年）軍司令官。一九三七年五月逮捕時はウラル軍管区司令官。〔銃殺。一九五六年名誉回復〕。

病む囚人はわずかにすぎない、ということだ。だが、彼らが静かであれ凶暴であれ、ブティルカの広い部屋に連れて来られた。我々は幾度も「静かな」方の候補者を同房者中に観察してきた。人は入獄して絶え間なく悲しげに泣く。どんな慰めも忠告も役に立たない。あるいはまったく絶望して一点を見つめ、黙って座っている。食べることを拒否し、話の輪にも入らず、問にも答えずに何時間も座っている。その後、彼らの一人が、あるいは別の一人が「所持品なしで」尋問に呼ばれ、多くはもう監房へ戻ってこなかった。廊下の当直が彼らの所持品を取りに来て、どこかへ持って行った。つまり、かわいそうな人よ、彼らはもうどこか静かな、あるいは荒々しい場に行ったのだ。ルーマニア人飛行士やペニコフスキー技師のように「少しばかりいかれた人たち」のことには、私はもう触れない。

一九三九年一一月、私が初めてルビャンカへ送られた時、出発までに三時間ほど、ブティルカの「駅」でタイル張りの筒に入れられ待っていた。隣の筒では二人の声、か細いファルセットと野太いバスが絶え間なく響いていた。これは信じられないことだった。隣の筒では本当に尋問が行われていたかのようだった！

「きさま、ろくでなしめ、何も自白したくないってのか？」とバスが響いた。

「同志取調べ官様、いったいどうしたら自白できるでしょう？……私を信じて下さい、何も、だから何も悪いことはしていません！　ああ、我が主なる神様、どうしたら、いったいどうしたら私を信じてもらえるでしょうか、親愛なる同志取調べ官様！」ファルセットが悲しげに嘆いた。

「俺はきさまの『同志』じゃない、畜生のガキめ！　喰らえ、『同志』に対して喰らえ！」びんたの音が響いた。

「同志取調べ官様……」

「『同志』に対して喰らえ！」

「市民取調べ官様、お願いです、打たないで下さい！」

もし隣のドアがノックされ、「独房で騒ぐな！」と叫び声がしなければ、私は長い間当惑しっぱなしだったろう。声は止んだが、一、二分後には以前の調子でまたやりとりが再開された。精神を病んだ人が二人の人物を演じていたのだ。太いバスは「取調べ官」で、泣き声のファルセットは尋問される本人だった……。はたしてこの病んだ人もルビャンカでの尋問に連れて行かれただろうか？　あるいは逆に、ルビャンカからブティルカの精神病室へ連れて来られたのか？

我々の多くにとり疑問がわき起こった。クレムリンの御大たちはソ連邦中で垂れこめる監獄内での大量殺戮と拷問の悪夢を知っているのか！　と。

こう考えられよう。クレムリンは古《いにしえ》の都［モスクワの美称］から始め全国の裏通りで、自らの名において生み出された犯罪のすべてを知ることはできなかった、と。もし知らなかったなら、それは一層悪い。自らの名において白昼に、クレムリンから徒歩五分の所で、起きていることを知らない政権など、何ほどの値打ちがあろう！

●18[78]　新しい取調べ官

白い子牛のお話は、私にとり四月中頃に始まった。シェプターロフに替る新しい取調べ官が私を尋問に呼び出した。彼はシェプターロフと同じくらいの年齢だが、背は高くなく、ずっとてきぱきしていて元気のよい（自己紹介によると）「上級取調べ官チメリョーフ[79]」だった。最初の尋問から次のような情報を伝えて、私に希望を抱かせた。

「我々はお前の件を軽くしている。資料の相当な部分を投げ捨てた。例えば」彼は私の「一件」を閉じた青いファイルをめくり始めた「ベルダン銃を買ったか否か――これは脇へ置く。まして証人がモスクワからいなくなったので、お前と対審させられない。同じ理由で、一九一八年四月のモスクワでのソヴィエト協議会におけるお前の反革命的発言を証言した者たちとの対審も実現できない。アカデミー会員タルレとの会談の件も除けておく。これには特別な理由がある。一九三五年夏にエスエルのモスクワ・グループに加わったという告発も削除する。調査の結果、この期間中、お前は実際サラトフから出たことはない、と確認できたからだ。それにもう一件除くのは、サラトフのエスエルが、お前が知っている宣言の執筆者はお前自身だ、という証言を撤回した。カシーラの隣人が、お前が誰かわからない人物たちとけしからん会話をしていた、という告発も除く……。残るのは多くないが、十分に重要だ。それについては次回に話し合おう。だがまず明らかにしたいのは、一〇年、一二年も以前でなく、お前が逮捕される前年に何をしていたか、だ。その時お前はカシーラに住んでいて、頻

78　［原書では18節の表示がなく、17節から19節へとんでいる。一九五三年刊のチェーホフ出版社（ニューヨーク）版、および一九六五年刊の英訳版と照合し、この個所から18節が始まると確認した］。

79　B・Ia・チメリョーフ（一九一三～?年）モスクワ州NKVD管理局職員、その後モスクワ市NKGB管理局予審部副部長。著者はチメリョーフの姓をチヴィリョーフと誤記しており、原書編集者の註によって訂正した。

繁にモスクワへ行き、何日にもわたって過ごしていた。付け加えれば、そんなことをする権利もなしにだ……」

このように前置きした後で彼は何枚もの紙を取り出し、私が一九三六年から一九三七年に国立文学博物館のためにした仕事を彼に話すと、全部書きとめ始めた。彼は館長の姓を尋ね、館の図書館に私の著書があるのか、関心を示した。おやおや、どういう風の吹きまわしだ！　この上級取調べ官チメリョーフには、「反革命的たわ言を全部」読む時間があるらしい！

私の話を全部筆記すると、彼は私の件に「しっかり取り組む」と約束して、私を解放した。尋問は全部で一時間かからず、上級取調べ官チメリョーフは「近いうちにまた会おう！」と言った。だがこの近いうちの再会というのは五月中頃にやっと実現した。その時に私の入獄期間はすでにほぼ二〇か月になった。

この間、監獄そのものと、その塀の背後で多くの事が起こった。タガンカ監獄で土曜の夜毎に一人、また一人と「所持品持参で」呼び出されることを我々は知った。これら土曜日の幸せ者たちはシャバへ出ることが、確かな監獄の徴候によって我々にわかった。ブティルカではこんなことに出くわすことはなかった。ごくわずかな者が釈放されて自由になると同時に、多数の者が普通のやり方で強制収容所へ護送されることが妨げられることはなかった。私が一二号監房にいる間に、このような事が二度、四月と五月にあって、「所持品持参で」それぞれ一五人ずつが呼び出された。二度目の護送団に、寝棚で私と隣合せたズドラヴォムィスロフ博士が入っていた。私は彼に最大限の感謝の念を抱いている。彼は私の著しく不安定な健康を、監獄のさまざまな薬で治すよう試みてくれた。我々の監房は人数が減り、六月までに残ったのは一三人だけだった。

監獄の塀の外では当時私に関わって次のような諸事件が起こっていた。V・Nは三月にブティルカ監獄銀行で私宛てに五〇ルーブリを渡した後、ツァールスコエ・セローの自宅へ帰り、そこから四月初めにブティルカの元のアドレス宛に私へ同額の郵便為替を送った。だが間もなく為替は「名宛人退去」というメモと一緒に彼女の許へ戻ってきた。どこへ行ったのか？　これを知るためにV・Nは五月初めにまたモスクワへ向かった。ブティルカで彼女は「退去」だけを確認したが、どこへ移されたかを彼らは教えられないか、教えようとしなかった。それは彼らには関係ないのだ。ルビャンカでも同じく何も得られなかった。最後にV・Nが知ったのは、そのような情報はすべてモスクワ州監獄事務所に集中されており、そこの名前は牧歌的な「水兵の安らぎ」だということだった。彼女は「水兵の安らぎ」へ出かけて、夫は居住先を変更され、タガンカへ移された、と知った。彼女はすぐにそちらへ向い、そちらでは五〇ルーブリを私のひと月の「当座預金」として受け取ってもらえた。ということは、まさしく私はタガンカにいるということだ。

V・Nはそれから弁護士協会へ行って私の件の処理を一弁護士に依頼し、すべて快く引き受けてもらえた。しかしそのためには先ず、いったいどのような条項によって私は告訴されているのか？　を知ることが求められた。

V・Nはまた「水兵の安らぎ」へ出向き、必要とされる情報を手に入れて少なからず驚かされた。というのは、私はまだ……いかなる条項でも起訴されていないのだ！　しかも監獄で二〇か月にわたる「予審」の後に！　このような嬉しくない――それとも嬉しい？――情報を得てV・Nは弁護士協会へ戻った。協会の方でもそのような情報に少なからず驚いたが、条項が未提示では弁護士協会はこの件の処理を引き受けられない、とのことだった。条項が提示されれば「我々はあなたのお役に立てます」が……。

最後に、あるモスクワの友人で、最近タガンカの魅力をその身をもって味わった作家[80]がV・Nに助言した。そこで彼女は、モロトフと「スターリン自身」に、私のサルティコフ＝シチェドリンに関する研究書の第一巻［一九三〇年刊］を一部ずつ、手紙を添えて送った。その手紙には、この本の著者である私の夫はすでに二〇か月も、起訴状も条項も知らされずにモスクワのいくつかの監獄に入れられている、と書かれていた。

V・Nはそれ以上は何もできず、ツァールスコエ・セローの自宅へ帰って、期待できそうにもないが、待った。まさしくこの間に、上級取調べ官チメリョーフは私の件に「しっかり取り組んで」いた。後に知ったのだが、彼は国立文学博物館へ出向き館長V・D・ボンチ＝ブルエーヴィチに、私と私の文学上の仕事に関わる証明書を交付するよう依頼した。同館の男女職員から後で聞いたのだが、取調べ官の来訪後、V・D・ボンチ＝ブルエーヴィチは職員たちを動かした。彼らをレーニン図書館（旧ルミャンツェフ博物館）へ派遣して、私の著書の文学的評価に必要なものを集めさせ、私の著書の抜萃と、私についての文学的「情報」となる部分をタイプライターで打たせた。資料はぼう大で、その量は印刷紙まる二枚分の大論文ほどになった。自分に関しそれほどまでに余すところのない批判

80　E・G・ルンドベルク。本章の註42参照。

的論文を通読するのは、何と興味深いことだろう！　その資料は上級取調べ官チメリョーフが博物館を再訪したときに渡された。私の釈放はこの論文のお蔭が大きいと考える。もちろん、「エジョーフ時代」にはそれは何の効果も生まなかっただろうが、今は時代が少し変化した。私は以前逮捕の波に巻きこまれたように、今は解放の波にのってこの世へ浮上したのだった。

上級取調べ官チメリョーフはそれだけでなく、私の著書『革命の年』を通読しようとした。それはおそらく、本のなかに何か「反革命的な」個所を見つけ出そうとしてのことだ。この本はレーニン図書館から取り寄せられて一連の抜萃がつくられ、私の「一件書類」に加えられた。この抜萃の内容はまったく予期しないものだった。そのことを私は次の尋問で知ることになる。

その尋問は五月中頃にあった。尋問室にはチメリョーフの他に軍服を着た若者――上級取調べ官の助手か、取調べ業務研修中の新人で、黙っていた。チメリョーフは次のような言葉で私を迎えた。

「さてと、私はお前の件とお前の行動一般を十分に調査した。言っておかねばならないことは、我々が前回船を軽くするために投げ捨てた資料の一部は、犯罪要件がないという別な理由でも意義がない、ということだ。例えば、一九一八年四月の反革命的言辞を挙げよう。お前の本『革命の年』はまさにその時に出たのだが、そのような告訴には根拠がない、と私は確信できた。私はこの本から一連の抜萃をつくり、一件書類につけ加えておいた。これをみな読め」と彼は沈黙を守る助手に向かって言った「これは興味深いぞ！」

助手はタイプ打ちされたページを読み始めた。何行かには赤鉛筆ではっきりとアンダーラインが引かれていた。取調べ官が私の著書の何を「興味深い」と見たか、どんな抜き書きがされたかということが、私にも「興味深かった」一九一七年の革命の日記には、七月八日付けの「街頭」という題の覚書があるが、それは失敗に終わったボリシェヴィキの七月蜂起後に書かれたものだった。その文章で私は、当時ブールツェフ[81]が、マクシム・ゴーリキーとレーニンをドイツの金で買収されたスパイだ、と告発したことに憤慨して応じたのだった。私は、これと同じような個所を取調べ官チメリョーフが抜萃したと考え、彼に訊ねた。

「この個所を、あなたは私の著書から抜き出したのですね？」

「その通り、何も特別なことではない。これはマクシム・ゴーリキーに対するお前の反応の一部だ。興味深い、大変興味深い！」

その拙著には事実、評論家としてのマクシム・ゴーリキーに対する論争的な覚え書きが入っていた。私が覚えている限り、一九一四年にこの支離滅裂な人物は「祖国防衛派」だったが、一九一七年には「国際主義者」になり、一〇月革命におびえて『時期はずれの話』を書き始めた。彼、マクシム・ゴーリキーはかくも無能な評論家をやめ、才能ある文学活動へ戻るのがいいのではないか？　こうした事が全部、〝おばちゃん〟の息子に「興味深い」と見えたということが、私には「興味深かった」。この作家に対する共産党員の態度がたんに否定的なだけでなく、時に敵対的でさえあることに私が気づいたのは、これが最初ではない。

「それで」、その間に上級取調べ官は話を続けた「我々は告訴の底荷《バラスト》を全部投げ捨てたが、それでも重要で重い積荷は残っている。それはフェラポント・イヴァノヴィチ・ヴィーチャゼフ＝セデーンコのお前に対する証言だ。その証言は投棄されず、完全に有効だ」

　私は、何よりもまず、私自身の声明も有効だ、と答えた。セデーンコの証言で私に関わる部分は粗雑なたわごとだ。真実はセデーンコとの対審によってしか立証できないが、それは私には拒絶された。その上、彼が今は自分の証言を撤回するだろうことを、私はほぼ確信していた。

「対審は引き続き実現不可能のままだ。彼は自分の証言を撤回できない。ゆえにお前に対する彼の告発を全部一点ずつたどってみよう」

　そこで我々はヴィーチャゼフ＝セデーンコの尋問調書を「一点ずつ」たどり始めた。これは私が経験した一番長い尋問だった（一一月二日から三日にかけての夜を除けば）。尋問は昼食時から夕食時まで続いた。私は各告発に対し次々と論拠を挙げつつ断固拒否でもって応えた。これが六時間続いて、尋問調書を詳細に確かなものとした。終りに近づくと我々は二人とも疲れはてた。無口な助手はもうずっと前から、自分の机で居眠りしていた。尋問を終え、あたかも総括するように上級取調べ官チメリョーフは早口で言った。

「もっとも、フェラポント・イヴァノヴィチはまともな奴だった！」

　私には乱暴な悪態も、「だった」という言葉も痛く刺さった。その言葉はまるでヴィーチャゼフ＝セデーンコがすでに死んだと断言するかのようだったのだ。だが、彼が生きていようと死んでいようと、彼は正直かつ信念の持ち

81　V・L・ブールツェフ（一八六二～一九四二年）リベラル、評論家、雑誌『過去《ブィローエ》』編集・出版者。［亡命して反ソ運動に従事］。

主で、エネルギッシュで自己犠牲的な政治および文学活動家だった。このことを私はチメリョーフ中尉に言った（ついでに言うと、彼はシェプターロフと同じく中尉だった）。チメリョーフは私の言ったことには何も答えず、私を解放しながら約束した。

「またすぐ会おう！」

私はもう〝おばちゃん〟の「すぐに」には慣れっこだった。何といっても取調べ官は一九三八年八月に、私はもはや「長くは待つことはない」と、また私は「すぐに」獄壁を後にする、と伝えたのだ。そして今は――一九三九年五月で、一〇か月が過ぎた。これは女性の妊娠期間と同じだ。それなのに私は、監獄の胎内から、どこであれこの世に生まれ出ることがまだできないのだ。隔離所であれ、強制収容所であれ、流刑であれ、シャバであれどこにも……。

●19　釈放

今回の「すぐに」は一か月だけ続いた。一九三九年六月一七日土曜日は、私にとり意義深い日だった。まず夕食後、まったく時ならぬ時に私はドアの小窓から呼ばれ、五〇ルーブリの金銭受取証を渡された。普通、このような受領証は朝に、何十人もの囚人にまとめて渡されたものだ。同房者の一人が言った。

「奴らは急いでいる。今日は土曜だから、釈放だ……」

そして事実、そうなった。

夜の九時台に点呼後、我々がもう就寝の用意をしている時、私は大声で呼びだされた「所持品持参！」監房は静かにうなり声を発し始めた「釈放だ、釈放だ！」祝う声、挨拶の声が響いた。しかし私は苦い絶望を経験しないように、釈放という確信に乗せられまい、と決めた。ひょっとして別の監獄へ移されるのではないか？　と。廊下で私は官給品――毛布、柄付きコップ、鉢、スプーン――を取りあげられ、いつもの二階の取調べ室でなく、事務所と出口へ連れて行かれた。そこで誰もいない小部屋へ所持品を置くよう命じられ、私は隣の部屋へ連れて行かれると、そこにチメリョーフ中尉が事務机を前にして座っていた。机の上には私の「一件書類」が置かれていた。

「お前の審理は終った」彼は私に言った「状況を注意深く検討し、全面的に検討した結果、ソビエト政府、内務人民委員部および共産党は決定した。お前に判決を言い渡す……」

ここで彼は効果を狙って間をおいた。どんな判決か？　銃殺か？　隔離所か？　強制収容所か？　流刑か？　間をおいた後、彼は重々しく結論を述べた。

「お前に判決を言い渡す——釈放！」

文法的な間違いはあるが、効果的だ。

彼が代表する「ソビエト政府、内務人民委員部および共産党」に、迅速かつ寛大な裁判を感謝して、私は上級取調べ官チメリョーフに訊ねた。捜査時に押収された文書類は返してもらえるのか、と。彼は私の「一件書類」をめくり（その青い表紙に赤鉛筆で「打ち切り」と書かれているのが見えた）、捜査時にわが家から押収された資料は「審理に無関係」として焼却、と書かれた文書を私に手渡した……。三年がかりで書いた私の生涯と文学上の回想の分厚いノートが消滅してしまった。失われた仕事が何と悲しかったことか！　実のところ、もしそのノートを返してもらえさえするなら、もう一か月入獄するつもりまであったのに……。

私の様子と身なりを疑わしそうに見て、取調べ官チメリョーフは腑に落ちないふうで言った。

「お前はその身なりで一体どのようにモスクワの通りを歩く？」

事実、私の身なりは憐みの情を呼ぶほどだった。「乗馬ズボン」は継ぎが当たっているがまだ我慢できる。ジャケットは何とも言いようのない代物だった。その上に私はタガンカ監獄では一度も髭を剃らず散髪もせずで、私の顔と服装がぴったり対応していた。さらにつけ加えるなら、二一か月の在獄中、私はここ一五か月は監房から散歩に出たこともなかったので、自分がどんなに見えるのか、想像できるだろう……。

「ご心配なく」私は取調べ官を安心させた「ジャケットは脱いで、売店で買ったシャツを着、紐をベルトにします……それに、人々が私のことを何と考えようと、私には全くどうでもいいことです」

「お前にはどうでもよくても、我々にはそうはいかん。世間では言うだろう——それ、そんな姿で我々が人々を監獄から釈放している！　と」

このような会話が、私のタガンカ監獄からの釈放手続きが、もはやモスクワの通りに人影も少ない夜遅くまで意図的に延ばされたわけを説明していた。

上級取調べ官チメリョーフは別れの言葉を私に述べた。

「では、お前がもう我々のところに来ることのないように！」

「それは私でなく、あなた方次第です」私は歩きながら彼に別れを告げ、答えた。

私は所持品が置いてある部屋の隣の部屋に連れて行かれた。不思議なことに、強烈な喜びがあふれ出すようなことは少しもなかった。感情は鈍り、唯一頭に浮かんだのは、ありがたいことに終った、だった……。
一時間後に下級職員が検査のためやって来た。私の所持品が綿密に検査された。その後は――「素っ裸になれ！」――最後にかくもなじみ深く、そして常にかくも屈辱的な儀式が始まった。第九のでなく第十五の波が、私のボートを喜ばしい岸辺に打ち上げつつある……。[82]
下級職員は去り、私は衣服を身につけてまた長い間待った。彼がまた現われ、所持品を部屋に置いたまま、中庭を通り監獄最高管理者のフラットのある建物へ私を連れて行った。三階へ上がった。途中二階には警備隊長のフラットがあり、ピアノが弾かれ、楽しそうな声が響いていた。監獄の塀の内で聞くそのような音は、すべて不思議だった……。三階に司令官の執務室があり、私は彼の事務室に入れられた。一一時だった。司令官は髭を長くのばした年寄りで、おそらく帝政時代からのベテランだった。自分のまえに置かれた調査書リストを見ながら、彼は私に確かめ始めた。姓、名、父称、逮捕年月日……。私の答――一九三七年九月二九日――を聞き、もう一度訊ねなおした。そして私を見てから頭を振った。こんなに長い入獄期間は、タガンカ監獄では普通でないようだった。彼はそれから私の釈放に関する指令書にサインして、私を隣の部屋まで連れてきた護送兵に渡した。その部屋では何台ものタイプライターが休む間もなく音をたてており、さる監獄官吏が事務机を前にして座っていた。
その男は文書を読み上げた――私の義務として、いついかなる時でも、誰に対しても、もっとも身近な人々に対してさえも、監獄で見聞きし、あるいは体験したことを話さないこと。この義務を破った場合は逮捕され、新たに投獄されるともはや出獄は望めないこと。私は黙ってその文書にサインした。だがいったい「ソビエト政府、内務人民委員部および共産党」は、監獄における拷問という真実がいつの日にかこの世に明るみに出ることを、どれほど恐れていたのか！　しかし『聖書』の言葉によれば、隠れているものであらわにならないものはない……。[83]
護送兵は私を以前の部屋へ連れ戻して去った。さらに一時間が過ぎた。だがその後事態は急テンポで進んだ。私は監獄事務所へ連れて行かれ、もう一度調査書に従って質問を受け、その後私のトランク、時計、身分証明書、金の婚約指輪が戻ってきた（これらの品は全部、私が知らないうちに私の後からブティルカからルビャンカへ移動し、そこからブティルカへ逆戻りし、さらにタガンカへと移動した。監獄保管庫の模範的な事務処理のやり方を褒めねばならない）。私は手許の金銭領収書と、私の監獄「当座預金」にある合計金額とを交換した。その額はおよそ七〇ルーブリと数コペイカだった。その後、事務室長が私に釈放証明書を手渡した。この記録は今も私の机の上にある。

ソ連邦
内務人民委員部
モスクワ州ＮＫＶＤ本部
第一特別部
一九三九年六月一七日
第三九四号

証明書

市民イヴァーノフ、ラズームニク・ヴァシリエヴィチ、一八七八年トビリシ生まれに発行。以下のことを証明する。彼は一九三七年九月二九日以来逮捕拘禁され、一九三九年六月一七日裁判中止のため釈放された。
本証明書は居住証としては無効
モスクワ州ＮＫＶＤ本部第一特別部長
（署名）
（印）

この証明書では、発行番号が特に興味深い。その番号から判断すると、以下のことが推測できる。一九三九年初め以来、タガンカ監獄から三九三人が自由の身となった。私は三九四人目だった。その数は同監獄に収容された全員の数と、また同じく半年間に流刑、強制収容所および隔離所へ送られた者の数に比べれば、ささやかなものだ！

しかし、終りよければ全てよし。私は裁判中止のために釈放された。犯罪構成事実がないため告訴条項の提示はなく、そのためほんの二一か月だけ入獄したのだ……。裁判がそれほど迅速に――それほど順調に終了した幸せ者は、いかに少ないことか！

ついに、公式手続きは全部終わった。もう夜中の一時だ。私は所持品を、片手にトランク、もう一方の手にシューバと毛皮帽の包みを持っている。護送兵が私を広い通路を通り監獄の鉄の門と鉄のくぐり戸の方へ連れて行った。そこで武装した見張りが釈放命令を調べた――そして私は街頭

82「第九のでなく第十五の波が…」は、プーシキン「オネーギンの旅　断章」の言い換え。［小澤政雄訳『完訳　エヴゲーニイ・オネーギン』群像社、一九九六年、三〇〇ページ］。

83『新約聖書』「ルカによる福音書」八章一七節。

に、物音もなく、ひと気のないタガンカ小路にいる。さらば、監獄！

モスクワのこの辺は私にはまったく未知の地区だが、口が利ければキエフまでもたどりつける［訊けばなんでもわからないことはない］。どこか遠くで市電の音がする。市電は夜中の二時まで動いているのだ。何回か乗り換えたり、市電の停留所で待ったりすれば、モスクワの反対側まで、最終電車でたどり着けるだろう。私はＶ・Ｎの親類[84]の許へ運に任せて行くのだ。だが、彼らは夏にモスクワにいるだろうか？　ごく少数の市電の乗客が、疑いを抑えきれない目つきで私の姿を眺めている。

市電を降り、横断しなければならない人気のない小路で、私と同じような二人の浮浪者が行く手をさえぎった。

「トランクに何が入ってるんだ？」

「監獄から持ってきたものさ」

「どこに入ってた？」

「タガンカさ」

「おい、ミーシカ、行こう！　こいつは同類だ！」

ミーシカは私に背後から声をかけた。

「気をつけろ、捕まるなよ！」

恐らく彼は、私のトランクは監獄から持ってきたが、所持品の包みは途中どこかからかっぱらった、と思ったのだろう……。

私が共同住宅のフラットのドアを何度もノックしたのは、夜中の二時を過ぎていた。ドアの向うから眠そうな声で、誰某はいない、ダーチャに行っており、部屋の鍵は持って行っている、といらいらした調子で答が返ってきた。真夜中に私はどこへ行ったらいいのだ？　幸い私は覚えていた。隣の部屋に私を知る感じのよい知的な年配の女性が住んでいて、彼女はその善良さで、おそらく幾度となく私の運命を悲しんでくれた、と。

「ゴールベヴァさんはおられますか？」

「いるよ。寝ている」

「どうぞ彼女を起こして、出てくるよう頼んでください」

だが彼女はまだ眠っていなかった。騒音で玄関の間まで出てきて、ドアを開けた。そこは暗かったので、集まった共同住宅の住人たちは私の姿に驚かずにすんだ。私は大きな声で、たった今モスクワに着いたところで、鉄道駅からまっすぐ来て、親類がいないので今どうしたら良いかわからない、と説明した。彼女は私を快く受け入れて自分のフラットに入れてくれ、そこで私を抱いて涙を流してくれた。私は同情を起こさせるような外見をしていたのだ。それから彼女は何かと世話にとりかかって、小型の電気ストーヴでお茶をわかし（本ものの茶！　中国の！　どれほど長く飲んでいなかっただろう！）、何か信じられないほどおいしいご馳走をふるまい、ワインの瓶を取り出した——要するに民話の決まり文句のように、食べさせ、飲ませ、泊めたのだ。ソファの上に寝具を敷き（本もののシーツ！　本ものの羽枕！）、そして自分は衝立の向うのベッドで横になった。

しかし言うまでもなく、私は眠れなかった。朝の四時でもうすっかり明るく、ソファーと並ぶ机の上に最近の新聞の束が置いてあった。私は飢えたように新聞にとびつき、世のなかで何が起きているかを知ろう、と朝のうちずっと読んだ。だがこの一年と九か月の間、世間では良いことは何も起きていなかった……。

親切な老女は朝もなにかと世話をし続けてくれた。私の外見を見ると、頭のてっぺんからつま先まで私に「装備を与えた」今から一年前に亡くなった夫の新しい背広の上下を取り出した——故人に感謝。彼は私と背丈がおなじだった——男物のカラーシャツ、ストッキング、ソックス、夏用帽子を見つけた。これで私は身なりの良いソ連市民に見えるだろう。もっとも髪と髭は別だが。私は間をおかずに散髪屋へ出かけた。散髪屋は私の髭を剃りながら言った「北から来られたようですね。全然日焼けしておられません」——「北極圏からですよ！」と、鏡で自分の紙のように白い顔を見ながら、私は答えた。それから私は郵便局へ行き、Ｖ・Ｎに電報を打った。「フラット替えた。手紙出せ」彼女は返信してきた「アドレス確認……」

私はアドレスをゴールベヴァさん宅と確認した。Ｖ・Ｎの親類はモスクワからそう遠くないダーチャに滞在中だった。その日の朝、私は彼らの許へ現れて嬉しいセンセーションを巻き起こし、客好きな彼らの家に滞在し始めた。一日中庭や森の松の木陰で横になり、陽に焼け、元気を回復し、まともな見かけに戻った。二週間ほど経って私はようやく自分を取り戻し、初めて理解した——これが自由だ！　すべてを体験し、耐えた後で休息できるのだ、と。だが私は監獄での他の受難者たちに比べ、はたして多くを耐えたのだろうか？……。

●20　エピローグ

これで終わりにすることもできよう。監獄と流刑の物語は終わった。しかし、監獄と流刑は以後も私の「自由な生

84　イヴァーノフ＝ラズームニクの妻Ｖ・Ｎの兄弟Ｎ・Ｎ・オッテンベルクとその家族。

活」の年々に影響し続けたので、さらに小さなエピローグをつけ加えよう。

まず初めに、私は出獄すると直ちに、最初一九三七年三月に「全ロシア中央執行委員会」へ送った自分の「前科の抹消」の申請書を再送付した。当時私は委員会からの回答を待つことなく、代りに半年後、ＮＫＶＤによる逮捕の回答を受けとったのだった。今回私は自分の申請をくり返すに際し、以下のことを指摘した。たった今二度目の何か月にもわたる監獄から解放されたこと――起訴条項の説明もなく、犯罪構成要件の欠如という理由で審理中止のため――、そのこと自体が今や、私の前科の抹消に反対し、私がプーシキン市の自宅に住み、働くことに反対する根拠が何もないことを証明しているはずだ、と。回答は期待したより早く、新年の贈り物の形で届いた。一九三九年一二月三一日にＶ・Ｎは、上記委員会から通告書を受けとった。私の前科抹消は理由説明なしで拒否された。これはつまり、私が帰宅できず、ツァールスコエ・セロー、現在のプーシキン市に住めないという意味だ。にもかかわらず私は、一九四一年九月にソビエト当局が撤退するまでずっと同市に住み続けた。これが可能だったのは、モスクワ国立文学博物館と、そして主として感じのいい、サラトフの身分証明書係のブロンド女性のお蔭だった。

モスクワ郊外の松林でいくらか元気を取り戻し、見かけも人並みになって、私は真の友である作家（全部でただ二人）に会うためモスクワへ出かけた。また略称国文館《ゴスリトムゼイ》「国立文学博物館」を訪ねた。（同館で知ったことだが、私の釈放は、おそらく、同館のお蔭だった）。同館では私に、新年から新しい仕事を始めようという提案があり、そのために同館の任務でレニングラードへ三か月間の出張が命令され、同館における私の以前の仕事の証明書も発行された。以下が私の机の上にあるもう一点の書類だ。

ロシア・ソビエト連邦社会主義共和国
文部人民委員部
国立文学博物館
モスクワ一九、モホヴァヤ六
第一九号、確認済み
（印）
一九三九年七月一八日

出張証明書

本証明書によって国立文学博物館はイヴァーノフ＝ラズームニクに、レニングラード市およびプーシキン市において三か月間、国立施設並びに個人宅に保管されている文学資料コレクション調査の仕事のため、出張を命じる。
　ＧＬＭ館長（署名）
　ＧＬＭ書記（署名）

　この出張証明書にもとづき、私は八月に自宅へ到着した。[85] 家族が住んでいた一軒家は地域のサナトリウム所属となり、新しい住宅管理人の無知で図々しい共産主義者グーシチン同志は、なぜか私を敵意ある様子で迎えた。彼は監獄での私の叙事詩のことを何一つ知らなかったが、多分、何かを疑っていた。居住登録のため私の身分証明書と出張証明書を持って行った後、彼は自分の部署に戻って私に伝えた。身分証明書課長が来いと言っている、と。グーシチン同志があやしい人物として何か私のことを中傷したのは明らかだった。私はそちらへ行った。身分証明書課長は女性で、年齢は四〇歳くらい、警察官の制服を着ていた。探るように私を見て、彼女は話した。

「あなたに関しちょっとした調査書に記入する必要があります」

　そして彼女は作成し始めた。神さま、私はこの何年間かにどれほど調査書を記入しなければならなかったことか！　その回数は〝おばちゃん〟の儀式での裸の洗礼より決して少なくはない！　調査書記入が終ると、女性課長はぶっきらぼうに尋ねた。

「流刑されたことはなかった？」

　そして私の答を待つことなく、身分証明書を見て自分で答えた。

「そう、もちろんなかった！」

　あぁ、愛しい、愛しい、もう一度愛しい縮れ毛のブロンドさん、サラトフの身分証明書係さん！　あなたの「職務上の手抜かり」なしにはどんな出張証明書も役に立たなかっただろう！

85［ツァールスコエ・セローでイヴァーノフ＝ラズームニクの住居は何度か替っている。一九〇七年〜一九二八年はコルピンスカヤ通り二〇（現プーシキン通り）のフラットで、この建物の前に現在、記念板が立っている。ここは一九二九年に警察と有力者用住宅として接収され（七日以内の移転命令）、代替の共同住宅（廊下と台所を一〇家族で共用）に膨大な蔵書は収まらず、十月大通り三二の二部屋の家をなんとか探した。さらに一九三八年にはリャミンスキー小路の粗末な木造一軒家に移り、ここでドイツ軍占領下に入った。ドイツ軍はこの一帯を無人化し、イヴァーノフ＝ラズームニク夫妻は自宅を捨てて市中心部へ移ったが、そのアドレスは不明］。

「何のためにこの調査書が必要なのか分かりません」この危険な岩礁を通り過ぎた時、私は言った「私の身分証明書と出張証明書があなたの目のまえにあります。もしもこれだけでは不足なら、ほらまだこの作家同盟の証明書に、私は作家が職業だとあり、こちらは国文館の証明書で、同館のための私の仕事が証明されています。どこに問題がありますか？」

提出された証明書類を吟味して、女性課長は態度をやわらげて居住登録をし、身分証明書と他の書類を全部私に返して、別れ際に言った。

「心配をおかけして失礼しました、同志作家！」

こうして国文館と愛しいブロンドさんの行為とが相まったお蔭で、私はツァールスコエ・セローに一時居住登録することに成功した。三か月の出張期間が終わると、さらに三か月間延長してもらった。この間に私は、同館のため大きな仕事――「アレクサンドル・ブロークの詩の歴史」を準備し、それを一二月末にはモスクワへ届けた。モスクワ近郊には半年住んで、同館のためもう一つの大きな資料のコレクションで作業を行なった。[86]

一九四〇年中頃Ｖ・Ｄ・ボンチ＝ブルエーヴィチは、自分が創設した文学館を解雇された。彼は古参ボリシェヴィキの世代に属し、クレムリンのボスたちの覚えが良くなかったのだ。彼に代ってそのポストに任命された新館長[87]は、私に国文館レニングラード代表になるよう提案し、私は一九四〇年七月からツァールスコエ・セローにしっかりと定住した。三か月ごとに、私の出張をさらに三か月延長するという証明書を新たに受けとり、その都度プーシキン市で「仮」居住登録ができるようになった。

このようにして一九四一年夏にロシア‐ドイツ戦争が始まるまで、ちょうど一年が過ぎた。間もなくこの戦争と関わって、私はＮＫＶＤの要求に従って生きのびねばならなくなった。それは私の人生でもっとも危険な日々だと思う。しかしこの危険な日々の少し前に、私は喜びの一日を経験した――すべて愛しいブロンドさんのお蔭だ。

一九四一年五月二六日、私の身分証明書の有効期限が切れた。そして私はいささか不安を抱えてこの日を待った。新しい身分証明書を受けとる際には通常危険な引き延ばしが生じることを、私は知っていた。警察は古い身分証明書をしばしばＮＫＶＤへ渡して、こう言う「二週間ほど後に、新身分証明書を受けとりに来い」この間にＮＫＶＤ諸機関は状況を綿密に検討し、幾度も次のようなことが起こっていた。つまり、二週間後に出向くと、市民は新身分証明書の代りにプーシキン市を直ちに退去せよとの命令を受けたり、時に新身分証明書に代り新たな監房入りを喰らったりするのだ。こうしたことを私は恐れていたのだが、他に出口はない。突き進むしかなかった。

身分証明書の期限が切れる日に、私は警察の身分証明書課長の許へ出頭した。以前の女性課長はもうおらず、若い男性に代っていた。私は身分証明書と全書類を彼に提示し、自分はモスクワの国立博物館の全権代表だと述べた（ソ連の官僚主義的役人には、「全権代表」という言葉が大層よく効くのだ）。また、私には身分証明書が至急必要だ――数日後には仕事でモスクワへ出発しなければならない、と言った（私はどこへも行く予定はなかったが）。こうした事情を説明して、私は新しい身分証明書を受けとるにはいつ立ち寄ればよいかを尋ねた。身分証明書を注意深く点検し、課長は私には思いがけなくこう言った。

「立ち寄るとは？　ここで二〇分ほど待ちなさい」

彼は私の書類を全部持って警察上司の所へ行った。私はこの二〇分間、今回も愛しいブロンドさんが助けてくれるかどうかがわからないので、大いに動揺しながら待った。

間もなく身分証明書課長は戻って来て、私の書類を返し、新しく、すでに必要事項が記入され、それに今回は無期限の私の身分証明書を机の上に置き、ペンを手渡しながら言った。

「自分の姓を身分証明書のここに書きなさい」

私は署名した。しかし自分の署名は、何かゴーゴリの「判読できない署名」[88]のようなものに代ってしまった。それほど私の手は震えていたのだった――今回は予想外の喜びのために……。

最後に、ありがとう、愛しいお嬢さん……。

あなたのお蔭で私は、「前科抹消のための全ロシア中央執行委員会」が拒否したものを、レニングラードの身分証明書（「身分証明書発行者」欄に「レニングラード警察

86　モスクワとザゴールスク（現セルギーエフ・ポサード）に保存されていたM・M・プリーシヴィンの文学的資料の整理・目録作成と思われる。［亡き親友A・N・リムスキー＝コルサコフの資料整理も行なった］。

87　N・V・ボーエフ。

88　［ゴーゴリの小喜劇「裁判沙汰」（一八四二年）より。遺言状の署名が判読できないほど乱雑に書かれ、オブモクニー obmokni（濡れてしまえ）としか読めない、というふざけて皮肉な台詞から。『ゴーゴリ全集』四、野崎韶夫訳、河出書房新社、一九七七年、三四六ページ参照］。

プーシキン支部」と印刷されている）を、プーシキン市でもはや一時的でなく恒久的な証明書をうけとったのだ。「身分証明書発行の根拠となる文書」欄には、次のように記されていた「サラトフ市警察第一課一九三六年五月二六日付け身分証明書第四二四七七五二号に基づく……」と。

こうして小柄なブロンドさんが、絶大な権力をもつモスクワのTsＩＫ［中央執行委員会］よりも強力で、私の前科を抹消したのだ！

今や私は安心して自宅に住み、働けたのだ。

だが、長く「安心して住む」ことにはならなかった。一か月後の六月二二日、戦争が勃発した。前線が急速にペテルブルク［レニングラード］へ近づいてきた。六月二八日からツァールスコエ・セローからペテルブルクへの通行は、特別な証明書所持者だけに許可されるようになった。そこで私は、七月と八月は自宅にこもりきった。前線はますます近づいてきた。七月中頃にはプスコフ［プーシキン南西約二四〇キロメートル］が、八月中頃にはナルヴァ［プーシキンの北北西約一二〇キロメートル。現エストニア］が放棄され、戦闘はすでにガッチナ［プーシキン南西約三〇キロメートル］近郊で展開されていた。ツァールスコエ・セローは毎日、ドイツの飛行機に爆撃された。もうすぐツァールスコエ・セローで疎開が行なわれることが明らかになった。私とV・Nは運命に任せてこの場を動かないことに決めた。

しかし、突如「動く」必要が生じた。予期せぬことで、至急ペテルブルクへ出向かざるを得なくなったのだ。八月三〇日の朝五時に、警察職員が我々を起こし、地区警察から私への呼び出し状を手渡した――すぐに当署へ出頭せよ。私とV・Nは警察へ行った。そこで私はレニングラードへの通行証と通知書を受けとった。それには、今朝、「中央警察署、ウリツキー広場、建物番号六、四階、二〇二号室の取調べ官ニコラーエフまで」来い、とあった。[89] 私の通行許可書はあったが、V・Nは私を一人で行かせることを望まず、大変な苦労の末、自分用の許可証を手に入れた。それは私が、妻と一緒でないと行かない、私を逮捕すれば護送付きで連行できるだろう、と断固主張した後のことだった。彼らは護送をつけるほどの余裕がなく、そのためV・Nは通行許可証を受けとった。

朝九時頃。我々はもうペテルブルクに着いたが、取調べ官ニコラーエフに宛ててまず、偵察のため斥候を放つことに決め、彼の許には行かなかった。その日は土曜日で、私は土曜、日曜をどこにも行かず「カット」した。我々は半年前に他界した私の親友（A・N・リムスキー＝コルサコフ。恐らく彼にとって幸せなことに）宅に錨を下した。彼の未亡人[90]は決断力があり、機転が利き、エネルギッシュな人だった。私は彼女に、九月一日月曜日に私の代りに同志ニコラーエフの許へ、私の手紙をもって出かけるよう頼んだ。その手紙には、呼び出しに応じてプーシキンからレニングラードに着いてもう三日目だが、突然病気になり、今はこれこれのフラットにいる、アドレスはどこどこ、と書いた。

　この二日の間に私とV・Nは何人かのペテルブルクの友人を訪ねた。彼らはみなが一致して、このNKVDの召喚に出頭するな、と助言し、即時、強制的にレニングラードから退去させられている「政治的に疑わしい」人々の悲惨な運命に関する諸々のことを語った。かつてエスエルやメンシェヴィキとして登録されていた全員が、はしけ二隻に積み込まれてネヴァ川上流へ送られる途中、飛行機（敵機か、それとも自国機か？）が爆弾を命中させ、二隻の乗客全員が川底に沈んだ、という話を聞いた。「行方不明の宣言をする」、地下にもぐる、自分からNKVDの口に呑みこまれずに不可避の戦況の展開を待つ等々の助言を受けた。

　しかし、月曜朝に取調べ官ニコラーエフの許から戻った私の亡き親友の妻は安心した。彼女の話を聞き、私の手紙を読んだ同志ニコラーエフは寛容にも言った「プーシキンの家へ帰って、そこで待て……」

　だが、何を「待つ」のか？

　私とV・Nはペテルブルクでもう一日、客として滞在することに決めた。そこは禁止警戒線をとび越えていたことをいいことにして。しかし九月二日の夜半、私はレニングラードのフラットで、新しい呼び出し状を取調べ官ニコラーエフから受けとった――「健康状態のいかんに関わらず」午前一一時に彼の許へ必ず出頭せよ、と。V・Nと相談して決めた。大蛇《ボア》の口に入るべきだ、何が起ころうとも！

　指定の時間になった。二〇二号室のまえの待合室は、同じような呼び出し状で呼ばれ、順番を待ちつつ不安にかられた人々で満員だった。二〇二号室には一〇人の取調べ官

89　この時すでに八月二六日付で、イヴァーノフ＝ラズームニクをレニングラード市およびレニングラード州から行政的に（裁判なしに）追放する決定が下されていた。

90　Iu・L・ヴェイスベルク（一八七九～一九四二年）作曲家。A・N・リムスキー＝コルサコフの妻。［一九四二年三月、レニングラード封鎖のなかで一人息子とともに死亡］。

が待ちかまえていて、尋問に呼ばれた人々の運命を決めていた。群集は一五〇人ほどで、半分はドイツ風の姓をもち、半分は私のようにかつての「抑圧経験者」だった。順番に呼び出されていく。尋問後、ある者は待合室を通って戻って行き、ある者はもはや姿を見せなかった。彼らは別の通路で連れて行かれ、跡形もなく消えていった。

一九四一年九月二日、この日は私の人生でもっとも危険な日で、生き残るか、それとも死ぬか、という問題が決められた。

二時間ほど待ち、私は取調べ官ニコラーエフの机に呼ばれた。例の調査書の記入があった（また！）。その主な重点は私の以前の「前科」、監獄や流刑に向けられていた。私は答えるにさいして、最後の監獄から二年前に釈放されたのは、条項の説明もなく、犯罪構成要件がないので裁判が中止されたからだ、と強調した。

「前科は抹消されたか？」取調べ官は訊ねた。

「まだです」

「どのような権利に基づきプーシキンに住んでるのだ？」

サラトフの身分証明書係は私に、レニングラードの身分証明書を発行するべきではなかったのだ！

私は答えた。

「モスクワの国立博物館の出張者として、一時的居住登録に基づき住んでいます」

取調べ官ニコラーエフは何ごとかを考えながら、ちょっと黙り（この間に私の運命が決定された）、それから調査書に何か指令を書きこんで言った。

「プーシキンへ帰ってよし。その後のことはそこで分かる」[91]

とはいえ一体、何が「そこで分かる」のだ？　ともかくも私は当面、大蛇の口から生きて出てきた。その夜、私とV・Nはペテルブルクを発った。この都市とは最後の別れになるとも知らずに。

ツァールスコエ・セローではここ四日間で、前線の接近が強く感じられた。［南へ］三〇キロメートルほど離れたヴィリツァが炎に包まれた。エジプト門［市街地北部］側の並木道に六インチ重砲が据えられ、重く響いた。我が家の傍で「高射砲」がひっきりなしに上空へ向け砲撃し、ために家全体が震動した。窓ガラスは割れ、窓枠は壊れ落ち、中庭や庭には飛行機が投下する爆弾ですり鉢状の穴があいた。

続く二週間、ほとんど「防空壕」から出ずに過ごさねばならなかった。防空壕は、人の背丈の高さほど掘った溝の上に丸太を並べ、土ですき間を埋めてあった。最後に我々は九月一七日の夜、政府当局がツァールスコエ・セローからペテルブルクへ逃げた、と知った。朝になり、我々は自宅周辺の並木道でドイツ軍自転車部隊の先鋒を目にした。

数日後、警察と地区ＮＫＶＤの部屋がロシア人により組織された都市管理局によって調べられた。その部屋で見つかった書類から、私はニコラーエフの謎めいた言葉「プーシキンへ帰ってよし。その後のことはそこで分かる」を、どのように理解するべきだったかがわかった。プーシキン市住民四〇〇人のリストが見つかった。彼らとその家族は・・・逮捕と追放に処せられるはずで、そのための日取りは九月一・・・九日だった……。

しかし前線での諸事件はあまりにも急激に展開し、権力諸機関自体が急ぎ街から逃げ出さざるを得ず、逮捕と追放命令は実行され得なかった。市当局はほんの二日だけ遅かった！　この追放リストには私とＶ・Ｎの名が載っていた。しかし、今回運命にとっては、私を新たな監獄と流刑から、我々二人を確実な死滅から救い出す方が都合よかったのだ。[92]

すべて特徴的なエピソードは、監獄と流刑というテーマの結びとして十分と考え、これでもって私の四〇年に及ぶ物語を終えることとする……。

91　取調べ官の手許の書類には、イヴァーノフ＝ラズームニクの長女イリーナ・ラズームニコヴナが開戦直後から労農赤軍の通信部隊に勤務した記録があり、これを根拠に父イヴァーノフの資料の再調査が、ＬＯＵＭ身分証明書登録部作戦全権パルフョーノフによって提案されていた。そのため、この日イヴァーノフ＝ラズームニクの追放言い渡しが先延ばしされた。イリーナは「思想穏健ならざる」両親のためにわずか三か月で勤務の中断を強いられたが、この短期の勤務で両親の命を救ったことになる。［彼女は海軍技術学校で学んだ後、商船乗務の無線通信士（ロシアで最初の女性の一人）としてたびたびドイツやイタリアなどに航海した。一九三〇年代に北極海で漂流実験・観測を行なったＩ・Ｄ・パパーニン隊の無線通信をキャッチしている。父親に続きオデッサで逮捕され（一九三三年）、この時は五週間で釈放された。一九四二年一二月から一九四三年三月にも逮捕・入獄後、同年五月から北極艦隊と極東で、主に外国航路裁判所に勤務。一九五四年にプーシキンに戻り、永く両親の行方・安否を尋ね続けた］。

92　［ソ連では、ドイツ軍占領地居住民には、（強制的か自発的かを問わず）一様に「対独協力者」のレッテルが貼られ、自発的に祖国を捨ててドイツ軍占領地域へ出国したという憶測と相まって、イヴァーノフ＝ラズームニクの「罪状」がさらに固められた。彼の公式の名誉回復は、一九八九年一月一六日付のソ連邦最高会議幹部会令「三〇～四〇年代、五〇年代の抑圧犠牲者にたいする正当性回復のための追加措置について」による］。

＊　　＊　　＊

私はこの本を一九三四年にロシアでの流刑中に書き始め、一九四四年プロイセンの追放地で書き終える……。これもまたそれなりの一〇周年「記念日」なのだ!……

・・・・・一九四四年

・・・・・・・・コーニッツ（西プロイセン）

訳者あとがき

イヴァーノフ＝ラズームニク（一八七八〜一九四六年）は二〇世紀の第一・四半世紀のロシアではナロードニキ（ネオ・ナロードニキ）的傾向の文学史家・評論家・思想家として、三〇歳にもならないうちに刊行された最初の著作活動で広く知られていた。ここでは彼の回想記が書かれた『ロシア社会思想史』*（一九〇七年）をはじめとする著作と時代的背景と、ここ三〇年弱のロシアにおける社会・研究状況の変展を中心に記して解説に代えたい。彼についてより詳しいことは、上記の進展以前にまとめたもので細部では訂正を要する個所もあるが、拙著『ロシア・インテリゲンツィヤ史――イヴァーノフ＝ラズームニクと『カラマーゾフの問い』――』（ミネルヴァ書房、一九八九年）に譲る。

＊佐野努・佐野洋子訳、上・下、成文社、二〇一三年

1　ペンネームと洗礼名

イヴァーノフ＝ラズームニク（Ivanov-Razumnik）というのは、姓と洗礼名をハイフンで結んだペンネームであり、本名はラズームニク・ヴァシーリエヴィチ・イヴァーノフ（Razumnik Vasil'evich Ivanov）である。ロシアではありふれたIvanov姓には一般にアクセントの位置が二か所あり得るが（イヴァーノフ、イヴァノーフ）、本人が回想録で、自分はイヴァノーフでなくイヴァーノフだ、と記している（第V章1節）。一九七〇年代にソ連で出た文学小百科事典はアクセントの位置をイヴァノーフと示しており、彼に対する当時のソ連での知名度・理解度を表しているといえる。イヴァーノフ（またはイヴァノーフ）は歴史のなかで、また彼の同時代の文学者のなかでも幾人もが登場するが、彼のペンネームは数多いイヴァーノフ（またはイヴァノーフ）と区別するため用いられたと考えられる。以下ではいささか長いこのペンネームを、彼が仲間内で呼ばれていたようにラズームニクと記そう。

ラズームニクRazumnikという彼の洗礼名は極めて珍し

いが、「理性razumの人」を意味する。その由来は、キリスト教公認まえの西暦二七〇年にローマ帝国で殉教した聖詠経誦経者シネシウス（Cynecius、ギリシア語ではCynetos、「理性の人」の意味）にある。ラズームニクの誕生日一二月一二日（当時用いられていた旧露暦）は、正教会暦で聖シネシウスの日にあたる。信仰を貫き斬首された「理性の人」の名を時間的にも空間的にも遠くロシアで受け継いだことを、自らの信念を守って苦難の生涯を歩んだラズームニクは意識していたのであろうか。息子をそのように名付けた両親の意図を推し量る手がかりは残されていない。なお、彼の父親は身分的には貴族だが鉄道局に勤務しており（出札係）、雑階級人《ラズノチーネツ》*的生活の家庭と推測できる。母親はペテルブルク音楽院卒の音楽教師であり、息子ラズームニクもピアノ演奏を楽しんだ。

*身分制のロシア帝国で、エリートである貴族と圧倒的多数の農民との間に位置する諸身分（下位聖職者、名誉市民、商人、町人）の出身者で、教育を受けて資格をとり、日々の労働で生活を支えた人々を指す。彼らは貴族に代って新しい社会を打ちたてる役割を果たすと期待される一方で、知識の偏りを指摘される面もあった。

2　生涯と時代背景

ラズームニクが最初の著『ロシア社会思想史』で展開するロシアの社会思想史＝文学史は「インテリゲンツィヤ（個人主義）とメシチャンストヴォ（俗物、町人、小市民およびそれらの属性、すなわち俗物性、小市民主義）」の闘いの歴史であるというシェーマはその後の彼の生き方にも見出される。彼が生き、回想記の背景となるのは主として二〇世紀前半、すなわち帝政ロシア最末期からソ連邦の初期、スターリンの時代である。

彼が物理学徒から作家の途へ転じた当時のロシア帝国は、政治的には日露戦争と第一次世界大戦、社会主義をめざす革命運動、国内少数民族の独立運動に揺さぶられ、経済的には資本主義の発展とそれに伴う社会的矛盾に直面し、その基盤は揺らいでいた。他方、文化面でロシアは、文学・哲学・宗教・絵画・音楽・演劇・バレエ・自然科学などの分野で世界の最先端を行く勢いを見せ、その多様さと華々しさは「ロシア・ルネサンス」の名にふさわしいものであった。新しい社会と新しい文化を求める時代の傾向をラズームニクも自らのものとした。彼は無神論者ではないが国教としてのロシア正教会には距離を置き、メレシコフスキーやベルジャーエフたちの「宗教哲学協会」に関心を向けた時期もあるが満足せず、天上の宗教、地上の宗教（マルクス主義）のいずれでもない「人間の宗教」を掲げた。

　彼の理想はまだ地上のどこにも実現されていない「社会主義」という言葉で表されていた。ただしそれは、現実のソ連邦で建設されるような、経済を土台として一党支配の下での社会主義ではなく、一九世紀の思想家・ナロードニキ主義の理論的祖ゲルツェンを継承すると称する倫理的な性格のものであった。そして彼にあってはインテリゲンツィヤの属性である個人主義が、社会経済的な形態である社会主義と両立する、と考えられていた。その立場は一九一七年の二月革命後に、永年夢見た自由への一歩を喜ぶともに、「社会革命」に止まらずさらに「精神革命」を、というアピールにうかがえる。そこには、歴史は法則にしたがって展開するのでない、「社会主義も発展すれば、そのあらゆる段階において愚かしいまでに極端な帰結に行き着くだろう」（長縄光男訳『向う岸から』平凡社、二〇一三年、二〇〇ページ）というゲルツェンの言葉を「社会主義もメシチャンストヴォ（俗物性、小市民主義）に堕しうる」と読みなおしたラズームニクの解釈が示されている。このような信念を抱いて一九一七年の革命を受けいれたことが彼の生涯にわたる試練をもたらしたと言えよう。ラズームニクはゲルツェンの思想を二〇世紀において継承するという旗を掲げて生涯を過ごした。回想録のタイトル「監獄と流刑 tiur'my i ssylki」は、ゲルツェンの回想録『過去と思索』（金子幸彦・長縄光男訳、筑摩書房、一九九八年）第Ⅱ部の「牢獄と流刑 tiur'ma i ssylka」に倣っている。ただし、ラズームニクは複数回経験したという意味で、監獄、流刑という単語を複数形にしている。

　彼が共感する一九世紀以来のナロードニキ主義は、当時もはや「古い」と見なされていたと言ってよい。ロシアにおける革命運動においては後発のマルクス主義に圧倒されたかに見えたし、文学面ではシンボリズムを先頭とするさまざまな潮流があらわれ、一九世紀的なリアリズムは否定的に見られていた。哲学ではヴラジーミル・ソロヴィヨーフの宗教哲学が大きな影響を与え、ニーチェ、新カント派も流入して、唯物論から唯心論へ、さらには宗教の復活が進んだ。ラズームニクは、「古い」ナロードニキ主義的立場のうえに新しい時代思潮を吸収して、この時代を生きた。以上のような事情を考えれば、ソビエト時代の百科事典や文学辞典類で彼の思想に「折衷主義」というレッテルが貼られるが、まったく的外れとは言えない。なおトロツキーはマルクス主義の立場でロシア文学を論じるなかで、「悔い改めないナロードニキ」ラズームニクに触れている（『文学と革命』）。

　帝政下で大学在学中に自由を求め「最初の洗礼」を経験

した彼にとり、一九〇五年、一九一七年二月と一〇月の革命は、ナロードの革命、インテリゲンツィヤが求める自由の夢実現に向けた一歩と受け取られた。彼は文学ではリアリズムを踏まえつつ、シンボリズム、アクメイズムその他の新潮流にも関心を向け、広く文学者・インテリゲンツィヤと交流・論争した。とくに一九一〇年代初めから後期シンボリズム詩人・作家であるアレクサンドル・ブローク、アンドレイ・ベールイの文学の理解者となり、自ら編集に関わる雑誌で彼らの作品公刊を進め、その実務を担った。他方、ニコライ・クリューエフ、セルゲイ・エセーニンなど農民詩人の作品にロシア・ナロードの声を読みとって高く評価した。彼は作家というが自らが文学作品を創作するのでなく、その役割は批評によって同時代の作家たちにインスピレーションを与えるとともに自らも影響を受け、編集・校訂等の実務に携わって彼らの作品発表を進めることにあった。そうして一九一四年に始まった第一次世界大戦における反戦の立場を絡めて、「シンボリストと農民詩人の同盟」による「スキタイ人」と称するグループが生まれ、戦争と革命のなかで文集『スキタイ人』を刊行した。一九一七年の二度の革命、とりわけ一〇月の革命を契機にグループ内の分化が進み、「スキタイ人」から農民詩人が抜けた形で、一〇月革命を受けいれ、哲学と社会主義を総合し、新しい文化創造をめざす「自由哲学協会」が結成され、最初期のボリシェヴィキ政権下で数年間、社会団体として公認されて活動に邁進した。このような動向を主導したのがラズームニクであった。

彼は政治的には、二〇世紀のナロードニキ、ネオ・ナロードニキの政党である社会革命党（略称エスエル）を支持し、同党紙・誌の文学欄編集に携わった。ネオ・ナロードニキはロシアの農民共同体への関心を抱き、その精緻な研究を踏まえて政治活動を行なった。ラズームニクは当然そのような研究を知っていたはずだが、ひたすら文学に集中し、一九〇五年革命のなかで当時居住していたヴラジーミル県の共同体農民の高揚を雑誌で伝えた他には、特に農民共同体に言及することはなかった。そして彼はエスエル党に入党せず、同党が第一次世界大戦勃発に際して戦争支持の方針を採ると、自分は党員ではないのでその方針に縛られない、と反戦の立場を明言し、上記の「スキタイ人」グループで文学活動を展開した。一九一七年一〇月の革命時には、ボリシェヴィキの本拠地スモーリヌイにいたというのが彼の政治活動の頂点である。その後一九一七年一〇月以後に同党が左右に分裂すると左派エスエル党を支持し、その出版物の文学欄編集に携わった。しかしここでも入党することはなく、同党の中央委員に選ばれても実際に政治活動はせず、上記の「自由哲学協会」を活動の中心におき、新しい文化創造に熱意を燃やした。エスエル、左派エスエルといった政党はボリシェヴィキ党とは全く異なって、組織的には緩いつながりを認め、それが多くのインテリゲンツィヤ・文学者などを周囲に集めたと言えよう。このように政治と文学の接する境界線に立ちながら、彼は終始「政治の言葉でなく、文学の言葉で語る」ことをモットーとした［第Ⅲ章8節］。しかし一九二〇年代前半以降、文化面でも統制を進めるボリシェヴィキ政権下で、彼の政治的立場が好ましくない、として否定的な評価を受けて活動を制限・監視され、生活の困窮を強いられるようになった。それでも彼は亡命せずソ連邦内に留まる途を選び、つねに「ナロードニキ主義の思想的‐組織的センター」の中心人物としての嫌疑をかけ続けられた。一九一九年の逮捕、一九三三年の逮捕と流刑につづき、一九三七年にはエジョーフの大量逮捕の波に呑みこまれてソ連期に三度目で最後の逮捕・投獄の日々を送り、二年後に「犯罪構成要素」なしとして釈放された。

＊　　＊　　＊

ラズームニクの回想記エピローグには、ソ連で最後の釈放以後の日々についてはごく簡潔にしか記されていないので、ここで少し詳しく記しておこう。彼の遺品中のメモ帳〈一九四二年分のみ〉、日頃親しくし、ドイツ側収容所まで同じ道をたどったプーシキン市民の証言などがそのための手がかりとなる。彼の釈放後間もなく一九三九年九月に第二次世界大戦が勃発し、その二年後に始まった独ソ戦（ソ連・ロシアの用語では「大祖国戦争」）は、ラズームニクに新たな試練をもたらした。開戦から三か月近い一九四一年九月半ばに彼の自宅所在地プーシキン（旧ツァールスコエ・セロー）はレニングラードをめぐる攻防で独ソ両軍が戦う最前線となり、砲撃、空爆にみまわれた。同地のソビエト当局はまだ疎開できる間は住民を足止めしたすえに食糧もすべて引上げてレニングラードまで撤退し、彼は否応なくドイツ軍占領地域に残された。各地で同様な状況下におかれた多数のソ連市民は「対独協力者《コラボラント》」のレッテルを貼られ、自国政府によって極めて厳しく扱われた。ソ連当局はすでに二〇年余にわたって彼への監視を緩めず、戦時下でも逮捕とレニングラード州からの追放を決定していたが、その執行日付はドイツ軍による占領の「数日後、ロシア人により組織された都市管理局によって警察と地区NKVDの部屋が調べられた」結果、九月一九日と決定されていたことが判明した。*

＊ラズームニクが都市管理局に加わったかどうかは不明。ドイツ軍によるプーシキン占領後、ラズームニクを先頭に熱心な

当地のインテリゲンツィヤは「本を救え！」という呼びかけの下、ドイツ軍とは別に知的財産を守る組織をつくり、「老いも若きも、教授も学生も」この都市に数多い個人蔵書の破壊・流出を止めるため働いた、との市民の証言が残されている。

二日違いでスターリンの強制収容所を逃れたラズームニク夫妻の行き先は、ヒトラーの移住者用監視収容所《ベオーバハトウンクスラーゲル》に替わった。その背後には、冬を迎えるにあたって燃料が不足し、伝染病や餓死が拡大し、ドイツ軍設定の立ち入り禁止区域（ラズームニクの自宅もその区域内にあった）に食糧を求めて入りこむ住民の射殺、人肉食のうわさも聞かれつつあるという事情があった（他のプーシキン居住者の一例をあげると、「ロシアのジュール・ヴェルヌ」と呼ばれた作家アレクサンドル・ベリャーエフが一九四二年一月に餓死し、埋葬もままならぬ事態であった）。このような事情を軽減するため、ドイツ占領軍は沿バルト方面に親戚をもつ住民と「民族ドイツ人Volksdeutsch」の移住を募った。ラズームニクはリトアニアに母方の従兄弟がおり、妻ヴァルヴァーラ・ニコラーエヴナ（旧姓オッテンベルク）の親はドイツ人だった。二人が移住を決めたことで、ソ連では彼に「対独協力者」、「社会主義の祖国を自発的に捨てた裏切り者」というレッテルが後から加わった（ベリャーエフ一家では作家の母親がスウェーデン人で、移住を拒否すれば射殺、と警告された）。一九四二年二月初め、出発日が前日に知らされ、大急ぎの準備で「必要なものはゼロで、不要なものばかり」詰めたカバン八個をもち、彼は飢餓による下痢の身で両脇を支えられ、まず極寒のなかを列車が出発するガッチナまで無蓋トラックで移動し、暖房のないバラックで一晩出発を待った。同行したエストニアに親戚をもつ知人は、夫妻がはたして目的地に到達できるのか危ぶんだ。移住者を乗せた暖房なしの列車はエストニアを通過してラトヴィアのリガで停車したが誰も下車を許されず、行く先はドイツ軍占領下のポーランドで、二月一五日にダンツィヒ（グダニスク）から一〇〇キロメートル余り離れた小都市コーニツ（ホイニツェ）に到着した。ここの収容所は町はずれの強風が吹きすさぶ野原に設けられ、バラックが計一五棟、各棟には二二室があり、一室に二段ベッドが四床、全体で三〇〇〇人ほどが収容されていた。収容者はほとんどがレニングラード周辺からのドイツ系住民、エストニア、ラトヴィア、リトアニアのバルト三国人、そして一部にヴォルガ沿岸のドイツ人であった。収容当初、バラックの一棟にチフスが発生すると、外から鍵がかけられて自由に出られなくなった。一〇日ほどトイレの水が出ないバラックがあった。食堂二か所は別棟にあり、当初こそ量は不足でも悪くない食事が出されたが、食堂で働くリトアニア人が不正を働くようになると食べられないほど質が落ちた。春先には雑草の新芽や、去年畑の畝に捨てられ凍ったキャベツの芯もすぐに食べつくされた。夏になるとスカンポを摘むため収容所の女性全員が動員された。規則は厳しく、九時消灯・七時起床・八時ベッド収納、鉄条網に囲まれた収容所区域から許可なしでの外出禁止、巡回、ロシア語の本や蓄音機の没収、ロシア語での文通禁止（六月〜一〇月）、室内のストーヴでの補助食調理の禁止、規則違反のバラックに対する飢餓的配給食の罰則等々の日々であった。各バラックにはドイツ語名がつけられており、ラズームニク夫妻のバラックは皮肉にも「食事《エッセン》」という名で呼ばれていた。同居者に詩人の故V・I・アンネンスキー（ヴァレンチン・クリヴィチ。詩人I・F・アンネンスキーの息子）の妻・娘・姉妹がいた。

ラズームニク夫妻は当初現金もなくいつも飢餓状態にあり、替えの下着もなく、当地に親戚がいる同房者から入手してやっと「復活大祭（この年は四月五日）までに入浴し、着かえられる」というありさまであった。まさに「ロシアの監獄の後にドイツの監獄へ」であった。

ラズームニクは収容所から外部との連絡を試みた。リトアニア在住の従兄弟P・K・ヤンコフスキーと、ベルリンで発行されているロシア語新聞『新しい言葉』**にである。まず一九四二年三月、リトアニアの従兄弟に手紙を発送、二か月かかって連絡がつき、定期的に文通・差し入れ・送金が得られるようになってひと息ついた。しかし夫妻をリトアニアへ招こうという従兄弟家族の申請は二度不許可になった。一九四三年初めに、収容者全員がコーニツから「プロイセンのスタルガルト」（現在名は「グダニスクのスタルガルト」）の収容所へ移された。ここでの生活は約半年であったが、精神病院構内の石造家屋がラズームニク夫妻の住居に当てられ、管理も厳しく、居住条件はコーニツより悪化した。そのような日々に彼の所在を知ってコーニツの収容所に訪ねてきた当地在住のバルト・ドイツ人法律家オラーフ・F・ヴェルディンクからは、物心両面で援助を得られた。彼はラズームニク夫妻をスタルガルトにも訪ねている（序の註13参照）。一九四三年夏には妻が「民族ドイツ人」であると認定され、夫妻は収容所を出てリトアニアの従兄弟宅へ移った。かつて毎夏を過ごし、学生デモでの逮捕・追放時にも滞在先として選んだ地である（従兄弟は二年足らず前に死亡。序の註11参照）。しかしソ連赤軍の進攻により夫妻は一九四四年三月にコーニツへ戻り、ヴェルディンク宅で約半年を過ごした。この安らぎの一年半ほどの間、彼は猛烈な勢いで著書四点分の原稿を書き続け、ドイツだけでなくチェコ、フランスでも出版の途を探ったがかなわず、原稿は出版社への爆撃で失われて残ったのは一部だけであった（序の註9、12参照）。一九四五年一月末、赤軍の進撃に追われ夫妻は連合国支配地を目指して戦火のドイツを放浪し、コーニッツの収容所仲間のアドレスを頼って二月二〇日すぎにキール運河畔のレンズブルクにたどり着いた。ソ連市民が自国国境外でソ連軍支配下に入れば、それがたとえドイツ以外の国々であれ、捕虜となった軍人や民間人、またボリシェヴィキ革命直後の亡命者であれ、処刑、あるいは強制送還とその後の厳しい運命は避けられなかった（前記の作家ベリャーエフの家族は当初ラズームニク夫妻と同じコーニッツから計四か所の収容所を転々とし、オーストリアの収容所でソ連軍に「解放」された後、一一年間西シベリアのアルタイ州へ送られ、一九五六年〈フルシチョフによるスターリン批判後〉に帰郷）。戦争が終った翌一九四六年三月には、ほぼ一年寝たきりであったヴァルヴァーラ・ニコラーエヴナが夫に先立ち、ラズームニクはミュンヘンの従兄弟G・K・ヤンコフスキー宅に移って一か月半滞在後に脳溢血で倒れ、意識を回復しないまま五日後の六月九日に没した（六七歳）。

ラズームニクは生前フランス入国ヴィザが得られず、ニーナ・ベルベーロヴァ（一九〇一〜一九九三年。作家。一九二二年に亡命し、フランス、後にアメリカで暮らす）によると、彼女の示唆で彼はアメリカ渡航ヴィザを求め、入手した日の夜に倒れた。彼の遺品中にはアメリカ渡航を手探りしたしるしが残されている。元エスエルで反ソ運動に加わり一九二三年に国外追放となった後に、ハーヴァード大学で社会学を講じたピチリム・ソローキン（一八八九〜一九六八年）の手紙（連合国救済復興機関UNRRAが二人の間を仲介）には、物品援助と、大学でロシア文学を講義するにはラズームニクがアメリカで無名であることを惜しみ、ニューヨークのロシア人の二団体に援助を依頼したこと、ロシア語の『新しい雑誌《ノーヴィ・ジュルナール》』（M・カルポーヴィチ編集長）に寄稿できることが伝えられている。ヴァンクーヴァー在住のS・D・オクリチ（ラズームニクのおじの息子）は、かつて一時ボリシェヴィキ化し、今はナチス支配地で暮らすラズームニクの生き方を否定しつつも、カナダへの移住の困難さ、『新しい雑誌』への寄稿または同誌による渡航援助の可能性、同誌への寄稿者M・V・ドブジンスキー（第Ⅲ章の註36参照）のアメリカにおけるアドレスを伝えている。さらにオクリチはカリフォルニア大学バークリー校のソビエト法教授G・K・ギンス（一八八七〜一九七一年。シベリアの諸白軍政府閣僚を務めた後ハルビン大学教授などを歴任。「アメリカの声VOA」勤務））の意見として、ヴィザ取得のための必須条件などをラズームニクに伝えている。

ラズームニクの遺体は六月一三日にミュンヘンの墓地ヴァルトフリートホーフ旧区域の第六六区画に埋葬された(ミュンヘンの在外ロシア正教会発行の死亡・埋葬証明書あり)が、二〇年後に身元引受人不在の墓は撤去され、共同墓地に合葬された。

破損を免れた彼の原稿の一部が戦後ヤンコフスキーによってアメリカ合衆国へ運ばれ、その一部が一九五一年と一九五三年にニューヨークで刊行され、本訳書の元となった。

＊＊『新しい言葉』紙との連絡については次節参照。

3「名誉回復」

ゴルバチョフによって開始されたペレストロイカ終盤の一九八九年八月、ソ連邦最高会議幹部会令「三〇～四〇年代、五〇年代の抑圧犠牲者に対する正当性回復のための追加的措置について」により、ラズームニクは死後四三年を経て法的に名誉を回復された。その情報は、家族でただ一人生き延び年金生活を送っていた長女イリーナ・ラズームニコヴナ(一九〇八～一九九六年)に届いた。

ソ連時代にラズームニクは、終始政治的に悪しき思想傾向の持ち主(ナロードニキ、ネオ・ナロードニキ、エスエル、左派エスエル)として監視・逮捕・投獄・拷問を伴う尋問・追放の対象であり、一九二三年から新たな著作の刊行も旧著の再刊もほぼできない状態に置かれていた。そこへ「対独協力者」、「ドイツ軍に従って祖国を捨て逃亡した裏切り者」というレッテルが加わった。ソ連では大戦後、彼の死から六年たつ一九五二年にもラズームニクが全国的に捜査された記録が残されている。さらに二年後に、彼が一九四一年八月に追放されるはずであったアルハンゲリスク州に生存していないかと、捜査が半年間行なわれた。彼の件がKGB(国家保安委員会)の書類に記載されなくなるのは一九六二年のことである。彼の遺稿二点(『作家たちの運命』、『監獄と流刑』)がニューヨークのチェーホフ出版社＊から出版されたのは米ソ冷戦ただなかの一九五〇年代初めのことであり、そのため事態はますます彼にとり不利になったであろう。彼はソ連ではまれに否定のためにその名に言及される以外は、活躍の場であった文学・文化の世界で存在を無視された。彼は元来さまざまな文学者と広く交流し、そのなかにはソ連で(政治的基準によって)肯定的に評価される文学者たちも多くいたが、ソ連期の研究にはそのような肯定的人物を取りあげる際に彼との関わりを無視して触れないことから生じる不自然さがしばしば見られる。もっともこのような状況は彼の場合だけでなく、広く見られたことであった。

＊アメリカ合衆国の間接的支持の下、東欧財団、フォード財団が「冷戦」の道具として設立し、一九五二～一九五六年に亡命者の貴重な証言一五〇点余りを出版した。

ソ連国内だけでなく、彼の死の二週間後にニューヨーク在住の亡命ロシア人の一部からも、ラズームニクがヒトラーを崇拝していたとか、ドイツに逃げてナチスに積極的に協力していたのではないか、との疑問が提起された。さらにこれまた根拠もなく、彼はヴラーソフ軍を支持し協力していた、と唱える者までいた。＊＊その背後には、彼と当時ドイツで唯一のロシア語新聞『新しい言葉』＊＊＊との関係があった。彼は回想録掲載を希望して同紙に連絡し、他のソ連市民と同様に同紙上で、ソ連を出国しコーニツの収容所にいることを公示した（一九四二年四月一五日）。それにより旧知の、あるいは未知の亡命ロシア人（パリ在住の作家A・M・レーミゾフ夫妻、B・K・ザイツェフ、ゲオルギー・イヴァノフ、ニーナ・ベルベーロヴァ、プラハ在住のポーストニコフ夫妻、哲学者F・A・ステプーンなど一九一七年革命直後の亡命者）と文通でき、情勢の理解に努めた。公示に応えてパリから彼に連絡してきた（四月三〇日）ニーナ・ベルベーロヴァは、彼が三年まえに死亡とのうわさを聞いたが本人なのか、と確かめている。彼はソ連国外では消息が得られなかった幾人もの作家たちについて記した文章をためらいながらも同紙に掲載した（『作家たちの運命』の個別の章）。外部へ伝わる情報が乏しいソ連国内の作家たちについて、一部で不正確な個所はあったが、彼が伝えるなまの情報は貴重であった。この時期にソ連から西側へ亡命したのはほとんどが脱走兵か、強制労働のため連行された「東方労働者《オストアルバイター》」で、彼のような知識人は極めて稀だったからである（ちなみにコーニツの収容所は当初「東方労働者」収容所と呼ばれていた）。しかしラズームニクは、掲載を熱望するあまり同紙の性格を十分知ることなく関与したこと、原稿掲載にさいし編集者デスポトゥーリによってあるいは無断でタイトルを代えられ、あるいは部分的に削除されたことを後悔している。一九四二年夏にはベルリンの聖ヴラジーミル教会イオアン主任司祭（一九〇二～一九八九年。後にサンフランシスコおよび西アメリカ大主教）から、ベルリンへ行って『新しい言葉』紙で働き、ドイツ当局の庇護を受けるようにとの勧めがあった。しかし一九四三年二月にこれを断っているのは、情報を集めて複雑な情勢の理解に努め、自分の原稿掲載にからむ不信感を踏まえたうえでの判断であろう。そのような事情の下、レーミゾフ夫妻やポーストニコフ夫妻のような旧知の、あるいはニーナ・ベルベーロヴァのように彼の名と著書を知っていたにすぎない亡命者たちが彼を快く受けいれ、文通を交わし、物心両面で援助した。

＊＊A・A・ヴラーソフ（一九〇〇～一九四六年）は赤軍中将。その後ドイツ軍に降伏後、ソ連と戦う「ロシア解放軍」を結成。戦後アメリカ軍に降伏したが、ソ連に引き渡され処刑。

＊＊＊一九三三～一九四四年刊行。V・M・デスポトゥーリ（一八九五～一九七七年）編集。元来亡命ロシア人の新聞として創刊。ソ連からヨーロッパへの脱出者を迎え入れ、ナチスのプロパガンダ紙となる。

ソ連解体後のロシアで、法的な名誉回復後にラズームニクの著作を刊行し、「ロシア文学の良心」として真の意味で彼の名誉回復を図るには、以上のような事情も踏まえて、まずソ連時代に流布された否定的評価をくつがえすことから始める必要があった。例えば、彼はヒトラーの政権掌握の翌一九三四年に、ヒトラーのドイツよりもゲーテのドイツの方が強い、と旧友宛に手紙で書き、独ソ開戦直後にはヒトラーの破滅を予言している、等々。ドイツ軍占領下のプーシキンでラズームニク夫妻と助けあい、ドイツの収容所への途も共にした人物は、自分はドイツ軍の下で働いて配給物資を得たが、自分よりもひどい生活条件下にあった夫妻は原則的にドイツ軍の配給を拒否した、と記している。さらには収容所への途上で、ラズームニクが米英に大いに期待しつつ、戦争の行方について、また連合国とソ連との協力が戦後は続かない、と正確に予測していたことを証言している。

ラズームニクの名誉回復以前に、彼に対して否定的な評価が支配するなかで、公式的な政治的観点からは自由な立場で彼に注目する幾人かの研究者が、秘かに関心を温めていた。そのような関心の用心深い表明として、ラズームニクと、彼の友人でソ連では一〇月革命を踏まえた詩「十二」で肯定的に評価されている詩人アレクサンドル・ブロークが交わした手紙を公刊するというかたちをとって、彼の生涯と活動がかつてなく詳しく紹介されたことが特筆される（一九八一年、『文学遺産』九二所収）。その際、紹介者A・B・ラヴローフ（ロシア科学アカデミー文学研究所〈通称プーシキン館〉上級研究員）は一大決心の下、さまざまな障害を乗り越えねばならなかったはずである。同様な手法でペレストロイカ中の一九八八年に、ゴーリキーとラズームニクとの手紙が公刊された。編集は前記ラヴローフとE・V・イヴァノヴァの二人の手になり、掲載されたのは同じく『文学遺産』九五である。同年一二月一〇日にはラズームニクが長年住んだプーシキンで刊行されている新聞『前進《フペリョート》』に、彼の生涯と活動が短く紹介された。

次いで彼の娘イリーナ・ラズームニコヴナからの聞き取りのかたちで、父親、自分の中学時代の恩師や同級生、自宅をしばしば訪れたエセーニン、メイエルホリド、同じ家屋に住んでいたソログープ、シシコーフたちについての思い出が旧居の写真とともに掲載された（同紙、一九八九年一月二四日）。これらの記事はラズームニクの法的な名誉回復に先立っている。

以後、まずは六〇余年ぶりに彼の旧著の一部を新聞・雑誌・論集などに再録し、彼の生涯を客観的に伝えて二〇世紀初めのロシア文化のなかに位置づけることから始まり、さらに死後アメリカ合衆国で刊行された著書も含めて旧著がロシアで再刊され、本格的な研究が進められてきた。とりわけ、ペテルブルクのロシア科学アカデミー文学研究所（プーシキン館）所蔵のラズームニク・フォンド資料の紹介がさかんに行われた。この資料は、彼が長年心血を注いで集めた膨大な資料（本が一万冊、何人もの作家の未公刊作品原稿、ヴャチェスラフ・イヴァノフ、ブローク、ベールイやその他の作家と交わした手紙が五〇〇〇通はあったと言われる）中、爆撃で窓と床が破壊された彼の住居跡で軍靴に踏みにじられ、兵士や住民により焚き付けとされる運命を免れた一部がドイツ軍退却後に回収されたものである。その中には「自由哲学協会」関係資料、アンドレイ・ベールイとの文通、『ロシア社会思想史』の構想案などがふくまれている。

ラズームニクをめぐる国際研究会について記すと、一九九三年にモスクワ、一九九六年（没後五〇年）プーシキン、一九九八年（生誕一二〇年）ペテルブルクで三度開かれている。そのテーマは「イヴァーノフ＝ラズームニク　個人・著作・文化における役割」である。第一回目は旗揚げ的意味をもち、参加者はほぼロシア国内に限定されたようである。国際研究会の名にふさわしくなったのは第二、三回目で、研究会名と同名の報告・資料集がそれぞれ刊行された。国際研究会開催は、前記ラヴローフや、V・G・ベロウース（現ペテルブルク大学）の尽力によるものであった。最晩年のイリーナ・ラズームニコヴナも国際研究会を精神的に支援していたが、第二回研究会の報告・資料集をおそらく見ることなく亡くなった。筆者は第一回目を知らず、第二回目から参加し、ロシアだけでなくアメリカ合衆国、イスラエルでラズームニクに関心を抱く研究者と出会い、報告に加わった。第三回目は折からのルーブル大暴落で大混乱のなか、ペテルブルク在住の研究者と日米からの二人のみが参加し、モスクワからの参加もかなわないという事態であった。

彼の著作で再刊されたのは『ロシア社会思想史』（一九

九七年）、『作家たちの運命　牢獄と流刑』（二〇〇〇年。一九五〇年代初めにニューヨークで出版された二点の合本）、「自由哲学協会」のブローク追悼会（一九二一年八月二八日）の発言集（一九九六年。ラズームニクが一度は公刊された文章を二年後に削除するよう求められた文献。第Ⅳ章3節参照）、『ブローク　十二．スキタイ人．序　イヴァーノフ＝ラズームニク〝雷と嵐のなかの試練〟』（一九九八年）などである。新たに刊行されたのは『アンドレイ・ベールイとイヴァーノフ＝ラズームニクの往復書簡』（一九九八年）、『亡命との出会い　一九四二～一九四六年のイヴァーノフ＝ラズームニクの書簡より』（二〇〇一年）である。新刊にはいずれも、名誉回復以降進んだ研究成果を踏まえた詳細な註がつけられている。

　最後に未公刊の『弁人論』（あるいは『人間の擁護』）原稿について触れておこう。「弁人論」という用語は、ベルジャーエフの著『創造の意味　弁人論の試み』（一九一六年）にも見られるが、ベルジャーエフとラズームニクとでは同じ単語でも意味が異なるであろうことは容易に想像がつく。ラズームニクの『弁人論』は彼自身、あるいは「自由哲学協会」でともに活動したシチェーインベルクの証言、一九二〇年代初めの出版予告などから、ラズームニクの思想の集大成と位置づけられ、先述の「人間の宗教」を展開したものと推測される。その一部が親しい仲間内で朗読されたことがあるが、今日まで活字となったことはなく、『ロシア社会思想史』に始まる彼の思想の展開を検証するうえで不可欠と思われる。しかし、原稿は現在アメリカ合衆国に住むヤンコフスキー家の子孫が保管しているが、出版はいうまでもなく研究者が目を通すことすらできない状態が続いている。

　ペテルブルク建都三〇〇年が盛大に祝われた二〇〇三年を契機に、プーシキンのラズームニク旧居（旧コルピンスカヤ〈現プーシキン〉通り二〇）前には、彼がこの建物に住んだことを記す記念板が立てられた。そこには次のように記されている。

　一九〇七年から一九二九年の間、この家に文芸学者・評論家イヴァーノフ＝ラズームニクが住んだ。彼の家を訪れた詩人や作家は、S・A・エセーニン、アンドレイ・ベールイ、A・A・ブローク、E・I・ザミャーチン、O・D・フォルシ、* A・A・ガーニン、** F・K・ソログープ、V・V・シシコーフ、A・N・トルストイ、N・V・クランジエフスカヤ、*** 画家K・S・ペトロフ＝ヴォトキン、女優Z・N・ライヒ、**** 演出家V・E・メイエルホリド、E・G・ルンドベルクたちである。

＊O・D・フォルシ（一八七三～一九六一年）作家。ブローク、ゴーリキーなどと親しく、二〇世紀前半首都のインテリゲンツィヤを描く作品を残す。「スキタイ人」同人。

＊＊A・A・ガーニン（一八九三～一九二五年）農民詩人、エセーニンの親友。一九二四年にORF（ロシア・ファシスト結社）所属の嫌疑で逮捕、翌年銃殺。一九六六年名誉回復。

＊＊＊N・V・クランジエフスカヤ（＝トルスタヤ）（一八八八～一九六三年）詩人。一九一五～一九三五年にA・N・トルストイの妻。一九一七年革命後夫とともに亡命し一九二三年帰国。作家タチヤーナ・トルスタヤ（一九五一年～）の祖母。

＊＊＊＊Z・N・ライヒ（一八九四～一九三九年）エスエル、俳優。一九一九～一九二一年にエセーニンの妻、後メイエルホリドの妻。メイエルホリド劇場で活躍したが、夫の逮捕後、自宅で惨殺された。

ラズームニクの回想を読むと、不条理な、厳しい条件下にありながらソ連における公式的用語の裏を読み、ユーモアすら漂わせて自らの体験を記録として記す著者の強靭な意志が感じられる。ソルジェニーツィン（一九一八～二〇〇八年）は『収容所群島　文学的考察の試み』でラズームニクの『監獄と流刑』を参照し、細部で不満を述べながらも評価している。詩人・評論家・児童文学者のK・チュコフスキー（一八八二～一九六九年）は、一九六〇年代初めに『監獄と流刑』を読み、日記に記した。これはスターリン、エジョーフやその手先、すなわち人間の屑どもが、自律的に考えるインテリゲンツィヤを憎んで絶滅をはかった運動を告発する恐ろしい書である、と。同書はラズームニクの諧謔的な言葉、大げさな言葉の裏をつねに考えながら読む必要があろう。しかし彼自身がくりかえし記すように（序、第Ⅳ章4節、第Ⅴ章9節、19節末尾）、その体験はソ連邦で最悪のものではなく、無数の人間が厳密な歴史的研究はほぼ不可能な、文学的に考察するしかない、はるかに厳しい体験をしたことは疑いない。彼のような体験は二〇世紀のことで、社会主義あるいは共産主義を掲げたソ連という国家が消滅した今日ではもはやくり返されることはない、と考えられるだろうか。監獄には時間・空間的にどこにでも共通の貌が表われると考えられる。彼の回想記は二〇世紀のソ連期の記録であるだけでなく、より広い射程をもつと言えよう。

＊　＊　＊

訳者がラズームニクの『ロシア社会思想史』中の一章で、ソ連におけるゲルツェン研究の基準となっているレーニンとは異なるゲルツェン論に興味を覚え、その著者の回想記を英語訳で読んだのは一九七〇年の末頃であった。その後ロシア語のニューヨーク版を読み、私的なメモとしてその一部、例えば序文や「ゴーリキー宛の手紙」などを翻訳し、またラズームニク研究をまとめてからずいぶんと時が経った。その間の世界情勢の変動を踏まえてロシアで刊行されたラズームニクの回想記の翻訳を、定年退職から数年たってやっと、ラズームニク没後七〇年の節目の年に仕上げることができたことは喜びである。このあとがき冒頭に記した彼の主著『ロシア社会思想史』の翻訳刊行にくわえて、太田丈太郎『「ロシア・モダニズム」を生きる――日本とロシア、コトバとヒトのネットワーク』（成文社、二〇一四年）にもラズームニクと鳴海完造の出会いが綿密に跡付けられており（第Ⅳ部第４章　ブロークとプーシキン――書物の「来歴」）、ラズームニクと彼の時代を知るうえで貴重な前進である。

翻訳にあたっては不明な個所につき、長縄光男氏とリュドミーラ・エルマコーワ氏にご教示いただいたことを記し、感謝したい。言うまでもなく翻訳の誤りなどは訳者の責任であり、指摘していただければありがたい。

最後に、成文社の南里功氏には、出版事情の厳しいなか出版を引き受けていただき、種々お世話になったことに特にお礼申し上げる。

二〇一六年三月三〇日

主要人名索引

イタリック体は傍註。／で区切った353ページ以下は「訳者あとがき」に含まれる。

あ

か

さ

た

な

は

ま

や

ら

主要事項索引

イタリック体は傍註。／で区切った353ページ以下は「訳者あとがき」に含まれる。

た

な

は

ま

や

ら

わ

図版出典一覧

口絵

1, 2, 4, 5. R. V. Ivanov-Razumnik. Pisatel'skie sud'by. Tiur'my i ssylki. M. 2000.

3, 6. The Memoirs of Ivanov-Razumnik, with a short Introduction by G. Jankovsky. Translated from Russian and Annotated by P. S. Squire, London, 1965.

7-9. 訳者撮影

各章扉

第Ⅰ章　絵葉書

第Ⅱ章　G. Chugunov. Mstislav Valerianovich Dobuzhinskii. L. 1984.

第Ⅲ章，第Ⅳ章，第Ⅴ章　R. V. Ivanov-Razumnik. Pisatel'skie sud'by. Tiur'my i ssylki. M. 2000.（第Ⅳ章のルビャンカのみは訳者撮影）

訳者紹介

松原　広志（まつばら・ひろし）

1942 年　茨城県日立市生まれ。

京都大学大学院文学研究科博士課程修了。

龍谷大学名誉教授。

専門は西洋史（ロシア思想史）。

著書『ロシア・インテリゲンツィヤ史――イヴァーノフ＝ラズームニクと〈カラマーゾフの問い〉――』ミネルヴァ書房、1989 年；『ロシア近現代史――ピョートル大帝から現代まで――』（藤本和貴夫と共編著）ミネルヴァ書房、1999 年；『文化交流のエリアスタディーズ――日本につながる文化の道――』（須藤護・佐野東生と共編著）ミネルヴァ書房、2011 年。

論文「第 1 次世界大戦開戦とロシア・インテリゲンツィヤ――イヴァーノフ＝ラズームニクとネオ・スラヴ主義者たち――」『ロシア社会思想史研究』第 5 号、2014 年。

監獄と流刑　イヴァーノフ＝ラズームニク回想記

2016 年 6 月 29 日　初版第 1 刷発行

訳　者　松 原 広 志
装幀者　山 田 英 春
発行者　南 里 　 功

発行所　成　文　社

〒 240-0003 横浜市保土ヶ谷区天王町 2-42-2
電話 045 (332) 6515
振替 00110-5-363630
http://www.seibunsha.net/

落丁・乱丁はお取替えします

組版　編集工房 dos.
印刷・製本　シナノ

Printed in Japan
ISBN978-4-86520-017-1 C0023

歴史・思想

イヴァーノフ＝ラズームニク著／佐野努・佐野洋子訳

ロシア社会思想史 上巻

インテリゲンツィヤによる個人主義のための闘い

A5判上製 616頁 7400円 978-4-915730-97-9

ロシア社会思想史はインテリゲンツィヤによる人格と人間の解放運動史である。ラヂーシェフ、デカブリストから、西欧主義とスラヴ主義を総合してロシア社会主義を創始するゲルツェンを経て、革命的民主主義者チェルヌイシェフスキーへとその旗は受け継がれていく。 2013

歴史・思想

イヴァーノフ＝ラズームニク著／佐野努・佐野洋子訳

ロシア社会思想史 下巻

インテリゲンツィヤによる個人主義のための闘い

A5判上製 584頁 7000円 978-4-915730-98-6

人間人格の解放をめざす個人主義のための闘い。倫理的個人主義を高唱したトルストイとドストエフスキー、社会学的個人主義を論証したミハイローフスキー。「大なる社会性」と「絶対なる個人主義」の結合というロシア社会主義の尊い遺訓は次世代の者へと託される。 2013

歴史

太田丈太郎著

「ロシア・モダニズム」を生きる

日本とロシア、コトバとヒトのネットワーク

A5判上製 424頁 5000円 978-4-86520-009-6

一九〇〇年代から三〇年代まで、日本とロシアで交わされた、そのネットワークに迫る。個々のヒトの、作品やコトバの関わり、その彩りゆたかなネットワーク。それらを本邦初公開の資料を使って鮮やかに蘇らせる。掘り起こされる日露交流新史。 2014

歴史・思想

N・K・ミハイロフスキー著 石川郁男訳

進歩とは何か

A5判上製 256頁 4854円 978-4-915730-06-1

個人を神聖不可侵とし、個人と人民を労働を媒介として結び付け、社会主義を「共同体的原理による個人的原理の勝利」とする。この思想の出発点が本書でありナロードニキ主義の古典である。その本邦初訳に加え、訳者「生涯と著作」所収。待望の本格的研究。 1994

歴史

長縄光男著

評伝ゲルツェン

A5判上製 560頁 6800円 978-4-915730-88-7

トム・ストッパード「コースト・オブ・ユートピア」の主人公の本邦初の本格的評伝。十九世紀半ばという世界史の転換期に「人間の自由と尊厳」の旗印を掲げ、ロシアとヨーロッパを駆け抜けたロシア最大の知識人の壮絶な生涯を鮮烈に描く。 2012

歴史

栗生沢猛夫著

『ロシア原初年代記』を読む

キエフ・ルーシとヨーロッパ、あるいは「ロシアとヨーロッパ」についての覚書

A5判上製貼函入 1056頁 16000円 978-4-86520-011-9

キエフ・ルーシの歴史は、スカンディナヴィアからギリシアに至る南北の道を中心として描かれてきた。本書は従来見過ごされがちであった西方ヨーロッパとの関係（東西の道）に重点をおいて見直し、ロシアがヨーロッパの一員として歴史的歩みを始めたことを示していく。 2015

価格は全て本体価格です。